RESEARCH REPORTS ON THE POLITICS OF
CONTEMPORARY CHINA

（第11辑）

当代中国政治
研究报告

深圳大学当代中国政治研究所 / 编
主编 / 黄卫平 汪永成
执行主编 / 陈家喜

社会科学文献出版社
SOCIAL SCIENCES ACADEMIC PRESS (CHINA)

本书获"深圳大学国家大学生文化素质教育基地资助"

从"乌坎事件"的处置及善后看中国地方政府创新（代序）*

黄卫平

改革这么多年后，现在有一种时髦的意见，以为改革时代已经终结。一种观点认为改革已死，理由是当年发起和推动改革的一大批决策者既是现行体制的构造者、获益者，也曾经是受害者，所以他们当年有很强烈的动机推动改革，而现在各级决策者都是现行体制的受益者，所以改革动力已经衰竭。还有一种观点认为改革时代已经结束，理由是当年改革隐含的以效率为价值目标的命题已经失效，因为那种把效率作为唯一目标的改革只能局限于经济领域，而政治改革、法治建设则无从谈起。

对此我不敢苟同。我认为现在改革还是有动力的，经验事实告诉我们，中国的改革实际上是由危机推动的，只要有危机就可能有改革。另外，改革的价值目标不仅仅是效率，当年小平同志推动改革的时候，就不仅仅有提高经济效率的目标，也有政治上发展民主的目标。从这一意义上来说，我们可以从广东省处置"乌坎事件"及其善后事宜中得到一些启示。

近两年前广东省暴发的"乌坎事件"，虽然只是我们国家每年成千上万起"群体性事件"或"抗争性政治"中的一起"非典型性"个案，但是中共广东省委和省政府在应对这起特殊事件时所采取的非制度化紧急处置举措和危机公关，事实上成了一种另类的"地方政府创新"，与时下某些地方政

---

* 此为深圳大学当代中国政治研究所所长黄卫平教授在 2013 年 8 月 17~18 日于北京会议中心召开的"首届中国政治学 30 人圆桌会议"上的主题发言，原题为"政府治理创新：广东'乌坎事件'的启发"。

府的一些"为创新而创新"的形式主义"假创新"、"伪创新"相比较，显然是真正具有重大改革意义的政府创新。

从中共广东省委组织部在2012年初宣布正式建立乌坎村党总支，任命林祖銮为村党总支书记，原村党支部自行解体，并且通过全体村民重新竞选产生乌坎村第五届村委会以来，"乌坎事件"的善后引发了许多争议。从中我们可以发现，新时期国家与社会关系正在发生具有特定象征意义的变革，国家可能在面临重大危机时迈出重要的改革步伐，而分别代表国家与社会双方的理性、温和与中道的力量，有可能进行妥协、交易、合作，在此基础上进行良性互动，这可能为政治改革创造条件和奠定基础。

我认为，由此可以得出中国政治体制改革之所以还有可能的两个"假设"：一是重大危机可能推动改革；二是分别代表国家与社会双方的理性、温和与中道的力量可能合作。乌坎事件在某种意义上证明了这两点。

经验事实表明，中国的改革实际上是由中共的执政危机推动的，没有十年"文化大革命"所引发的"路线"危机，就不可能有改革开放的拨乱反正；如果不是东欧巨变、特别是1991年底的苏联解体，也难以想象会有1992年初邓小平的"南方谈话"和社会主义市场经济的大突破。所以，我一直认为大危机推动大改革，小危机促进小改革，没有危机就无须改革。只要中共决策层对潜在的危机高度警觉，就会未雨绸缪主动改革；如果对现实危机缺乏敏感，麻木不仁，就不会改革；忧虑改革诱发更大的危机，就不敢改革；恐惧改革触犯既得利益集团的核心利益，就会阻挠改革。有危机并不可怕，危机往往是改革的助推器；真正可怕的是决策层对现实危机文过饰非，自我陶醉，盲目自信，那才是最大的危机。我本人更愿意相信党中央的三个"自信"（道路自信、理论自信、制度自信）主要是讲给国际社会和中国民众，以及一般中高级官员听的；而充满忧患意识的四大"危险"（精神懈怠、能力不足、脱离群众、消极腐败）主要是讲给高层决策者听的。

两年前，在陆丰市警方第一时间取缔"乌坎村民临时代表理事会"和抓捕林祖銮、杨色茂等村民维权领袖未果，被捕的薛锦波又在拘留期间意外"心源性猝死"，乌坎村警民对峙，高度戒备，各种谣言在互联网上广泛传播，更大规模、更为严重的冲突随时可能爆发的千钧一发之际，广东省委副书记朱明国的乌坎之行，代表广东省委迈出了改革的步伐，化解了重大危机。

尽管时任广东省委书记汪洋在2012年全国两会期间，在答记者问时表示，广东省委处置"乌坎事件"，特别是乌坎村重新选举村委会"没有任何创新"，只是依法办事，而不少地方官员也对此颇有微辞，对广东省委的这种处置方式表示不满，但是至少从如下几个方面，我认为广东省成功处置"乌坎事件"应当被视为具有重大体制机制变革意义的地方政府创新。

第一，推动了有助于体制机制变革的观念创新。广东省委明确表示要改变以往的"权力维稳"老套路，并提出了"权利维稳"的新思路。汪洋更是尖锐指出，"必须破除人民幸福是党和政府恩赐的错误认识"，肯定"追求幸福是人民的权利，造福人民是党和政府的责任"，从而破除了政府天然代表人民利益的神话。这推动广东省省政府事实上承认了乌坎村民临时代表理事会的村民代表地位，实际上肯定了基层群众有权自己组织起来维护自身利益，并为促使政府愿意与村民组织谈判、接受村民诉求，以及村民依法重新选举村委会，提供了理论上的可能。这是可以极大推动体制机制变革的观念创新。

第二，实现了体制机制的改革创新。虽然乌坎村在2012年重新选举村委会的实践，就像汪洋所说，是完全按照国家《村民委员会组织法》和《广东省村民委员会选举办法》进行的，在法律文本意义上"没有任何创新"，但却在实际操作机制和运行程序上充分激活了文本制度内被长期搁置或长期闲置的自由竞选的基因，其选举程序规范，规则公正，过程透明，竞争激烈，是我们国家绝大多数选举难以望其项背的，体现了广东省在保障和落实公民政治权利上做出了有真正意义的创新。

第三，"乌坎事件"的善后也体现了国家与社会关系的创新。乌坎村重新选举村委会的做法，实现了将体制外公民政治参与的诉求纳入体制内来有序释放。事实也证明了广东省处置"乌坎事件"的特殊举措与乌坎村民自治实践的合理性，因其有效地分化了乌坎村民，不仅争取和团结了多数理性的村民，而且成功地将少数激进、极端的村民对地方政府的"维权"压力转移到了新一届村委会身上，客观上使刚经过充分竞争、由多数村民自由选择的合法代表成为少数非理性的极端村民与地方政府之间的防火墙。而新一届村委会也意识到，少数激进村民完全不顾原村委会多年卖出的土地很多已经履行了法定转让程序、办理了国土证而难以收回的现实，继续用暴力抗法、违法堵路等偏激方式来扩大事态"讨土地"的做法，是根本行不通的。新一届村委会已经意识到，他们有责任在与地方政府的合作维稳、理性博弈中为村民最大限度地争取现实利益。这对基层"维稳"也是有体制机制的创新意义的。

最后需要强调的是，实践证明：在特定的时空条件下，国家与社会双方各自的理性、温和、中道的力量是可以成功合作的。"乌坎事件"的发生是必然的，是地方政府"长期忽视经济社会中发生的矛盾累积的结果"，而"乌坎事件"的处置方式及其成功善后则是偶然的，是当前中国层出不穷的"群体性事件"处置中独一无二的。这固然表明国家与社会相互关系的基本格局并没有根本的改变，但也表明理性的国家力量与温和的社会力量之间是有可能良性互动的，体现了某种值得期待的体制机制创新趋势。

毋庸讳言，对广东省在处置"乌坎事件"时所采取的措施，即使在省内，更不用说在省外，很多地方官员是不以为然、颇多怨言的，他们认为这是向敌对势力的妥协，他们在维稳前线被出卖了。但是反过来从村民方面看，这样处置以后，乌坎村村民本身就分裂了。四个最主要的村民领袖，林祖銮、杨色茂、张德家和薛锦波，林祖銮后来被任命为村党总支书记，再选为村委会主任，杨色茂被选为村委会副主任，薛锦波在"乌坎事件"中被警方拘留后意外猝死，张德家在"乌坎事件"以后参与竞选村委会失败，后成为乌坎村少数极端激进村民的领袖，不断组织对新村委会的施压行动，在"乌坎事件"一周年以后继续组织村民进一步抗议、堵路、示威，制造比较极端的"维权"行动，于今年五月初被广东警方刑事拘留。现在的结果等于是政府和村民中比较理性温和的力量基本达成了一种相互合作和妥协，极大改变了"乌坎事件"后该村的政治生态。

由此，我们可以看到，在重要的时间节点和转折关头，国家各种政治力量的此消彼长、政治精英的战略选择和内部博弈整合，以及社会力量的成熟程度和内部竞争，都有可能决定国家某种特定的政治走向。"乌坎事件"及其处置善后只是一个比较小的案例，但通过这一案例可以看到某种值得期待的趋向。

目 录

社会管理与创新

社会管理领域的体制机制问题研究 ………… 何增科 朱昔群 李月军 / 3

城市社区管理改革中的"深圳经验":系统性
    回顾与反思 ………………… 马卫红 汪宇慧 王春红 / 16

"后单位制"时代中国城市社区建设和社区整合的困境
    ——一个框架性的分析 ………………………………… 吴晓林 / 27

社会管理下的农村社区建设:模式分析与
    改革取向 ………………………………… 吴新叶 方小刚 / 40

告别科层?基层群众自治的组织变迁及其困境 ……… 刘春荣 汤艳文 / 52

居委会治理能力与社区参与
    ——基于上海调查数据的经验研究 ………… 孙小逸 黄荣贵 / 68

政策分析与发展

政策试点是如何进行的?
    ——对于试点一般过程的描述性分析 ………………… 周 望 / 83

国家建设、合作医疗与共同体认知:农村合作医疗政策
    过程研究 ……………………………………………… 张海柱 / 98

深圳小产权房市场调研报告 ………………………… 程 浩 / 122

成都市乡镇管理体制暨运行机制的实证研究报告 ………… 吴 翔 / 140

基层社会组织发展中政府监管的问题与优化对策
　　——以深圳市南山区为个案 …………… 唐　娟　刘婷婷 / 172

政治建设与改革

中国为什么需要政治体制改革 ………………………… 张　涛 / 201
政绩竞争与地方政府的跟风
　　——以"大跃进"时期《人民日报》为切入点 ………… 李国强 / 212
"积极公民"：律师参政的行动逻辑与政治影响 …… 陈　文　胡胜全 / 229
消极候选人：城市社区选举中的陪选现象剖析 ………… 熊易寒 / 242
有缺陷的政党？
　　——海外学者论列宁主义政党的脆弱性 ……………… 闫　健 / 252

反腐败与问责

海外中国腐败研究文献述评 ……………………………… 李　莉 / 267
我国网络反腐的特征及对策
　　——基于52个网络反腐典型案例的实证研究 ………… 宋　斌 / 286
中国的公众问责：发展、成效与环境 …………………… 宋　涛 / 298

港澳台政治与行政

论"一国两制"理论的变与不变 ………………………… 王　禹 / 321
党权弱化与台湾地方自治的突破
　　——从国民党中央权力结构变化切入（1972～1997）…… 袁　超 / 338

社会管理与创新

社会管理领域的体制机制问题研究

何增科　朱昔群　李月军[*]

摘　要：本文主要研究中国社会管理的体制机制。列举了社会管理领域存在的六大问题并分析了存在这些问题的原因：社会政策的碎片化；享受基本公共服务权利不平等；事业单位和自治组织行政化；社会组织官办化色彩浓厚，商业化倾向明显；社会公共服务政府包揽包办过多；重管理、轻服务，重管制、轻法治。概括出社会管理的民主化、法治化、自治化、社会化、科学化和信息化的基本趋势。在上述内容的基础上，本文还提出了建立党委社会建设工作委员会、社会保险委员会，以及社会协商对话机制等设想。

关键词：社会管理　体制机制　问题及原因　趋势　设想

胡锦涛同志在党的十八大报告中指出，要围绕构建中国特色社会主义社会管理体系，加快形成党委领导、政府负责、社会协同、公众参与、法治保障的新型社会管理体制，从而为社会管理领域体制机制改革指明了努力的方向。改革社会管理领域的体制机制，需要认清社会管理领域存在的基本问题及其制度原因，需要把握社会管理的基本趋势，在此基础上提出改革社会管理领域体制机制的对策性建议。

---

[*] 何增科，中央编译局世界发展战略研究部主任，研究员；朱昔群，中央编译局世界发展战略部副研究员；李月军，中央编译局世界发展战略部副研究员。

一 社会管理领域存在的主要问题及其体制机制原因

目前，我国在社会管理领域存在六大问题，它们是：社会政策的碎片化；享受基本公共服务权利不平等；事业单位和自治组织行政化；社会组织官办化色彩浓厚，商业化倾向明显；社会公共服务政府包揽包办过多；重管理、轻服务，重管制、轻法治。所有这些基本问题都与社会管理领域的体制机制缺陷有着密切的关系。

（一）社会政策和社会体制的碎片化现象严重

社会政策应当是维护社会公平正义的主要工具。但我国却在社会政策方面出现严重的碎片化现象。各个地方出台的教育政策、就业政策、医疗卫生政策、养老保障政策、保障性住房政策各不相同。社区管理、社会组织管理、互联网管理、劳动就业服务、社会保障和社会救助、社会工作等方面的社会管理工作，分散在各个职能部门各管一块。由于在全国层面缺乏社会建设工作的领导机构，协调不够，各地方、各部门各自为政，地方和部门主导的社会政策决策体制导致社会政策和社会体制缺乏衔接配套和全国性行政指导，碎片化现象严重。

（二）享受基本公共服务的社会权利不平等

基本公共服务是保障社会成员生存和发展的基本需求的公共性服务。享受基本公共服务是社会成员所应有的社会权利。但基本公共服务供给方面的城乡之间、地区之间、农民工和所在城市居民之间的差距，导致不同地域、不同身份的社会成员在享受基本公共服务的权利方面严重不平等。导致基本公共服务非均等化的原因很多，最根本的原因在于缺乏人均基本公共服务的全国性标准，以及基于这一标准根据各地财力确定的人均基本公共服务财政经费保障机制。目前我国基本公共服务标准由各级地方政府根据自身财力和居民数量自行决定。经济发达地区和欠发达地区、城市地区和农村地区由于财政实力不同，提供给本地居民的基本公共服务的数量和质量各不相同。中央给地方的财政转移支付标准是根据该地区的贫困程度而定的，未能考虑到贫困地区人口流向发达地区和城市地区给后者带来的提供相应基本公共服务的财政经费需求，没有以实有人口数为依据确立新的财政转移支付标准。中央号召"基本公共服务均等化",但实现这一目的却要由地方买单。为了不降低本地居民的社会福利水平和增加自身的财政负担,地方政府自然倾向于只向本地居民提供相应的基本公共服务,而对非本地居民则施加种种限制。中央政府在制定人均基本公共服务的全国性标准,以及建立基于实有人口数和人均基本公共服务全国性标准时,会产生财政经费需求与当地财力差距的转移支付标准缺位,从而导致不同地区的公民在社会权利上的严重不平等。

(三) 事业单位与自治组织的行政化

各级党政机关及其职能部门将事业单位和自治组织视为自身的附属机构和具体办事机构,按照行政化的方式加以管理,其待遇比照相应的行政等级来确定,由此导致事业单位专业精神和专业能力的萎缩和行政化倾向的滋长,导致基层居民自治组织政权化色彩日益浓厚。事业单位行政化降低了事业单位在提供专业化的社会公共服务方面的水准,降低了全体社会成员可以享受到的社会公共服务的数量和质量,进而降低了社会整体福利水平。自治组织行政化导致城乡社区居民自主精神和自治能力的萎缩,地方政府的社会管理与基层社会需求相脱节,出现政府为社区居民服务出力不讨好的现象。

(四) 社会组织官办色彩浓厚,商业化倾向明显

改革开放以来特别是20世纪90年代以来,我国的社会组织获得较大的发展。到2012年第三季度,全国依法登记的社会组织有48万多个,与1988年相比增长了100多倍。到2010年全国社会组织专职工作人员达618.19万人,兼职工作人员500多万人,还有注册的各类志愿者2500多万人。社会组织已经成为我国参与社会建设的一支重要力量。但与此同时,我国社会组织也暴露出官办色彩、商业化倾向明显,规模小实力弱等问题。一些社会组织特别是各类社团与政府有关部门在人、财、物及办公场所等方面依然没有完全分开,在日常运转所必需的人、财、物方面还不同程度地依赖政府,业务活动受到政府相关职能部门的干预和控制,难以独立自主地开展工作。不少民办非企业单位一方面享受着公益组织的税收优惠,另一方面从事营利活动并将利润分配给投资者。许多社会组织因建立分支机构、跨地区活动的限制而无法发展壮大。究其原因,现行的社会组织管理体制强调业务主管单位

和登记管理机关的双重许可和双重管理,强调一业一组织、限制设立分支机构和跨地区活动,是一种以限制和控制为导向的管理体制,与党中央确立的对社会组织培育发展和监督管理并重的战略方针明显不符。这种双重管理体制,不利于社会组织合法登记和开展活动,不利于社会组织在竞争中发展壮大。业务主管单位与挂靠的社会组织存在千丝万缕的利益瓜葛,政社不分既不利于政府部门转变职能,也不利于社会组织依法自治。双重管理体制侧重于从政治上对社会组织加以防范和控制,而对社会组织从事营利活动和分配利润的活动却缺乏应有的关注和有力的监管措施,导致社会组织商业化倾向明显。

(五) 社会公共服务政府包揽包办过多

社会性公共服务既可以由政府提供,也可以由各类企业和社会组织提供。长期以来,各级党委和政府习惯于直接由政府或者国有企事业单位来提供。这些年来开始推行政府购买服务,但购买服务的种类以经济性公共服务为主。政府购买社会公共服务的财政预算制度严重滞后。向企业和社会组织购买社会公共服务尚未成为政府单独的预算科目。很多地方政府购买社会公共服务主要是民政系统利用自身的福利彩票收入进行,规模有限。还有的地方把政府购买社会公共服务的资金主要用于向那些和政府联系紧密的群团组织和居民委员会等购买服务,民间的社会组织获得的政府购买服务资金极为有限。民间组织和民间资本进入社会公共服务行业在资质资格、资金规模、土地供应、税收优惠等诸多方面受到限制。政府包揽包办和国有企事业单位在公共服务行业中的垄断地位不利于提高社会公共服务的数量和质量,进而不利于提高全体社会成员的社会福利水平。

(六) 重管理、轻服务,重管制、轻法治

按照中央文件精神,社会管理只是社会建设中的一项内容,而且社会管理包括对人的服务和管理两个方面的内容。但在全国层面的组织机构设置却不利于对社会建设进行统筹规划和统一协调,做到社会建设和社会管理并举。作为全国社会建设和管理领导协调机构的中央社会管理综合治理委员会系由中央社会治安综合治理委员会改组而来,目前与中央政法委员会一个机构两块牌子,在政法系统信访综治维稳工作大格局中谋划和部署社会建设和

管理工作，容易出现畸轻畸重的现象。社会建设和管理方面出台的专门文件中，以改善民生为重点的社会建设及相关职能部门的工作被放在从属地位，社会维稳及其相关职能部门的工作被放在突出的位置。党和政府的工作重点和资源配置也会随之发生偏移。在社会维稳牵引的社会管理工作中，公安、信访、司法行政、维稳办等行政部门在政法机关中处于强势地位。公安部门主要领导进入党委常委甚至兼任政法委书记、信访"一票否决"、调解优先于司法裁决的矛盾纠纷处理机制等都使得政法机关中行政部门相对于法院和检察院在社会管理中处于更为重要的地位。政法委维护社会稳定的政治考量相比于以法律为依据的司法考量处于更为优先的地位。上述社会建设和管理的领导管理体制和工作机制是导致重管理、轻服务，重管制、轻法治的主要体制机制原因。

总之，社会管理中存在的上述问题，以及导致这些问题的体制机制原因，说明"党委领导、政府负责、社会协同、公众参与、法治保障的社会体制"还没有完全建立，基本公共服务体系还没有实现"政府主导、覆盖城乡、可持续"的目标，"政社分开、权责明确、依法自治的现代社会组织体制"尚未形成，"源头治理、动态管理、应急处理相结合"的社会管理机制还很不健全。解决上述问题，需要从战略层面上进行前瞻性思考和顶层设计。

二 社会管理的基本趋势分析

中国正在从没有社会的、政府包办和全能全控的纯粹政府社会管理模式走向党和政府主导、社会协同和公众参与的新的社会管理模式。在社会管理模式的转型过程中，中国的社会管理呈现出如下一些基本趋势。

（一）社会管理的民主化

社会管理是对人的服务和管理，社会成员不仅应当成为服务和管理的对象，而且应当参与服务和管理的过程以成为社会管理的主体。社会管理的过程就是制定和实施社会政策的过程。社会政策的实质是进行利益的再分配以改善民生或提高民众的福利水平，其最终目标是建立一个福利国家或福利社会。社会政策是对优胜劣汰的市场竞争机制的一种矫正，其目的是保证那些不能进入市场、已经退出市场和在市场竞争中失利的社会群体生存和发展的基本需求。社会政策是协调利益关系的主要工具，具有维护社会公平、增进公民社会权利的作用，在社会管理中处于首要地位。哪些社会群体能够参与社会政策决策，就意味着这些社会群体在利益再分配中得到了更为充分的考虑。福利国家的发展史表明，福利国家建立的过程是国家民主深化的过程，民主化推动着福利社会的建立和完善。社会公众公民意识的觉醒和参与愿望的高涨，党和政府对社会力量和公众参与社会建设和管理、发挥协同作用的自觉追求，共同推动着中国社会管理走向民主化。社会管理的民主化意味着社会成员积极主动和普遍平等地参与社会政策的制定，参与基本公共服务标准的制定，参与社会组织管理和社区治理，参与社会管理效果的评价，主动表达自己的需求和建议，客观评价各级党委和政府社会管理的实际效果。只有畅通民意表达渠道，将社会政策的制定、执行、评估反馈和修正都建立在社会需求的自由表达和真实充分的民意反馈的基础上，"以民主促民生"，民众才会从改善民生的工作中真正得到实惠，各级党委和政府的社会建设工作才会得到民众真心实意的支持和拥护。

（二）社会管理的法治化

法治是与统治者或领导者依个人意志而实行的任意统治或人治相对立而言的。唯有宪法和法律至上、公共权力受到宪法和法律约束、公民权利受到法律保障的社会才可以称为法治社会。社会管理法治化是现代化进程中从传统礼俗社会走向现代法理社会的必然趋势。独立于党政系统的私人经济和第三部门的发展，必然要求用宪法和法律来保障自身权益，约束公共权力。确立宪法和法律的至上地位，可以防止因领导人注意力的改变而随意改变政策法规及政策执行，减少由此产生的社会政策的不确定性和社会成员的不安全感。法治在调节社会关系、解决矛盾纠纷方面具有人治所无法比拟的优势。以领导人的意志凌驾于司法裁判之上，以行政权力干预司法审判，以行政手段代替法律手段，必然导致"信访不信法"和信访行为激烈化与极端化的局面，社会稳定因法律的权威受到削弱，法律调节受到损害而处于高度的危险之中。社会矛盾纠纷的解决及公民权利的救济应当回归到法治的轨道上来，由独立的第三方进行客观、公正的裁决来化解利益纠纷和冲突，人们的行为才会回归和平、理性和守法，社会才会实现可持续的稳定。

(三) 社会管理的自治化

社区自治、社会组织自治、网络社群自治、行业自治等多种类型的社会自治是现代社会管理的一个重要趋势。现代社会是一个复杂社会,社会需求多种多样,社会问题种类繁多,由一个中央机构进行集中统一的社会管理必然会力不从心。社会管理的目的之一是维持社会秩序。社会秩序包括自发的秩序和强制的秩序。自发的秩序是人们在频繁的互动交往中,基于彼此的信任和合作而形成的秩序,对合作的预期和对不合作者的排斥是自发秩序的基础。自治是建立自发的秩序的必由之路。只有在自发的秩序因为某些社会成员依仗自身的力量,强迫其他成员服从形成黑社会和恶势力时,政府出面依靠合法的强制力量,按照合法的程序,维持秩序才有必要。社会管理既包括党和政府对社会的管理,又包括社会的自我管理或自治,以及政府和社会对社会事务的合作管理。一个没有自治精神和自治能力的社会,只能依赖于外部的政府管理。长此以往,社会将缺乏创造精神和生机活力,养成依赖习惯和寄生习性,政府将会变成无所不管的保姆而不堪重负。社会管理的自治化既是社会的强烈愿望,也符合政府的长远利益。社会管理的自治化意味着政府为社区居民和社会组织成员提供更大的自治空间,为社会自治提供必要的权利、资源和能力保障。政府将集中有限的资源做自己擅长做的事情,从而提高自身的管理能力。

(四) 社会管理的社会化

随着社会主义市场经济体制的基本确立,以私人经济部门和公民社会组织为主体的第三部门,已经成为经济社会生活中的重要力量。社会管理主体和公共服务供给主体日益多元化,市场机制和慈善捐赠等社会机制在资源配置中发挥着日益重要的作用,社会公共服务的市场化和社会化成为一种重要的趋势。我们党及时顺应新的形势,提出了党委领导、政府负责、社会协同、公众参与的社会管理新格局。这反映出社会管理社会化的新趋势。社会管理社会化意味着各类社会组织和公民个人要积极参与社会管理和参与提供社会公共服务,发挥好协同作用。为此需要政府转变自身角色和职能,从既"掌舵"又"划桨",事无巨细地包揽具体社会管理事务,导致政府严重超载,逐步转变到学会制定规则和做好裁判工作,将大量可以交给企业和社会组织去做的事务,通过服务外包和购买服务等方式交给它们去做。社会管理的社会化是政府瘦身减负的需要，同时也是社会自身成长壮大的需要，它将为建立政府和社会之间平等的合作伙伴关系铺平道路。

（五）社会管理的科学化

社会管理的科学化是指在社会管理中要充分体现实事求是的科学精神，遵循社会建设和管理的客观规律，运用科学、专业的知识、技能和方法，提高社会管理的水平和效能。社会管理的科学化意味着政府在解决社会问题、提供社会服务方面要科学筹划，整合资源，社会建设和社会管理并举，社会服务和社会规制并重，标本兼治，建立社会管理的长效机制。社会管理的科学化意味着社会政策的制定要体现科学决策的原则，在政策选择方案的选择、政策执行效果的评估等多个环节充分发挥相对独立的智库和民意调查机构的作用，提高法律和政策质量。社会管理的科学化还意味着社会管理的组织结构、职能配置、工作流程的合理化，社会公共服务的专业化和标准化，社会工作的专业化和职业化。社会管理的科学化将会提高社会管理工作的效率和效益，提升社会公共服务的质量。提高社会管理的科学化水平应当成为深化社会管理体制改革的一个重要的努力方向。

（六）社会管理的信息化

我国已经进入信息社会。据中国互联网信息中心提供的数据，截止到2012年6月底，我国网民数量已经达到5.38亿人，手机网民数量达到3.88亿人，互联网普及率为39.9%。信息社会时代的社会管理应当充分保障公民的信息权，积极运用信息技术进行社会管理，提高社会管理信息化水平。信息社会促成了电子民主、远程民主的兴起，为公民参与社会管理提供了低成本和便捷的途径。应当充分利用信息网络问需于民、问计于民、问评于民，鼓励公民网络问政、网络监督和官民网上对话，实现网上官民良性互动。信息社会为电子政务的大发展提供了良好的机遇。各级政府应当充分利用信息技术为公民提供及时、便捷的政务服务和社会公共服务，同时建立完善公共基础信息资源库，实现政府内部信息资源整合和共享。信息社会使我们的社会分化为现实世界和虚拟社会，同时又使现实世界和虚拟社会相互转化、相互激荡，导致社会舆论极化和社会矛盾放大。社会管理的信息化意味着政府要遵循信息社会的内在规律来管理现实世界和虚拟社会，既要保证信息的自由流通、舆论的多元和交往的便利，又要依法规范人们在现实世界和虚拟社会中的社会行为并鼓励网络运营商、网络社群依法自治自律，官民合作共同建设一个和谐的虚拟社会。

社会管理的民主化、法治化、自治化、社会化、科学化和信息化的基本趋势，概括起来说就是从政府社会管理走向社会治理并最终走向社会善治，这是中国社会管理未来走向的总趋势。

三 社会管理体制机制改革的若干设想

社会管理体制是由体制机制组成的制度规则体系，它在社会管理体系中处于核心地位，是一项综合性、系统性的创新工程，必须以科学发展观为指导，站在全局和战略的高度，开拓思路，多策并举，有重点、有步骤地积极推进。这里拟对深化社会管理体制机制改革提出一些具体构想。

（一）在各级党委设立社会建设工作委员会，由专职副书记任主任，负责社会建设和社会管理的总体战略规划和组织协调工作

现行行政框架内分管社会建设和管理的政府机构很多，涉及文化、教育、科技、体育、卫生、民政、发改委等多个部门，社会管理及其体制改革是分部门进行的，分部门的改革不利于从整体上来完善社会管理体制，而且在改革过程中不可避免地会形成利益部门化趋势。只有执政党才能超越地方利益、部门利益和特定集团利益，运用社会政策工具进行有效的利益整合。因此，未来的社会管理体制机制改革，一个可行的办法就是党委首先在中央委员会设立社会建设工作领导和协调机构，负责社会建设和管理的通盘战略规划、社会政策实施的组织协调等重大工作。

2011年以来，中央及各地党委社会治安综合治理委员会更名为社会管理综合治理委员会，并被赋予了负责协调、指导各地区各部门贯彻落实党中央、国务院关于加强和创新社会管理的决策部署，重点协调、推动涉及多个部门的社会管理重要事项的解决；对各地区各部门开展社会管理工作情况进行督导检查；总结推广各地区各部门在社会管理工作中的成功经验和做法；加强对社会管理有关重大问题的研究，提出加强和创新社会管理的重大政策措施建议；协调、指导社会管理法律制度建设等有关社会管理的职能。但是，在具体实践中的社会工作方面，存在重社会管理轻社会建设的问题，社会管理方面，存在重治安管理轻社会治理的问题。一些地方通过设立党委社

会工作委员会以解决这些问题。

目前率先设立社会工作委员会的有北京、广东、上海和新疆,其中上海和新疆的社会工作委员会的职能主要是负责社会组织和非公经济组织党建,北京和广东的社会工作委员会的职能比较全面,负责社会建设和管理的整体工作。此外,不少地市在信访局的基础上成立了群众工作部,负责部分社会工作。在以上地方,广东省社会工作委员会的规格最高,主任由省委副书记担任。其主要职责是按照"党委领导、政府负责"的要求,牵头制定并组织实施社会工作总体规划和重大政策,协调相关部门起草社会工作方面的政策法规;宏观指导和综合协调全省社会工作,督促检查工作落实情况;参与拟定劳动就业、社会保障、教育、卫生、文化、体育等方面的政策;推进和创新群众工作,协调建立健全群众利益协调、诉求表达、矛盾调处、权益保障机制;配合推进社会领域党建工作;研究推动社会建设和管理体制改革创新。综合比较,广东的组织机构设置更加有利于全面推进社会建设,改善民生,提高社会管理效果。其经验值得在全国性层面加以借鉴。

(二) 按照大社保的概念,整合归并社会保障职能,在社会保险领域成立社会保险委员会

改革社会保障体制,建立权利平等、体系完整的大社保体系,符合社会保障制度建设的内在规律。按大社保要求,可将分散在农业、教育、卫生、民政、发展和改革委员会等多个部门的社会保险、社会救助和社会福利职能归并到社会保障部门,统筹协调以解决社会保障制度的碎片化问题。与社会保险缴费责任由国家、雇主、劳动者三方分担相适应,社会保险事务管理也需要走向多元自治的管理模式。为此可将现行的社会保险管理机构改造为由政府、雇主、劳动者三方加上专家组成的社会保险委员会,增加雇主、劳动者和外部专家的发言权,通过委员会决策体制实现对社会保险事务的监督管理。

(三) 建立社会建设的财政保障机制

为了加强对社会工作的资金支持,可在各级政府财政预算科目体系中增加社会工作和社会服务细目,每年划拨一定比例的财政经费,逐步形成自然增长机制。建议将政府社会发展支出占GDP比重从目前的13%提高到"十二五"规划期末(2016年)的17%,并重点向农民工集中和农村居民集中的城市和省份倾斜。应当进一步提高社会保障支出占财政支出的比重，到2016年底，力争从目前的11%提高到20%。社会保障覆盖面从目前的33.4%提高到2016年底的50%。为缩小社会保障水平的地区差别和城乡差别，中央政府和省级政府应当承担起更大的财政责任，社会保障的统筹层次应当尽快全部提高到省一级并逐步向全国统筹过渡。

建立和完善政府购买社会公益服务的机制。逐步从政府直接提供社会服务向政府通过购买而间接提供服务的方向转变，不断完善购买政策，逐步扩大采购范围，完善财政资金拨付和监管方式。

为了有效调节过高收入和增加社会建设资金来源，建议及时开征高额累进遗产税，并对垄断性的公共服务行业或部门开征利润调节税。进一步提高个人所得税征收标准以减轻中等收入者的负担，扩大中等收入者所占比重。同时还可以制定土地使用、税收、贷款等方面的优惠政策，鼓励民间资本和社会力量投资公共服务业。

（四）为规范社会组织管理，促进民间组织发展，强化政府与民间组织合作，形成社会管理和社会服务的合力，应加强社会组织的综合监管

加紧研究并制定一部有关结社和社会组织管理的基本法，对社会组织登记成立、主体资格、法律地位、活动原则、经费来源、税收待遇、监督管理、内部治理结构等方面作出明确规定，为社会组织的培育发展和监督管理提供基本法律框架。

降低准入门槛，对于群众文娱活动团队和兴趣团体等草根社会组织，可普遍实行简易的备案制度，变业务主管单位和登记管理机关双重许可为统一的登记许可体制。实现社会组织的"去行政化"，积极推进各类社会组织与主管行政部门在机构、人员、资产、财务等方面彻底分开，政府职能部门不再担任社会组织业务主管单位。

建立适合社会组织特征的人事编制管理、职务职级序列、职称评定和晋升、工资、税收、财务管理等具体制度。加强对社会组织的资格管理和税收监管，社会组织获得法人资格需要登记注册，获得公共筹款资格、税收优惠、免税资格更要进行申请并接受监督，同时需要完善社会组织的内外部审计制度、信息披露制度和社会评估制度。

为了在社会组织去行政化的同时加强对社会组织的综合监管，建议设立相对独立的民间组织管理局。当前民间组织管理局隶属于民政部门，其主要职能为登记管理，应加强其上述综合监管职能，可以考虑将民间组织管理局从民政部门独立出来。目前广东省设立了独立的民间组织管理局，其主要职责为：全省性社团、涉外社团和省内组织的跨省（地、市）社团的审批登记、管理；承担国务院委托的在广东的全国性社团及其分支机构的管理、监督、年审工作等。除了单独设立民间组织管理局外，将民间组织管理局置于前述的党委社会建设工作委员会之下，也是一种可行的选择。

（五）调整基层社会管理机构及其职能，在社区实行政府管理和社会自治分离，乡镇和街道负责政府的社会管理和公共服务职能，城乡社区回归自治

针对城乡居民委员会逐步由社区居民自治组织演变为乡镇或街道党委和政府的办事机构，从而高度行政化的问题，建议调整基层社会管理机构及其职能，在社区实行政府管理和社会自治分离，使乡镇和街道负责社会管理和公共服务，城乡社区回归自治。

社区实行政府管理和社会自治职能分离后，乡镇政府或街道办事处可通过设立村公所和社区工作站等方式在城乡社区层面履行上级政府交办的社会管理和公共服务事项，其工作接受社区自治机构的评议监督。

社区则以社区公民为中心进行治理，这要求将村民代表会议或居民代表会议改造为社区民意代表机构，掌握社区事务决策权和监督权。村民代表和居民代表要通过自由的、竞争性的直接选举产生，并定期和村民或居民进行沟通联系，听取意见，报告工作。村民委员会和居民委员会作为社区自治的执行机构，其职责是履行村民代表会议或居民代表会议就社区自治事务作出的各项决议。在村民代表会议和居民代表会议外，鼓励社区公民成立各种参政议政小组或理财监督小组，对自治执行机构、政府的社区办事机构以及公共服务机构的业务工作参与讨论并展开监督。

政府向社区的资源投入可采取项目制、政府购买服务的方式，由社区自治机构在征求社区民意的基础上自主提出项目申请，上级政府审批通过后，社区自治机构自主组织项目实施。

到目前为止，深圳、广州和宁波等地对此进行了比较好的探索。深圳市盐田区把社区工作站从社区居委会中独立出来作为街道的办事机构，在组织结构、性质、职能、人员、经费、场地等关键环节上与居委会一一分离，将社区工作站的经费由财政统一安排，政府全额拨款，不向居民收取任何费用。社区工作站人员由政府雇员专门承担政府交办的行政事务，还协助社区居委会处理各项居民事务，接受社区居委会的协调、监督和评议。而社区居委会享有经济自主权，接受居民的监督。

在社会治安方面，需要加强社区矫正制度建设。应当建立社区矫正工作协调管理机构，统一协调公、检、法、司、民政、劳动和社会保障等社会矫正相关机构工作，充分发挥居委会、工会、共青团、妇联、社会工作者、志愿者和社区居民的积极性，加强对社区矫正对象的监督和帮教，便利其回归社会。

（六）归并信访机构职能，强化纪检监察部门的信访职能

信访制度及其机构的主要功能是人民意见的收集和处理，与纪检监察部门的职能重合，从执行层面看，存在民意处理远远弱于民意收集的问题。随着法治的健全、民主的发展和社会治理的完善，信访制度功能的弱化和信访机构的淡出是必然趋势。随着法治水平的提高，单独的信访机构可以并入纪检监察部门，而当前各部门内设机构可以并入其内设的纪检监察部门。

在社会管理体制改革的过程中，另外一种可以考虑的方案是，将外设的信访机构并入社会工作委员会，作为一个内设机构。

（七）建立社会协商对话机制

协商对话是协商民主的一种形式，属于直接民主的范畴。建立有效的利益协调和对话机制可以缓和、化解各类社会矛盾冲突。西欧一些国家通过建立法定的全国性咨询机构、组织咨询市民的活动、集体谈判、促进利益相关方之间进行非暴力的交流和沟通等形式，为不同社会群体、不同地区的利益诉求提供表达和沟通的平台，使各方面的利益与呼声得到表达，有效化解了危机。国外的这些做法与我国曾经实行的社会协商对话制度比较类似。建立协商对话制度，推动政府与社会组织、社会组织与社会组织之间的有效沟通和协调，是缓和、化解各类社会矛盾冲突的有效手段和发挥非政府组织作用、改善社会治理的重要渠道。建立比较完善的社会协商对话制度，有利于应对各类突发事件，有利于社会监督，有利于提高中国开放社会的国际形象。

城市社区管理改革中的"深圳经验"：
系统性回顾与反思

马卫红　汪宇慧　王春红[*]

摘　要：近年来深圳的城市社区管理改革在全国引起了较为广泛的关注，不仅因为深圳在此方面多次获得地方政府创新奖，更因为整体而言深圳已形成具有独特风格的基层管理形态。对"深圳经验"进行系统分析，有助于揭示经过一定程度的经济发展后社会流动加剧、利益分化凸显的社会如何通过社区管理革新来适应并容纳相应的变化，为我国即将或者已经出现类似情况的其他城市提供可资参考的样本。本文从动力、过程、特征三个方面系统性回顾深圳城市社区管理改革，并在此基础上反思改革未完成之议题及未来的挑战。

关键词：社区管理　深圳经验　多样性　行政自觉　创新竞争

深圳作为首个经济特区，一直是中国改革开放的窗口城市。经30年的经济体制改革尝试，深圳已经为整个中国的市场经济体制建设作出了应有的贡献。而且，30年经济发展的成就，使深圳成为新兴大都市，第六次人口

---

[*] 马卫红，深圳大学当代中国政治研究所研究员、深圳大学管理学院公共管理系副教授，主要研究领域：基层治理、社会组织、草根抗争；汪宇慧、王春红，深圳大学管理学院公共管理系硕士研究生。本文是教育部人文社会科学研究青年基金（项目编号11YJC840036）的阶段性成果。

普查的数据显示,深圳已是拥有1.036千万人口的大型城市。就经济方面而言,深圳已经形成自己的产业结构,以高科技为基础,以现代服务业为支点,重点发展现代物流、金融服务和文化产业。然而,作为经济先发展地区,深圳在享受经济增长带来的益处时,也正经历着经济与社会不均衡发展所引起的种种挑战。经济发展与社会发展不均衡是我国近些年面临的主要问题,在社会改革领域,深圳再一次被寄予厚望,成为社会建设和社会管理的试验区和先行者。

近年来深圳的基层社区管理改革在全国引起了广泛关注,不仅因为深圳在基层社会管理创新方面多次获得地方政府创新奖[①],更因为整体而言深圳已形成具有独特风格的基层治理形态,有学者称之为"深圳经验"[②]。对"深圳经验"进行系统分析,可以揭示经过一定程度的经济发展后社会流动加剧、利益分化凸显的社会如何通过社区管理革新来适应并容纳相应的变化,为我国即将或者已经出现类似情况的其他城市提供可资参考的样本。

另外,2009年,《深圳综合配套改革总体方案》提出,在改革方面深圳具有"先行先试"权,尤其是明确了"四个先行先试"。同年,国家民政部和深圳市政府签署了《推进民政事业综合配套改革合作协议》,即著名的"部市协议"。"部市协议"内容共包括34项,基本可以概括为:推进两项改革,建立两项制度,完善两个体系,其中两项改革指的是基层管理体制改革和社会组织登记管理改革。根据合作协议,民政部准备在全国推行的一些重大改革项目和措施将会在深圳先行试验,只有深圳市才有条件、有基础、有能力做好的事项将单独安排先行先试。"部市协议"无疑为深圳今后的改革注入了一支"强心剂"。梳理并反思过往的改革,无疑对正在进行的事业具有重要意义。下文将从动力、过程、特征三个方面系统性回顾深圳城市社区管理改革,并在此基础上反思改革未完成之议题及未来的挑战。

一 推动深圳城市社区管理改革的原动力

2000年以来,国内对城市社区的研究较为关注,不同学科的学者参与

---

① 唐娟:《〈深圳市社区治理结构〉课题成果简介》,深圳社科网:http://www.szass.com/newsinfo_402_11836.html。
② 杨敏:《社会学视野中的社区建设和制度创新——"深圳经验"的一种社会学理论感悟》,《哈尔滨工业大学学报》(社会科学版)2012年第1期。

其中,取得了丰硕成果。研究的主题相当丰富,有关研究从社区结构变迁、社区自治空间发育以及社区资本等角度对城市基层社会转型和社区建设展开了深入探讨,并从不同理论视角阐述了社区管理改革的实践[1]。大体而言,可以把现有对社区改革的理论分析归纳入两个基本框架:国家—社会关系框架和多元行动者框架。在国家—社会关系框架中,常常体现出两种取向:国家政权建设取向和社会自治增长取向,由此出现了以"强"和"弱"的词汇来形容国家和社会在社区管理改革过程中的变化情况[2];在多元行动者框架中,又可见两种路径:要素分析和网络分析[3]。

学界对深圳社区管理改革的理论阐释几乎涉及上述各种观点[4],然而不禁令人思虑到底哪种解释更接近改革之初的原始理念及改革是如何成为可能的。理论阐释多数是事后对实践经验的理性概括,常看重对实践结果的分析,结果并不时时都会体现行动之初的原始动因。而知晓原始改革动力具有重要的意义,因为这能使我们对实践经验有更本真的判断。也正因如此,本文不打算细数对深圳社区管理改革的理论解释,而是分析推动改革的原始动力。

推动深圳进行社区管理改革的原始动力主要可以归结为四个。首先,巩固政府在基层社区的行政权力。这是全国进行社区管理改革的共同动力,主要源于基层社会结构的变迁。对于政府而言,单位体制的消亡意味着旧有城市基层管理手段的失效,亟须寻求新的基层管理手段,而且经济的发展、住房制度的变革使得水平化的组织在基层社区迅速增长,社区内部结构发生了很大变化,社区出现了多元的利益相关者,这些都是政府管理城市面临的根本问题,因此重建社区对政府具有重塑合法性的重要意义。这一点可以从2000年颁布的《民政部关于在全国推进城市社区建设的意见》里得到佐证。同时,现有文献的分析也指出社区建设的动力来源于此[5]。

---

[1] 肖林:《"'社区'研究"与"社区研究"——近年来我国城市社区研究述评》,《社会学研究》2011年第4期。
[2] 参见侯伊莎《激活和谐社会的细胞——"盐田模式"制度研究》,中央编译出版社,2007。
[3] 参见卢爱国《使社区和谐起来:社区公共事务分类治理》,博士学位论文,华中师范大学,2008;夏建中:《治理理论的特点与社区治理研究》,《黑龙江社会科学》2010年第2期。
[4] 参见陈家喜、黄卫平《探索社区和谐的治理之道——南山模式的创新与启示》,《当代中国政治研究报告》(第7辑),社会科学文献出版社,2009。
[5] 耿曙、陈奕伶:《中国大陆的社区治理与政治转型:发展促变或政权维稳?》,《远景基金会季刊》2007年第1期;姚华:《社区自治:自主性空间的缺失与居民参与的困境——以上海市J居委会"议行分设"的实践过程为个案》,《社会科学战线》2010年第8期。

其次，有效解决社区问题、协调各方利益、传递公共服务。深圳作为经济先发展地区，又是大型移民城市，一些社会层面的问题可能会先于其他城市表现出来，因此，在这一层面上深圳所进行的探索具有前沿性和典型性。经济发展与房产私有化汇聚于社区所表现出的是居民在社区内的利益相关度提高，突出表现为与房产有关的利益。正如在深圳所看到的，移民人口占大多数，依靠个人技能和自身优势在经济发达的地区获得不菲的收入，从而一次性置业，购买了属于个人的房产。房子不像其他别的商品，可以购买多个。对绝大多数人来说，一生中只有一套属于自己的房产，因此，人们会更加珍爱并积极维护它。任何可能影响到居民利益的事情都会遭到反抗或抵制。出于对切身利益的维护，这类社区的居民具有较强的自治意识和自治需求。面对此种情况，深圳社区管理改革试图求解如何实现社区多元利益的有序表达，如何重整党和政府、社区组织与居民的角色。这些问题在深圳市南山区的社区建设过程中尤其突出，因此也造就了独特的社区管理"南山模式"[1]。

再次，行政自觉。在我国社会发展的现阶段，行政自觉对于社区管理改革非常必要，它可以从动力和组织体系两个方面推动社区改革。在深圳尤其如此，行政自觉是一种重要动力源，推动了各区的社区管理改革，恰如某学者所言，"'深圳经验'的关键意义在于……有意识地追求一种现代社区"[2]。行政权力在社区是把双刃剑，它有可能成为限制性因素，但也可成为积极因素。所谓行政自觉是指政府对自身所处环境有清醒认识，从而能主动采取行动适应新环境。行政自觉不仅包括政府对行政权的维护，也包括对社区自治权的觉醒。就深圳的实践来看，无论是盐田模式还是南山模式，都表现出了行政自觉这一动力因素。如在盐田区，从社区治理模式的初始建构到其后的再次创新都是依靠政府的推动。组织架构基本上是政府部门在权衡目标实现和手段合理的基础上设计出来的，是一种由上至下的置入式模式建构。盐田模式的建立基于三个主要目的：解决居委会组织定位问题；改善政府在基层的行政执行能力；搭建社区自治的组织载体，从体系框架方面保证前两个目的的实现，同时也是为了更好地适应转型期的基层社会特点，为居

---

[1] 陈家喜、黄卫平：《探索社区和谐的治理之道——南山模式的创新与启示》，《当代中国政治研究报告》（第7辑），社会科学文献出版社，2009。

[2] 杨敏：《社会学视野中的社区建设和制度创新——"深圳经验"的一种社会学理论感悟》，《哈尔滨工业大学学报》（社会科学版）2012年第1期，第21页。

民提供更周全的服务①。

最后,地方创新的竞争与压力。如果说深圳城市社区管理早期改革是为了有效应对社会转型和社会结构变动所产生的管理压力,那么近几年推动基层社区改革的动力主要来源于地方政府创新的竞争和由此带来的压力。笔者在近几年的社区调研中,屡次听到基层官员和管理者因兄弟社区或街道的创新举措得到肯定和嘉奖而自身也不得不绞尽脑汁"创新"的无奈之言。在创新基层社会管理的总体考核要求下,基层社会管理者对自身工作的定位以"创新"为终极目标,因为这一指标决定着他们政绩的优劣。对基层管理者来说,创新意味着"求变"和"差异化",因此形形色色的模式就此产生,不一而足,出现了所谓"一社一色"的多样性②。

二 深圳城市社区管理改革的过程

深圳城市社区管理改革可以从纵、横两个维度来梳理。纵向主要指社区管理体制改革,横向主要指社区管理具体措施和机制。横向的管理改革呈现平面化的发展特点,没有明显的阶段性,且每个时段所采取的具体措施差异性较大;纵向的管理体制改革则具有明显的过程性和一致性。因此,本节主要梳理社区管理体制改革。

深圳社区管理体制改革主要经历了四个阶段:第一个阶段街居体制,主要指从建市到2000年。这一时期,深圳的基层社区管理架构是按照全国通行的城市居委会相关法律在社区成立居委会,同时居委会的角色是行政性和群众性兼有。显而易见,居委会需要承接街道办下放的大量行政任务。在这一时期,居委会是社区内"独大"的组织,它的办公用房、经费以及人员工资待遇都可以通过区财政拨款或街道办事处补助。这种情形类似其他城市,所遇到的部分基层社区管理问题自然也雷同。但是,深圳终究是改革开放的前沿,有不同于其他城市的地方。在社区层面的表现就是,深圳率先出现了商品房小区和物业管理。1980年8月底深圳市第一个商品房小区开始

---

① 马卫红:《现代城市社区行政权与自治权互构的模式与内动力——基于对深圳市"盐田模式"和"南山模式"的分析》,《上海城市管理职业技术学院学报》2009年第3期。
② 唐娟:《〈深圳市社区治理结构〉课题成果简介》,深圳社科网:http://www.szass.com/newsinfo_402_11836.html。

兴建，并实施全新的物业管理；1991年深圳出现了全国第一个业主委员会①。这些社区层面的变化对原有社区管理体制提出了挑战，在深圳，对社区管理体制的实质性改革需要来得更早、压力更大。

第二个阶段"议行分设"，主要指2000~2004年。上文提到，早在20世纪80年代，深圳的社区结构就开始分化，社区组织开始多元化，现实变化迫切要求对原有管理体制进行突破性变革。从90年代末开始，深圳已经有试点社区进行"议行分设"的改革探索，其目的是从根本上解决居委会职能行政化问题。首先，进行"居改社"，即将原有的居民委员会更名为社区居民委员会。这不是简单的更改名称，而是对全市的社区规模进行了调整，重新划分社区。其次，通过"一会两站"式改革来实现"议行分设"，即在社区居委会下面设立社区工作站和社区服务站。居委会作为议事组织对社区重大事务和社区管理行使决策权、监督权；工作站、服务站作为居委会的"执行"机构，分别完成政府委托的行政工作、办理社区自治事务和为民服务②。"议行分设"的改革原本要解除居委会的行政任务，使之专注于居民自治事务，但很显然，"一会两站"的体制设计无法实现这一目标。因为社区工作站虽然承接政府委托的行政工作，但工作站仍然属于居委会的下属分支，这样一来，居委会的行政任务不但没有减轻，反而变本加厉。

第三个阶段"居站分设"，主要指2005~2007年。针对"一会两站"体制运行中出现的新问题，深圳在总结自身和其他城市社区建设成功经验的基础上，于2005年颁布了《深圳市社区建设工作试行办法》。该办法规定社区工作站从社区居委会独立出去，专门承接政府职能部门在社区开展的治安、卫生、人口、计生、文化、法律、环境、科教、民政、就业、维稳综治、离退休人员管理等工作，以及其他由各区政府确定需要进入社区的工作事项；同时积极配合和支持社区居委会或其他社会力量开展便民利民社区服务。这一规定明确了社区工作站和社区居委会的关系，即二者是平行的关系，应互相支持与配合。由社区工作站主要承担政府行政职能、社区居委会主要发挥群众自治功能，至此，深圳具有鲜明特点的"居站分设"社区管理体制得以确立。

第四个阶段"一站多居"，主要指2007~2009年。随着深圳市居住人

---

① 曾宇青：《基层管理体制变迁与社区制的建立》，《特区实践与理论》2010年第2期。
② 祖玉琴：《创新社区管理体制夯实和谐社会基础——浅论深圳市社区管理体制的改革与发展》，http://www.gdmz.gov.cn/oldsite/luntan/2006/0303_36.htm。

口的扩张,在社区层面居委会所辖人口平均为2万,如此庞大的规模不利于居民之间的互动以及对社区活动的参与。2007年,在"居站分设"的基础上,深圳市启动"一站多居"的社区管理体制改革,实现以较大的社区工作站整合社区资源,以较小的居委会方便居民沟通和自治①。

至此,深圳的社区管理体制改革基本完成,但深圳探索社区管理改革的步伐并没有停止,因为现实在不断变化,尤其是深圳在探索行政管理体制改革,与之相适应,基层社区管理体制也会发生相应变化。另外,深圳新设的四个功能区在社区结构、发展阶段等方面都不同于原有行政区,以坪山新区为例,这里有洗脚上田后城市化的样子,也有城乡二元经济模式的并存,这里也是人口比例倒挂明显的区域。作为城市边缘区,坪山新区在地价机制和中心区城市改造的双重影响下,从市中心区迁出的居民和来自其他地区寻求工作机会的外来人口在这里汇集,有各种由于新旧交替、人口增加、社会结构变得复杂而产生的矛盾。这些矛盾随着社会经济的发展,在社区中得到了集中体现:土地整备、环境保护、产业结构调整、基础设施建设,诸多复杂因素形成的冲突让坪山新区在跨越发展的过程中必须从社会建设上谋求新路,在基层社区管理改革方面也会有新的发展。

三 深圳社区管理改革的主要特征

有学者指出,深圳的社区管理改革呈现地方多样性②。这有两层含义:其一,深圳市行政区与行政区之间的社区改革实践具有差异;其二,每个行政区内也存在不同的实践样本。仅就"居站分设"的实施来看,各行政区之间差异明显,大体存在三种形式:一是分离式,即社区工作站与社区居委会各自单独设立,人员完全分离,不交叉任职;二是交叉式,即社区工作站与社区居委会人员部分交叉任职,尤其社区工作站站长通过法定程序当选为社区居委会主任;三是重合式,即社区工作站和社区居委会人员完全一致,"两块牌子,一套人马"③。

---

① 李舒瑜:《社区自治显成效,基层民主开新篇》,《深圳特区报》2010年5月9日A2版。
② 唐娟:《深圳特区三十年:政府主导与多样性的社区治理形态》,《现代物业》2010年第10期。
③ 祖玉琴:《创新社区管理体制夯实和谐社会基础——浅论深圳市社区管理体制的改革与发展》,http://www.gdmz.gov.cn/oldsite/luntan/2006/0303_36.htm。

同一城市的社区改革出现地方多样性并不足奇，因为我国的城市管理历来采取"多管齐下"的策略①，不仅宏观层面的国家治理采取"上下分治"②，地方治理中同样存在上下分治现象，加之地方政府对社区的定位不同，而且所处的经济环境和所面临的管理问题有异，自然就会形成实践中的差异性。深圳的社区管理体制改革从市到区、从区到街道、从街道到社区都有不同的实践形式，难以穷尽，况且这本身仍是个正在进行的过程，因此，本节对深圳社区管理改革的分析不打算以"模式"来归类，而对实践中共同关注的主要议题及其特征加以总结，这些特征也构成了"深圳经验"的内涵。

第一，政社分离，明确政府与社会的基本职能。深圳社区管理的最明显特征就是形成了政社分离的基本形态，从体制和职能上划分了政府和社会的基本边界。行政和自治作为社区建设过程中的两个主导因素，二者的互动主导着全国各地不同的社区建设模式。早期的社区体制改革最关注的是如何平衡基层社区空间内行政和居民自治之间的权力关系。2005年深圳市全面推开了"居站分设"社区体制的改革。在基层社区设立工作站，与居委会是平行关系，相互独立。条件成熟的社区，社区工作站和居委会在工作人员、财务和办公场所等方面实现了完全分开。社区工作站作为街道的派出机构，承担政府在社区的具体行政工作。社区居委会作为居民自治组织，负责社区内部公共事务的管理。社区工作站人员由街道聘用，社区居委会人员由社区居民直接选举产生。为落实居民自治权，居委会下设专门机构——社区服务站，主要承接具体的社区服务工作。特别值得一提的是，盐田区把社区服务站作为民办非企业在区民政局注册，通过政府购买服务的方式促进服务站的运转，同时允许服务站进行有偿服务。

第二，撬动体制资源，疏通矛盾冲突。深圳处在改革开放的最前沿，从20世纪90年代末以来，深圳经历着城市更新和经济转型，这一变迁的社会后果是社会分化突出、利益关系交错和社会结构复杂。各类公共纠纷多发，其中小区物业管理纠纷、市政管理纠纷、劳资纠纷最为突出。为妥善处理各类矛盾冲突和维权纠纷，深圳市形成了特点鲜明的利用现有体制资源的社区

---

① 黄冬娅：《多管齐下的治理策略：国家建设与基层治理变迁的历史图景》，《公共行政评论》2010年第4期。

② 曹正汉：《中国上下分治的治理体制及其稳定机制》，《社会学研究》2011年第1期。

调处机制，如"人大代表工作站"制度，"两代表一委员"制度，"民意表达工作室"等。

第三，善用市场和社区力量，形成多元共治机制。在基层社区管理机制方面，深圳进行了诸多有益的尝试，其总体特点是在政府、市场和社区之间形成相对稳定的组合，通过整合各种资源来促进管理目标的实现。在这种组合中，根据所实现的目标不同，协调和合作的权力安排也不同，不仅是政府机构或者某个官员主导实施，也可能是参与实际管理过程的组织和个人来主导。这样一来，社区管理就不是单纯地由政府自上而下的行政控制过程，而是加入了市场组织和社区组织的力量，形成不同主体之间共同管理社区事务、提供社区服务的机制。深圳以此为特征、较有影响的管理形态有：西乡"花园街区"、桃源居社区公益事业发展基金会、"社工＋义工"联动社区服务、罗湖社区综合治理等。

第四，依赖技术支撑，构建管理网络。由于历史原因，深圳城市管理与社会形态至今仍然带有特区关内外差异的烙印。深圳原特区关外流动人口聚集、社会问题多发，城市管理任务艰巨。面对这一现实问题，关外社区建立了独特的以技术支撑的管理形态。龙岗区的"大综管"模式是典型。"大综管"格局就是利用数字化城管为支撑，通过整合"条块"管理力量，建立一种常态、长效的基层管理机制。这一新格局在保留一定的条块管理部门管理力量的基础上，把各种机动的管理力量和管理资源充分整合，全区统一建立一张大网，划成13张街道中网、147张社区小网，居民小组（或小区）成为工作网，大网包小网，一级套一级。"大综管"实现了资源最优化组合和最大化利用，推动了城市和社区管理的常态化、规范化与精细化[①]。

四　对深圳社区管理改革的反思

上述深圳城市社区管理改革具有鲜明的特点，这些方面为现行基层社区管理的良性运转提供了有效的体制和机制支持。但是，反思深圳社区管理的实际工作会发现其中也有一些问题，大致可归为两类：一类是先前改革未完成之议题，另一类是现实新变化所产生的挑战。这些问题在全国具有代表

---

① 唐娟：《〈深圳市社区治理结构〉课题成果简介》，深圳社科网：http://www.szass.com/newsinfo_402_11836.html。

性，如何应对这些问题应该是进一步改革的方向。

第一，如何理顺社区工作站与社区居委会的关系。按照"居站分设"的理念，社区工作站与社区居委会是合作伙伴关系，二者共同完成社区事务。而笔者在实地调研中却发现，这两个组织之间常出现遇事相互推诿的现象，这种情况在社区工作站和社区居委会分设的社区尤为突出。在"居站分设"体制改革之初，对社区工作站和居委会的主要职责有划分，但彼时的制度安排更多是强调二者的职能"分离"，对如何协作却没有明确的规章可循。实践证明，在社区层面存在一些无法清晰归属是行政事务还是社区事务的事项，另外，在实际的社区工作中无论是行政事务还是社区事务最终都会借助人情化的私人方式来完成。这样一来，二者的工作就有交叉重叠的部分。目前的现实是，需要协作的事项落实得如何要依赖工作站站长和社区居委会主任之间私人关系的好坏，并没有相应的机制来协调或者加以明确。因此，如何更好地解决二者之间的协作是下一步改革需要解决的问题。

第二，如何建立社区行政事务准入机制。从体制设计上看，"居站分设"解决了居委会行政化问题，但由于社区内需要落实的行政事务并未随着社区管理体制改革而减少，且有些行政事务的落实仍需要居委会发挥重要作用，因此，"居站分设"后的居委会并不轻松。笔者认为，建立社区行政事务准入机制可以有效为社区减压，激发活力，并能防止社区重新行政化。2013年初，深圳宝安区发文提出探索建立社区工作站行政事务准入制度，意在理顺政社关系，完善社区管理制度。但截至目前，实践层面和学术界都缺乏对社区行政事务准入制度的关注。今后，如何建立社区行政事务准入机制、通过政府职能转变来理顺基层社区管理体制也是重要的问题之一。

第三，如何使居委会功能再生。从单位制到街居制再到社区制的社会转型使居委会角色和地位经历了"由边缘到中心，再由中心到逐步边缘化"的过程。当前居委会在基层的角色复杂而尴尬，面临多重两难困境：制度与现实、自治与行政、利益表达与基层维稳之间的矛盾与张力使居委会陷入发展危机。居委会功能衰落与角色失调成为社区体制建设的瓶颈，因此居委会如何发展下去是一个亟待解决的现实问题和理论问题。居委会去行政化之后，之前所附带的行政资源也随之转移，导致居委会行政触角被切断、社会末梢又无力延伸的局面。在深圳，有些社区居委会如鱼得水，较好发挥了居民自治功能，但多数社区居委会平凡无奇甚至不为居民所知。因此，居委会的功能再生是一个仍未解决的问题。

第四,业委会在社区管理中如何定位。第一个业委会组织于20世纪90年代初现身深圳,它的出现改变了社区结构和管理形态,这一点毋庸置疑。然而,从全国来看,业委会绝大多数情况下仅仅跟房屋管理相关联,在社区综合性管理中并未发挥重要影响。深圳现行的几种主要社区管理模式对业委会的角色定位也较为含糊。从实践层面来看,业委会不能很好地融入基层社区管理体制也是造成社区矛盾与冲突的根源之一。在未来,深圳作为社区管理改革试点区,或许可以在这些新问题上做出尝试。

第五,防止基层社区管理改革中的"假创新"。"创新"是当下社会建设和社会管理最流行的词汇,全国各地都竞相追赶。如前所述,囿于创新社会管理的评价体系,一些社区或片区仅仅为了创新而创新,导致"假创新"现象产生。"假创新"可以由两个方面来判断:第一,搞运动式创新,走过场、搞形式,一阵风过后创新改革不再继续;第二,新瓶装旧酒,换汤不换药,这种创新不针对实际问题,只在表现形式上做文章。"假创新"不仅消耗体制资源,也会掩盖基层管理中需要解决的真问题。

"后单位制"时代中国城市社区建设和社区整合的困境*

——一个框架性的分析

吴晓林**

摘　要： 随着改革开放的深入，"单位制"逐渐解体，人们的"生产单位"与"生活单位"逐渐分离。"单位人"向"社区人"的转变冲击了原有的组织网络，城市社会整合所面临的群体基础从"集体化的社会"转变为"原子化的个体"，原来所依靠的"控制－依赖"整合逻辑也逐渐失效。在这种背景下，通过社区建设和社区整合来推进"城市社会的再组织化"成为人们关注的议题。一般而言，社区整合需要从合理的资源配置、共同规则的形成和顺畅的沟通参与等方面来发挥作用。但是，"政府与社区关系不顺，导致社区自治力不足，降低了社区在资源配置中的能力"，"社区组织习惯于'二人转'式的封闭治理，制约了与其他草根组织形成共同规则的能力"，以及"居民进行社区参与积极性受到制约"等，使得社区整合能力受到削弱。一个能够很好整合居民的社区，离不开国家力量的支持和社会自组织的成长。

关键词： 社区建设　社区整合　城市社会　单位制

---

* 本文受国家社科基金项目"基于城市社区业主权益维护的社会冲突及其整合机制研究"、中央编译社科基金项目（11B16）、教育部社科青年项目（12YJC810026）、湖南省十二五重点学科建设、湖南省社科基金项目（11YBA333）以及中南大学升华猎英学者项目资助。

** 吴晓林，山东莱阳人，中南大学公共管理学院副教授，中央编译局博士后；主要研究方向：城市治理与社会冲突。

改革开放之前,"单位"是广布于城市社会的组织网络。这些单位不但执行着政府组织的职能,还代表人们的利益,控制人们的行为,并在事实上赋予社会成员权利、身份和地位,成为社会差别的主要依据。"单位现象构成了现代中国社会极其独特的两极结构,一极是权力高度集中的国家和政府,另一极则是大量相对分散和相对封闭的一个个的单位组织。国家对社会的整合与控制,不是直接面对一个一个单独的社会成员,更多地是在这种独特的单位现象的基础上,通过单位来实现的。"① 在独特的历史空间中,中国城市的政治整合与社会整合功能在单位组织中合为一体,形成了高度一体化的政治社会结构。但是随着单位的解体,城市社会整合正在发生深刻变化。

一 "单位制"解体后城市社会整合面临的危机

随着改革开放的启动特别是市场化改革的深入,"单位制"的社会功能逐渐被剥离出来,越来越多的人通过自由市场寻找工作,导致"工作场域"与"生活场域"相分离。特别是借助住宅商品化的改革及"单位分房制"的终结,新型住宅小区迅速扩展,人们不再生活在"体制内的单位",而是更多地进入社区,往往是在这个地方工作,到另外一个地方居住。这种变化,无疑为中国城市社会整合的结构和体系带来了重大挑战。

1. 社会整合所面临的群体基础从集中到分散

随着市场化改革的启动,国家已经不能主导所有资源配置,在体制之外产生了大量的市场组织和社会组织(见图1),人们可以自由地选择职业,"单位人"的数量越来越少。据报道,目前"中国事业单位共有4000万从业人员"②,1987年底,私营企业就业人数仅有360.7万人,到2000年,在私营企业就业的人口增长到2406.5万人,到2008年则达到7904.0万人,占当年全国就业人口的10.2%(见表1)。反之,非单位组织及其就业人员的数量得到了极大的扩充,"非公有制经济已经成为我国国民经济的重要组成部分。目前,全部非公有制经济已占全国GDP的一半以上,占全国GDP增量的2/3;

---

① 李汉林:《中国单位现象与城市社区的整合机制》,《社会学研究》1993年第5期。
② 《中国事业单位改革时间表确定将涉4000万从业者》,中国新闻网,2011年6月2日。

非公有制经济已经成为社会就业的主渠道,在非公有制经济领域的就业人数已经占到城镇全部就业人数的75%以上和新增就业人数的90%"①。2009年底,各类非国有单位的从业人员已占城镇全部从业人员的79.37%。

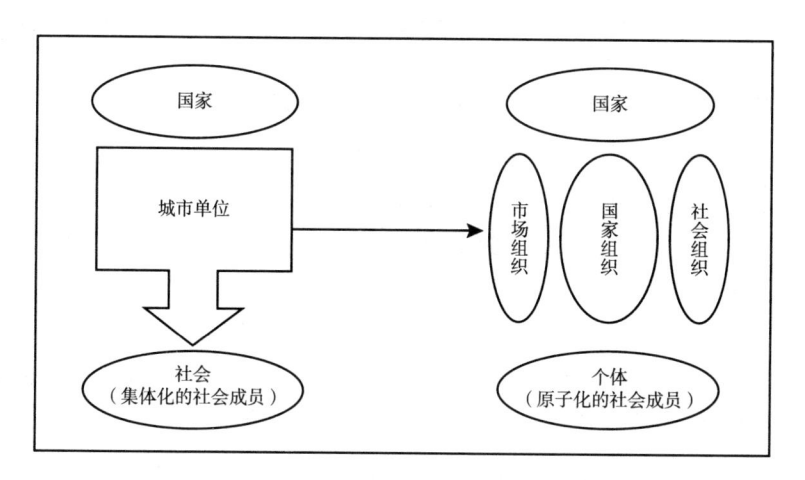

图 1　中国城市组织网络的变化

注：这里的国家包括形成国家政权的所有组织机构。

表 1　2000～2008年中国大陆私营企业发展情况

单位：万个,万人

年份	户数	投资者人数	就业人数	全国就业人口
2000	176.2	395.3	2406.5	71150
2002	243.5	622.8	3409.3	73740
2004	365.1	948.6	5017.3	75200
2006	498.1	1271.7	6586.3	76400
2008	657.4	1507.4	7904.0	77480

与此同时,在单位组织以外,产生了大量的市场组织和社会组织,人们可以自由地选择职业,"单位人"的数量越来越少。也即是说,相比以前人人有单位的社会结构,当前单位在社会的覆盖面大大萎缩了。即使生活在单位体制内,单位的许多社会功能被剥离,国家统一管理和分配资源的格局被打破,人们的需求越来越多地由多种服务主体和形式来实现,因而,对单位

---

① 张厚义:《中国私营企业主阶层成长的新阶段、新情况、新问题》,中国网,2009年1月13日。

的依赖性逐渐下降①。城市居民的"生产单位"和"生活单位"相分离,"生产单位"日益"纯化"为人们追求利益的场所,而社会职能和生活则越来越多地沉积到社区中去了。

这就意味着,原来可以对人们实施无差别化或低差别化的"总体性整合"方式,不能继续发挥作用了,一个最大的转变在于,现在国家要面对的不是集体化的社会成员,而是分散于各个区域、利益极大分化、没有组织依托的"原子化"个体。人们担心,面对重新"原子化"的个体,"分散的单位组织并不能担负起进行利益整合的功能"②。

2. 社会整合所运行的"控制－依赖"逻辑逐渐失效

在单位体制内,国家通过单位集体化地控制同质化的社会成员。人们不但生活、工作在单位里,在思想、政治上都要受到较为严密的组织控制,形成了国家控制单位、单位控制个人,个人依赖单位、单位依赖国家的"控制—依赖"型的整合逻辑。

但是,随着改革开放的启动,人们更多地依靠市场机制改变和确定社会经济地位,即使生活在单位中的人也受到市场机制的刺激。特别是对工作在非单位组织的社会成员来讲,工作场所对他们而言,仅仅是一种利益性结合体,非单位组织对他们仅仅是实施管理、激励、工资发放功能,这与单位组织惯有的"控制、整合、福利分配"等功能有着质的区别。

就单位组织自身而言,"很大一部分单位从单位所有制的行政关系组合转变成以个人为单位的利益关系组合,原有组织内的行政依附关系,人事依附关系变成了契约关系,组织的政治色彩淡化。在单位内人们只有新的利益驱动,而对群体内部以及群体之间形成的利益矛盾,分散的单位组织并不能担负起进行利益整合的功能"③,因而无论是就单位覆盖率还是单位本身的效能而言,原来所实行的"控制－依赖"型整合逻辑不能很好地奏效了。

二 社区建设以及社区整合何以必要?

社会成员由高度整合逐渐走向分散,会引发诸多问题和摩擦。那么,在

---

① 吴晓林:《中国城市社区建设研究述评(2000~2010年)》,《公共管理学报》2012年第1期。
② 庞玉珍:《中国社会结构变迁与新型整合机制的建构》,《社会科学战线》1999年第3期,第206~211页。
③ 庞玉珍:《中国社会结构变迁与新型整合机制的建构》,《社会科学战线》1999年第3期。

"单位制"解体、社会分化越来越明显、社会成员的流动越来越频繁的背景下，什么样的组织可以承担起社会成员再组织化的功能？在城市视域中，人们对社区建设和社区整合的关注随之应声而起。无论人们在何种就业单位工作，都要回到各自生活的社区，因而社区成为不少研究者关注的对象。在德国社会学家腾尼斯看来，"社区是由那些具有共同价值取向的同质人口组成，关系密切，守望相助，疾病相扶，富有人情味的社会关系和社会利益共同体。作为城市社区体制依托的社区包含以下基本要素：人口、地域、经济、社区的专业分工和相互依赖关系、共同的文化与制度、居民的凝聚力与归属感、为社区服务的公共设施"[①]。中国研究者认为，城市社区体制是对单位体制松动之后城市社会整合的又一种制度性选择[②]。实质上，城市社区建设就是在传统单位制解体的过程中对社会进行整合，重新建构一个以"社区制"为主体的治理体系[③]。

1. 社区建设和社区整合是中国社会结构转型的重要依托

社会转型期间，社区建设在社会整合和社会稳定过程中发挥着重要作用。一般而言，加强社区建设和社区整合，具有两个方面的意义。

第一，促进国企改革和政府职能转型。随着国企改革的深入，"企业逐步由'管理型'向'利益型'转变。企业作为追求利益最大化的经济实体，必然要把与经营不相关的社会职能剥离出去，轻装上阵，参与激烈的市场竞争。同时，企业发展需要创造良好的外部环境，职工需要找到为其提供社会服务与保障的承载体"[④]。这些剥离出来的社会职能由谁来承担，职工的服务由谁来满足？由于社会成员的住房、医疗、养老等与社区越来越紧密，社区作为基层社会的重要自治组织，具备相应的承接基础，因而，能够在一定范围内发挥社区服务、缓解基层矛盾、维护社区和谐的功能。如若这些功能被有效承担，"政企分开"、"政社分开"的改革就会得到深化，政府职能就会得到相应的转移。

第二，社区建设和社区整合是维持城市稳定的基础工作。在社会转型过

---

① 《中国大百科全书·社会学》，中国大百科全书出版社，1991，第367页。
② 何亚群、王明生：《单位体制与社区体制：当前我国城市社会整合的二元模式探析》，《广东社会科学》2005年第6期。
③ 徐勇：《"绿色崛起"与"都市突破"——中国城市社区自治与农村村民自治比较》，《学习与探索》2002年第4期。
④ 钟亭华：《社会转型时期城市社区整合机制问题研究》，《江汉论坛》2004年第3期。

程中,"社会人"角色已经远远超过"单位人",下岗人员、新兴社会阶层等大部分游离于单位组织之外,并且社会流动愈加频繁。此外,中国现在正处于城市化加速阶段,就人口分布来看,城市化率由1978年的17.92%,提高到1984年的23.01%,1993年提高到28%,2011年提到51.27%。改革开放至今,城市化率年均增长1个百分点(见表2),城市人口从1982年的21082万人,增加到现在的66558万人,同2000年第五次全国人口普查相比,城镇人口增加207137093人。就增长速度来看,20世纪90年代每年平均新增城市人口1587.3万人,21世纪的前十年每年新增城市人口提高到2067.4万人。可以预期,会有更多的人进入城市生活和工作。国外的历史证明,城市化高速发展、社会阶层全面分化的阶段,也是社会矛盾频发的时期。经济体制改革产生的新阶层和新增的城市移民,肯定会产生各种利益需求甚至摩擦,增加社会服务和社会稳定的压力。"这些新增社会事务,自然而然沉淀到社区。因此,必须加强社区整合机制,提高社区对内外环境或结构变动的适应能力,使其更好地发挥整合功能,将各种社会群体纳入社区服务与管理范畴,为社会稳定和发展服务。"①

表2 中国城市化率变化

单位:%

年份	城市化率	年份	城市化率	年份	城市化率
1978	17.92	1990	26.41	2000	36.22
2005	42.99	2006	43.90	2012	51.27

资料来源:《中国统计年鉴·2009》,中国统计出版社,2009,"表3-1"。

2. 社区建设和社区整合是推动基层自治的重要工作

社区建设是做好社区整合的基本前提。随着单位制的逐渐解体,国家与社会关系发生了根本性的变化。国家逐渐从无所不包的基层社会中退出,越来越多的社会事务由基层组织来承担,这为社会自治组织的发育提供了有利的空间。

要促进社区的发展和增强社区的整合力,就必须发挥社区居民的主动性。在传统社会,"不管是单位制,还是街居制,行政功能都非常突出,命

---

① 钟亭华:《社会转型时期城市社区整合机制问题研究》,《江汉论坛》2004年第3期。

令式的上下级科层色彩浓厚。政府与单位之间、单位与职工之间都是服从与被服从的行政命令关系。市区政府、街道办事处和居委会之间的互动关系也都按照行政命令模式运行。而社区制则强调居民参与，要求社区发展的各项规划、社区建设的实施以及社区事务的处理等都必须体现社区居民的广泛参与，与居民的要求相适应。居民是社区的主体，是社区发展的始终动力源。"① 对个人而言，"原来的单位制和现存的街居制都限制了人的全面发展的要求，而社区制则是回归人性、达到人的全面发展要求的制度设计"②，因而服务于人性发展的社区制，理应发挥居民的主动性和积极性。

社区参与不论是公民个体还是以组织为单位，都是推动公民意识提高和公民社会发育的基本动力。由于市民社会的发育，政治、经济、社会三大领域在城市基层生活中交汇与融合，社区成为政府组织、市场营利性组织、民间非营利性组织共同作用的空间。社区将接替街居，成为居民参与公共事务管理和公益事业建设的主要场所，成为居民社会交往、互惠合作的共同体，成为动员和组织社区成员开展自我管理、自我教育、自我服务和自我约束的组织。③

此外，社区建设也是完善基层治理体系不可或缺的工作。社区建设，就是在党和政府的领导下，依靠社区力量，利用社区资源，强化社区功能，解决社区问题，促进社区政治、经济、文化、环境协调发展，不断提高社区成员生活水平和生活质量的过程。④ 社区整合体现了一种社群主义的价值理念和实践，它与共同体的观念密切相关。⑤ 从一定意义上说，社区制是对单位制、街居制的一种超越和重整。从管理理念上来说，社区制面向全体居民，以居民为主，以人为本，变管理为服务；从管理形式上来说，社区制从强调行政控制转向强调居民参与；从管理目标来说，社区制使政府不再是唯一的管理主体，加强了政府与社区的合作，以达至善治（即良好的治理）。⑥ 善治和社区自治，都取决于政府与社区关系调整、社

---

① 何海兵：《我国城市基层社会管理体制的变迁：从单位制、街居制到社区制》，《管理世界》2003年第6期。
② 何海兵：《我国城市基层社会管理体制的变迁：从单位制、街居制到社区制》，《管理世界》2003年第6期。
③ 郝彦辉、刘威：《制度变迁与社区公共物品生产——从"单位制"到"社区制"》，《城市社会》2006年第5期。
④ 林尚立主编《社区民主与治理：案例研究》，社会科学文献出版社，2003，第2页。
⑤ 沈毅：《社会整合与社区整合》，《天府新论》2007年第4期。
⑥ 俞可平：《治理与善治》，社会科学文献出版社，2000。

区内部吸引力和社区整合能力的大小。要推动社区自治真正良好地运行起来,就必须推动社会建设和社会整合能力的提升。因而,社区建设与社区参与和社区整合是一个共生的过程。

三 社区建设与社区整合的三个难题

社区建设和社区整合是一种由国家自上而下的支持和社会自下而上的参与、内生外生动力共同作用的结果。但是在实际工作中,社区建设和社区整合却遭遇了诸多难题。

1. 社区建设要对社区居民产生怎样的整合力?

就现有的研究来看,社会整合具有六种实现机制①。

一是沟通交往机制。"基于交往理性的主体间商谈和人际沟通可以达成共识,进而可在多元互动的基础上形成新的同一性。"② 有学者的研究就表明:"如果社会交往缺乏的话,破坏性力量就会增长。"③ 大量的文章认为,社会交往有利于提升社会归属感和社会整合度④。

二是规则整合机制。涂尔干是非契约性规则整合机制的倡导人,他将传统文化、宗教、教育等规则视为社会整合的重要机制。在他之后,很多学者也加入支持者的阵营。他们主张"能够在我们文化中产生各种功能性团结、一致和整合的社会变化,将会减少个人的和社会的冲突以及解体"⑤,甚至认为"整合指的就是在文化上与环境内在一致、协调和和谐的图景"。⑥ 宗

---

① 吴晓林:《社会整合理论的起源与发展:国外研究的考察》,《国外理论动态》2013年第1期。
② 〔德〕于尔根·哈贝马斯:《后形而上学思想》,曹卫东、付德根译,译林出版社,2001,第137~169页。
③ Eldon E. Snyder, "A Study in the Development of Social Integration in a New Social Group," *Journal of Educational Sociology*, Vol. 36, No. 4 (Dec., 1962), p. 163.
④ S. Segal, V. Aviram, The Mentally Ill in Community-Based Sheltered Care and Social Integration. New York: Wiley, 1978, p. 33; T. Aubry, J. Myner, Community Integration and Quality of Life: A Comparison of Persons with Psychiatric Disabilities in Housing Programs and Community Residents Who Are Neighbours, *Canadian Journal of Community Mental Health*, Vol. 15, No. 1 (Spring 1996), pp. 5 – 20.
⑤ Benjamin Gregg, *Thick Moralities, Thin Politics: Social Integration Across Communities of Belief*, Durham, NC: Duke University Press, 2003.
⑥ R. Linton, "Cultural and Personality Factors Affecting Economic Growth," B. F. Hostelitz ed., *The Progress of Underdeveloped Areas*, Chicago: University of Chicago Press, 1952, p. 86.

教、共同情感、教育就从属于这种机制。

三是利益整合机制。有学者认为,"家庭作为一个单位,要在考虑到个体成员利益基础上达成共同目标"①;研究工会整合功能的学者将"提供工资和经济安全"作为工会的第一位功能②;研究移民问题的学者发现,一些移民"为了将来的经济利益放弃族群认同,转而整合进西班牙社会"③。

四是交换整合机制。研究表明,人们将组织视为为他们提供保障、安全、身份和威望并以他们的忠诚和风险为回报。④ 就个人之间的关系而言,一个能够为其他人提供有价值的服务的社会成员,能够促使(force)他们放弃防御倾向,换取个人权威。当他为群体成员达到了重要目标,别人就会自觉为其效劳。⑤ 这样整合就成了个人忠诚与组织保障或个体支持之间的交换,交换也因而成为社会整合的一种重要渠道。

五是社会参与机制。艾森斯塔德(S. N. Eisenstadt)认为社会整合就是(移民)个体对接受社会的主要空间的联系和参与⑥。换言之,加强与所处社会的联系和参与是社会整合的机制。"个体对集体的各个方面的具体参与"⑦,其角色越多,表明社会整合和社会联系度越高。"人们通过在志愿组织寻求与他人的常规化的、固定的加盟联合,从而形成对过度流动性社会结构的一种防御机制。"⑧

六是社会控制机制。社会控制是应对社会过度分化或流动过快的一种机

---

① Eugene A. Wilkening, "Changing Farm Technology as Related to Familism, Family Decision Making, and Family Integration," *American Sociological Review*, Vol. 19, (Feb., 1954), pp. 29 – 37.
② William H. Form and H. Kirk Dansereau, "Union Member Orientations and Patterns of Social Integration," *Industrial and Labor Relations Review*, Vol. 11, No. 1 (Oct., 1957), pp. 3 – 12.
③ Herbert S. Klein, "The Social and Economic Integration of Portuguese Immigrants in Brazil in the Late Nineteenth and Twentieth Centuries," *Journal of Latin American Studies*, Vol. 23, No. 2 (May, 1991), pp. 309 – 337.
④ Daniel Druckman, "Nationalism, Patriotism, and Group Loyalty: A Social Psychological Perspective," *Mershon International Studies Review*, Vol. 38, No. 1 (Apr., 1994), pp. 43 – 68.
⑤ Peter M. Blau, "A Theory of Social Integration," *The American Journal of Sociology*, Vol. 65, No. 6 (May, 1960), pp. 545 – 556.
⑥ S. N. Eisenstadt, *The Absorption of Immigrants*, London: Routledge and Kegan Paul, 1954, p. 13.
⑦ Phyllis Moen, Donna Dempster-McClain, Robin M. Williams, Jr., "Social Integration and Longevity: An Event History Analysis of Women's Roles and Resilience," *American Sociological Review*, Vol. 54, No. 4 (Aug., 1989), pp. 635 – 647.
⑧ Clyde and Florence Kluckhohn (1947), "American Culture: Generalized Orientations and Class Patterns," *Conflicts of Power in Modern Culture*, L. Bryson, (Eds.), N. Y.: Harper, p. 249.

制,"它通过对社会资源支出的控制,促进社会成员充分发挥其角色"①,因而有利于实现社会整合的目标。从反面来说,"基于科学规划基础上的理性和控制会将社会摩擦降至最低"②。总之,合理的社会控制在形成社会服从和减低社会冲突上发挥着重要功效。

在社会建设和社区整合过程中,社区要直接处理的是社区与居民之间的关系。就现有的社区组织而言,要发挥对居民的整合力,应该从社区能把握的机制出发,增强社区居民的归属感、推动社区建设,上述六种机制大体可以归纳为资源配置、共同规则和社区参与三个基本框架(见图2)。

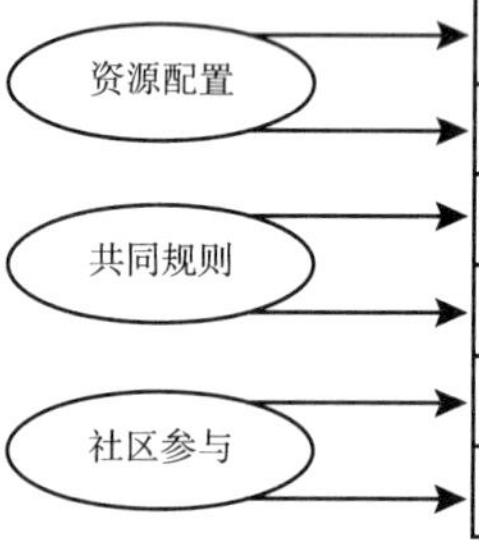

社会整合的机制类型	作用机理
交换整合机制	互相交换→提升社会支持
利益整合机制	利益分配→增强社会吸引
规则整合机制	道德法制→产生社会约束
社会控制机制	社会控制→提高社会服从
沟通交往机制	沟通交往→提升共同情感
社会参与机制	社会参与→加强社会联系

资源配置 → 交换整合机制、利益整合机制
共同规则 → 规则整合机制、社会控制机制
社区参与 → 沟通交往机制、社会参与机制

图2 社区整合的作用机制

2. 社会整合视野下社区建设所面临的三大问题

这里主要从社区整合的视野来考察社区建设面临的问题,也是社区建设未来必须要理顺的三对关系。

第一,政府与社区关系不顺,导致社区自治力不足,降低了社区在资源配置中的能力。在以往的单位体制内,单位代表国家几乎控制了所有资源的分配权,因而形成了公民"控制-依赖"的整合方式。单位逐渐失去社会结构主体地位之后,人们更多地从市场寻找资源,要想赢得社会成员的向心力,必须将其转换为"服务-依赖"的逻辑。但是,由于政府组织对社区组织的行政干预过多,社区对居民提供公共服务的能力和水平受到了极大的限制。

---

① Edward W. Haurek and John P. Clark, "Variants of Integration of Social Control Agencies," *Social Problems*, Vol. 15, No. 1 (Summer, 1967), pp. 46 - 60.
② Read Bain, "Cultural Integration and Social Conflict," *The American Journal of Sociology*, Vol. 44, No. 4 (Jan., 1939), pp. 499 - 509.

按照法律规定，社区居委会是基层群众自治组织，它在"自我管理、自我教育、自我服务、自我监督"上具有主体地位，但是根据《中华人民共和国城市居委会组织法》，城市居委会接受政府及其派出机构的指导，协助政府及其派出机构开展工作，完成政府及其派出机构委托承办的一些政府事务，也是居委会的法定职责。这就决定了社区自治组织具有"对居民服务"和"办理政府业务"的双重功能，二者在社区居委会中的比重如何设置，困扰着社区自治的工作。根据研究，"中国社区居委会这一自治组织行政化的色彩非常浓厚，具体表现在：组织设置功能行政化，社区组织和社区机构的设置体现了政府基层管理的需要，政府各职能部门或派出机构指派的行政任务占居委会工作的80%以上，居委会主要承担行政工作"。① 大量行政事务的承担大大侵占了社区自治的精力，自然也就降低了社区提供公共服务的能力，进一步削弱了社区的吸引力。

第二，社区组织与新兴社会组织关系不顺，不利于共同规则的养成和社区秩序的构建，实际上制约了共同治理的能力。与农村相比，城市社区组织的整合和社区建设存在天然的弱势。首先，农村还具有共同的经济利益维系中介——集体土地，但是单位制逐渐退出之后，城市社区组织已经与经济事务组织相分离，城市社区"现代社会的'分工—合作'体系已经使得城市人的关注焦点移出地域限制而转向他所关心的外部世界"，人们"不再关心和纠缠于居住场所周围的事情，除非这些事情直接与他的利益相关（这也正是当今居住社区关注的工作重点，如安全、卫生、邻里纠纷，等等）"②。其次，"农村自治主体基本上都是自然人。而在城市，除了作为自然人的居民外，还大量存在各种单位和组织。因此，在城市社区自治的制度平台上，法人团体也是自治活动中的重要角色"。③

也就是说，社区组织"共同利益"的链接性并非十分牢固，相反有减弱的趋势。近年来，人们以住房为中心的利益纠纷，已经催生了"业主委员会"组织，基于共同爱好和群体利益形成了其他社会组织，这些组织在实际上分割着社区组织的自治能力，甚至降低了社区组织的公信力和权威

---

① 向德平：《社区组织行政化：表现、原因及对策分析》，《学海》2006年第3期。
② 冯钢：《整合与链合——法人团体在当代社区发展中的地位》，《社会学研究》2002年第4期。
③ 徐勇：《"绿色崛起"与"都市突破"——中国城市社区自治与农村村民自治比较》，《学习与探索》2002年第4期。

性。那么，社区组织仍然乐于局限于居委会与党支部的"二人转"治理形式，还是整合为由社区组织和其他新兴社会组织共同参与的"小品"的共同治理方式，共同形成新的权威的治理规则，是社区基层治理面临的又一紧迫课题。

　　第三，社区组织与社区居民的关系不顺，制约了居民进行社区参与的积极性，也就不利于社区与居民互动，以及掌握社情民意。理论上来看，有意义的参与越多，社区内在凝聚力可能就越强①。而且在法律上，社区被赋予了政治沟通的功能，成为居民社会参与的法律载体。《中华人民共和国城市居委会组织法》规定居委会具有"向人民政府或者它的派出机关反映居民的意见，要求和提出建议"的任务，这本身指出了城市社区组织以利益表达、政治沟通为主要方式的整合功能。因而，在社区空间进行积极参与，并借助于社区组织进行政治沟通，是社区治理的重要内容。

　　但是，一方面由于社区掌握的可供分配的资源较少，另一方面由于社区在民意沟通上缺乏作为，社区参与度并不十分理想。这既是上述两对关系没有理顺的问题的延续，也是社区组织单边主义的结果。有学者对某市的调查显示，"45.9%的被调查者不知道社区居委会，有65.1%的居民反映所在社区存在不文明养狗的现象；31.9%的居民反映所在社区有乱摆乱放、占用公共空间的现象；45.9%的居民认为社区文化活动不丰富，居民普遍认为社区最缺少健康运动服务和针对老人、儿童等弱势群体的专业服务"②。显然，社区建设的乏力，是不利于社区整合和社区发展的。

四　简短的结语

　　加强社区建设是降低社会转型风险、应对城市化挑战的基础工作。一般而言，人们对社区建设的预期，要么是服务于国家政权建设，将其看为"单位"组织的"替代品"；要么将其看为构建"共同体"的重要契机，因而引出本文所论证的课题：如何增强社区对居民的吸引力。实际上，不能将"服务政权建设论"与"社会共同体论"割裂开来。在中国的现实情况下，

---

① 何艳玲：《社区在哪里：城市社区建设走向的规范分析》，《华中师范大学学报》（人文社会科学版）2007年第5期。

② 宋晓强、张永春：《城市社区建设正负效应和优化措施研究——以西安市为例》，《人文杂志》2009年第5期。

脱离国家力量谈社区建设或者建设社会共同体，是不太可能的；当然，借由社区自组织的发展，政权建设和政府转型，也可能找到新的空间。

因而，社区建设和社区整合，既涉及国家行政管理体制改革和政权建设，也涉及城市社会自治和基层治理。本文所引入的社会整合分析框架，基本上是在对既有研究梳理的基础上总结出来的，对于现代社区如何整合居民应当具有一定的解释力。但是，这些分析框架如何应用到中国本土，还需要在实践中得到检验和修正。这些工作，需要在后续调查和研究中继续跟进。

社会管理下的农村社区建设：
模式分析与改革取向*

吴新叶 方小刚**

摘　要：农村社会管理中的社区共同体显示出不规则的差异性。在政府主导下，农村社区改革的模式尚未体现出"公共生活共同体"的本质。尤其是在农民价值主体的归宿、社区整合、公共服务、自治能力等方面，农村社区建设所存在的问题尤为突出。从草根治理逻辑的角度看，未来农村社区改革应该围绕价值取向、公共精神、公共生活、去行政化等思路展开。

关键词：农村社区　模式　价值取向　自治

将农村社区建设纳入政治发展战略，最贴近的高层文献是2003年10月通过的《中共中央关于完善社会主义市场经济体制若干问题的决定》。文件共有三处涉及农村社区服务与社区建设问题。接着，2005年12月党的十六届五中全会通过的《中共中央、国务院关于推进社会主义新农村建设的若干意见》，进一步提出了"生产发展、生活宽裕、乡风文明、村容整洁、管理民主"的二十字原则要求，并逐步成为农村社区建设的内容指南。随后，

---

* 项目来源：国家社科基金"城市化进程中的农村社会管理研究"（09BZZ021）。
** 吴新叶，安徽灵璧人，法学博士，华东政法大学教授、政治学与公共管理学院行政管理教研室主任，硕士生导师，研究方向为基层政治与基层公共管理。方小刚，华东政法大学研究院博士生。

在2006年10月通过的《中共中央关于构建社会主义和谐社会若干重大问题的决定》中,中央首次提出将城乡"社区建设成为管理有序、服务完善、文明祥和的社会生活共同体"的目标,农村社区建设的价值指向遂开始明朗起来。

事实上,理论界早有将社区建设成为"共同体"的吁求。这一学术取向体现了学者们对农村社区建设现状的不满,建议社区建设应该实现从"物化"形态向精神家园社区的转变。那么,在持续的城市化进程中,如何改变固有的生产与生活方式成为农村社区改革的难题。毕竟,农村社区具有特殊性。比如,农村熟人社会中鲜明的差序格局形态深深地影响着社会管理的进程。如何改造农村的生产生活方式才能够使之成为建设"社区共同体"的工具呢?本文试从我国农村社区改革的实践入手,探讨社区共同体的实现路径。

一 村庄重组:农村社区改革的启动

持续而快速的城市化为农村社会管理带来了创新的冲动,而这种动力最初是来自政府而非农村社区的自发实践。在我国,这一改革首先发轫于城乡结合部的社区建设实践,由民政部门牵头发起,基层政府落实,具有典型的政策过程特征。毕竟,城市社区中的高度组织化、规范的运作方式和强大的资源动员能力等治理要素与经验,对农村有关行政部门产生的吸引力还是极为明显的。总结起来,这种社区改革作为我国新农村建设的尝试是在两个层面展开的:一是强调社区的政治性功能,社区建设被拔高到基层政权建设的高度;二是强调社区的社会性功能,着意于实现社会管理的目标。由于有政府明显的介入痕迹,农村社区改革体现出缺乏内生性机制的特征。在实施策略上,农村基层政府将社区改革的突破口定在村庄重组,并在实践中形成了三种不同的改革模式。

模式一:"行政村"更名,组建区域性公共事务管理的自治组织。在官方的文件表述中,也被称为农村居民点的整合,多发生在交通条件较好的乡镇区域,基本上是新瓶装旧酒。在规范的意义上,"行政村"本身并不是准确的文本表达,它体现了我国"强政府"体制下行政力量过度介入的特征,[①]"行政村"并不等同于社区,而是政府干预农村自治的文本表达方式。

---

① 参见吴新叶《农村基层非政府公共组织研究》,北京大学出版社,2006,第110页。

与此相对应的"自然村"则是社会学意义上的农村社区范畴，为农村基层公共生活的空间，具有历史性、自发性和渐进性的特征。根据《中华人民共和国村民委员会组织法》的相关规定，自然村的法理基础是自治的法律规条，而将"行政村"更名为"社区"的做法只是延续了政府介入农村社区的传统做法。合并村的初衷首先是基于资源整合和共享的考虑，促进合作，① 在新农村规划、优化基础设施布局、协调均衡发展等方面具有积极意义。无疑，随着管理者知识素质和管理水平的提高，以及交通和通信技术条件的改善，合并行政村具有历史的合理性和条件基础。比如，在广西农村，由于村民习惯与交往网络等方面的影响，同一自然村的社区认同度远远高于其他类型社区。显然，政府主导下的这一社区建设模式存在着反同质性的特征，不具有"自然村"社区的内生性机制特征，行政干预并未带来绩效提升的结果。

模式二："村改居"，以组织化的方式推动农民市民化。"村改居"源于城中村改造，后推广到经济水平基本具备城市化条件的地区。② 具体内容有三：一是撤销村委会，建制居委会；二是所有村民的户籍属性均转为城市户口；三是农村土地性质由集体所有制转为国有。根据我国的基层自治制度安排，城市设置居委会负责基层民主的组织与实施，因此在特定的意义上，"村改居"只是农村基层组织在城市化进程中的名称变更，其实质并不涉及村民身份及其职业。③ 在一定意义上，"村改居"的社区价值在于缩小了城乡之间的差异，是试图以城市社区替代农村社区的做法，其外生性的特征非常显著。

模式三：成立社区机构，赋予社区组织社会管理的职能。这一改革有别于前两种社区，没有前两种社区那么普遍，而且并不是在经济发达地区或城郊实施的。笔者在安徽宣州农村调查中发现，这一改革存在于普通农村地区，其革新的价值体现在两个方面：一是"社区"的组织变革已经超越了共同体的范畴，演变为治理意义上的组织体制，成为一级管理主体；二是社区功能不是强调"党政经"，而是突出社会管理。具体做法是在社区层面下

---

① 张凤云：《村庄合并：农村合作的一次机遇》，《农民日报》2008年2月20日第2版。
② 刘宇明：《稳步推进"村改居"进程》，《中国社会报》2001年5月11日第3版。
③ 根据国际通行的衡量城市化标准，从事非农业生产的人口比例是核心。由于差异性较大，我国衡量城市化的标准并非是非农业人口的规模，而采用建制镇进行衡量。参见冯邦彦、马星《中国城市化发展水平及省际差异》，《经济经纬》2005年第1期。

设党支部、居委会、"就业和社会保障工作站"三个组织。其中，就业与社会保障工作站具有双重身份，既是社区居民的自治组织，又是县级政府的代理组织，承担政府委托的社会保障管理职能。显然，这类社区改革已经超越了社会学的范畴，演变为一种组织样式，成为农村基层管理的主体。同基层旧体制相比，社区党支部和社区居委会的职能并无本质差异，① 而"就业与社会保障工作站"组织的职责有：贯彻落实国家、省、市的劳动就业、社会保障方面的法规和政策；负责建立社区内下岗失业人员就业档案（包括基本情况、家庭收入、就业情况、培训情况、就业愿望等），并做好跟踪服务；负责发布用工、培训信息，做好求职人员应聘登记、就业培训登记工作，并及时将有关情况反馈；负责为辖区内的下岗失业人员开展职业指导、职业介绍、家政培训、创业培训等就业服务，并督促辖区内各类经济组织、个体劳动者参加社会保险；负责上报与社区的就业服务和社会保险有关的统计数据等。显然，这一改革拓展了社区的内涵，社区实质上已经具备了双重性：一方面，社区仍然保留着传统的社会属性，是人们归属的港湾；另一方面，社区又兼备了代理政府组织的管理属性，演变为一级组织主体，成为参与社区治理的准政府性的公共组织。无疑，这种改革已经突破了自治的范畴。

二 村庄重组的社区化改革：问题及其实质

前文的研究发现，农村社区改革是基层政府推动的结果，具有明显的外力推动型特征，表现有二：一方面，在政府试图实现城乡一体化的各项政策努力中，农村社区建设的最初设计是模仿城市实行社区改革；另一方面，借鉴国外经验，尤其是日本的"并村运动"和韩国的"新农村运动"，实行农村人口相应集中和居住乡村合并的措施，因而为我国政府主导下的社区改革提供了可参照的蓝本。村庄重组的农村社区化改革能够在短期内推广到全国，无疑有其积极性的一面，但存在的问题也非常明显。有研究利用"显性利好"的诸因素分析改革的价值，但同时也对那些被忽视的"隐性弊端"

---

① 这是在安徽宣州某农村的调查发现，该镇设立了社区的机构，社区下辖居委会等基层组织。这里的职能介绍源自该社区的《居民委员会的主要职责与任务》，制定时间2005年4月。

表示了忧虑。① 从社会管理的角度看，这些问题集中表现在以下几个方面。

首先，农民作为社会主体的地位没有得到充分体现。农村社区的硬件水平同城市相比有逐步缩小的趋势，但相应的社会保障或被忽略或明显缩水，这类社区存在边缘化的可能。② 国内有研究将这种排斥农民自主选择的社区化改革称为"被动型城市化"，③ 在某种意义上是"城市建成区"的城市化，而不是农民的市民化。在安徽农村，国家规定的六十岁以上的老人领取养老津贴的规定被地方和基层政府修改为"七十岁以上"，而且附加了很多条件。即使是像上海那样的发达地区，在实行农村社区改革中，也无法彻底实现郊区农民同城市市民社会保障的接轨。④ 在上海，差别化的社会保障"双轨制"（即城保和镇保）本身就表明社会保障存在着非均等化现象。在我国的其他地方，农村即便实现了社区改革，但社会保障的范围和内容均有较大差异，多限于养老和基本医疗保险，社会保障的内容和对象都没有实现全覆盖。⑤

其次，社区整合远未实现，社区共同体目标依然任重道远。国内有学者研究发现，"社会关联度"越强，村民一致行动的能力也就越强，即在解决村庄秩序问题中，村民的集体行动的达成要求村庄规模不能太大，因为小规模群体内部才具有强大的向心力、道德感及流动性不高等条件。⑥ 与此同时，太大规模的社区同社区发展的终极目标是在社区共同体内实现成员在拥有"共同的目标或活动的同时，还有着共同的经历和共同的信念"。"有共同的思维方式和价值体，因此他们可以相互预见并尊重对方行为。"⑦ 如果我们联系我国农村社区化改革的一些做法便能够发现，机械的合并或户籍转变，并不是社区共同体的内涵。笔者在安徽宣城农村的调查发现，在中心镇

---

① 王小军：《乡村社会合村并组之隐忧》，《学习月刊》2008年第1期。
② 许温生：《构建新时期"村改居"社会保障体系》，《经济师》2006年第9期。
③ 万厦、海平：《加速城市化进程中"村改居"的理论与实践探讨》，《社会科学研究》2005年第3期。
④ 上海于2011年7月首次提出城乡一体化的社保改革，将分三个时段逐步推开，到2014年实现城乡的彻底接轨。参见刘栋、唐玮婕《郊区镇保将转为城保》，《文汇报》2011年6月29日。
⑤ 参见黄石市劳动和社会保障局文件《黄石市村改居人员社会保障实施意见》（2006年4月21日），http://www.huangshi.gov.cn/smpd/smbs/asxf/sb/xgzc/200710/t20071031_41469.html。
⑥ 贺雪峰、仝志辉：《论村庄社会关联——兼论村庄秩序的社会基础》，《中国社会科学》2002年第3期。
⑦ 德鲁克基金会：《未来的社区》，中国人民大学出版社，2006，第62页。

周边的农村基本实现了"行政村合并"或"村改居"工作，若干姓氏不一的"自然村"被安排在一个新的居（村）委会中，并不乏各自强调村情的现象，不同的自然村各唱各的调，使行政村合并成貌合神离的拉郎配。更有甚者，合并后的居（村）委会因为协调农村电网改造、道路建设、水管铺设等基础设施不力，而引发了一些新矛盾，导致自来水管网难以贯通。而这一问题在一些发达地区也是存在的，只是矛盾的表现形式不同罢了。比如，在上海浦东的城市化中，不少乡镇的农民抱怨他们的资源优势被合并的落后地区的农民平均分掉了。缺乏对未来的预期（expectation），共同体的使命感没有达成共识，因而产生了成员间的隔阂。从社会资本的角度看，这种失败的整合方式不利于社区发展。

再次，社区公共服务，尤其是文化建设滞后。我国农村社区化改革是在城市化的辐射效应中展开的，各类硬件，特别是基础设施具有很高的水平，但外力推动的社区发展模式无法解决社区内在的本质问题。比较而言，建设中的农村社区存在三个缺憾：一是公共服务具有选择性的特征，具体是排斥外来人员和限制农村户籍成员；二是公共服务供给具有单一化的特征，具体表现为政府是承担主要责任的主体角色，社区民间（社会）组织参与不足，[1] 同时服务内容也多以物质满足为主，个性化服务、精神需求满足不足；三是社区公共服务的运作机制具有自上而下的动员特征，政府的行政力量、事业化机制比较明显，社会组织和社区成员处于被动参与状态。

最后，政府渗透和行政影响力无处不在，社区自治成分和自治能力都有待提高。自主性不足的表现是政府渗透和行政影响无处不在。我国是一个"强政府弱社会"的国家，在政府负责的社会管理模式下，行政力量的强大除了有历史路径依赖的因素之外，也有其合理性。但过度的政府介入并不是社会管理的全部，由此带来的治理矛盾和市场经济冲突将对社会造成更大的分化和不稳定，[2] 现代社会中普遍存在的对政府的不信任就是写照。如何调动社会组织协同和群众参与将是一项长期的任务。值得一提的是，随着社区改革的推进，基层民主的制度化对政府的约束力开始显现，政府直接干预的情况有所改善，政府介入方式大多数采取了间接途径，但社区自治的自主性

---

[1] 张开云：《农村社区公共服务：现实困境与理性选择》，《马克思主义与现实》2010年第1期。

[2] 徐永祥：《社会体制改革与和谐社会建构》，《学习与探索》2005年第6期。

机制仍未形成。

综合判断，这些问题的存在同政府主导下的外生性农村社区建设模式有关。鉴于我国政府主导的历史路径及其惯性，在肯定其积极意义的同时，不得不需要客观地判断这种方式对社区治理产生的消极影响。比如，从公共管理的职能、目标、程序等环节衡量，我国农村的社区治理正走在相对模糊的探索阶段。有些地方甚至实行了"拿来主义"的策略，只要有助于完成上级政府下达的社会管理任务，无论是旧体制的做法还是新社区的机制，都被充分利用。比如，自2006年开始实施的社区导向型扶贫试点项目，覆盖了广西、四川、陕西和内蒙古四省（区）的国家扶贫开发重点县的60个贫困村，项目建设内容主要包括小规模基础设施和公共服务、农村社区发展基金以及社区资源管理和环境改善等内容。① 目前，这一社区导向的发展项目仍在进行中。

从社区治理的有效性角度衡量，类似项目的绩效意义在于应该将扶贫资源的决策权和控制权交给村民群众，以确保农民群众在农村发展和扶贫中的主体作用，充分调动农民的主体积极性、主动性和创造性。在社区发展的层面，就是通过群众自己管理资金，自己负责扶贫项目的申报、决策、实施、管理及监督，提高自我组织、管理、发展和监督的能力，逐步形成长期可持续的自身发展能力，实现贫困地区和贫困人口的共同发展。② 可以肯定的是，随着城市化的不断推进和改革开放的进一步深入，政府主导下的社区建设会增加更多的类似社区项目，农村在获得发展资源的同时，对社会管理的自主性会提出更多要求。无疑，这一社区发展机制尚处于探索阶段，仍然面临着体制和机制的风险，需要在不断探索中加以完善。

必须说明的是，社区绝非简单行政区划意义上的地理社区，农村社区的发展方向应该是村民公共生活的共同体。以此判断，当下农村很多地方正在推广的以村庄合并为主的所谓社区改革只是农村民主治理的起步性探索，而不应该是最终模式。毕竟，农村社区村庄重组不是简单意义上的拼凑组合，而是试图通过乡村社会内部治理模式、运行机制、发展战略等方面的社区治理改革，促进农村社区更具开放性、现代性、民主性，使社区的公共性成为

---

① 卢林仁：《社区主导型发展（CDD）试点项目》，《老区建设》2009年第5期。
② 余茂辉：《社区基金：一种直接帮助贫困者的有效扶贫方式——对安徽省霍山县中荷扶贫项目社区基金的调查》，《中国改革·农村版》2004年第4期。

主导农村公共生活的主旋律。也就是说,农村社区建设的核心是促进村民的自觉参与。

三 农村社区建设的改革取向与实现

经典社会学家认为,随着工业化的深入发展,守望相助的传统社区共同体将消失。① 特别是市场化带来了人们价值观念和行为方式的嬗变,继而带来了思想观念的冲突与价值信仰的危机,因而加强和创新社会管理成为时代的任务。② 从理性的角度讲,社区凭借其独特的草根性、归属感和身份认同的功能优势,是不能也不应该在社会管理中受到忽视的。本文的基本判断是,在可见的未来,社区将扮演农村社会管理的重要空间和功能载体的角色,而且能够长久地发挥作用。但是,现实生活中的社区行政化趋势以及重视物化建设的思路显然不符合农村社区管理的规律。如何引导农村社区改革的方向?如何使社区成为农民公共生活的家园和共同体?

1. 社区共同体建设首要的任务是塑造社区的公共精神

在我国的政治文化传统中,"臣民文化"具有根深蒂固的生命力,③ 动员村民参与社区因而具有革故鼎新的意义与价值。实践证明,要解决农村社区化建设中存在的问题,如果有了村民的参与,将带来事半功倍的效果。④ 动员村民参与的前提是为他们提供参与社区的条件。其中,村民参与意识的主观条件最为根本,也最为迫切。⑤ 尽管快速的城市化给农民带来了不少变革,但在物质需要满足优先的情况下,社区参与意识的滞后也在情理之中。特别是事关社区参与绩效的权利意识、契约意识、规则与程序意识,以及自主管理的意识等,农村社区发展的意识结构仍然需要进一步塑造和培育。同时,农村社会管理所需要的公共精神也是欠缺的,因为社区参与中渗透着国家动员的成分,村民的参与要服从国家动员的机制,国家利益至上观一定程

---

① Robert Ezra Park, *Human Communities: The City and Human Ecology* (NY: The Free Press, 1952), p. 95.
② 许远旺、卢璐:《市场化进程中的社会风险及秩序重建》,《中国社会公共安全报告》2012年第2辑。
③ 张明军等:《当代中国政治社会分析》,中央编译出版社,2008,第152~156页。
④ 杨水凉、谢清海:《厦门完成四十五个村旧村改造和新村建设》,《中国审计报》2008年3月28日第1版。
⑤ 王堂兵、郑国君:《让村民参与解决发展难题》,《雅安日报》2005年5月26日第2版。

度压倒了对社区公共利益的认同，从而导致社区公共事务与公共利益往往处于从属的地位。这种宏观取向在一定程度上忽视了村民的微观追求，如果将国家政治融于社区服务之中，结合社区传统把崇尚社会权利和人的尊严、关注居民权利作为社区发展的目标，那么农村社会管理将迈上一个新的台阶。

从组织管理的角度衡量，我国农村社区发展中的大多数政府行为属于常规性管理和应急性管理，是不能够完全满足农村社区公共管理需要的。作为国家战略的一部分，农村社区承担着建设社会主义新农村的任务，但在农村社区尚不能独立支撑的当下，政府迫切的任务是动员村民参与社区，结合国家战略设定社区自身的战略目标，使社区政策的制定、结构调整、资源配置等方面能够满足村民需要。也就是说，社区发展的终极目标是形成村民公共生活的共同体，体现村民追求守望相助的社区认同感。

2. 社区改革要以村民为价值导向

马克思主义的发展观表明，社会进步是以实现人的自由而全面的发展作为归宿的。当下意识形态中关于以人为本的价值关怀既是马克思主义中国化的发展观，也为农村社区改革指明了发展方向，如果以其他目标（典型的是物质等硬件设施）替代人本的发展观，则可能会带来社区建设价值异化的风险。正是因为我国社区建设中特别强调政府的主导作用，结果导致社区的很多供给不是村民所需或不是村民最为需要的，并在一定程度上抑制了村民参与社区的积极性。因此社区建设应着眼于村民主体的发展，着眼于调动村民主体性的改革。毕竟，人是社区生活的能动性主体，也是价值核心。像城市一样，农村社会发育也存在着"跛脚鸭"现象，即社会与政治、经济发展的失衡现象，因而人在社会管理领域的主体地位处于被忽略，或主体地位尚无法得到充分彰显的窘境，这是历史发展的必然。毋庸置疑的是，这种状况既不能满足城市化的需要，也不是社会管理的方向，特别是在政府主导下的社区化改革过程中，让更多的村民融入农村社区才是彰显社会管理主体性的举措。① 一句话，村民是社区改革的价值归宿，具体体现在以下几个方面。

首先，社区改革要以村民主体为出发点，政府主导下的政策与制度设计要以村民需要为基础来构建公共性的社区认同。② 现实中，政府的很多改革

---

① 吴新叶：《农村社会管理何去何从：整体性治理视角的尝试性解读》，《理论探讨》2013年第2期。
② 李学举：《加强社会建设和管理促进社会和谐与发展》，《求是》2005年第7期。

举措难以得到村民的认同,即使是那些政府自以为具有公共性质的社区推动行为,由于没有照顾到村民切实的利益关切,尽管政府动员很努力,但村民参与的积极性还是不足。其次,社区建设的主体中心取向应该以村民为核心,社区服务应该在为村民提供个性化、公共性的服务上展开。正如前文所述,我国的社区建设是政府主导下的被动发展,政府思维的宏观性、普遍性和平均性在社区服务的供给中得到体现,相应的个性化服务、公共性服务有所缺失。因此,未来农村社区服务应该在留守儿童、养老与保险、环保、村庄秩序等方面有所作为,以彰显主体尊严及其自我价值为核心,把服务延伸到特殊群体,既能够满足村民参与社区的需要,也能够从社区的层面促进村民的个性发展和素质提高。

3. 提高公共生活的质量是农村社区建设的目标

首先,要尊重农村公共生活的传统和规律,社区建设不宜超越农村社区熟人社会的边界。包容是社区有机团结的整合机制,而排斥则相反,不利于社区公共生活的展开。[①] 社会资本理论表明,社区层面的信任、规范和网络等社会资本存量需要长期的积淀,人们在一个拥有丰富社会资本存量的社区内生活,彼此的互动和共识才能更加容易达成。[②] 因此,当下农村社区化中存在的"合并村"、"村改居"等做法,在一定程度上是扩张了农村公共生活的社区边界,而原社区的信任、规范和网络等社会资本体系被打破,社区包容无法同物理上的边界拓展达到同步,最终导致村民内心对社区认同的降低。这是一个需要解决的新问题。

其次,重视发掘农村社区包容性的潜力,共同面对社区发展中的难题。从公共利益的角度看,农村发展中的问题理应最能够激发社区参与的冲动,尤其是关于社区公共利益的重大问题,是每一个成员都无法回避的,村民在参与中才能根本缓解或彻底消除这些问题的严重程度和紧迫程度。[③] 当前,在新农村建设的背景下,特别是当前农村"空心化"的背景下,一些重大问题如社区公共设施、公共事业、社区公共服务,还同时需要面向留守儿

---

① P. Commins, "Poverty and Social Exclusion in Rural Areas: Characteristics, Processes and Research Issues," *Sociologia Ruralis*, 44, 2004: 60 – 75.
② 赵立新:《社会资本与当今农村社会信任——基于一项调查的社会学研究》,《内蒙古社会科学》2005 年第 2 期。
③ 蔡贡民、杜建飞:《七灶村加强民主管理推进新农村建设》,《东方城乡报》2006 年 4 月 6 日第 7 版。

童、老年人、困难群体，以及农村社区内各项便民利民服务所需要的社会救助与社会福利服务等，既是国家重点建设的内容，也是村民共同关注的领域，要唤起村民参与的激情，就必须回归社区的轨道。因此，探讨社区的包容性成长路径是一项长期任务。

最后，有意识培育社区民间组织，改善和丰富社区参与的主体结构。正如前文所述，社区范围的社会组织存在着数量不足、种类不多、质量不高、管理成本高、管理绩效差等诸多问题，其根本原因是各类非法人化的民间组织的欠缺。社区参与理论认为，政府政策应充分考虑参与主体的意愿并赋权其参与全部过程，才能有效调动社区的首创精神，否则将会制约基层民主的制度绩效，不利于提出有效的解决本社区问题的方案。[1] 因此，在我国的制度体系下，解决问题的思路应该围绕国家与农村社会关系的调整展开，让政府在农村社区有效脱身就需要培育成熟的农村社会并有效提升农村社会组织采取集体行动的能力。[2] 在这个意义上，政府管理中存在的功利主义、机会主义和悲观主义等现象，都不利于农村社会组织的成长和发育，应从社区结构的优化角度促进社区发展。

4. 渐进地改革农村社区中的行政化现象

渐进策略是我国农村社区发展的次优选择。对于农村社区发展中的行政化倾向，要有政府退出的战略部署，不宜也无法在短期内一劳永逸地解决。其中，减少直至杜绝向农村社区摊派行政事务，赋予社区村民的自主决策权，国家应该有宏观的制度安排计划表。当前，社会主义新农村建设任务繁重，基层政府的工作思维如果仍然停留在老路上，势必使农村沦为乡镇政府的"腿"。如果使新农村建设的事权同农村社区的决策权结合起来，将社区发展所需要的人员、资源、资金等配置到需要的地方，且能够体现出社区自治的特征，那么农村社会管理势必能够有效提升村民的社区归属感、认同度和参与感。

在经验上，由于我们农村社区改革是在行政力量主导下展开的，因此不乏模式推广的做法。这同国外为治理而进行的政策转换有所不同。[3] 需要注

---

[1] Ruth McAreavey, *Rural Development Theory and Practice: A Critical Analysis* (London: Routledge, 2009), p.139.
[2] 吴新叶：《农村基层非政府公共组织研究》，北京大学出版社，2006，第244页。
[3] Nicolette Van Gestel, Jean-Michel Herbillon, "Changing Modes of Governance in Activation Policies in France and Netherlands: Common Path or Counter Model?" *International Journal of Sociology & Social Policy* 27 (2007): 324 - 333.

意的是，由于基层社区属于法定的自治范畴，政府的介入需采取"变通"的策略。① 类似安徽宣州县级行政部门委托而社区代理的做法，在全国都有代表性。鉴于我国改革的渐进式经验，社区改革应以增量为主，在对原农村社区体制内的存量部分保持原有格局或稍做变革的基础上，主要对社区原体制内的增量部分和体制外的部分进行改革。目前，在类似"社区就业与社会保障工作站"代理服务的绩效不明确的情况下，要丰富社区公共服务、捍卫公共利益和村民权利，将代理组织同政府职能优化、代理公共诉求、分担社会风险结合起来，渐进有序地推进农村社区化的进程。

理论上，任何代理组织都存在"机构化"（agencification）的可能，难免会产生把委托的职能法定化的要求和冲动。② 与此同时，根据政府管理的组织惰性，在设立新的部门前，政府总是要设立代理机构，因为政府需要一个对该项工作负责的组织。这两个因素是导致政府扩张的主观因素，并有可能会影响到农村社区组织体制的未来走势。根据我国基层政治制度的安排，现有的基层治理体制是"乡镇政府－村（居）委会"两级结构模式，乡镇是国家政权机构的最底层，村（居）委会是群众自治的社会性组织。如果不加以规范，社区可能会演化成介于乡镇和居委会之间的一个"准政府组织"，成为一个新的管理层级，即在乡镇政府和居委会之间会多出一个管理层级。在这种情况下，政府职能将会延伸到社区，尽管只是以委托－代理服务的方式实现，但也很可能会产生负面效果，使社区组织演变为政府的"腿"，从而削弱农村社区的自治色彩和自治能力。同时，这同我国的宪政制度和村民自治制度也是背离的。

---

① 这种"变通"或者以"打擦边球"，或者以政策替代等途径实施。从社区改革的角度，这种变通的创新方法是必要的，但也面临着依法行政不力的风险，政策变通需要在可控范围内。

② Derek Gill, "Signposting the Zoo-Form Agencification to a More Principled Choice of Government Organizational Forms," *OECD Journal on Budgeting* (2002).

告别科层？基层群众自治的组织变迁及其困境[*]

刘春荣　汤艳文[**]

摘　要：在过去的 10 年间，我国的城市基层群众自治经历了新一轮的组织再造。制度选择和资源依赖理论可以帮助我们理解其变迁机制。本文试图指出，基层群众自治的组织形式存在着多样性和转换的可能性，不过，制度选择并非完全基于效率和成本的考虑，也受到权力逻辑的支配。基于对上海的基层治理模式变化的经验观察，笔者发现，政府力图通过导入包括社工站在内的组织要素为居委会减负，试图还原居委会作为自治主体的性质，但是居委会并非被动的制度设计的接受者，而是能够积极寻求重建其组织环境的策略行动主体。基层治理中的资源依赖结构深层次约定了自治组织的演化，使得居委会出现了"再行政化"的倾向。这些发现不仅有助于我们深入理解基层组织和制度变迁的逻辑，而且也对一般的制度变迁理论有所启发。

一　导言

20 世纪 90 年代中期以来，中国城市基层社会经历了前所未有的组织更

---

[*] 笔者感谢国家社科基金项目"基层群众自治与行政管理的有效衔接与良性互动研究"的研究资助（项目编号 CZZ008）。
[**] 刘春荣，复旦大学国际关系与公共事务学院；汤艳文，上海大学社会学院。

新与制度变迁过程。在"社区建设"的框架下，国家试图强化居委会这一基层群众自治组织，采取直接选举、导入专业社工服务、强化居民议事制度等措施，使之成为社会治理体制中的一个重要构成。2007 年，中国共产党的十七大报告进一步把以村委会、居委会为组织中心的基层群众自治制度定位为我国民主政治的四项制度之一，强调"政府行政管理与基层群众自治的有机衔接与良性互动"。这一制度再造和功能开发的过程，以及与之相伴的基层治理模式的变化，不仅反映出村委会、居委会在国家治理体系中不断提升的重要性，而且也在一定程度上反映出中国政治的渐进主义发展路径。

城市基层治理制度的变迁总体方向之一，是激活和保障居委会作为法定自治组织的社会属性和自治功能。随着城市转型和管理中心的下移，居委会出现了显著的行政化趋势——它不仅承担了大量的行政事务，而且其组织结构上也出现了不同程度的科层化倾向，从而弱化了居委会作为基层群众自治主体的法理地位。在新时期的社区建设中，理论工作者和社区建设的实际部门感受到了推行自治所面临的各种结构性约束，因此探索出一系列改造居委会、增强社会参与的制度设计。现实中的居委会再造策略是多种多样的，其中令人瞩目的举措包括：开展直接选举、社工站体制的嵌入，以及强化居民议事和代表制度等。① 在此背景下，对这些形态丰富的组织结构和制度变迁的性质、动力和影响进行评估，无疑是一项富有理论意义和政策价值的重大课题。

本文以上海的城市基层自治为经验考察对象，试图描述不同的治理形态，分析居民自治形式的多样性及其演化机制。简言之，国家组织的居民自治可有四种制度选择："科层组织模式"、"社工组织模式"、"公民参与组织模式"以及"群众动员组织模式"。每一种模式都有其赖以存在和运行的条件。然而，要从某种模式过渡到其他任何一种模式，都面临着深层次的制度选择困境。综合制度选择理论（institutional choice theory）和资源依赖理论（resource dependence theory）的观点，有助于我们深入理解政府如何采取另类的自治制度形式。在本文的第三部分，我们结合上海社区建设中社工站体制变迁的案例分析，进一步分析基层自治组织形态转换之困境及其根源。

---

① Chunrong Liu, "Empowered Autonomy: The Politics of Community Governance Innovations in Shanghai," *Chinese Public Administration Review* (March/June 2008): 61 – 71.

二 基层治理的组织形式及其选择逻辑

从中国城市基层治理的发展历程来看,居民自治实际上并不存在一种统一的制度形式。当代中国城市中的街居体制,可以追溯到传统地方社会控制模式中所包含的各种组织形式,这种组织形式强调了家族和血亲关系所发挥的社会自我调控功能。古典政治的基层组织原理在清末民初开始发生本质的变化。在现代化进程中,国家政权开始试图系统地接触和渗透基层社会、提取治理资源,重新界定国家与人民的权利关系,这个被称为"国家缔造"(state making)的历史进程,构成了近代以来城市基层政治发展的主线。不过,这一进程既非顺畅,亦不连贯。尤其是改革开放之后的群众自治组织,其制度形成过程的复杂性和多样性更为鲜明。

(一) 组织形式的差异

面对基层自治组织的复杂性,我们也许可以从自治的组织化、国家的介入程度以及专业化程度,概括出四种理想意义上的自治组织形态:科层组织模式、群众工作模式、社会工作模式和志愿参与模式(见图1)。在科层组织模式中,国家权力通过行政体系全面渗透到基层社区;行政体系通过基层组织建构了社区的社会生活,专业化的部门成为基层社会问题解决的基本结构。科层组织的特征不仅体现为自治事务的领域(来自政府体系),而且也体现为组织形式(组织内部的功能区分和层级结构)。科层组织模式也契合了 Gregory J. Kasza 所说的"行政化的大众组织"(administered mass organization)的概念,它描绘了转型社会主义政体中常见的一种国家与基层个体的联结形式。[①] 通过强调基层组织的行政联系,这种模式能够使得上级政府有效地推行和贯彻其各项政策,帮助更高层级的治理结构保持稳定;同时在基层的行政动员过程中,它也产生了若干结构化的机会与约束,影响着基层民众的利益表达和问题的解决方式。[②]

在群众动员模式中,以居委会为中心的基层组织具有强大的动员能量,

[①] Gregory J. Kasza, *The Conscription Society*: *Administered Mass Organizations* (New Haven, CT: Yale University Press, 1995).

[②] Benjamin Read, *Roots of State*: *Neighborhood Organization in Beijing and Taipei* (Stanford, Calif.: Stanford University Press, 2012).

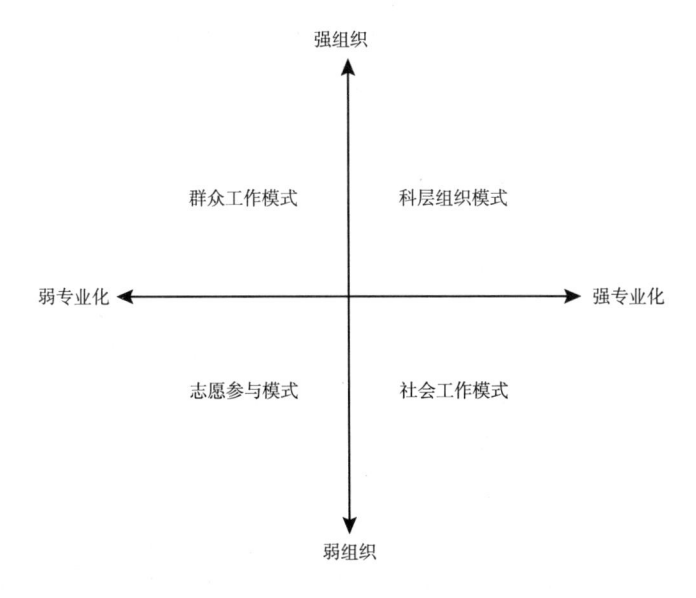

```
                    强组织
                      ↑
                      |
        群众工作模式   |   科层组织模式
                      |
  弱专业化 ←———————————+———————————→ 强专业化
                      |
        志愿参与模式   |   社会工作模式
                      |
                      ↓
                    弱组织
```

图 1　社区自治的组织模式

但是这种组织并不以专业的官僚或干部为依托，而是建立在积极分子和大众参与的基础上。在中国社会主义政治中，群众路线是政策形成和实施的一个重要方法，也是组织群众的传统策略。这一原则形成于延安时期。1941年至1943年，中国共产党在以延安为中心的陕甘宁边区制定实施了包括社会变革、克服官僚主义和动员民众的"群众路线"、"整风运动"、生产运动在内的一系列新政策，这成为共产党推翻国民党政府、建立新中国的基础。正如马克·赛尔登所指出的，群众路线的基本原则就是干部与群众打成一片，同吃、同住、同劳动，通过一起生活达到改造人的目的。它是针对农民社会的问题与缺陷提出来的，同时也考虑到农民积极分子潜在的创造性等因素。① 1949年之后的城市基层治理体制的形成初期，群众路线是一种支配性的治理模式，在城市改造和社会主义政权的巩固中发挥了基础性的作用。

相比之下，社会工作模式和志愿参与模式都是在西方民主体制背景下常见的基层自治形式。社会工作模式的自治主体是专业的社会工作者，他们通常以服务外包等契约形式和合作治理的方式和政府发生联系。而志愿参与模式中，公民自发并自愿参与社区的问题处理过程。从国家与社会的关系角度

---

① 马克·赛尔登：《革命中的中国：延安道路》，魏晓明、冯崇义译，社会科学文献出版社，2002。

而言，这种基层自治形式与政府的联系较弱，它在很大程度上也反映出公民组织相对于国家或政府的独立性。

（二）组织形式的选择逻辑

上述四种理想意义上的自治的组织形式，描述了基层自治组织可能的选择取向。在现实中，还可能存在这些形式的混合形式。那么，不同的自治模式之间发生转换的条件是什么？尤其是，科层组织模式过渡到志愿参与模式是否可能？动力机制是怎样的？对此，经济学中的交易成本理论提供了一系列可供检测和讨论的命题。① 在持这种理论立场的学者看来，政府采取不同的社会介入方式或者选择不同的服务生产模式——比如内部化、外部化或者服务外包等——根本上受制于政府对效率、交易成本或者风险的考虑，而这种交易成本或风险又与合约过程的信息不充分的程度有关。② 学者们进一步分析了服务的性质在制度选择中的作用：随着服务的特定性（specificity）的提升和服务可测量性（measurability）的降低，政府往往会把服务的生产内部化，而不是采取其他选项。此外，制度选择理论还提供了另外的理论命题，在竞争性的市场条件更容易出现的大城市地区（更多的地方政府单位），政府的运作和服务供给更可能是契约式的。换言之，政府越分权，服务的场域越具有竞争性，契约性的组织形式越可能出现。③ 根据制度选择理论，我们可以推测，首先，居委会的科层化组织可能与政府所赋予的行政职能的结构与总量有关：行政事务越多，居委会越容易发展出科层化的组织形式。其次，自治的制度选择也与社区结构、国家与社会的关系形态有关系：社区内部组织结构越多元化，越可能出现契约性的社会工作的组织模式。进而言之，如果居民的自我组织能力很强，社会内生的组织网络越发达，那么政府越可能采取志愿组织形式。这正如一些学者所看到的，政府对社区事务、资源、空间的垄断，使得社区民间组织和社会中介组织发育的空间和资源都相对有限。由于社区民间组织和社会中介组织发育严重滞后，居委会这

---

① Oliver Williamson, *Markets and Hierarchies: Analysis and Antitrust Implications: A Study in the Economics of Internal Organization* (New York: Free Press, 1975).
② James M. Ferris and Elizabeth Graddy, "Organizational Choices for Public Service Supply," *Journal of Law, Economics and Organization* 1 (1994): 126 – 141.
③ Trevor L. Brown and Matthew Potoski, "Transaction Costs and Institutional Explanations for Government Service Production Decisions," *Journal of Public Administration Research and Theory* 4 (2003): 441 – 468.

一法定的群众性自治组织则成为唯一的组织承接后单位制时代的社会管理功能，并在此过程中趋于全能化、行政化。①

然而，效率和成本并非基层制度选择的唯一决定因素。1949年以后对城市草根组织网络的整顿和"格式化"过程，充分说明了政治的考虑比效率的考虑更为重要。实际上，另外一种版本的制度选择理论认为，制度选择实际上是一个政治过程——在这个过程中，政治领域中的行动者发挥了不可忽略的作用。在其对美国政府官僚结构选择的经典研究中，Terry Moe 指出了利益集团、政党和立法者之间的互动和妥协的过程，以及这种过程如何塑造结构选择的结果。② 采取这样的立场去分析地方政府服务供给形式的选择，学者们还关注了城市的历史模式、地方官员的意识形态、官僚集团、政党等因素在制度选择中所发挥的重要作用。③

和交易成本理论相比，政治过程理论提出了组织变迁和制度选择的更为微妙的动态机制。我们认为，在当代的中国城市基层社会，政府是否采取以及如何实现另类的自治形式，这很大程度上也取决于该领域相关行动者的政治互动过程。在城市社区建设的制度场域中，街道办事处受到一定的制度激励，成为自治制度选择的积极设计者；作为自治主体的居委会并非被动的行动者，而是能够在一定的资源依赖结构下，积极主动地重建和管理其制度环境，正是这种策略行动过程内在地约定和塑造了自治的组织样式。这正如 Jeffrey Pfeffer 等人所指出的，组织生存的关键是获取和维持资源的能力，组织由于获取资源的需要而依赖环境，因此组织要生存就必须管理环境的需求。换言之，组织存在着权力策略和能动性，权力而不是理性或者效率决定着组织选择的动力，组织的制度变迁逻辑是为了实现自身的自主性，从而维护组织间的资源依赖关系的稳定。④

---

① 参见桂勇、崔之余《行政化进程中的城市居委会体制变迁——对上海的个案研究》，《华中理工大学学报》2004年第4期；卢爱国、陈伟东：《社区行政化的反思：现实与选择》，《内蒙古社会科学》2008年第3期。
② Terry M. Moe, "The Politics of Bureaucratic Structure," in *Can the Government Govern?*, eds. John E. Chubb and Paul E. Peterson (Washington, DC: Brookings Institution, 1989).
③ Anthony Bertelli, "The Role of Political Ideology in the Structural Design of New Governance Agencies," *Public Administration Review* 66 (2006): 583-95; Antonio F. Tavares and Pedro J. Camoes, "Local Service Delivery Choices in Portugal: A Political Transaction Costs Framework," *Local Government Studies* 33 (2007): 535-53.
④ Jeffrey Pfeffer and Gerald Salancik, *The External Control of Organizations: A Resource Dependence Perspective* (New York, NY: Harper and Row, 1978).

接下来，我们通过对上海市基层治理中"社工站"体制变迁的考察，探讨居委会组织体制的变迁逻辑。基于公民参与的自治组织格式如何可能从既有的街居体制演化出来？在具有"行政化"色彩的上海社区建设模式中考察基层自治组织的演化，这无疑具有很重要的理论意义。结合 L 街道的社工站体制创设和为居委会减负的发展困境，我们试图说明居委会组织行政依附的结构性和制度性的根源。这项研究有助于更好地揭示自治的组织形式选择问题，解释为什么自治的组织形式难以从官僚主义模式过渡到社工组织和志愿参与模式。

三 "社工站"体制观察

（一）基层治理的"科层组织模式"

上海市委市政府在1996年发布的《关于加强街道、居委会建设和社区管理的政策意见》指出："目前，街道、居委会承担的社区管理尤其是市政管理任务越来越重，而随着人民生活水平的提高，社区管理、社区服务的质量与居民生活、工作与学习的关系日益密切。因此，必须建立有效的管理机制，将相应的管理服务责任落实到街道、居委会，形成任务清晰、管理有序、服务完善、治安防范措施落实的社区管理体系，真正寓管理于服务之中。"根据这个意见的精神所形成的"两级政府、三级管理"的体制，力图借助城市管理体制改革推动市、区两级政府及其相关职能部门的权力向街道下放，以街道办事处为主体，强化政府在街道层面的行政权力和行政效能。这一体制把城市管理和社区相结合，以行政整合带动社区整合，旨在形成安定安全的社区秩序、便民利民的社区服务网络和健康向上的社区文化氛围，从而有效缓解随着市场经济发展和城市现代化建设而出现的社会事务向街道沉积，基层管理日显混乱的问题，"街居一体化"也成为上海社区建设模式的鲜明特征。①

在所谓的上海模式中，以"两级政府、三级管理"为体制架构，街道办事处由最初在单位—行政体制中的辅助地位上升到对地区范围公共事务实

---

① 朱巍巍：《社区建设：从探索试验到整体推进——社区建设十年评述》，《中国民政》2001年第8期。

施地域管理的地位。街道办事处地位的变化，意味着"个人作为居民被组织到了区域行政体系之中，而不是作为从业人员被单位所组织"。① 这种发展模式很大程度上是城市社会结构转型和再组织化的一种功能需要。② 在强化街道行政管理角色的同时，上海市也强化了对居委会的建设，力图使"街居体制"在城市转型中发挥"托底"的支持作用。1990年，上海市政府正式下发104号文件，要求将居委会专职干部全部招聘转编为集体事业编制，每个居委会配置两名专职干部。1995年9月，上海市召开居委会工作会议，公开向社会招聘居委会干部，并规定优先从下岗待岗人员中招聘录用。每个居委会配置的两名集体事业编制的干部，待遇参照全民事业编制。1990年8月1日起，他们转为集体编制的居委会干部，全部纳入市社会养老保险体系。1996年，招聘居委会干部的条件为45岁以下、中层干部、党员优先等。截至1996年，上海市每个居委会都基本招聘了两名专职干部。招聘的居委会干部中，下岗待业人员共有1600多名，其中最小的20岁，最大的51岁，平均年龄45岁左右，性别结构则以女性为主。③

因此，20世纪90年代中期以来的上海居委会经历了一次显著的"强制性的制度变迁"。尽管居委会在法理上属于群众自治组织，但是事实上已经具有鲜明的"科层组织模式"的特征。而居委会的行为模式也日益行政化。在上海的调查发现，居委会所承担的工作有十大类近百项，包括环境卫生、社会治安、物业管理、民政帮困、计划生育、纠纷调解、宣传教育、文明达标、收款收费、人口普查等；与居委会工作有关的部门有四十多个，在街道层面上与居委会工作发生联系的职能部门有：街道办事处的民政科、劳动科、社教科、卫生科、城管科、财审科、行政办公室、综合治理办公室、警署、房管办、环卫所、工商所、粮管所、街道医院以及区园林管理所等。另外一项对居委会干部的抽样调查结果表明，有93.3%的居委会干部认为各项事务主要来自街道办事处，相比之下，只有6.7%的人认为来自社区居民。④ 街道对居委会具体工作的考核，往往实行工作年度目标考核。这种考

---

① 费孝通：《对上海社区建设的一点思考：在"组织与体制：上海社区发展理论研讨会"上的讲话》，《社会学研究》2002年第4期。
② Chunrong Liu, "Social Changes and Neighborhood Policy in Shanghai," *Policy and Society* 25 (June 2006): 133 – 55.
③ 转引自郭圣莉《城市社会重构与国家政权建设：建国初期上海国家政权建设分析》，天津人民出版社，2006，第138页。
④ 桂勇：《邻里空间：城市基层的行动、组织和互动》，上海世纪出版集团，2008。

核实际上是街道办事处各个科室对居委会的考核，往往实行年度目标考核。因而，一到年末，居委会就要应接不暇地迎接考核和检查。对上海市嘉定区的十个居委会的调查表明，1996～1997年，居委会共接受上级（不包括市）考核247次，检查434次，验收评比168次，平均每个居委会接受考核、检查、评比42.5次；另外共参加上级召开的会议总数达1790次，平均每个居委会达90人次。①

（二）"社工站"和"选聘分离"体制

为了平衡居民自治与行政管理的关系，在推行"两级政府，三级管理"体制的同时落实"四级网络"，自2000年以来，"去行政化"开始成为上海社区政策的重要导向。围绕强化居民自治的目标，一系列新的制度安排被创造出来，其中值得关注的包括社工站体制、"三会"制度，以及居委会直接选举等。总体上，这些微观的制度创新力图再造居委会，改变其向官僚工作组织演化的轨道，回归其社会属性，使之成为居民自治和参与的组织平台。②

在所有"去行政化"的政策举措中，最值得关注的是"社工站"体制。其基本思路是在居民区治理中导入"社工站"这一新的组织要素，形成所谓的"议行分社，选聘分离"的组织架构，并且发展出新的治理运作机制，以剥离居委会的各类行政性事务（见图2）。③ 在一些基层的探索中，"社工

---

① 参见林尚立《居委会组织建设与社区民主发展》，载上海社会科学联合会编《上海社区发展报告（1996～2000）》，上海大学出版社，2000年，第293页。上海的改革反映了第一轮社区建设中一个普遍的行政化导向，即便是在深圳这样新兴的大城市，基层群众自治的组织形式一开始也具有鲜明的行政导向。从1979年建市之初到2002年，深圳的居委会组织广泛接受委托承担政府职能部门的行政工作，政府给居委会一定数量的专职工作人员名额，这些人员一开始由上级委派，从1995年开始，深圳开始探索居委会民主选举。而居委会办公用房、经费以及人员工资待遇则通过区财政拨款、街道办事处补助、自筹等三种方式来解决，而这其中大多数又以街道补助为主。
② 林尚立：《社区自治中的政党：对党、国家与社会关系的微观考察》，《中国研究》（香港）2002年总第8期。
③ 类似的改革取向也见于深圳以及其他地区。从2002年至2004年，深圳市对全市社区规模进行了调整，重新划分了社区。同时，初步形成了以社区党组织为领导核心，以社区居委会为管理主体，各种民间组织相配套的社区组织体系。在此背景下，深圳市盐田区推行了"议行分设"的社区管理体制，其特点是实行"一会两站"，即在社区居委会下面设立社区工作站和社区服务站。作为议事组织，居委会对社区重大事务和社区管理行使决策权、监督权；而工作站、服务站作为居委会的"执行"机构，分别完成政府委托的行政工作、办理社区自治事务和为民服务。这种社区管理体制试图寻求政府职能转变工作重点下移的载体，进而解决居民自治组织与承担政府行政职能的矛盾。

站"的社区工作者承担起政府在基层社会的行政管理职能，而居委会成为由居民或居民代表选举产生的，以居民意志为取向、服务居民为使命的组织。就各社区组织之间的权力关系而言，街道成为社会工作者的聘用方，属于购买服务的契约关系，而居委会是评议者，社工得对居民代表会议进行年度述职。

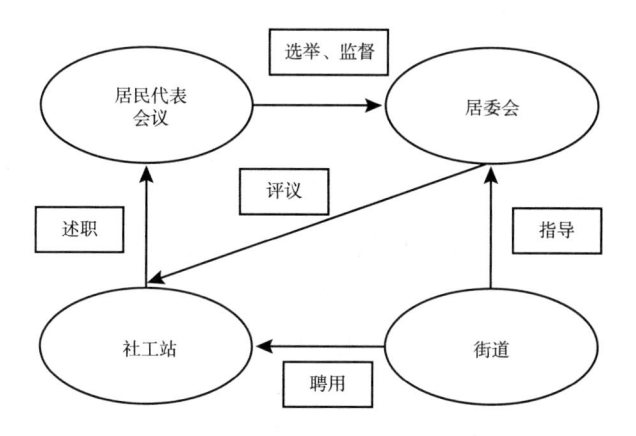

图 2 "议行分社，选聘分离"的组织架构

资料来源：Chunrong Liu, "Social Change and Neighborhood Policy in Shanghai," *Policy and Society* 25（June 2006）。

在实际运作中，社工站作为社区的"执行层"，负责那些繁杂的与本小区居民有关的政府交办的行政事务，配合物业公司认真办理居民的公共事务和公益事业。其人员不一定是本小区居民，作为"上班族"，他们的工资由街道办事处支付；而建立在民选基础上的新居委会则成为"议事层"，居委会成员由那些热心公共事务、在居民中享有一定声望的居民通过选举产生，他们对社工有聘用和监督的权力。在居委会和社工的关系中，街道给社工的工资是由居委会根据社工的劳动数量和质量来分配的，而社工每半年要向居民代表大会进行述职，居委会则要对社工进行年度考核。作为配套措施，街道政府加大了社区工作的专业化和职业化建设，根据不同社区的特点，探索社区工作站和社区自治的最佳搭配方式。①

---

① 需要指出的是，社工站和专业的社工服务机构是不同的。前者的服务范围主要是围绕居委会的工作内容展开的。参见段慧霞、国云丹《居委社工站与社工机构的定位与区别》，《中国社会工作》2009 年第 11 期。

在这方面，上海市闸北区 L 街道从 2003 年 4 月探索的"一站多居"的自治格局，具有相当的典型性。谈到这个制度创建的缘起，L 街道办事处负责人这样描述："我们的工作是为了推进自治。第一步是在 2000～2003 年，那时候我们先建立了义务干部工作制度，就是说我们一个居委会中有 7 个坐班的，另外再加 3 个居民，就是 10 个人坐班，培育居民的参与意识，你马上叫居民做不行的。同时，我们在这个过程中筹备社工站。第二步，从 2003 年开始，我们构建一站多居的格局，每个居委会就 2 个坐班成员。到 2006 年我们就考虑居委会当工作委员会的运作，因为这个时候我们义务干部进来 3 年以后成熟了，接下来要求他们带动其他人。"① 具体而言，"一站多居"首先要求按照人户规模和社区事务总量，按地域就近、事务相当的原则建立"社区事务工作总站"，社工总站是一个具有法人资格的民办非企业，根据地域、人口状态以 3～5 个居委会，6000 户 15000 人口左右的规模将社区划分为四个街区，社工总站在各街区分别建立工作分站，每个分站配备 6 名社工。其次是实现"四个分离"，确保"居、站"相互独立，包括场地分离、人员分离、职责分离、机制分离，对社工站建立起了政府购买服务，契约化、项目化等新管理方式，并初步导入了评估机制和对事务本身的购买机制。②

在社工站的体制中，社工站的工作职责是贯彻落实街道办事处委托承办的各项工作事项和服务；协助居民委员会做好居民区的公共事务和公益性工作；深入群众，并充分利用居民区内的各种资源，为居民群众办实事；定期向街道办事处汇报工作和向居民委员会通报工作，听取意见和建议；建立学习制度、工作制度、财务制度、会议制度、联系居民制度、资料归档制度。从实际中看，社工站共承接了街道各个职能科室的工作约 70 项。其中计划生育条线 15 项，综合治理条线 9 项，民政条线 7 项，群体条线 14 项，文教条线 15 项，救助条线 6 项。

在这些试验性探索的基础上，2006 年，上海市民政局总结并出台了为居委会"减负"的政策。在《上海市社区居民事务工作站规范化建设要求》中，"工作站"被定义为"政府、社会出资购买其服务的非盈利性公益服务

---

① L 街道访谈，2010 年 6 月 6 日。
② 实行"居站分离"的目的是为了避免社工站与居委会在同一居民区的直接比较，这种分离被认为有利于"居"的自治，也有利于"站"更好地提供服务。

组织，具有一定人员规模的工作站应当办理民办非企业单位法人登记"。工作站可以在街道层面设置若干个，实施"多居一站"，也可以进行分类设置。工作站站长应该具有社会工作者国家四级或社工师资格。工作站主要承接政府部门和街道办事处下沉到基层的社会性事务工作，承接从居委会剥离出来的社会性事务，比如协助调解民间纠纷，居民区的保洁、保绿和保安工作等，承接包括为老人服务在内的社区公益性服务。街道办事务、居委会和工作站是委托与被委托的关系。文件中特别强调"要避免将工作站简称街道办事处的下属机构和居委会的工作机构"。

这种制度安排的意图在于推动基层治理的职业化和专业化，促使社区治理结构从传统的科层组织模式转为一种混合的模式，即"社会工作和志愿参与相结合"的模式。从市民政局和街道办事处的立场来看，社工站的制度设计体现了合作治理、服务外包、居民自治的理念，通过社工站对行政事务的分流和项目化运作，有助于促进居委会回归社会属性，真正成为一个公民自主参与的平台。换言之，由于社工站分流了相当一部分的行政事务，居委会可以从体制上突破"行政化"的路径依赖，进入"居民自主参与"的轨道。在 L 街道办事处主任看来，"一站多居模式一旦运作开来，它不仅有助于居委会向下看，对我们科室的很多传统工作作风也有改善作用。为居委会减负，首先就是改革政府部门，因为你必须先弄清楚哪些要交给居委会，哪些要交给社工站。另外社工的一些工作理念，比如'助人自助'也影响到有关科室的工作方式革新"。[①]

（三）居委会的边缘化和"再行政化"

社工站的导入实际上是一种新型的基层组织机制的形成过程，它鲜明地改变了基层治理中的权力结构。对作为法定自治主体的居委会来说，社工站使得传统的官僚自治模式的微观制度环境发生了变化，并改变了居委会的资源汲取模式，直接导致后者在一定程度上被"脱嵌"了。有了社工站以后，居委会和街道的条线以及其他体制内组织之间的制度化关联相对显得更弱。尤其是在居委会直选之后，更多的行政和准行政事务通常是由社工来完成的，这就进一步促使居委会与传统的行政摊派事务脱钩，因而增大了与街道办事处的"行政距离"。街道办事处民政科负责人对此分析指出，"相对于

---

① L 街道访谈，2010 年 6 月 13 日。

居委会来说，社工站有具体、明确的事务，而且这些事务大部分来自街道，社工站来居委会了解情况，暗含两者存在某种上下级关系，给居委会的感觉就是，社工站和街道的关系更为紧密，居委会则被边缘化了。"①

然而，耐人寻味的是，居委会在基层行政管理过程中的边缘化并不意味着它必然真正转型为一种志愿参与的公民组织。面对组织环境的这种变化，居委会采取了一系列能动的策略来排斥社工站，试图与社工站"抢活干"，从而出现了"再行政化"的趋势。对 L 街道的新体制运作的观察表明，自从社工站体制被引入之后，基层治理中出现了某些微妙的冲突。用一位社工站社工的话来说，"如今，居委会的许多事务被剥离出去，那么居委会还需要那么多人吗？但是，居委会的人就有一种自然的反应，认为是我们把事情剥走了，是我们社工抢了他们的饭碗。按照规定，我们是居委会的合作者。我们站里的社工要与居委会干部有联系。于是，他们就有一种感觉，仿佛是我们社工在领导居委会，因为是一个社工对应三五个居委会"。② 田野观察也表明，在新体制下，居委会开始积极排斥社工站，努力合理化并重建其与街道办事处的行政联系。一位居委会委员就抱怨说，"'一站多居'是我们街道的创新，但是这个模式比较超前，并不符合当前的实际情况。实际上，减负不是说减就减的，居民区的事情样样都要管的。居民找上门来，你不能说这个事情我们不管，只要他们在这里，我们就都要管的。不能讲我们减负了，就什么都不管了"。③ 另一位居委会委员则说，"我们的体制是个倒金字塔，从钱、人和地位上来讲，市、区里都是最多的，下来是街道，最底层是居委会，但他们所有的任务都还是要居委会来做。我们名义上是自治组织，还不如直接把我们叫做行政组织"。④

专业化导向的社工站和属地的居委会之间似乎陷入了某种冲突和竞争的关系。为了实现行政管理与居民自治的再平衡，2009 年以后，上海的居委会建设政策开始进行调整，不仅提倡为居委会"减负"，而且强调"增能"，以避免居委会在社区自治事务中流失其影响力和主导权。实际上，2006 年以来，作为对居委会边缘化现象的回应，许多街道在社工站的建设中已经采取了"选聘合一"的方式，即社工站的成员和民选的居委会成员实际上是

---

① L 街道访谈，2010 年 6 月 13 日。
② L 街道访谈，2010 年 5 月 6 日。
③ X 居委会访谈，2010 年 5 月 10 日。
④ X 居委会访谈，2010 年 5 月 12 日。

"两块牌子，一套人马"。新时期的基层自治工作开始强调居委会的自治能力而非"选聘分离"或"议行分设"，目标是重建居委会在基层治理结构中的法定核心地位。①

四 结论与简要讨论

不管是把原来居委会的行政功能转向社工站，还是承接给更为专业化的社工组织，基层治理过程的"社工化"都曾被认为是社区治理的一个积极的改革取向，它为基层治理的专业化和基层自治的社会参与开辟了一个新的空间。在新的体制下，街道对社工站和居委会工作具有指导职能；社工站接受街道办事处委托的社会行政性、服务性、公益性任务，通过整合社会服务资源，让居民享受到更专业的服务；居委会则配合社工站的工作。这种创新模式可以重新整理政府行政管理与居民群众自治之间的关系，从理论上说，它不仅能够促使基层群众自治迈向"社工模式"和"志愿模式"，也能够推进基层行政管理的流程再造和行政服务的专业化水平，甚至有助于提升基层社区的邻里社会资本。② 尤其是在基层政府看来，以社工站取代或者补充居委会在基层治理中的不足，不仅彰显知识化专业化优势，而且能够提高社区工作站的办事效率，节省人力成本。③

本文并不否认通过社工站来促进居委会"去行政化"的合理性，但我们试图展现这一实践过程的动力机制及其复杂性。初步的经验观察展示出基层治理的组织形式选择背后的多重逻辑。建立社工站、为居委会减负，使之从之前的科层组织模式过渡到志愿参与模式，这似乎是基层政府效率和理性逻辑使然。在 L 街道所出现的"一站多居"体制，实际上是按照社工站提供服务的成本、效率和规模进行科学测算，按功能和效率进行合理布局的

---

① 在 2012 年的上海居委会换届选举中，"选聘结合"成为主要的政策指导意见。很多街道在选举之前招聘社区工作者，经过培训，再按照属地原则推荐到居委会，经小组提名作为候选人。

② 刘春荣:《国家介入与邻里社会资本的增生》，《社会学研究》2007 年第 3 期。

③ 另外一个典型的（也许是更为进取的）例子见于天津。从 2011 年起，政府通过"购买服务"、"合同外包"、"项目委托"等形式，委托泰达社会服务中心（民办非企业单位）向居民提供户籍管理、婚姻登记、法律援助、计划生育等 200 多项行政服务，确立了新型的社区管理与服务格局，以实现社区工作内容的标准化、流程化、信息化和可量化，有些媒体称之为"泰达模式"。可参见《泰达社工模式正在叫响全国，以社工站取代居委会》，天津网：http://www.tianjinwe.com/tianjin/tjbh/jmbh/201112/t20111225_4861098.html。

结果。然而，在现实中，这种选择深受权力导向的组织策略行动的影响，因而交织于权力逻辑之中。一些居委会采取"再行政化"的行动策略、"抵制社工站"，这就在很大程度上制约了专业化导向的社工站体制，并使之难以如期运作，结果是基层治理体制选择难以切实地从科层组织模式转换为社工和志愿参与模式。这种现象也契合了已有的一些观察：居委会具有行政权力再生产的倾向，尽管国家赋予居委会以新的组织要素，但是这些要素实际上很难构成组织实质上的改变，更无法形成对于既定组织格局的挑战。[①]

那么，居委会的这种特定的行动策略的根源何在？毋庸置疑，这与相关法律制度的模糊性有关。根据我国的《城市居委会组织法》，居委会有协助政府开展工作的职责，居委会必须协助承担行政性任务（如公共卫生、计划生育、维持治安等）。由于缺乏细节性的法律规范（尤其是《社区法》），这就为政府向基层摊派行政事务以及居委会的行政化取向提供了制度空间。[②] 当然，这种状况也反映出基层治理难以完全进行细致的功能和结构区分。换言之，基层事务的属性决定了治理的专业化取向有其内在的限度。的确，不管是社工站的社工还是居委会成员，都认为决策和执行难以区分，社工和居委会的工作分配是"你中有我，我中有你"，"分工不分家"。除此之外，人们也可以把这种现象归咎于"路径依赖"或者某种自发参与传统的缺失或"志愿精神"的供给不足——正是因为社区内部缺乏自治精神，居委会在被社工站边缘化之后出现行政再依附的态势。

从根本上说，基层治理的这种组织困境，可能还根植于居委会、政府和社区之间在历史上形成的一种特定的非对称性的二元资源依赖结构。一方面，居委会需要从政府那里获得工具性资源，包括办公经费、办公场地，以及居委会成员的工资、福利等；居委会开展工作所需要的一些政治资源，如组织资源（党组织）和行政权威也都来自行政体系。而政府之所以为居委会提供这些资源，乃是因为居委会具有在地化的行政协助之功能。另一方面，居委会需要从社会中获得合法性资源，包括社区居民的参与和认同。两种资源对于居委会都是不可或缺的，而居委会获得合法性资源的前提，就在于能够利用工具性的行政资源为居民的一些公共福利事项提供服务。在居委

---

① 可以参见何艳玲、蔡禾《中国城市基层自治组织的"内卷化"及其成因》，《中山大学学报》2005 年第 5 期；耿敬、姚华：《行政权力的生产与再生产》，《社会学研究》2011 年第 3 期。

② 王邦佐等编《居委会与社区治理》，上海人民出版社，2003。

会与其组织环境之间的这种复杂的、非对称性的资源依赖结构下，社工站的改革反而激发了居委会的再行政化的策略行动，其实质是通过承担更多的行政事务实现自我增权，这可能是基层自治难以真正摆脱"科层组织模式"的根源所在。

实际上，基层治理的实践并不缺乏成功的制度变迁。在组织现实中，自愿的、富有活力的、内源的参与能够摆脱"寡头统治铁律"。① 在资源依赖结构（从而是权威来源结构）发生变化的条件下，居委会告别"科层化"是可能的。组织形式演化存在丰富的差异性，其背后的机制无疑需要进一步加以考量。如同 Paul DiMaggio 等制度主义者所说，制度安排和组织设计并非铁笼，场域中的制度压力未必自然带来组织的顺从行为。② 不管怎样，制度选择理论和资源依赖理论可以帮助我们重新思考和评估组织设计中那些潜在而重要的政治和利益因素。毕竟，在制度选择的过程中，理性或者效率并非决定着组织选择的唯一动力，组织的制度变迁逻辑还包含着复杂的权力逻辑。③ 组织变迁的对象并非被动的客体，而是具有选择能力的、积极维护并再造组织间资源依赖关系的行动主体，这就在一定程度上说明了那些旨在推动居委会去行政化的措施是如何陷入困境的。

---

① 一个富有启发的经典案例是李普塞特等人所研究的国际印刷行业工会。参见 Seymour Martin Lipset, James Coleman, and Martin Trow, *Union Democracy* (New York: The Free Press, 1956)。

② Paul J. DiMaggio and Walter W. Powell, "The Iron Cage Revisited: Institutional Isomorphism and Collective Rationality in Organizational Fields," *American Sociological Review* 48 (1983): 147 - 60.

③ Oliver E. Williamson, *The Economic Institution of Capitalism* (New York: Free Press, 1985); Paul J. DiMaggio and Walter W. Powell, "Introduction", in *The New Institutionalism in Organization Analysis*, Walter W. Powell and Paul J. DiMaggio, eds. (Chicago: University of Chicago Press, 1991)。

居委会治理能力与社区参与*
——基于上海调查数据的经验研究

孙小逸　黄荣贵**

摘　要：本文考察了居委会提供社区服务和组织社团活动等治理能力与社区参与的关系。笔者指出，在讨论居委会治理能力与社区参与两者的关系时，有必要区分社区类型并对其进行具体分析。对上海调查数据的分析发现，在传统社区中，居民对居委会服务效率的评价及居民参与社区社团的经历有助于促进社区参与；在商品房社区中，对居委会服务效率的评价与社区参与无显著关系，但是参与社团的经历有助于促进社区参与。研究发现表明，在社区建设的宏观背景下，适当的国家介入一定程度上能增强居民的社区参与水平。

关键词：治理能力　社区参与　社区服务　社区社团

随着市场经济改革和单位制的解体，福利的供给以及基层社会控制等功能开始向社区转移。同时，城市化的推进使得城市要承担更多的下岗人员、退休人员以及流动人口增多而带来的压力。在此宏观背景下，政府试图通过社区建设运动来重建和加强对城市基层社会的治理，使得城市治理经历一个

---

* 本文为上海市教育委员会科研创新重点项目"社会资本对抗议性集体行动的影响"（项目批准号：13ZS005）的阶段性成果。
** 孙小逸，香港城市大学社会政策系；黄荣贵，复旦大学社会学系。

从"条"向"块"的转型。① 就上海而言，城市基层治理的转型体现在"两级政府，三级管理，四级网络"为基础的体制创新以及与之相关的一系列社区建设实践，即所谓的"上海模式"。在该模式中，居委会发挥了重要的作用，成为城市基层治理的"神经末梢"，② 居委会甚至有"行政化"的趋势。③

居委会的行政化趋势引起了学者们的辩论，其中的一个焦点是：国家的介入究竟会增强还是抑制居民的社区参与？有些学者认为随着居委会承担越来越多的行政职能，其自治的性质会受到损害。④ 该观点的一个潜在推论是：居委会行政化不利于城市基层中"社会"力量的发育。另一些学者则认为，国家的介入和支持是在中国城市提高社区参与的必要条件。由于居民的自治实践尚不成熟，目前中国城市居民需要国家动用基层组织资源将他们团结到一起，并且指导居民自治的学习过程。⑤ 从这个学术争论出发，本文尝试探讨居委会治理能力与社区参与之间的关系。

一 理论回顾和研究假设

早期的社区参与研究主要考察参与者的社会经济地位及人口学特征对参与行为的影响。研究发现，年龄、性别、收入、教育、居住年限及职业（是否退休）等因素很大程度上影响着居民的社区参与。⑥ 年龄较大者（特别是退休者）、女性、社会经济地位较低者的社区参与水平更高。这些因素通过影响居民的闲暇时间量、对社区的依赖程度、与社区居民的人际交往紧密程度等中介变量而影响社区参与水平。最近的研究则表明，社区层面的集

---

① 吴缚龙：《向市场经济转型中的中国城市治理》，《城市研究》2002年第7期。
② 〔美〕本杰明·瑞德：《复兴国家在城市的"神经末梢"》，《中国季刊》2000年第163期。
③ 桂勇、崔之余：《行政化进程中的城市居委会体制变迁——对上海市的个案研究》，《华中理工大学学报》（社会科学版）2000年第3期。
④ 桂勇、崔之余：《行政化进程中的城市居委会体制变迁——对上海市的个案研究》，《华中理工大学学报》（社会科学版）2000年第3期。
⑤ 刘春荣：《社区权力之政治建构：对上海邻里治理形态的比较个案研究》，博士学位论文，香港城市大学，2005。
⑥ 马卫红、黄沁蕾、桂勇：《上海市居民社区参与意愿影响因素分析》，《社会》2000年第6期；王珍宝：《当前我国城市社区参与研究述评》，《社会》2003年第9期。

体性社会资本对社区参与具有不可忽视的影响。①

这些研究指出并检验了社区参与的各种影响因素，同时还暗中指出社区参与同时受个人因素和社会情境因素的影响。② 然而，国家加强城市基层治理实践这一社会情境因素对社区参与的影响尚未得到学者的充分重视。本文认为，由于市民社会的发展尚不成熟，基层参与很大程度上是由国家推动的，有必要探索和理解国家力量对社区参与的影响。这是理解当代基层城市生活（甚至是公民参与）的关键所在。

城市社区一直被学者用来作为探索国家－社会关系的试金石。国家的介入是否有助于提高社区参与？对此，学界仍存在较大的争议。一种观点认为行政力量的介入会降低社区参与水平，阻碍社区自治的发展。实际上，治理创新是一把双刃剑，虽然从表面上看"治理"促进国家和社会之间的合作，事实上很多由国家主导的社会创新在赋权某些社会团体的同时，也排斥和阻碍了其他社会团体的发展。国家通过转变治理结构③、完善社区福利和服务的提供④、巩固党组织在城市基层的地位⑤等治理创新，使市场改革形成的城市基层管理的空白由国家行政力量而非地方自治力量来填补。

另一种观点则认为，城市社区是促进公共参与乃至市民社会形成的摇篮。随着治理理念的广泛传播，国家在推进社区参与式民主上发挥了积极的作用。⑥ 有学者甚至认为"城市社区日益注重居民参与，运作趋向于制度化，并且开始独立于国家控制"。⑦ 类似的，刘春荣的研究发现国家主导的组织创新，比如推动居委会直选或社区协商会议制度，有助于增强地方治理

---

① 黄荣贵、桂勇：《集体性社会资本对社区参与的影响——基于多层次数据的分析》，《社会》2011年第6期。
② 马卫红、黄沁蕾、桂勇：《上海市居民社区参与意愿影响因素分析》，《社会》2000年第6期；黄荣贵、桂勇：《集体性社会资本对社区参与的影响——基于多层次数据的分析》，《社会》2011年第6期。
③ 〔美〕杜蕾斯、科蒂克：《社区实验——中国城市基层的政治改革》，《当代中国》2004年第41期。
④ 黄黎若莲、潘伯纳德：《从服务居民到重新控制城市社会》，《中国信息》2005年第19期。
⑤ 何艳玲：《社区建设运动中的城市基层政权及其权威重建》，《广东社会科学》2006年第1期。
⑥ 李慧凤：《社区治理与社会管理体制创新》，《公共管理学报》2010年第1期；敬乂嘉、刘春荣：《居委会直选与城市基层治理》，《复旦大学学报》（社会科学版）2007年第1期。
⑦ 王剑锋：《社区治理的政治：通过居委会理解中国国家－社会关系》，博士学位论文，西密歇根大学，2005，第308页。

权力。① 国家的治理创新可以促进社区居民"非正式的,公共的,日常的参与"。肖星进一步指出行政权力、社区传统以及精英参与是促进城市社区的社会资本生成的重要动力。②

还有一种观点则认为,社区参与的根本动力是居民与社区的利益联系;在社区利益结构没有发生变化的情况下,国家社区建设的努力并没有对社区参与产生实质性的影响。比如,对上海居委会直接选举的研究指出,由于城市居民与社区之间缺乏实质性的利益关系,居民对直接投票等参与形式是冷漠的;高的投票率是居委会动员③或委托投票④的结果,并不真正反映城市居民的参与意愿。

上述研究主要采取案例研究方法,其观点主要基于个别案例的归纳。大规模调查的缺乏使我们尚未能够判断哪一种观点更加与实际情况相符。在此,本文对上海的调查数据进行统计分析,试图理清居委会的治理能力与社区参与之间的关系。

为了准确理解居委会治理能力与社区参与的关系,有必要简要概括当前基层社区治理的脉络与情境。在市场转型的过程中,我国城市基层社区的治理模式发生了巨大的改变。改革前居委会主要通过"串百家门"的方式和居民建立人情面子关系,并主要借助这种人情关系来动员居民参与社区的活动。如今随着新商品房小区的普及,门禁系统日益森严,居委会干部主动上门与居民建立感情的方式越来越难以适用。同时,城市生活水平的提高,意味着居民业余活动的选择更加多样化,而不仅仅局限于社区空间,从而影响他们社区参与的意愿。如何从过去"走进去"的治理方式转变成将居民从家里"引出来",成为居委会干部面临的一个重大挑战。营造一个能够将居民吸引出来的社区环境是居委会治理能力转型的关键。然而,如何营造一个有吸引力的社区环境取决于社区的类型。为了准确描述治理能力与社区参与的关系,研究者有必要具体考虑不同类型社区(比如商品房小区和传统小区)中居委会所面临的不同挑战。接下来,笔者将具体分析社区服务和社

---

① 刘春荣:《国家和社会资本积累:上海社区协商会议制度的政治》,《中国公共事务季刊》2007年第3期。
② 肖星:《社区资本视角下的城市社区建设》,博士学位论文,上海大学,2007。
③ 桂勇、黄荣贵、李洁瑾、袁静:《直选:是社会资本开发还是行政推销民主?》,《城市管理》2003年第6期。
④ 熊易寒:《社区选举:在政治冷漠与高投票率之间》,《社会》2008年第3期。

区社团建设对社区参与的影响，并提出本文的研究假设。

社区服务是良好社区环境的重要组成部分。在中国城市社会转型的过程中，随着单位制的解体、下岗和退休人员的增多及流动人口的涌入，越来越多的福利功能被抛向社会。自从民政部于20世纪80年代提出"社会福利社会办"的思想以来，社区逐步承接越来越多的福利救助功能。根据国务院2006年下发的《关于加强和改进社区服务工作的意见》，社区服务涉及的范围相当广泛，包括就业、社会保障、社区救助、社区卫生、文体服务及流动人口管理和服务等。上海政府探索社区"三个中心"建设取得明显进展，成为一项重要的民生工程①。居委会良好的服务能力，能够在很大程度上解决居民的实际生活困难，满足居民差异化的需求，从而使得居民对社区产生更强的认同感和归属感。陈福平的研究表明了社区能力建设的重要性：居委会干部通过空巢老人养狗与邻居产生矛盾的现象，深入发现老人养狗的原因是出于精神空虚，从而积极开展了针对空巢老人的社区服务，包括举办文明养犬的讲座、推动空巢老人帮扶结对子，以及通过节假日慰问及帮老人做家务等为老人送去关爱。② 社区服务可能通过"浅互惠"③或者"利益依赖"④等机制影响居民的社区参与水平。

然而，社区服务与社区参与之间的正向关系在商品房小区是否成立值得怀疑。首先，很多商品房小区是中产阶层小区⑤，居民对居委会所提供的社区服务（特别是传统社区服务）的依赖程度非常低。对上海的研究表明，随着小区居民平均收入的提高，小区居民对居委会服务效率的平均满意程度也逐渐降低。⑥ 其次，尽管商品房小区（特别是高档的门禁小区）所在的居委会已经意识到新型社区服务对提高社区治理能力的重要性，它们在发展符合中产住户需求的新型社区服务方面仍处于探索性阶段。社区服务在多大程度上提高其治理能力有待进一步考察。综上，本文的研究假设如下：

---

① "三个中心"是指以社区事务受理服务中心、社区卫生服务中心、社区文化活动中心建设为抓手和突破口，统筹推进社区建设。
② 陈福平：《邻里贫困下的社区服务与能力建设》，《中国行政管理》2013年第2期。
③ 本杰明·瑞德：《中国城市社区的国家、社会网络和公民》，博士学位论文，哈佛大学，2003。
④ 桂勇：《邻里空间：城市基层的行动、组织与互动》，上海书店出版社，2008。
⑤ 托姆博：《城市中产阶级的生产：北京的社会工程》，《中国研究》2004年第51期。
⑥ 孙小逸、黄荣贵：《制度能力与治理绩效——以上海社区为例》，《公共管理学报》2012年第4期。

H1A：在传统社区中，对居委会服务能力满意的居民更有可能到社区参与活动。

H1B：在新商品房小区中，对居委会服务的满意程度与社区参与之间无显著关系。

社区作为一个生活共同体，社会网络和情感认同也是吸引居民参与社区活动的重要因素。居民对社区的情感认同会加强他们对社区事务的责任感，从而促进社区参与。① 杨敏进一步提出志愿性参与和娱乐性参与的概念。志愿性参与主要指社区志愿者（包括离退休党员和楼组长）对社区事务的参与。他们的参与动机主要出于对社区的认同、责任感的驱使，以及对社会主义意识形态的怀旧情绪。娱乐性参与主要指有闲暇和共同兴趣爱好的居民聚合到一起参加一些文体娱乐活动。② 在城市化不断深入，社区共同体逐渐消亡的背景下③，组织社团活动是重建社区内的关系网络和情感认同的重要途径。社团活动可以将居民结合到一起，建立情感的联系，培养对社区的认同。此外，从社会网络的角度来看，参与社区社团为居民提供了了解社区公共事务的渠道，从而促进社区参与。因而，本文提出如下研究假设。

H2A：在传统社区中，参与居委会所组织的社团活动有助于促进社区参与。

H2B：在新商品房小区中，参与居委会所组织的社团活动有助于促进社区参与。

二　数据和方法

本文数据基于对上海居民的入户问卷调查。数据收集工作开展于2006～

---

① 王小章、冯婷：《城市居民的社区参与意愿——对H市的一项问卷调查分析》，《浙江社会科学》2004年第4期。
② 杨敏：《作为国家治理单元的社区》，《社会学研究》2007年第4期。
③ 黎熙元、陈福平：《社区论辩：转型期中国城市社区的形态转变》，《社会学研究》2008年第2期；涂晓芳、汪双凤：《社会资本视域下的社区居民参与研究》，《政治学研究》2008年第3期。

2007年,对象是年满18周岁的上海市常住居民(非上海户口者必须在上海市居住满6个月)。本调查采用多阶段抽样方法,从区-街道-居委会-户-被访者的不同层级进行样本选取。数据包含1681个个案,其中男性占47.3%,女性占52.7%。被访者的平均年龄是45.7岁。

因变量

本研究的因变量是社区参与。本文选择了两个测量指标:"是否在过去3个月中参与过社区活动"以及"是否在过去1年中与小区其他居民一起解决过小区的公共问题"。这两个变量都是两分变量,曾经参与取值为1,否则为0。

自变量

居委会的治理能力有两个测量指标。一个是居民对居委会提供服务的效率的评价。被访者被要求对居委会的服务提供的效率进行评价,选项从1(非常低)到4(很高)。这个变量被当作一个连续变量来处理。另一个是居民参加社区团体的数量。由于仅有少数居民参加多于一个社团,虚拟变量被用来概括居民参与社团的特征:0代表从来没有参加过任何社团的居民,1代表至少参加一个社团的居民。

控制变量

统计分析将控制被访者的社会人口属性的影响,包括性别、年龄、教育程度、退休状态、个人月收入及在小区中居住年限。性别为二元变量(女性=1)。年龄是以年为单位的连续变量。教育程度包括三种类型:小学或以下、初中或高中、大专或以上。教育程度是以虚拟变量的方式引入模型,其中参照群体是"小学或以下"教育程度者。退休状态是一个两分变量,其中退休者为1,其他为0。根据现有文献的研究发现[①],居住年限重新编码为两分变量:居住年数少于6者取值为0,大于6者取值为1。

分析方法

由于因变量是二元变量,本文主要采用Logistic回归模型。与前文的分

---

① 王珍宝:《当前我国城市社区参与研究述评》,《社会》2003年第9期。

析思路和研究假设相一致，笔者对传统社区居民和商品房社区居民的两个子样本分别建立模型。

三 经验发现

受访居民的平均年龄是45.7岁，女性比例为52.7%，退休比例是32.5%，在小区中居住时间超过6年的被访者占52.5%。被访者的个人月收入平均值约为3860元。就教育程度而言，7.04%的被访者教育程度为小学或以下，49.28%的被访者具有初中或高中学历，而43.68%的被访者具有大专或以上学历。约23.0%的居民在过去3个月曾经参与社区活动。24.2%的居民在过去一年曾经与小区其他居民一起解决过小区的公共问题。对居委会服务效率的评价的平均得分为2.8，评价较为正面。9.5%的被访者参与社区社团活动。值得一提的是，这些参与社区社团的被访者中仅有一半左右的人是居委会的楼组长，另一半则是普通的居民。

表1 样本特征描述（N=1681）

	平均数	标准差	最小值	最大值
因变量				
参与社区活动	0.230	0.421	0	1
解决社区问题	0.242	0.428	0	1
自变量				
对居委会服务效率评价	2.80	0.75	1	4
参与社团（参与=1）	0.095	0.294	0	1
控制变量				
年龄	45.7	17.1	18	90
性别（女性=1）	0.527	0.499	0	1
退休状态（退休=1）	0.325	0.468	0	1
居住时间（6年以上=1）	0.525	0.500	0	1
月收入（单位：千元）	3.860	5.597	0	20
	取值	频数		百分比
教育程度	小学或以下	117		7.04
	初中或高中	819		49.28
	大专或以上	726		43.68

参与社区活动的影响因素

统计分析结果表明（模型1），在传统社区中，居住时间超过6年的居民、女性以及退休者更有可能参与社区活动。退休居民比在职居民更有可能参与社区活动这一发现与过往研究的结论基本一致：退休居民有更多的时间，同时也需要通过社区这个平台来缓解退休生活的空虚寂寞或者来寻找集体归属感。[1] 就教育程度而言，中等学历者（初中或高中）和高学历者（大专或以上）参与社区活动的水平远大于低学历者的参与水平。年龄与个人月收入的影响并不显著。如果被访者对居委会服务效率的评价比较高，则更有可能参与社区活动。参与社区社团的居民更有可能参与社区活动。因此，就参与社区活动这一指标而言，研究假设H1A和H2A得到支持。

在商品房小区中（模型2），居民是否参与社区活动与自身人口学特征无显著关系。居民对居委会效率的评价和参与社区活动也无显著关系。然而，参与社区社团的居民更有可能参与社区活动。因此，就参与社区活动这一指标而言，研究假设H1B和H2B得到支持。

参与解决社区公共问题的影响因素

统计分析发现（模型3），在传统小区中，居住年限大于6年的居民更有可能参与解决社区公共问题。中等学历者参与解决社区公共问题的概率远大于低学历和高学历者。除居住年限和教育程度外，年龄、性别、退休以及个人月收入与参与解决公共问题之间均无显著关系。被访者对居委会效率的评价、参与社区社团有助于提高被访者参与解决社区公共问题的概率。对居委会服务效率的评价得分每提高一单位，被访者参与解决公共问题的概率提高35%。[2] 与无参与社团经历的被访者相比，具有参与社区社团经历的被访者参与解决公共问题的概率将提高78%。[3] 因此，研究假设H1A和H2A得到支持。

---

[1] 杨敏：《作为国家治理单元的社区》，《社会学研究》2007年第4期；郭圣莉：《加入核心团队：社区选举的合意机制及其运作基础分析》，《公共行政评论》2010年第1期。

[2] [exp(0.302) −1] *100%

[3] [exp(1.023) −1] *100%

在商品房小区中(模型4),女性参与解决社区公共问题的可能性比较低。与男性相比,女性参与的概率要低44.5%。[①] 除了性别这个因素以外,其他人口学特征均不显著。被访者对居委会服务效率的评价与参与解决公共问题之间不存在显著的关系。然而,具有社区社团参与经历的居民参与解决公共问题的概率远远高于无社团参与经历者。因此,研究假设H1B和H2B得到支持。

表2 社区参与的影响因素:Logistic回归分析

	参与活动		解决公共问题	
	传统小区(M1)	商品房小区(M2)	传统小区(M3)	商品房小区(M4)
居住时间(>6年)	0.496**	0.339	0.314*	0.395
	(0.173)	(0.385)	(0.157)	(0.362)
年龄	-0.00957	0.0171	0.00346	-0.000426
	(0.00713)	(0.0137)	(0.00637)	(0.0131)
女性	0.364*	-0.247	0.183	-0.588*
	(0.161)	(0.312)	(0.148)	(0.294)
教育:小学或以下				
初中或高中	0.768*	14.25	0.627*	-1.305
	(0.300)	(1255.7)	(0.270)	(1.071)
大专或以上	0.822*	14.20	0.445	-1.422
	(0.337)	(1255.7)	(0.304)	(1.050)
退休	0.839***	-0.182	0.165	-0.304
	(0.233)	(0.499)	(0.208)	(0.492)
月收入(千元/月)	-0.0186	-0.00993	-0.00754	-0.00550
	(0.0215)	(0.0254)	(0.0189)	(0.0239)
居委会效率	0.451***	0.387	0.302**	0.0920
	(0.111)	(0.215)	(0.0988)	(0.192)
参与社区社团	2.040***	1.935***	1.023***	1.482**
	(0.226)	(0.477)	(0.205)	(0.466)
常数项	-3.779***	-17.23	-3.066***	0.283
	(0.593)	(1255.7)	(0.532)	(1.286)
样本量	1130	278	1136	274
对数似然值	-540.5	-137.5	-619.5	-151.8

注:$*p<0.05$,$**p<0.01$,$***p<0.001$。

---

① $[1-\exp(-0.588)]*100\%$

四 结论和讨论

本文旨在探讨社区参与的影响因素，其中一个焦点是居委会治理能力的效应。通过探讨居委会治理能力相关的指标——社区服务效率、组织和创建社区社团——与社区参与的关系，笔者试图间接地回应学者对"国家介入是否有利于促进社区参与"这一问题的争论。

本文指出，在讨论居委会治理能力与社区参与两者间关系时，有必要区分社区类型分别进行探讨。对传统社区的分析表明，居民对居委会服务效率的评价有助于促进社区参与。类似的，居委会通过创建和组织社区团体，为居民提供参与的机会和了解社区公共事务的渠道，从而促进居民参与社区活动或参与解决社区公共问题。在商品房社区中，居委会治理能力与社区参与的关系相对复杂。一方面，居民对居委会服务效率的评价与社区参与没有显著的关系；另一方面，参与社区社团有助于促进社区参与。这意味着居委会可以通过创建和组织社区团体等方式提升社区参与水平。

上述结果似乎表明，当市民社会尚未发育成熟时，居民的参与和自治离不开国家的培育。当居委会具有较强的治理能力，能够为居民提供一个有利的社区环境时，它们将有能力将居民从家里吸引出来。比如，尽管社区社团是由居委会干部发起、由居委会支持和协助（如提供场地），但社区社团还是以居民志趣相投为基础，以居民自我管理为主要模式。在此过程中，居民可以增强彼此之间的交流，积累一定的社会资本，并学会如何面对社区的公共问题。总的来说，本研究在一定程度上支持适当的国家参与对社区参与有积极的影响这一观点。[①] 然而，本文的研究结果并不否定"基于理性选择的利益理论"[②]，研究者不能完全忽视国家支持对参与的影响取决于居民与社区的利益联系这一观点。作为基层治理的主体，居委会有必要从居民的需求出发，为居民提供合适的社区服务，提高自身的治理能力。考虑到传统动员手段的局限性（比如，门禁小区使面对面动员变得更不容易），以社区社团建设和"社区服务"为核心的实践可能是未来加强社区治理的关键，而是

---

① 刘春荣：《国家和社会资本积累：上海社区协商会议制度的政治》，《中国公共事务季刊》2007年第3期。

② 黄荣贵、桂勇：《集体性社会资本对社区参与的影响——基于多层次数据的分析》，《社会》2011年第6期。

否能够提供适合居民需求的服务则是居委会（特别是新商品房社区居委会）所面临的重要挑战。

居民人口学/社会经济地位特征对社区参与的影响也取决于社区类型：①在传统小区中，居住年数对社区参与具有积极影响。在新商品房中，居住年限与社区参与无显著关系。一种可能是：在新商品房小区中，绝大部分居民的居住时间尚比较短。随着在新商品房小区居住的时间增加，情况可能会有所改变。②虽然传统社区的女性更有可能参与社区活动，但新商品房社区中的男性更有可能参与解决社区公共问题。一种可能的解释是：新商品房小区居民更有可能面临与财产、物业相关的纠纷，而这些纠纷的解决需要更高水平的谈判、组织能力，需要更多的社区外的社会联系；在此过程中，男性居民更具有优势。这一发现也支持了黄荣贵与桂勇①的观点，即社区参与研究应该注意区分不同的参与类型。③文献中经常提到的退休状态这一变量仅影响传统社区中的社区参与活动，对商品房小区的社区参与和解决公共问题均不存在显著的影响。④文献经常提到的年龄、个人收入等变量对社区参与也没有显著的影响。一种可能的解释是，部分人口学/社会经济地位特征对社区参与的影响以居委会的治理能力为中介机制。只有当居委会提供一个有吸引力的社区平台，比如完善的社区服务或丰富的社团活动时，才有可能增加特定群体（如退休者、长者）的社区参与。一旦控制了居委会的社区治理能力，这些人口学/社会经济地位特征的影响将大大减弱。另一种解释是，随着住房改革和门禁小区出现等宏观社会变化，当前邻里空间的性质正在逐渐发生转变。至于哪种理解更加切合实际，则有待进一步的研究。

本研究具有如下局限：首先，仅分析了上海的调查数据，其发现在多大程度上具有普遍性需要进一步研究。其次，仅探讨了居民对居委会服务效率的评价以及参与社区社团经历对社区参与的影响，并没有直接测量居委会治理能力对居民社区参与的影响。未来的研究需要采取多层次模型直接检验居委会的客观治理能力与居民社区参与行为之间的关系。

---

① 黄荣贵、桂勇：《集体性社会资本对社区参与的影响——基于多层次数据的分析》，《社会》2011年第6期。

政策分析与发展

政策试点是如何进行的？
——对于试点一般过程的描述性分析*

周　望**

摘　要："政策试点"是中国治理实践中所特有的一种政策测试与创新机制。作为在中国"土生土长"起来的一项治国理政策略和政策方法论工具，"政策试点"经过长期的实践沉淀，已经在操作过程中形成了一整套相对稳定的程序和自成系统的做法。"政策试点"的整个运作过程可归纳为"两阶段十环节"，即"先试先行"和"由点到面"这前后两个阶段，以及分别与之对应的选点、组织、设计、督导、宣传、评估和部署、扩点、交流、总结等10个环节。

关键词：政策试点　政策过程　改革开放

"政策试点"，是中国治理实践中所特有的一种政策测试与创新机制，具体包括各种形式的试点项目、试验区等。作为在中国"土生土长"起来

---

* 基金项目：中央高校基本科研业务费专项资金资助项目"政策试点与政策学习的基础理论研究"（项目编号：NKZXB1262）。
感谢南开大学朱光磊、德国特里尔大学 Sebastian Heilmann、中国人民大学杨光斌、天津师范大学马德普等专家以及若干政府部门匿名人士提出的极富建设性的意见和建议。感谢评审专家的宝贵意见。文中一切错漏由笔者自负。

** 周望，管理学博士，南开大学周恩来政府管理学院行政管理系讲师，研究方向为中国政府与政治、政策过程。

的一项治国理政策略和政策方法论工具,"政策试点"在中国治理实践中的普遍性和重要性有目共睹,各方论者在这一点上亦有着基本共识。然而,对于这一与众不同的政策机制究竟是如何运转的,迄今为止一直缺乏专门性的考察和分析。目前,极少有研究文献对"政策试点"的技术性操作过程进行过系统梳理。尤其是在中文文献中,对于"政策试点"运作过程的规范性研究更是少之又少。多数成果都只是在对"政策试点"予以高度肯定后,从经验总结和心得体会的角度来探讨"政策试点",就事论事的情况比较常见,而较少论及其中的规律性、因果关系等,社会科学研究本身所要求的逻辑性、严谨性不够突出。相比之下,一些海外研究者却在密切关注"政策试点"的工作流程,并对其进行了深入挖掘①。

基于这一认识,本研究尝试着对"政策试点"活动的具体操作过程进行系统扫描,从技术层面对其作一个动态分析,勾勒出"政策试点"运行过程的全景图谱。透过这些技术性的细节展示,期待能够为充分理解"政策试点"在中国治理实践中的独特定位和功能奠定一个必要的经验基础。

一 "先试先行":试点的展开

"先试先行",是指启动政策试点、实施第一轮次的试点工作,它构成了整个政策试点过程的前半阶段,也即通常所说的"典型试验"、"先行试点"。这一阶段的试点工作一般都要经过选点、组织、设计、督导、宣传、评估这6个环节。当然,这6个环节的先后顺序并不是绝对的,在实际进行过程中有的试点项目可能会跳过某些环节,或者同时实施某些步骤。

(一) 选点

选点,即选择开展试点的地区或部门,这是"政策试点"在启动时要做的第一项工作。选点通常是由试点推动方先根据试验的具体类型、难易大小、重要程度等方面的不同,来估定出所需试验点的一个大致规模,或者是按照一个固定的数量,或者是按照一个相应的比例,然后再通过相应的途径及手段产生试验点名单。在对试验点的选择过程中有三个值得注意的方面:

---

① Sebastian Heilmann, "From Local Experiments to National Policy: The Origins of China's Distinctive Policy Process," *The China Journal* 59 (2008): 1 – 30.

选点的方式、选点的标准和试验点分布的均衡性。

1. 选点方式

选取试验点的方式有两种：一是试点主导方自行选择，并征得对方同意；一是各地各部门主动申请，并得到相应的批准。多数"政策试点"通常采用其中一种方式即可确定试验点名单，有的则是将两种方式结合起来运用。随着"自愿试验"这一因素在试验点选拔工作中越来越受到重视，目前大部分的试验点都是从各地各部门的主动申请中选出。

基于对试点项目"政策含金量"的预估，各地各部门对于不同试点项目的参与积极性有高有低。由于在试点过程中要做到"先试先行"，相应的试验点需要承担一定的风险、付出一些额外的成本。但与此同时，试验点通过参与试点工作也可能会获得额外的"政策红利"。基于对这方面孰重孰轻的不同预期，各地各部门对于不同试点项目的态度也存在着明显的差异。有的试点项目较受青睐，比如在各种试验区的申报上，来自各个地方的申报一直都较为踊跃；有的试点项目则相反，各地各部门会显得比较犹豫甚至是回避，有时需要以"派任务"的方式才能将试点工作布置下去。这使得试点实施过程中经常会出现如下情况：随着试点工作的进行，在还未发展到对试点成果进行推广之前，就已经陆续有新的地方和部门申请加入试验点行列。这其中的一个重要原因就在于，通过对试验点所做的一系列工作进行实际观察，非试验点对该试点工作所持的态度发生了转变。

2. 选点标准

无论通过何种方式选点，要能够入选成为试验点，都必须满足相应的条件、符合相应的标准。由于"政策试点"是一次"试错"的过程，其所带来的风险和成本不容忽视，这就要求参与试点工作的地区或部门具备相应的能力和条件，以满足试点改革的相关要求，以及能够化解可能随之而来的"副作用"。通常而言，在考虑是否将某个地方或部门列为试验点时，需要考虑到一些硬件、软件方面的准备情况，比如较高的参与积极性、有一定的工作基础、具备相应的人力物力条件等。这意味着在选择试验点时，必须将候选者的经济社会发展状况、改革实践能力等条件都纳入参考范围。例如，开始于2003年的新型农村合作医疗试点工作在其启动之初，卫生部等就提出要慎重选择试点县（市），并进一步明确可以从4个方面综合考虑：一是县（市）人民政府特别是主要负责人高度重视，积极主动地提出申请；二是县（市）财政状况较好，农民有基本的支付能力；三是县（市）卫生行政部门管理能力和医疗卫生机构服务能力较强;四是农村基层组织比较健全,领导有力,农民参加新型农村合作医疗的积极性较高①。同时,卫生部还着重强调,暂不具备条件的县(市)先不要急于开展试点。另外,如果是示范性质的试点,要达到形成表率和榜样的标杆效应,还会将选择标准调高一些。

3. "点"的平衡

在选择试验点的诸多"准入"标准中,较为重要的一点是要使得所有"入选点"保持分布平衡。这同时也是在确定试验点时所要追求的一个目标,即让试验点在空间位置分布、内容搭配等方面实现相互配合和均衡。比如在2007年4月,国家发改委提出入选国家级综合配套改革试验区的4点"门槛":试点要有代表性;要在试点内容上有特点和重点;已经在相关领域进行过改革试验和探索;试点选择要考虑区域平衡发展,选择具有全局性意义的地区。除此之外,国家发改委还明确指出:"试点布局合理是最重要的标准。"② 多数情况下,"政策试点"不是为解决单个地方、单个领域自身的发展问题,而是要为全局性的政策变迁和制度创新积累经验、提供参考,这就要求试验点的分布要尽可能地具有代表性。这一是要求所选择的试验点本身应该具有较大的典型性,能够带有处于不同经济社会发展阶段区域的各自特点,同时试验点要在所在区域或领域内具备一定的影响力和带动力,这样各个试验点可以一起形成网状辐射合力,能够把试点成果推及全国不同条件的地方;二是要求在试点任务的布置上,优先考虑将试验点自身发展的现实需要和整个改革试点的内容结构相结合,使得试点行动既能够对解决试验点面临的现实问题有所助益,同时对推动全国或较大范围内的改革又具有参考价值。这方面比较显著的例子是国家级综合配套改革试验区的选择和设立,最终确定下来的试验区在地域、层次、试验主题等要素方面都是极为匹配的。

(二)组织

组织,即构建专门负责试点工作的组织性力量,一般是建立以试点主题

---

① 《国务院办公厅转发卫生部等部门关于进一步做好新型农村合作医疗试点工作指导意见的通知》(国办发〔2004〕3号),2004年1月13日。
② 左青林:《"申新"闸门暂落 国家综改区布局初定》,《21世纪经济报道》2007年12月14日第14版。

为名称的"领导小组"、"协调小组"以及"联席会议"之类的工作机制。这里的"组织"主要是从动态意义上来讲的,指的是围绕着试点项目而开展的一系列组织协调工作,而非一个静态的实体性机构。试点工作的组织实施方式,与常规组织机构的运作有着较大的不同。

通常情况下,"试点工作小组"会同时设置于两个层面。一个设置在试点发起方层面,比如在国务院及其部委、省一级政府中的相关"小组",它的职责主要包括:负责组织协调和宏观指导试点工作,研究制定相关政策并督促检查政策的落实情况,总结评估试点工作,协调解决试点工作中出现的问题,并就试点过程中的重大问题提出报告和建议等。一个设置在试点实施方层面,比如在试验点所在地区或部门中的相关"小组",它的职责主要包括:根据预期试点目标、任务安排和工作步骤,按时推进范围内的试点计划,制订试点具体实施方案并负责落实,及时总结经验,按要求及时汇报试点工作进展等。

单从称谓上看,容易把在试点过程中建立起来的组织性工作机制,也即"领导小组"、"协调小组"和"部际联席会议"等,归为以"领导小组"为代表的议事协调机构这一组织类别,但实际上它们与通常意义上的议事协调机构存在着较大的差异①。各种"试点工作小组"在组成方式、运作特征等方面有着自身的一些特殊之处。

"试点工作小组"属于阶段性工作机制,在试点工作任务完成后即刻撤销,并不是实体意义上的组织,自然也就不能将其归为正式的议事协调机构或临时机构。"试点工作小组"主要以不定期地召开会议的形式来开展工作,是一种较为松散的议事、协调方式。

另外,"试点工作领导小组"、"试点工作协调小组"和"试点工作部际联席会议"这三种基本组织类型之间亦存在着一定差异。以国务院层面的三类试点工作小组为例,"试点工作领导小组"的规格最高,一般是以国务院办公厅通过发布"成立通知"的形式建立。"试点工作协调小组"则是由某个国务院组成部门因工作需要,在向国务院作出请示报告后,国务院以"批复"的形式批准成立的;根据相关规定,"试点工作协调小组"不能刻制印章,不能正式行文,主要以会议纪要的形式明确议定事项,经与会单位同意后印发有关方面。"试点工作部际联席会议"是各成员单位按照共同商

---

① 周望:《中国"小组机制"研究》,天津人民出版社,2010,第120页。

定的工作制度而建立的一种工作机制，它与"试点工作协调小组"较为相似，比如都需要由牵头部门向国务院请示，经由国务院审批才能成立，不能刻制印章，不能正式行文等，如确需正式行文，可以牵头部门名义、使用牵头部门印章，也可以由有关成员单位联合行文；"试点工作部际联席会议"的特点在于，对作为联席会议召集主体部门的资格放得更宽一些。从实际情况来看，"试点工作领导小组"的设立需要由国务院办公厅提出方案，"试点工作协调小组"的设立则一般需要由国务院组成部门作出请示，而建立"试点工作部际联席会议"则是国务院的组成部门、直属机构、直属事业单位都有资格向国务院作出请示的。

（三）设计

设计，即在确定试验点、搭建组织机制等工作完成之后，试验点开始着手制订用于实施试点计划的具体操作方案，而这通常又是由相关"试点工作小组"来负责完成。同时，方案的类型、内容结构根据试点目标的差别而略有不同。如果是以测试、示范新政策为主的试点项目，试验点只需根据试点总体方案的要求，设计所承担试点任务的具体组织实施方案；如果是以探索、创造新政策为主的试点项目，试验点所设计的具体实施方案实际上也可以视为试点总体方案。

在一项试点工作启动之初，试点启动方通常会以下发"试点指导意见"的形式来发布"试点总体方案"，而"试点实施方案"则是对它的细化和具体化，具有明显的技术性、业务性特征，是试验点开展试点工作的计划和指南。在"试点总体方案"出台后，试验点就可以按照总体方案中的相关要求，并结合自身实际情况，进一步制订出更为细致的工作计划和实施办法，着手组织、落实具体的试点工作。在内容结构上，"试点实施方案"一般会涉及试验点如何运用各种资源，分解试点任务，安排试点进度，在部门间进行分工并落实，在规定的时限内实现预期目标等。试验点所分别制订的一个个具体的试点实施计划共同构成了整个试点项目的总的行动方案。

随着试点方法的日趋成熟，试点方案的标准化、规范化程度也越来越高。"试点总体方案"的内容结构已基本稳定在指导思想、基本原则、总体目标、主要任务、试点内容、对试验点的要求这6个板块；由试验点所制订的"试点实施方案"，其内容结构已基本稳定在任务目标、具体措施、进度安排、配套政策、保障条件、组织分工这6个板块（见表1）。

表 1 "试点总体方案"与"试点实施方案"的内容结构对比

试点总体方案	试点实施方案
指导思想	任务目标
基本原则	具体措施
总体目标	进度安排
主要任务	配套政策
试点内容	保障条件
对试验点的要求	组织分工

资料来源：笔者自制。

当然，在实际设计过程中，"试点实施方案"的编制肯定更为细化一些。试点发起方经常会根据本次试点工作的特点，对试验点所制订实施方案的内容结构提出一些专门性的要求。比如，在开始于 2010 年的国家教育体制改革试点中，国务院办公厅就明确要求各个试验点的具体实施方案应包括改革目标、改革措施、进度安排、配套政策、保障条件、责任主体、风险分析及应对措施、预期成果及推广价值等核心内容[①]。而在启动于 2005 年的循环经济试点工作中，国家发改委也对各个试点地区的具体实施方案提出了详细的编制标准，要求其需要涵盖试点单位的基本情况，发展循环经济的工作基础，发展循环经济的指导思想、目标和主要任务，发展循环经济的重点，项目规划和投资，保障措施，需要国家给予的支持等 7 个方面的内容[②]。

（四）督导

督导，即对试验点的工作进展情况进行督促、指导和检查。为保证试验点的工作按预定计划进行和试验质量，试点主导方会根据试点总体方案及实施方案中的预先设计，对试验点进行一定的指导，开展跟踪性的调研，定期进行检查，以便及时、动态地了解试点工作的进展状况。督促指导工作一般由"试点工作小组"及其办公室负责，有时还会建立专门的督促指导机制，主要形式包括派出督导组开展调研、举办试点工作培训会和培训班、建立专

---

① 《国务院办公厅关于开展国家教育体制改革试点的通知》（国办发〔2010〕48 号），2010 年 10 月 24 日。
② 《国家发展和改革委员会办公厅关于印发循环经济试点实施方案编制要求的通知》（发改办环资〔2005〕2441 号），2005 年 11 月 14 日。

门性的委员会等。

在试点过程中,"试点工作小组"及其办公室通常会派出督导组到试验点所在地区,对试验点的措施执行情况、保障到位情况、政策效果、社会满意度等方面展开调研和检查,听取试验点的工作汇报。督导组会根据在试验点的调研情况提出相应的督导意见和建议,并及时将这些信息反馈到"试点工作小组"。

督促指导的另一主要形式是举办专题培训会和培训班,即召集试验点代表和相关责任部门,对其进行政策要点、操作规程等方面的指导。特别是在试点内容及其操作较为专业和复杂时,对试验点及其工作队伍进行业务指导就显得尤为必要。比如,在公立医院改革试点工作中,卫生部就先后组织了4次培训,包括公立医院改革试点办公室联络员培训会、公立医院改革试点政策与管理培训班、公立医院改革联系试点城市派驻联络员培训会、公立医院改革试点政策与管理高级培训班。

建立专门的委员会并由其对试验点的工作进行检查指导,是新近出现的一种督导形式,这主要是出于加强试点工作科学化和专业化的考虑。比如,在国家教育体制改革试点中,除国家教育体制改革领导小组及其办公室外,还成立了专门的"国家教育咨询委员会"。按照定位,国家教育咨询委员会是对国家重大教育改革发展政策进行调研、论证、评估的咨询机构,首届委员会由64位委员组成,对应教育规划纲要中确定的十大改革任务,分10个组开展工作;咨询委员会的重要职责之一,就是对各个试验点的工作进行检查、指导和评估,并及时向国家教育体制改革领导小组提出报告[1]。委员会的工作方式包括"分兵作战"、"微服私访"、"定点跟踪指导"、"提交专题报告"、"独立或联合有关部门开展工作"等多种灵活形式[2]。

(五)宣传

宣传,即对试点工作进行舆论宣传,由试验点特别是相关业务部门与宣传部门互相配合、共同推动,贯穿于全部试点工作的整个过程。这包括对试点工作的重要意义、指导思想、基本原则、主要任务、政策措施、阶段性成

---

[1] 《教育体制改革领导小组负责人关于改革试点答问》,2010年12月5日新华社北京电;《国家教育体制改革领导小组办公室关于印发〈国家教育咨询委员会章程〉和〈国家教育咨询委员会工作规程(试行)〉的通知》(教改办〔2010〕2号),2010年12月10日。

[2] 《中国首次成立国家教育咨询机构推进教育改革》,2010年11月18日新华社北京电。

果等进行宣传和报道。这些宣传活动的目的在于通过合理引导社会舆论和社会预期，以坚定改革信心，增进改革共识，争取社会各界对试点工作的理解和支持。概括而言，对试点工作的宣传主要由两个方面构成：一是对试点内容进行政策宣传、解疑释惑，一是对试点的积极效应特别是阶段性成果进行典型性报道。

在"试点总体方案"出台之后，一般就会以通俗易懂、易于接受的语言和方式，以这一总体方案为蓝本，进行更为细致和具体的阐述，对一些普遍性和关键性问题进行解答，主要手段包括"试点方案解读"、"答记者问"等。通过这些宣传形式和渠道，可以使社会各界对此次试点工作的主要目的、重点内容、政策变化、预期结果有一个初步的了解和认知，特别是使可能会被改革措施影响到的相关群体提前做好相应的物质和心理准备，从而有利于试点工作的顺利展开。相比于过去的试点工作一般习惯于"不声张"、多属于"暗试"，现在的各种试点项目则越来越公开化，更多的是"明试"。这既体现出中国的改革开放和转型愈发成熟，同时也是政府走向公开和透明的体现。

待试点工作进展到一定阶段，特别是部分试验点通过一系列工作取得了相应的成果时，还会及时对这些阶段性成果进行广泛的宣传，以突出试验性政策实施后所带来的积极效应，进一步增进社会各界对试点工作的理解和支持，主要手段包括"典型性报道"、"成果汇报"、"成果展示会"等。将试验点的好成果、好经验"树立"为"典型"和"榜样"，是试点过程中经常会运用到的一种宣传和促进手段。典型性的宣传，既体现对试验点工作的支持和鼓励，亦使试点工作的积极意义"看得见、摸得着"，无疑是推动试点工作进程的一种极为有效的方式。

（六）评估

评估，即当试验点完成了一定时间段的试点任务时，由相关"试点工作小组"对试验点的工作情况进行阶段性的评估和验收。评估的内容和形式包括，通过设计相应的指标体系，对试验工作开展以来各个试验点的具体成效进行调查分析，从而得出整个试点项目启动以来的总体实施效果，并梳理出所取得的效果和经验，发现存在的问题及原因，为进一步完善相关政策和制度设计提供依据。评估是对整个试点实施过程的一次"中期小结"或"阶段性总结"，并不意味着全部试点工作的结束，其目的在于通过评估考核来推动各个试验点的完善和健康发展，尤其是为下一阶段的试点推广工作打下基础，提供参考和指南。

每个试点项目因其规模大小的差异性，在评估工作中的重点和策略亦有所区别。对于试验点数量众多且分布广泛的试点项目，一般不对所有的试验点进行逐个调查和测评，而只是通过开展重点抽查的方式，掌握整个试点项目在"面上"的进展情况。对于试验点数量较少的试点项目尤其是试验区的建设，通常需要对试验点尤其是试验区进行逐个评估和验收，并有一套完整的评估程序以保证考核效果。

试验点情况的复杂性，使得具体实施评估的技术手段也较为多样化，一次评估工作通常会灵活采用定量和定性相结合的形式进行，具体包括机构调查、入户调查、典型调查、实地考察、听取相关汇报、举行座谈会和发放调查问卷等多种手段。各个试验点也会结合整体性的评估方案，制订本地的评估方案，进行必要的补充调查，开展本试验点的自评估工作，并形成自评估报告，呈报"试点工作小组"及其办公室。

为保证评估工作能够如实反映试点工作的真实状况，现在越来越多的评估工作开始被委托给第三方承担。比如，在2006年，卫生部决定对启动于2003年的全国新型农村合作医疗试点开展一次评估，作为此次试点工作主要组织方的国务院新型农村合作医疗部际联席会议及其办公室，就将这项评估工作委托给了由北京大学、中国社会科学院、农业部农村经济研究中心和卫生部统计信息中心组成的评估工作组，由其来具体承担和负责评估工作的组织实施；卫生部新型农村合作医疗研究中心只是负责评估工作的具体组织和协调，以及总体调查资料的收集与汇总；各省、自治区、直辖市卫生厅局合作医疗管理部门也只是负责本地区评估工作和调查问卷填写的组织协调及统一上报[①]。该评估工作组于2006年3月至7月对新型农村合作医疗试点县的运行状况进行了全面评估，收集了全国29个省、自治区、直辖市257个第一批试点县的新型农村合作医疗管理机构、县医院和238个乡镇卫生院的资料，以及17个省32个县19195户的入户调查资料和1471人的补充调查资料，并在18个县开展了典型调查，进行了近500人次的深入访谈和专题小组讨论，以这些调查为基础，评估工作组指出了试点工作中的4项成效和

---

① 《卫生部办公厅关于开展新型农村合作医疗试点评估工作的通知》（卫办农卫发〔2006〕51号），2006年3月23日。

6个问题①。应该说，此次评估对后来新型农村合作医疗试点的推广工作具有较高的参考价值和指导意义。

为保证试点工作的质量，强化评估工作的力度，一般还会根据评估结果对试验点作出回应。具体来说，对政策落实到位、取得较好效果的试验点，会给予鼓励和支持，并可能将其树立为典型和示范；而对试点工作进展缓慢、成效不明显的试验点，会及时提出整改意见，甚至对试验点进行调整和处理。

二 "由点到面"：试点成果的推广

"由点到面"，是指在第一阶段试点工作的基础上逐步扩大试点范围，并最终完成试点成果的推广。它构成了整个政策试点过程的后半阶段，也即通常所说的"点面结合"、"逐步推广"。这一阶段的试点工作一般要经过部署、扩点、交流、总结这4个环节。基于"政策试点"的改革过程因其强调稳妥的内在特质，即便在前一阶段取得成功后也不会"一步到位"地全面铺开，而是遵循"点面结合、边试边推"的路径。这一策略是经过长期探索和实践而形成的重要经验，也是今后的改革实践在长时期内仍会遵循的基本方略。

（一）部署

部署，是指对试点的扩大范围工作进行统筹安排，做好各项前期准备工作。在试点的推广过程中，首先也要完成多数试点都需准备的基础性工作。由于有了前一阶段的试点工作作为基础，因此在开展接续性的试点工作时，能够具备条件和经验将部分工作环节归并到一起进行。

推广试点的部署性工作一般以"扩大试点工作部署会议"的形式开始，会议议程通常包括：一是由现有试验点代表就本单位的试点情况和经验进行简要介绍；二是由主要业务部门负责人简要汇报第一阶段试点工作的评估报告，包括试点工作的进展情况、对试点工作的基本判断、对下一步工作的建议等；三是由"试点工作小组"负责人介绍试点推广工作的各项任务，包括提出扩大试点工作的总体安排，确定新试验点的规模及准入条件，对推广

---

① 《卫生部通报新型农村合作医疗试点评估工作》，2006年9月27日新华社北京电。

过程中的组织领导、实施方案设计、督查指导、宣传动员工作提出具体要求等。

"扩大试点工作部署会议"的召开意味着试点推广阶段的正式启动,紧接着会议所确定的相关事项会在短时期内全面展开。由于有第一轮的试点作为基础,部分工作已不必再重复,比如试点发起方层面组织机制的建立、总体方案的制订等。同时,以前一阶段的试点工作为参照,推广过程中需要涉及的一些新任务,诸如新试验点的选拔、新的具体实施方案的制订、任务的分解落实以及进行人员培训、宣传动员工作的发动等,都能够在较短的时间内完成。

(二) 扩点

扩点,即增加新的试验点,开展新一轮的试点工作,以前一阶段试点工作所取得的成效作为基础和参考,来扩大进行试点的范围。

扩展试点范围的方法一般包括"重点扩点"和"普遍扩点"。"重点扩点"是指有选择性地在一些重点地区扩大试点范围,"普遍扩点"是指在全国各个地区全面扩大试点范围。出于稳妥的考虑,一般是先进行"重点扩点",而后实施"普遍扩点"。这一方式体现在扩点过程中,就是先选择一定数量的地区或部门作为新的试验点,而后逐渐转变为选择一定百分比的地区或部门作为新的试验点。比如在启动于 2003 年的新型农村合作医疗试点中,2003 年全国首批启动的试点县(市、区)有 304 个;2004 年增加到 333 个;2005 年增加到 678 个,基本达到了每个地(市)至少有一个试点县;2006 年开展试点的县(市、区)数量占到了全国县(市、区)总数的 50% 以上;2007 年这一比例达到了 80% 以上;2008 年基本实现了对全体农村居民的覆盖[1]。有的"扩点"工作则是将两种方法结合,比如新型农村社会养老保险试点于 2009 年启动,并在 2010 年进行了扩点,其中在西藏、新疆进行了"重点扩点",在全国其他地区则是"普遍扩点","扩点"后该试点在全国的总体覆盖率达到了 23% 左右[2]。

"扩点"完成之后,新加入的试验点在具体工作内容方面,也需部分或

---

[1] 《中国新型农村合作医疗将向更多农村推广》,2007 年 1 月 23 日新华社北京电;《新型农村合作医疗基本覆盖全国农村》,2008 年 8 月 27 日新华社北京电。

[2] 《人力资源和社会保障部关于 2010 年扩大新型农村社会养老保险试点的通知》(人社部发〔2010〕27 号),2010 年 4 月 19 日。

全部经历组织、设计、督导、宣传、评估等环节。由于有前一阶段试验点的操作经验作为积累,后几轮试点工作的行进速率一般都比较高。

(三) 交流

交流,是指新的试验点与已有试验点之间在工作业务等方面的学习和交流活动,其目的在于为新的试验点学习借鉴先进试验点提供相应的平台和渠道,从而保证试点的质量,加快试点的进度。这种交流活动一般包括两种形式:一是通过展开"试点经验交流工作会"的方式,由已有试验点介绍做法和经验;二是新试验点派出专门的组织队伍到具有典型性、示范性的试验点进行学习和考察。

"试点经验交流工作会"是为新旧试验点之间较为集中地交流做法和经验、统一试点工作思路而召开的专门性会议。会议次数根据试点工作的重要性、试验点规模大小的不同而有所差异,一般召开 1~2 次,如果试验点数量较多,会议的次数亦会相应增加。比如卫生部为推进公立医院改革试点工作,于 2011 年先后组织召开了 3 次试点工作交流会,包括公立医院改革试点经验交流会(9 月 1 日至 3 日)、公立医院改革试点地区北片工作交流会(9 月 27 日)、公立医院改革试点地区南片工作交流会(11 月 15 日)。由试点工作成效显著的试验点代表介绍相关做法和经验,是交流工作会议议程的重点。

为了能更为深入地了解和体会试点工作中的成熟做法和有效经验,通常还会要求和组织新近试验点到工作成效显著的试验点进行实地观摩,近距离地学习和感受。作为考察和参观的主要目的场所,从各个试验点中精心选择甚至培养出来的示范点、示范区需要承担传播成功经验、展示试点成效的任务。在试点过程中有意识地建设示范点、示范区的用意就在于此,这也是政策试点术语中"典型示范"的要义所在。

目前,为节省成本、提高工作效率特别是加强交流的效果,常常把"试点经验交流工作会"放在具有典型示范作用的试验点地区召开。这样做的好处在于,在交流工作会议结束后,即可直接安排与会代表进行实地参观和考察,将书面经验与实践观摩有效统筹起来,结合具体的操作来对书面性的介绍和总结进行更加生动的说明和展示。比如,文化体制改革试点城市经验交流会曾于 2008 年 9 月 1 日至 2 日、2009 年 8 月 14 日先后在沈阳、南京两地召开,而这两个城市在此次试点中也都被评为了"全国文化体制改革先进地区"①。这样就便于把经验交流活动和实地参观考察活动一并统筹进行。

(四) 总结

总结,是指当所有试点工作宣告结束时,对整个试点工作进行全面回顾,系统地分析整个试点项目的实施和完成情况。各个试验点需要完成并提交试点工作总结报告书,报告的内容包括预定目标、主要任务和各项指标的完成情况以及所取得的成效,试验点在开展试点过程中的主要做法和经验等。报告提交后,由"试点工作小组"或相关业务部门对这些总结材料进行汇总和整理,并形成整体性的正式文字总结。

总结一般以召开"试点工作总结大会"的形式进行,出席者包括试点工作的主要组织和参与单位的负责人、试点工作领导小组及其办公室成员、试验点代表等。会议内容包括对整个试点过程进行全面梳理和总结,典型试验点介绍和汇报相关经验和做法,并对试点工作过程中成效显著、产生较大影响和示范效果的试验点,以及作出突出贡献的先进个人和单位进行表彰等。

三 进一步的讨论

本研究致力于较为清晰地描绘并分析广泛见于中国治理实践中的"政策试点"是如何进行的,通过努力发现和把握试点实施过程的规律性特征,尝试着把试点行进的一般性过程归纳为"两阶段十环节"这样一个分析框架。当然,作为一项初始性的研究成果,对试点过程的这一判断是开放和动态的,它需要根据今后政策试点实践的发展变化而不断加以调整和完善,在未来接续性的研究工作中进一步强化这一分析框架的包容性和解释力。

显而易见的是,就现有研究工作的进度和程度而言,肯定还难以完成对整个试点过程实践中各种问题的解答,对于许多论题还有待于今后做进一步的努力。在对"政策试点"的一般性步骤及环节进行"平铺直叙"式的线

---

① 《文化体制改革试点城市经验交流会在沈阳举行》,2008 年 9 月 2 日新华社沈阳电;《全国文化体制改革经验交流会在南京召开》,2009 年 8 月 14 日新华社南京电。

性梳理之后，有必要透过这些外在的具体技术细节，抽象出"政策试点"过程的内在逻辑和作用机制，准确定位"政策试点"能够将改革的创新性与稳定性有机融合的精妙之处。进一步来说，考虑到政府间纵向关系、横向关系、斜向关系对于试点过程的现实影响，可以尝试从"中央政府"、"政策试点方"、"政策成果学习方"这三者在政策试点和推广过程中的不同行为模式入手，对中央的"推动力"、试验点的"竞争力"、非试验点的"学习力"在整个过程中的复杂互动现象进行一个学理化挖掘，发现并理解试点过程的核心运作机理。基于这些认知，未来可拓展的部分研究议题包括：政策试点得以启动的触发机制、试点成果得以推广的发生机制、地方间政策试点及推广模式的比较、这些不同模式对于政策绩效的影响机理等。

正如相关论者所普遍提及和认同的，"政策试点"所展现出的创造力与活力，与它在大量政策创新和调整活动中所施展出的各种功能密不可分。综观整个改革历程，"政策试点"既是"工具"，更是"策略"，具有双重积极效应。与此同时，亦不能因此而忽视伴随着这些功能一并而来的种种衍生性影响。无论是"政策时差"现象，也即试验点与非试验点之间的政策摩擦，抑或"政策势差"现象，也即试验性政策与法律法规的可能冲突，这些衍生性影响都可能会对试验式改革本身乃至相关改革领域带来额外的困难。归结"政策试点"可能会带来的衍生性影响的目的，当然不在于要否定这一改革方法论，而是为了厘清事实的全面性，并在此基础上寻求可能的改进办法。在改革事业迈入新时期之际，面对愈发复杂的改革形势，未来的政策试点工作尤其需要注意处理好改革创新与依法治国、先行先试与制度统一、顶层设计与基层创造之间的微妙关系。

中国渐进地推动转型，在以试验性探索为显著特征的政策调整和体制改革历程中，确有自己一套独创性的东西，有自己的发展逻辑，需要对其系统地加以挖掘。立足于探求中国公共政策过程的"真实世界"，汇集和提炼来源于政策试点、政策推广等本土政策实践中的经验性知识，为理解中国政策过程提供扎实的实证基础，客观和严肃地对政策试点及推广这一政策过程领域里的"中国经验"进行理论抽象，从中努力探索出中国政策过程的内在逻辑，讲好政策过程的"中国故事"，讲透政策过程的"中国道理"，进而与域外公共政策理论体系形成实质性对话，这将是中国政策科学研究的一项长期学术使命。

国家建设、合作医疗与共同体认知：
农村合作医疗政策过程研究*

张海柱**

摘　要：国家发展战略与政策选择受中央政策共同体的认知取向影响。特定时期内国家合作医疗政策的选择与变迁，既受到国家建设取向转变的影响，也是决策者为了论证国家建设路径合理性、获得政治合法性所作的策略选择。新中国成立至今我国的国家建设取向经历了理想主义、发展主义到科学发展观的转换。相应的，合作医疗政策定位也经历了从社会主义"人民福利"、"营利性"政策到"国民福利"的转变。在该过程中，农民群体的社会身份实现了"人民"向"国民"的转变。但是政治参与等积极权利的缺失表明农民群体尚未获得真正的公民资格，合作医疗也需实现由国家主导的自上而下的福利赋予行为向基本公民权利的转变。

关键词：国家建设　合作医疗　政策共同体　认知　政策过程

医疗卫生政策的制定与实施本质上是一个政治过程。然而，2003年"新农合"启动之后，迅速成为研究"热门"的农村医疗卫生制度/政策领域在汇集了大量研究成果之外，却缺乏明确的政治学取向的政策过程研究。

---

* 本文受国家社科基金项目"促进社会公正的公共政策分析"（10BGL082）和教育部人文社科基金"基于公共受托责任的省级部门预算调整及其问责机制研究"（13YJC810004）支持。

** 张海柱，河北沧州人，吉林大学行政学院公共治理与公共政策专业博士研究生。

这一状况的产生，可能源于研究者兴趣的缺乏，抑或源于医疗卫生决策"黑箱"所导致的研究资料获取的困难，也有可能源于研究者在根本上忽视了医疗卫生决策本质上是一个政治过程这一事实。现实来看，作为一种研究政治改革与社会发展的"中层理论"①，政策过程视角的缺乏，将会影响到对农村合作医疗制度/政策变迁的全面、深入理解，也会影响到对当前"新农合"制度本质的认识和对未来政策走向的把握。因此，思考如何弥补这一研究视角上的缺失以及知识累积上的空白，显得极为重要。有鉴于此，本文拟从政策过程视角考察国家层面农村合作医疗政策议题的浮现，以及政策形成与变迁的政治过程。该种取向的研究意在回答下述问题：为何合作医疗政策议题能够多次进入国家政策议程？易言之，不同时期导致国家层面上合作医疗政策变迁的因果机制是什么？历次政策变迁是以怎样的样态呈现的？本文分析的落脚点在于对当前的新农合政策进行反思与展望，即合作医疗由国家主导的自上而下的福利赋予行为转变为一项基本公民权利的未来前景。

一 国家建设、卫生政策与共同体认知：一个分析框架

本文对农村合作医疗政策过程的研究建立在以下预设基础之上：其一，除作为一项制度安排外，合作医疗还是一项正式的公共政策行为。美国学者托马斯·戴伊将公共政策界定为"政府选择做与选择不做的事情"。② 由此，本文所分析的合作医疗"政策"包括多种表现形态——或者是政府出台正式政策方针或文本，或者是中央政府对地方实践的认可和推广，或者是政府的"无所作为"（选择不做）。其二，尽管就起源来看，合作医疗更多地体现为一种地方性制度与政策实践，但是本文则主要分析其作为一项国家政策（national policy）的变迁过程。因为对中国政治社会体系特征以及合作医疗实践发展的考察表明，合作医疗覆盖率的每一次大幅度上升，均离不开中央层面决策者的大力推动。合作医疗的政策与实践发展，也均与特定时期国家的政治、社会、经济目标紧密相关。③

---

① 徐湘林：《从政治发展理论到政策过程理论——中国政治改革研究的中层理论建构探讨》，《中国社会科学》2004年第3期。
② 〔美〕托马斯·戴伊：《理解公共政策》（第十二版），中国人民大学出版社，2011，第1页。
③ 葛延风、贡森等：《中国医改：问题·根源·出路》，中国发展出版社，2007，第2章。

医疗卫生政策"指涉过程与权力"。① 该政策过程分析的展开需要集中关注"议程设置、政策方案选择以及利益相关者影响政策发展的经过与情境（context）"。② 有鉴于此，本文拟从"国家建设"这一宏观情境因素出发，将其作为合作医疗政策过程分析的逻辑起点。

"国家建设"在西方语境中存在"nation-building"与"state-building"之分，前者强调国家认同（national identity）构建，表现为一个"政治过程"，而后者更加强调国家制度体系建设，表现为一个"技术过程"。③ 在国内，许多研究者将前者对应为"民族国家构建"或"现代国家建设"，而将后者对应为"国家政权建设"。为了尽量避免在概念区分上陷入无休止的纷争，同时基于论文主题分析的需要，本文在使用"国家建设"（state-building）一词时，将同时指涉国家认同、政治合法性构建以及围绕国家政权所进行的各项制度体系建设等多重内涵。具体而言，作为国家形态的历史性转型过程，国家建设同时囊括政治、经济、社会、文化等多个维度。它既涉及查尔斯·蒂利（Charles Tilly）所强调的"政权的官僚化、渗透性、分化以及对下层控制的巩固"等现象，又涉及本迪克斯（Bendix）所强调的合法性权威以及民众对国家的文化认同，④ 还涉及一些学者所指出的国家（政府）自身角色的转型即由权力载体向"公共服务角色"的转换。⑤ 正是在上述意义上，有研究者认为国家建设的具体内容应当包括"国家权力日趋集中化和对社会的有效渗透"、"高效官僚体制的确立"以及"国家公共服务职能的兴起"等维度。⑥ 或者如另一位研究者所总结的，国家建设应包括"基于主权独立的民族国家、基于自由的民主国家、基于公平的民生国家"。⑦ 在现实的国家建设过

---

① Gillian Walt, *Health Policy: An Introduction to Process and Power* (London: Zed Books, 1994), p. 1.
② Wang Yunping, "The Policy Process and Context of the Rural New Cooperative Medical Scheme and Medical Financial Assistance in China," *Studies in HSO & P* 23 (2008): 125.
③ Mary Lun, "Reconnecting Joined-up Approaches: Nation-Building through State-Building" (*SPIRU Working Paper 25*, London: Overseas Development Institute, 2009), p. V.
④ 杨雪冬：《民族国家与国家构建：一个理论综述》，《复旦政治学评论》2005年第2辑。
⑤ 于建嵘：《国家政权建设与基层治理方式变迁》，《文史博览》（理论）2011年第1期，第33页。
⑥ 韩奇：《国家建设：发展中国家政治发展的历史逻辑》，《深圳大学学报》（人文社会科学版）2011年第1期，第49~50页。
⑦ 孙岩：《中国共产党与现代国家建设探索与实践的历史考察》，《宁夏党校学报》2012年第2期，第10页。

程中，依据不同国家具体情况的不同，以上各个维度或者同时展开，或者依次进行。

至于中国的国家建设历程，则既呈现西方理论视域中的共性特征，也有其独具特色的发展脉络。例如有研究者指出，"与西方国家不同，中国存在着国家建设与现代化建设两个并存的逻辑"。① 现代化指传统社会向现代社会转变的动态过程，涉及经济、政治、社会、思想文化等多个领域。在中国，现代化进程始于鸦片战争时期。而1949年之后，随着中国共产党取得全国政权，社会主义建设成为中国政治社会发展中的另一项重要内容。由此，"现代化"、"社会主义"以及"国家建设"成为新中国历史发展中的核心主题。林尚立教授在将社会主义与现代化作为新中国国家建设的两条路径进行分析时，深刻剖析了二者间存在的内在张力：在中国这样的落后国家，"社会主义实践一旦展开，就直接面临着与现代化之间的关系：是以现代化为基础进行社会主义建设，还是在社会主义原则下实现现代化"，"落后国家要实践社会主义，就必须将现代化的发展与社会主义的实践放在一起同时进行，而在理论中，社会主义是建立在比较发达的资本主义基础上的，即建筑在现代化发展比较成熟的基础上"。② 由此，源于理论与实践的落差，共产党执政下的中国国家建设很快就出现了社会主义建设与现代化发展之间的张力。现实中的国家建设实践走向则取决于不同时期的党政权威决策主体对社会主义与现代化关系的处理，以及对落后国家建设社会主义的基本认知。

以国家建设为逻辑起点，可以构建出一个用以分析较长时期内医疗卫生政策变迁过程的基本框架（见图1）。如图1所示，该框架将中央政策共同体（policy community）对于国家建设以及合作医疗的"认知取向"（cognitive orientation）置于分析的核心地位。之所以如此，是因为在中国这样一个实行非竞争性政党制度的"政党国家"（Party-State），国家层面的重要决策总是与党政权威对于国家发展战略、路径选择，以及具体领域的政策与宏观政治社会发展间的关系等问题的认知取向密切相关。易言之，中央党政权威对于如何建设"社会主义现代化国家"、如何实现"强国梦"、如何获得民众的支持、

---

① 易承志：《试论现代化与国家建设的逻辑》，《理论与现代化》2012年第2期，第17页。
② 林尚立：《社会主义与国家建设——基于中国的立场和实践》，《社会科学战线》2009年第6期，第5页。

如何增强政治合法性以巩固执政地位等问题的认知取向，决定了在包括医疗卫生在内的具体领域中的政策选择。而资源禀赋、异质事件、政治换届、社会舆论以及国民情绪等因素对于政策变迁的影响，都必须首先经过决策者主观认知的"过滤"才能体现出真实作用。因此，关注中央政策共同体的建构性认知因素，对于分析中国现行政治体制下的国家政策过程尤为重要。

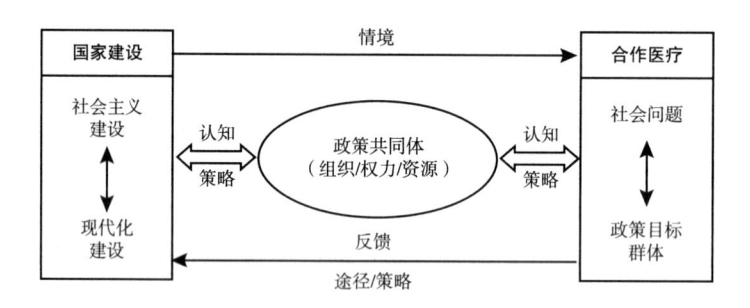

图1　国家建设、合作医疗与政策共同体认知分析框架

具体而言，中央"政策共同体"是一个较为松散的主体。在不同时期，可能体现为强势的个体领导者（如毛泽东），可能体现为一个或多个政府部门（如卫生部、财政部等国务院部委），也可能体现为多类主体的"联盟"（如党中央、国务院及其部委、媒体、政策倡导组织、学者等）。同时，本文将组织设置、权力配置以及资源约束状况纳入政策共同体的范畴之内，它们共同构成了具体的国家决策体制特征。长期以来，中国医疗卫生领域的决策体制呈现高度分权的特征，很难确定"谁是决策者"。美国学者 David Lampton 对中国医疗卫生政策过程的研究也表明，其决策体制经常在"官僚决策体制"、"分离式决策体制"和"中央协调型决策体制"间摇摆。[①] 就本文的分析而言，同一个决策主体（或同一类决策体制下）的认知取向在不同时期可能有所差异，而随着决策主体构成的变化（或决策体制类型的变化），其认知取向更容易发生改变。

如前所述，本文将从社会主义与现代化的关系入手来分析新中国国家建设的具体路径。而对合作医疗政策的分析，则从"社会问题"与"政策目标群体"——决策者有意选择的用来获得利益或接受惩罚的社会主体——

---

① David Lampton., *The Politics of Medicine in China: The Policy Process, 1949 – 1977* (Boulder Colo.: Westview Press, 1977); David Lampton, *Health, Conflict and the Chinese Political System* (Michigan: Center for Chinese Studies, 1974).

两个维度入手。不同时期国家层面合作医疗政策的选择与变迁,均与政策共同体所感知到的农村医疗卫生"问题"密切相关,同时也直接与政策目标群体——农民自身的社会身份与资格地位关联在一起。本文的基本假设是:在不同时期,中央政策共同体基于对国家建设的认知及需要,对农村医疗卫生"问题"与农民群体的身份资格作出了极为不同的建构与定位,从而导致了合作医疗政策的变迁。该变迁过程既体现了决策共同体认知取向上的变化,也呈现决策者为了彰显政治合法性与政策合理性所作的各种策略(strategy)选择。

基于中央政策共同体的认知与策略,本文的分析框架将"国家建设"与"合作医疗"关联在了一起。就二者的内在关系而言,特定时期下的国家建设是合作医疗政策选择的宏观情境因素。这一点在国内学界已取得较大共识,例如许多研究者将合作医疗制度的演变归结为宏观政治-经济-社会环境变化的结果。另外,对于本文分析更为重要同时也被许多研究者所忽略的是,合作医疗政策变迁并非简单地只是宏观情境因素变化下的"被动"应对结果,相反往往体现为实现国家建设目标的主动性策略(或途径)之一。也即,以合作医疗为代表的具体政策选择会对宏观政治-社会体制产生积极或消极的"反馈"影响。正如美国学者 Robert Hsu 所指出的:合作医疗的成功在经济发展以及农民心理等方面为新中国政权汲取了大量的正当性支持。[①]

在对本文分析的逻辑起点以及基本框架进行介绍之后,下文将依次分析集体化时期(20世纪50年代至70年代末)、改革开放以来特别是市场化时期(80、90年代)和2003年之后中央政策共同体对于国家建设及合作医疗的认知取向与相应策略变化,以及这些变化是如何导致合作医疗政策的具体变迁的。

二 集体化时期的国家建设与合作医疗政策

(一) 国家建设:理想主义

1949年之前中国共产党对于"建国蓝图"认识上的重要经验为"政权

---

① Robert Hsu, "The Political Economy of Rural Health Care in China," *Review of Radical Political Economics* 9 (1977): 139.

建设与武装斗争相统一"。① 1949 年之后，政权建设与武装斗争相统一的实践框架本应当转变为政权建设与现代化发展相统一的实践框架，即中共领导下的国家建设应由"革命"的逻辑转变为"建设和发展"的逻辑。但是由于认识上的偏差，以毛泽东为核心的党政权威没有正确处理社会主义建设与现代化发展间的关系，对"落后国家建设社会主义"的路径选择判断失误，从而"把一切的发展都寄托在社会主义革命与实践的建设之中"，迫切地"要在中国使社会主义从理想转变为现实，而不是通过建设和发展逐步迈向社会主义"，因此其取向必然"宏大而理想"。② 在现代化尚未全面展开的中国迫切追求社会主义（乃至共产主义）的实现，理想与现实间的张力可想而知。"在革命的逻辑下，这种张力不是通过理想回归现实来缓解的"，而是"通过让现实无条件地服从理想而释放的"，③ 从而导致了国家建设的扭曲并在"文化大革命"中达至顶峰。

具体来看，源于毛泽东个人的特殊领导地位，他对于国家建设的认知取向基本主导了国家建设的实践走向。新中国成立之初，包括毛泽东在内的党政领导者在社会主义发展问题上较为谨慎，认为需要经历一个较长时期的新民主主义阶段作为过渡。然而，由于思想中浓厚的"大同"色彩以及高度的革命浪漫主义热情，毛泽东在受到新中国成立后社会主义政权巩固以及农业合作化运动迅速发展的局面鼓舞之后，对于社会主义发展的认知发生了明显转变。1952 年提出的"过渡时期总路线"标志着毛泽东已完全放弃了新中国成立后先实行一段新民主主义的设想，要立即向社会主义过渡了。④ 到了 20 世纪 50 年代中期，由于对国内主要矛盾的判断失误，对于阶级斗争的强调进一步扭曲了对社会主义发展的认知。对"右倾机会主义"的批判、"赶超战略"的提出、"大跃进"的发动、"社会主义建设总路线"的提出、人民公社化的推进，以及之后的"反右倾"、"社会主义教育"运动乃至"文化大革命"的发动，都标志着理想主义的国家建设逻辑主导了毛泽东的个人认知。此外，有研究者指出中国共产党以及毛泽东本人尽管很早以来是接受"现代

---

① 林尚立：《国家建设：中国共产党的探索与实践》，《毛泽东邓小平理论研究》2008 年第 1 期，第 17~18 页。
② 林尚立：《社会主义与国家建设——基于中国的立场和实践》，《社会科学战线》2009 年第 6 期，第 6 页。
③ 林尚立：《社会主义与国家建设——基于中国的立场和实践》，《社会科学战线》2009 年第 6 期，第 6 页。
④ 陈大斌：《从合作化到公社化：中国农村的集体化时代》，新华出版社，2011，第 52 页。

化"概念的，①但是他们一方面只是将其用简单的"工业化"目标来替代，另一方面则急于通过社会主义建设来实现现代化，从而最终造成社会主义的理想化取代了现代化建设的理性发展。

在这种理想主义的国家建设取向下，以毛泽东为首的领导者开始了对整个社会的"大改造"。起初，是仿效"苏联模式"：建立社会主义公有制基础、优先发展重工业、实行国家指令性经济以及高度集权的国家权力统治形式。20世纪50年代中期之后，在毛泽东的主导下，开始探索本国的社会主义建设道路。社会主义一元意识形态的强调，包括单位制、人民公社制、户籍制、阶级分类制等在内的社会管理体系的构建，阶级斗争以及政治动员的屡屡发动等，均是理想主义国家建设的具体实现策略。除此之外，包括合作医疗在内的与人民生活密切相关的各项福利性政策选择，也往往呈现鲜明的理想主义色彩，被视为走向社会主义理想社会的重要途径。

（二）合作医疗政策：社会主义"人民"福利

新中国成立后的中国面临着群众高涨的医疗卫生需求与"缺医少药"现实之间的巨大矛盾，这在广大农村地区尤为严峻。城乡医疗卫生事业发展的不平衡很大程度上源自中共领导层对于社会主义现代化发展模式的早期认知，即仿效"苏联模式"以及对工业化（重工业）的追求，将大部分医疗卫生资源优先投入了城市。而集体化时期农村医疗卫生状况的改变，特别是作为一项医疗保健筹资机制的合作医疗的相关决策与实施，均与毛泽东本人及其支持者对于国家建设、合作医疗的认知取向及大力推动密不可分。

一些研究者将我国农村合作医疗的实践追溯至抗日战争时期陕甘宁边区群众自发的互助合作，但真正具有保险性质的合作医疗制度则始于20世纪50年代中期的农业合作化高潮之时。1955年，山西、河南、河北等地农村出现了由农业生产合作社举办的联合保健站，这些保健站由于实行合作社、农民、医生共同筹资的合作医疗保健制度而引起了政府的注意。在该年的6月和11月，卫生部副部长徐运北以及由卫生部、国务院文教办和山西省卫生厅组成的联合调查组先后到山西省米山乡调查联合保健站的经验，并认为它"为农村的预防保健工作建立了可靠的社会主义的组织基础"。②随后，

---

① 〔美〕斯图尔特·施拉姆：《施拉姆集》，天津人民出版社，1993，第107~108页。
② 张自宽：《对合作医疗早期历史情况的回顾》，《中国卫生经济》1992年第6期。

经卫生部报请国务院同意，这种联合保健站及合作医疗的经验在全国部分地区得以推广，从而出现了合作医疗覆盖率的第一次快速提升。

到了1958年，经毛泽东首肯和推动而兴起的"大跃进"运动也对医疗卫生工作产生了重大影响。该年2月2日的《人民日报》社论称，"我们国家现在正面临着一个全国大跃进的新形势……文教卫生事业也要大跃进"。随之兴起的人民公社化运动更是直接推动了农村合作医疗的迅速发展。需指出的是，随着农村人民公社的迅速建立，医疗卫生领域中的政策共同体构成发生了变化。源于毛泽东对新中国成立以来侧重城市与技术导向的卫生部的不满，20世纪50年代中期之后县级以下农村基层医疗卫生决策权由卫生部转移到了人民公社党委手中。[1] 而由于毛泽东本人对河南嵖岈山卫星人民公社的大力赞扬，该公社所颁布的《人民公社试行简章（草案）》中所规定的"公社实行合作医疗……在经济充足的时候，公社实行公费医疗"也迅速成为各地人民公社仿效的对象。有研究者考察指出，"推广和扩大合作医疗，成为各地人民公社建设的一项重要内容"[2]。而随着"赶超战略"的提出、社会主义建设的日益加速，合作医疗发展中出现了盲目追求"免费"的趋势。许多地方性政策文件中特别强调要坚持"吃药打针不收费"这一条，把它奉为"合作"的标准、"社会主义的方向"，否则就不算合作医疗，并斥之为方向不对，改变了性质。[3] 而且，由于"大跃进"以及人民公社化运动在许多地方受到农民的消极对待，地方党政干部也将"免费医疗"作为吸引农民参加人民公社的重要激励手段。[4]

在这些地方实践的基础上，合作医疗于20世纪50年代末再一次进入国家政策议程。1959年11月，卫生部在山西省稷山县召开全国农村卫生工作会议，目的在于对各地的合作医疗实践经验进行总结。会后，卫生部党组在上报党中央的会议情况报告及附件中指出应当倡导实行以合作医疗为代表的集体保健医疗制度。这一建议得到了毛泽东及党中央的认可。次年2月的中央

---

[1] David Lampton, *Health, Conflict and the Chinese Political System* (Michigan: Center for Chinese Studies, 1974).
[2] 曹普：《1949～1989：中国农村合作医疗制度的演变与评析》，《中共云南省委党校学报》2006年第5期，第42页。
[3] 杨念群：《再造"病人"：中西医冲突下的空间政治（1832～1985）》，中国人民大学出版社，2006，第378页。
[4] David Lampton., *The Politics of Medicine in China: The Policy Process, 1949–1977* (Boulder Colo.: Westview Press, 1977), p.79.

"70号"文件指出"报告及附件很好",要求各地参照执行。在发现一些地方领导没有对合作医疗给予足够重视后,毛泽东在同年3月代党中央起草的"关于卫生工作的指示"中明确要求要把文件发到"各级党委党组和人民公社去",并且"一定要于一九六〇年,一九六一年,一九六二年这三年内做出显著的成绩"。① 由此,合作医疗政策正式作为一项国家政策在全国实施。

毛泽东以及中央推动下的合作医疗取得了快速发展,但是如上所述,对于"免费"的过分追求导致公社合作医疗资金支出控制的乏力和管理上的脆弱。1959~1961年农业生产大幅度减产时,许多地方的合作医疗难以为继。这一时期,由于毛泽东理想主义的国家建设构想在党中央内部存在许多争论,一直强调县医院建设的卫生部对于合作医疗政策也出现了"忽视或选择性实施"。② 同时,如Lampton所分析的,毛泽东在该时期失去了对农村医疗卫生决策的"兴趣",官僚决策模式再次主导医疗卫生领域。③ 1962年卫生部下发《关于调整农村基层卫生组织问题的意见(草案)》,批评"治病方面,一个时期有公社包下来的倾向",主张所有制形式的灵活性。在国家对国民经济的调整中,也将许多地方的合作医疗作为"共产风"和"平均主义"的产物而加以抑制。基于上述因素的共同影响,从20世纪60年代开始合作医疗覆盖面大幅度缩减。

早期合作医疗的发展并没有从根本上改变农村"缺医少药"的状况,④ 而20世纪60年代早期合作医疗的大面积解体更是加剧了农村医疗卫生的严峻局面。因此,随着经济形势的缓解,1964~1965年,毛泽东重新开始了对农村医疗卫生的高度关注。⑤ 在短短两年内,他曾四次对卫生部提出严厉批评。⑥ 尤其

---

① 中共中央文献研究室:《建国以来毛泽东文稿》第9册,中央文献出版社,1996,第80~81页。
② Chen Pi-chao, *Population and Health Policy in the People's Republic of China* (An ICP Work Agreement Report, 1976), p. 7.
③ David Lampton, *Health, Conflict and the Chinese Political System* (Michigan: Center for Chinese Studies, 1974), p. 95.
④ 研究者都指出,公社化时期的合作医疗片面追求覆盖率的提升,而医疗的质量却很低,除了"免费"之外对农民的吸引力有限。参见 David Lampton, *The Politics of Medicine in China: The Policy Process, 1949 - 1977* (Boulder Colo.: Westview Press, 1977), p. 107.
⑤ David Lampton., *The Politics of Medicine in China: The Policy Process, 1949 - 1977* (Boulder Colo.: Westview Press, 1977), p. 184.
⑥ 王绍光:《学习机制与适应能力:中国农村合作医疗体制变迁的启示》,《中国社会科学》2008年第6期,第119页。

是在1965年，当毛泽东对江西井冈山地区人民公社进行考察时，多次听到当地群众反映"缺医少药"、"看病难"等问题，① 返回北京后在对卫生部的严厉批评中提出了"把医疗卫生工作的重点放到农村去"的指示（"六·二六指示"）。然而，毛泽东"最高指示"的直接结果是农村卫生人员的培养和"巡回医疗"的开展，并没有"给农村医疗融资的格局带来多大变化"。② 合作医疗自身再次进入国家政策议程，是在毛泽东亲自批发介绍湖北乐园公社办合作医疗经验的文件并发出"合作医疗好"的称赞之后。1968年底，经毛泽东亲自批示，《人民日报》头版头条刊登的《深受贫下中农欢迎的合作医疗制度》一文标志着合作医疗再一次成为国家"最高政策"。在中央高层领导、官方媒体以及各级地方党政领导的积极推动下，合作医疗建设出现了"高潮"。该时期直至改革开放前，国家层面上的合作医疗政策总体上保持了较大延续性。尽管1972～1973年的农业减产问题导致许多地方的合作医疗资金压力增大，③ 一些社队的合作医疗覆盖率也出现了下滑，④ 但是政策层面上的国家支持始终存在，并以"合作医疗"内容进入1978年通过的《宪法》文本以及1979年出台的《农村合作医疗章程（试行草案）》为标志而达到顶点。

总体来看，集体化时期国家合作医疗政策的历次出台，形式上都是中央对地方实践的认可，而政策的出台与实施均离不开毛泽东及其支持者的大力推动。其内在原因则是源于理想主义国家建设取向下对"合作医疗"的认知定位，即将它视为社会主义性质的福利事业，是"向共产主义公费医疗过渡的制度形式，是社会主义优越性的体现"。⑤ 而且在一个泛政治化的年代，包括合作医疗在内的医疗卫生问题也被界定为"政治问题"或"路线斗争问题"。在"文化大革命"中，"搞不搞合作医疗，不仅是重视不重视农民医疗保健问题，更是执行不执行毛泽东革命路线问题"。⑥ 而就毛泽东

---

① 邸延生：《历史的遗憾：毛泽东的未竟事业》，新华出版社，2010，第133～134页。
② 王绍光：《学习机制与适应能力：中国农村合作医疗体制变迁的启示》，《中国社会科学》2008年第6期，第119页。
③ David Lampton, *Health, Conflict and the Chinese Political System* (Michigan: Center for Chinese Studies, 1974), p. 23.
④ 朱玲：《政府与农村基本医疗保健保障制度选择》，《中国社会科学》2000年第4期，第91页。
⑤ 乐章：《制度、组织与组织化制度：长阳合作医疗个案研究》，中国社会科学出版社，2010，第15页。
⑥ 张自宽等：《关于我国农村合作医疗保健制度的回顾性研究》，《中国农村卫生事业管理》1994年第6期，第5页。

本人来看，对于农村医疗卫生以及合作医疗问题的重视，既体现了他对社会主义建设中城乡差距的忧虑，也体现出他在为自己所倡导的社会主义发展路径进行合理性论证时的策略选择。① 也即，通过倡导"群众首创"的合作医疗来改善农民的健康状况并获得其支持，由此彰显"激进"社会主义发展道路的正确性。现实来看，毛泽东的意图在很大程度上得以实现，合作医疗的实施确实在很大程度上为政权汲取了大量合法性资源。

同时，在面对农村"缺医少药"问题时，毛泽东对于合作医疗的支持和推动也与对农民身份所作的"人民"定位密切相关。"人民"的形塑，既有强烈的意识形态属性，也体现出鲜明的权力特征。"人民"取向表明了社会主义下的服务对象问题，"面向工农兵"、服务于包括农民群体在内的人民群众，在毛泽东看来是维系政权合法性的根本。而"人民"定位也将农民群体从被动的医疗卫生服务对象转变为医疗卫生建设的主体。在合作医疗政策的实施中，屡屡采用的群众动员、"路线斗争"等策略，都使得合作医疗可以在国家投入极为有限的情况下获得迅速发展。然而从其实际效果来看，社会主义"人民"身份的获得只是使农民群体获得了一种"虚置"的权力感和"主人"感，其代价则是"悄然间被置换的医疗卫生保障权"，"他们获得了'权力'，却上缴了'权利'"。② 因此，当宏观政治环境改变后，依托政治与意识形态支持而存续的合作医疗迅速解体，源自国家自上而下赋予的"社会主义福利"也逐渐消失，农民陷入了"无保障"境地。

三 市场化时期的国家建设与合作医疗政策

（一）国家建设：发展主义

理想主义的过分凸显最终导致了社会发展的紊乱，并使得现代国家建设

---

① 毛泽东理想主义的国家建设路径在党中央内部经常存在争议，如刘少奇、邓小平等领导者经常与毛泽东产生分歧，在医疗卫生领域也是如此。相关分析可参见 Robert Hsu, "The Political Economy of Rural Health Care in China," *Review of Radical Political Economics* 9 (1977): 136; David Lampton, *Health, Conflict and the Chinese Political System* (Michigan: Center for Chinese Studies, 1974), pp. 64 - 65; "The Mao-Liu Controversy over Rural Public Health," *Current Scene* 12 (7) (1969): 1 - 18。

② 胡宜：《送医下乡：现代中国的疾病政治》，社会科学文献出版社，2011，第232页。

进程被中断。在邓小平领导集体的推动下，1978年改革开放战略的提出标志着中国国家建设重新起航，其出发点"是以社会主义为取向的现代化，而不是作为未来社会形态的社会主义社会本身"。① 这种转变根源于邓小平领导集体对于社会主义发展的重新认识，即对"什么是社会主义以及落后国家如何建设社会主义"这一问题的深刻思考，并尝试从人类文明发展的规律、社会主义建设的规律，以及中国发展的规律来全面把握中国国家建设的路径选择，最终开辟出一条有中国特色的社会主义发展道路。

邓小平领导集体对于新时期国家建设、社会主义以及现代化的认识发展经历了一个逐步完善的过程。认知转变的基础在于党内意识形态的创新，特别是从"真理标准"的大讨论到"社会主义初级阶段论"的提出，② 以及邓小平"南方谈话"中对于"姓资姓社"问题的回答和对社会主义与市场经济关系的处理。归结来看，邓小平眼中的社会主义现代化发展道路的关键在于经济建设。他本人曾明确指出"经济工作是当前最大的政治，经济问题是压倒一切的政治问题。不只是当前，恐怕今后长期的工作重点都要放在经济工作上面"，③ "四个现代化，集中起来讲就是经济建设"。④ 在"社会主义本质"的阐释中，首要的就是"解放生产力，发展生产力"。"中国能不能顶住霸权主义、强权政治的压力，坚持我们的社会主义制度，关键就看能不能争得较快的增长速度，实现我们的发展战略。"⑤ 此外，"发展才是硬道理"的提出，"效率优先，兼顾公平"原则的强调，均表明改革开放以来的领导集体对于国家建设的路径选择转变为以经济建设统领现代化建设并进而导向社会主义目标。

然而，如果说对于经济建设的强调表明了一种想要使毛泽东时期国家建设的"理想"回归"现实"的努力的话，对于经济增长以及20世纪90年代后市场化取向的过分渲染则产生了一种"矫枉过正"的结果——发展主义（或GDP主义）。发展主义是"这样一种意识形态，即认为经济发展是社会进步的先决条件，随着经济的持续快速增长，所有的社会矛盾和社会问

---

① 林尚立：《社会主义与国家建设——基于中国的立场和实践》，《社会科学战线》2009年第6期，第8页。
② 萧功秦：《改革开放以来意识形态创新的历史考察》，《天津社会科学》2006年第4期，第47~48页。
③ 《邓小平文选》（第2卷），人民出版社，1994，第194页。
④ 《邓小平文选》（第2卷），人民出版社，1994，第240页。
⑤ 《邓小平文选》（第3卷），人民出版社，1993，第356页。

题都将迎刃而解"。① 有学者指出，发展主义是贯穿在邓小平政治哲学基本范畴中的"灵魂"。② 在改革开放以来的国家建设历程中，经济成长所呈现的发展绩效成为中共新的执政合法性基础以及政府认受性的源泉。可是，随着时间的推进，发展主义取向下的国家建设特别是其中的经济增长内容在取得了辉煌成就的同时，也离社会主义的最终目的——"共同富裕"渐行渐远。当经济建设产生了贫富差距不断拉大的结果时，中国就已逐渐陷入被称为"增长的异化"或"没有发展的增长"③的泥潭之中。在这一过程中，经济政策成为整个国家政策体系的核心，包括医疗卫生等社会政策在内的其他政策均成为经济政策的"配套"措施。而且在很长时期内，都以经济绩效或市场化标准作为衡量医疗卫生等政策优劣的主要标准，从而导致改革开放前所建立的各种福利体系迅速解体。因此有学者指出，中国的渐进改革过程对许多人来说也是一个"失去保障的过程"。④

（二）合作医疗政策：从"非决策"到"努力重建"

有研究者指出，"如果说写进《宪法》是将合作医疗制度推向了辉煌的顶点的话，《农村合作医疗章程（试行草案）》的颁布则注定了合作医疗要走向衰落的命运"，⑤ 并将判断依据归结为后者中所规定的举办合作医疗的形式"要根据当地的实际情况和条件"、"要从实际出发"等内容。事实上，如果对集体化时期的国家合作医疗政策进行考察的话，可以发现至少在中央层面上没有采取强制推行合作医疗的政策，在合作医疗的形式上也没有搞"一刀切"。⑥ 真正决定了地方合作医疗实践走向的，并非单纯的政策"文本"内容，而是政策执行者对于高层领导者意图的揣测和对政策"文本"

---

① 郁建兴、何子英：《走向社会政策时代：从发展主义到发展型社会政策体系建设》，《社会科学》2010 年第 7 期，第 21~22 页。
② 李智：《邓小平发展主义政治哲学思想解析》，《邓小平理论研究》2002 年第 3 期，第 7~9 页。
③ 李友梅等：《从弥散到秩序："制度与生活"视野下的中国社会变迁（1921~2011）》，中国大百科全书出版社，2011，第 228~230 页。
④ 〔英〕沙琳：《需要和权利资格：转型期中国社会政策研究的新视角》，中国劳动社会保障出版社，2007，第 231 页。
⑤ 乐章：《制度、组织与组织化制度：长阳合作医疗个案研究》，中国社会科学出版社，2010，第 217 页。
⑥ 王绍光：《学习机制与适应能力：中国农村合作医疗体制变迁的启示》，《中国社会科学》2008 年第 6 期，第 121 页。

的解读。由于 1979 年《章程》颁布之际恰逢十一届三中全会后党政高层"解放思想"的大讨论和对"实事求是"、"一切从实际出发"的高度强调，在这种政治氛围下，通过政治动员推动合作医疗的压力与热情不再延续，合作医疗覆盖率的迅速下降也就可想而知。

改革开放以来，邓小平领导集体将大部分注意力集中在了经济建设上，对农村合作医疗则采取了"放任自流"的态度。合作医疗覆盖率出现大幅度下降时，"忙于实行家庭联产承包责任制的中央领导人，对此没有任何表态"。① 此时，以卫生部为代表的官僚部门重新主导了中国医疗卫生领域的决策。"文化大革命"后，钱信忠重新担任卫生部部长，他个人对于合作医疗的认知与态度决定了国家相关政策的走向。1979 年元旦，钱信忠在接受新华社记者采访时提出，要"运用经济手段管理卫生事业"。此时，改革开放刚刚起步，钱信忠的讲话，显得"大胆而前卫"。不久，以卫生部颁布的一系列政策文件为标志，开始了对医院以及医疗卫生事业的商业化、市场化改革。② 而在合作医疗问题上，20 世纪 80 年代初钱信忠的态度转变极为明显。在 1979 年的一次卫生会议讲话中，他还将合作医疗称为"社会主义福利"事业，而到 1980 年的另一次讲话中，则放弃了"福利"的表述而将其称为农民群众的"自愿互助"事业。与此同时，在合作医疗的发展问题上，他则从 1979 年的全力支持转变为主张基于地方经济条件灵活执行。1981 年成为合作医疗政策发展的"分水岭"。钱信忠在相关讲话中已经较少涉及合作医疗问题，更为关键的则是他开始强调不顾地方经济条件和群众意愿而追求合作医疗覆盖率的做法是一种典型的"左倾"错误。随后，"将卫生工作视为社会福利"的观点也被评判为"左"的思想。③ 源于上述现实，尽管改革开放之后整个 80 年代中央层面没有出台正式的合作医疗政策，但显然这并非只是一种"放任自流"的行为。正如英国学者 Jane Duckett 的一项近期研究所指出的，"尽管削减合作医疗并非中央政府的一项公开政策目标，但是由于卫生部的推动，它却偷偷进入了政府议程"。④

---

① 王绍光：《学习机制与适应能力：中国农村合作医疗体制变迁的启示》，《中国社会科学》2008 年第 6 期，第 122 页。
② 木木：《中国 25 年医改路》，《观察与思考》2006 年第 22 期。
③ Jane Duckett, *The Chinese State's Retreat from Health* (New York: Routledge, 2011), pp. 64 - 66.
④ Jane Duckett, *The Chinese State's Retreat from Health* (New York: Routledge, 2011), p. 60.

将医疗卫生定位为一种经济事业源自改革开放后党政高层意识形态的改变，这一做法也契合了邓小平时期以经济建设为中心的发展主义国家建设取向。受此影响，除少数地方外，合作医疗在全国大部分地区成为历史回忆，广大农村家庭重新开始了以自费医疗为主的时代。然而，改革开放以来中国城乡发展的巨大差距所产生的"断裂社会"与"统一医疗市场"的并存，①使农村居民的"看病难"、"看病贵"，乃至"因病致贫"、"因病返贫"问题开始凸显。特别是20世纪90年代农民收入增长趋缓，上述问题更显严重，甚至影响到了社会的稳定。②同时基于兑现"2000年人人享有卫生保健"的国际承诺，在许多中央党政领导的呼吁、推动下，重建合作医疗问题进入到了国家政策议程之中。③

有研究者回顾了20世纪90年代中央政府重建合作医疗的"两次努力"历程，该时期多次颁布直接以合作医疗为内容的政策文件，但是由于相关政策间的冲突、国家投入的不足以及管理上的漏洞等原因，两次合作医疗的重建努力均归为"失败"。④从合作医疗覆盖率上看，整个90年代有两次明显的上升趋势，但都难以重现集体化时期的"辉煌"。事实上，该时期合作医疗发展上的曲折，根源还是在于国家政策共同体对合作医疗自身的认知定位。20世纪80年代将合作医疗视为"文化大革命产物"、"左倾路线"的思想在20世纪90年代仍有延续。1996年国务委员彭珮云在推动合作医疗发展的讲话中特别批评了"把合作医疗看成是'左'的路线的产物予以否定"的错误，⑤恰恰表明上述思想在当时国内仍较为流行。而1992年后市场化导向的改革不仅成为国家建设的主导路径，而且也成为医疗卫生领域改革的基本方针。特别是20世纪90年代后新自由主义思想在国内的传播，也深刻影响了医疗卫生以及合作医疗领域，⑥标志之一即20世纪90年代后卫生部力主在农村推行合作医疗保险制度。时任卫生部政策法规司司长的支峻波曾表明了该取

---

① 孙立平：《断裂社会中的农村医疗》，《经济观察报》2003年7月7日。
② 丁宁宁：《经济体制改革与中国的医疗卫生事业——中国医疗卫生体制变化的经济、政治、社会背景》，《中国发展评论》2005年第1期（增刊）。
③ 肖爱树：《农村医疗卫生事业的发展》，江苏大学出版社，2010，第186页。
④ 曹普：《20世纪90年代两次"重建"农村合作医疗的尝试和效果》，《党史研究与教学》2009年第4期。
⑤ 肖爱树：《农村医疗卫生事业的发展》，江苏大学出版社，2010，第183~188页。
⑥ Jane Duckett, *The Chinese State's Retreat from Health* (New York: Routledge, 2011), pp. 55 - 56.

向,"我国必须走医疗保险的路子,这是世界上一百多个国家都走的路子,当然做法有所不同,但基本的路子必须这样走"。① 强调医疗保险,一方面是为了与市场经济"合拍",另一方面则体现了国家财政对于合作医疗投入上的意愿不足。例如,1994~1997 年中国政府与世界银行准备了一个帮助农村贫困县建设和改革卫生体系的项目。在该项目的实施过程中,世界银行主张政府应为该项目提供大量财政补助,而卫生部则坚持应以家庭投入作为主要的筹资来源。② 许多研究者也指出,政府在 20 世纪 90 年代重新肯定合作医疗,看重的是它对政府财政没有依赖性。③ 特别是 1994 年分税制改革后,中央政府将发展合作医疗的事权下放给地方政府,进一步强化了中央投入上的"不作为"。

总之,改革开放以来的整个 20 世纪八九十年代,由于国家建设取向的转变,医疗卫生领域也开始追逐以高质量、高技术、高效率及专业化、私人化等为特征的"现代化"发展。这种迅速发展的"现代化"导致了农村医疗卫生发展的缓慢以及城乡差距的不断拉大,成为"后毛"时代医疗卫生发展中的一大"困境"。④ 该时期国家合作医疗政策的屡次"反复"及其结果上的不理想,一方面源于上文分析的认知定位问题,将合作医疗作为发展主义取向下国家建设战略在农村的"试验";另一方面也与农民群体社会身份的转变密切相关。改革开放后,随着现代化的重新启动以及意识形态上的"去魅化",农民群体在集体化时期被赋予的充满意识形态特征与"权力感"的"人民"地位不再延续,开始向中性的"国民"身份回归。然而,在商品化以至市场化的改革过程中,这种国民身份更多地体现为经济权利的获得而非社会权利(社会保障权等)的被尊重。当医疗卫生事业由"福利"转变为"营利",当小农经济直面"统一市场"之时,缺乏支付能力的贫穷农民群体的医疗卫生需求在很大程度上被忽视。农民工群体游离于城市与农村医疗保障制度缝隙之间的尴尬处境更是表明其"国民"身份的被漠视。发展主义导致的这种社

---

① 支峻波:《深化卫生改革的方向、任务与政策》,《医学理论与实践》1992 年第 3 期,第 1 页。
② 〔英〕沙琳:《需要和权利资格:转型期中国社会政策研究的新视角》,中国劳动社会保障出版社,2007,第 264~282 页。
③ 王绍光:《学习机制与适应能力:中国农村合作医疗体制变迁的启示》,《中国社会科学》2008 年第 6 期,第 128 页;肖爱树:《农村医疗卫生事业的发展》,江苏大学出版社,2010,第 189 页;〔英〕沙琳:《需要和权利资格:转型期中国社会政策研究的新视角》,中国劳动社会保障出版社,2007,第 268 页。
④ Robert Blendon, "Public Health versus Personal Medical Care: The Dilemma of Post-Mao China," *New England Journal of Medicine* 304 (16) (1981): 981-983.

会福利体系的缺失，引发了一系列严重的社会认同危机，① 也逐渐形成了21世纪之后党政领导层反思农村医疗卫生问题的"倒逼"压力。

四 21世纪的国家建设与合作医疗政策

（一）国家建设：科学发展观

中国特色社会主义道路使中国的国家建设回归到了现代化的发展逻辑之中。② 但是发展主义取向下的现实实践则产生了经济社会发展的失衡，各种社会问题与矛盾冲突不断发生。主要的问题与矛盾可以集中表述为"民生"问题，即"许多人口的生存条件和福利状况的改善与国家经济发展相脱节，居民收入差距不断拉大，分配不公日益严重，弱势群体受到严重的权利剥夺，从而导致继续深化改革缺乏普遍共识，各种群体性事件接续发生，既影响社会的和谐稳定，也制约着经济的持续发展"。③ 同时，随着"部分人的先富"，这部分群体也逐渐"拒绝将经济成就作为政体合法性的基础"。④ 在这种情况下，无论是基于执政者的理性自觉，还是源于社会矛盾的压力推动，实现国家建设取向与发展理念的转变成为一种必然选择。

这种取向与理念的转变在21世纪后逐渐体现出来。2002年召开的中共十六大重新解释了"效率优先、兼顾公平"的含义，使用了"初次分配效率优先、再次分配注重公平"的表述，并在随后的几次表述调整中逐渐将重心转向"公平"维度。2003年中共十六届三中全会上提出的"科学发展观"正式标志着国家建设取向的转换。科学发展观所强调的以人为本的"全面、协调、可持续"原则，意味着一个"为人的发展而发展"的现代化取向正在取代一个"为发展而发展"的现代化取向。⑤ 随着"人"取代

---

① 李友梅等：《从弥散到秩序："制度与生活"视野下的中国社会变迁（1921～2011）》，中国大百科全书出版社，2011，第231～247页。
② 林尚立：《社会主义与国家建设——基于中国的立场和实践》，《社会科学战线》2009年第6期，第9页。
③ 王庆华、张海柱：《社会管理创新的政策学解读：基于社会建构论的理论探讨》，《社会科学战线》2012年第9期，第168页。
④ 王正绪：《国家建设、现代政府和民主之路：六十年来中国的政治发展》，《马克思主义与现实》2010年第1期，第45页。
⑤ 汪大海、唐德龙：《从"发展主义"到"以人为本"——双重转型背景下中国公共管理的路径转变》，《中国行政管理》2005年第4期，第88页。

"物质"成为国家政策选择的基础,科学发展观成为21世纪中国发展政策的"新范式"。① 随后,"社会建设"、"社会管理创新"、"社会主义新农村建设"、"和谐社会"等理念的提出,更是表明中共领导层对于科学发展观下国家建设路径认识的深化。特别是在2005年,社会主义国家建设的总体布局产生了创新性发展:"随着我国经济社会的不断发展,中国特色社会主义事业的总体布局,更加明确地由社会主义经济建设、政治建设、文化建设三位一体发展为社会主义经济建设、政治建设、文化建设、社会建设四位一体。"② 有研究者明确指出,这种变化并非简单的国家建设内容的增加,而是"国家建设整体形态的变化,即国家建设不仅仅在于维护政权、巩固制度,更重要的在于给中华民族和中国社会的繁荣发展创造一个稳定有效的政治共同体、一组规范民主的制度体系和一套深入人心的核心价值"。③ 此时,国家领导层对于现代国家建设路径的认知已经较为成熟,即经由全面建设小康社会,进而全面实现现代化,并最终实现社会主义制度的全面巩固和发展。④

在科学发展观的指导下,政府自身的角色定位也开始发生转变,并以十七大提出的"公共服务型政府"作为其目标模式。服务型政府不仅意味着高效、透明、法治,更强调政府(国家)职能的重新定位,即突出以教育、医疗、养老、住房、就业等为主要内容的"民生"导向的社会福利政策供给。而且,这些福利性政策供给已经不再仅仅作为过去国家政治经济发展战略的救济、补充部分出现,而是成为了党政高层政策关注的核心。⑤ 中国开始逐渐步入"社会政策时代"。⑥

(二) 合作医疗政策:"扶贫"取向下的国民福利关照

20世纪90年代合作医疗政策的多次"反复"表明国家政策共同体已经

---

① 岳经纶:《科学发展观:新世纪中国发展政策的新范式》,《学术研究》2007年第3期。
② 胡锦涛:《在省部级主要领导干部提高构建社会主义和谐社会能力专题研讨班上的讲话》,《人民日报》2005年6月27日。
③ 林尚立:《社会主义与国家建设——基于中国的立场和实践》,《社会科学战线》2009年第6期,第10页。
④ 林尚立:《国家建设:中国共产党的探索与实践》,《毛泽东邓小平理论研究》2008年第1期,第19页。
⑤ 李友梅等:《从弥散到秩序:"制度与生活"视野下的中国社会变迁(1921~2011)》,中国大百科全书出版社,2011,第266页。
⑥ 王思斌:《社会政策时代与政府社会政策能力建设》,《中国社会科学》2004年第6期,第8~10页。

具备了重建合作医疗制度的意愿，但是实施效果的不理想则表明决策者认知上的偏差，即希望能够在不进行政府财政（特别是中央财政）投入的前提下重现传统合作医疗的"辉煌"。打破这一幻想的是一系列对贫困地区的调查与干预性实验。① 大量由卫生部等国务院部委、世界银行等国际组织以及国内高校等研究组织共同实施的合作医疗调查与实验表明：除非获得中央与地方政府的财政支持，否则合作医疗将难以普及。尽管这些研究结果在学界已达成较大共识，而且相关调查实验也均有卫生部等政府机构的参与，但是它要转化为真实的政策影响，则需引起国家高层领导的注意与支持。朱旭峰的研究回顾了相关项目研究成果是如何在2001年经由卫生部部长张文康而传递给当时中央最高领导人江泽民的。② 在获得最高领导人的关注后，"农村卫生保健开始频繁出现在中央高层的演讲报告中"，到了2002年，中央举行了一次关于农村卫生保健的国家级会议，并由中共中央、国务院联合发布了《关于进一步加强农村卫生工作的决定》，其意义在于"终于争取到了国家高层领导和财政部对农村卫生保健政策的资金支持"。③ 可以说，以2003年国务院发布的《关于建立新型农村合作医疗制度意见的通知》为标志而实施的"新农合"政策，很大程度上是由于专家学者的推动而进入国家政策议程的。

除了专家学者的倡导外，"新农合"政策能够在2002~2003年顺利出台，也是多方因素共同作用的结果。其一，基层政府官员与中央"智囊"成员的上书。如李昌平于2000年向国务院总理反映农民问题以及国务院发展研究中心副主任李剑阁于2001年向中央建议关注农村医疗问题。④ 其二，异质事件的冲击。典型的是2003年爆发的SARS直接暴露了我国（尤其是农村地区）医疗卫生体系的薄弱。其三，新闻媒体的报道引起了社会公众对于医疗卫生问题的高度关注。如一些媒体发布的2000年以来的社会热点问题中，"看病贵"、"看病难"问题一直排在前列（2007年甚至排在了第一的位置）。⑤ 其四，国务院相关部委的协调。20世纪90年代合作医疗政策的曲折很大程度

---

① 王绍光：《学习机制与适应能力：中国农村合作医疗体制变迁的启示》，《中国社会科学》2008年第6期，第128~130页。
② 朱旭峰：《政策变迁中的专家参与》，中国人民大学出版社，2012，第93~94页。
③ 朱旭峰：《政策变迁中的专家参与》，中国人民大学出版社，2012，第94页。
④ Wang Yunping, "The Policy Process and Context of the Rural New Cooperative Medical Scheme and Medical Financial Assistance in China," *Studies in HSO & P* 23 (2008): 127-128.
⑤ 张海柱：《农村合作医疗政策变迁分析——一种政策过程视角》，《甘肃理论学刊》2012年第3期，第96页。

上源于包括卫生部、财政部、农业部等在内的国务院部委间的冲突。① 在国务院的协调下，相关部委在新农合的管理权限、补贴额度等制度设计问题上达成了妥协。② 其五，合作医疗利益相关者的推动。Duckett 的研究指出，改革开放后传统农村合作医疗迅速解体的重要原因之一在于集体化时期的合作医疗并不是在卫生部等官僚部门的推动下而发展的，也即缺乏制度性利益相关者的存在。农民群体作为主要的利益相关者却缺乏相关的资源与能力去影响国家政策。③ 而新农合政策则赋予了卫生部较大的资源与权限，④ 使其成为重要的制度性利益相关者，积极推动了新农合的发展。其六，中央财政能力的具备。有研究者指出 20 世纪 90 年代中央财政能力的不足制约了国家对合作医疗的直接投入，而 1994 年分税制改革以来，中央财政状况得到极大改善。特别是 2002 年前后，中央财政收入占 GDP 的比重升至 10% 左右，具备了资助合作医疗的财政能力。⑤ 此外，更具基础性也更为关键的因素则是，2003 年以来随着中央领导层的交替，以"科学发展观"为标志的国家建设取向的转变。以人为本的"民生"建设以及服务型政府的构建，均离不开对包括医疗卫生在内的社会保障领域的关注。而新农合的启动，也意味着党和政府希望通过建立"福利政治"、重建社会公共物品供给体制的方式来达到扩大政治合法性来源的目的。⑥

从合作医疗制度运作模式来看，"保小病"属于"福利型"，而"保大病不保小病"则属于"风险型"。⑦ 国家层面"新农合"的制度设计则更加

---

① 对各部委利益与意见间冲突的分析，可参见 Wang Yunping, "The Policy Process and Context of the Rural New Cooperative Medical Scheme and Medical Financial Assistance in China," *Studies in HSO & P* 23 (2008): 129 – 130；曹普：《20 世纪 90 年代两次"重建"农村合作医疗的尝试和效果》，《党史研究与教学》2009 年第 4 期，第 23～24 页；朱旭峰：《政策变迁中的专家参与》，中国人民大学出版社，2012，第 84～85 页。
② 朱旭峰：《政策变迁中的专家参与》，中国人民大学出版社，2012，第 84～85 页。
③ Jane Duckett, *The Chinese State's Retreat from Health* (New York: Routledge, 2011), pp. 60, 66 – 67.
④ 例如，国务院批准建立的"新型农村合作医疗部际联席会议制度"主要由卫生部负责，卫生部设立的合作医疗处具体负责新农合政策的制定和行政管理等工作，而且通过新农合建设，卫生部也掌握了大量可自由支配的财政经费。参见朱旭峰《政策变迁中的专家参与》，中国人民大学出版社，2012，第 81～85 页。
⑤ 王绍光：《学习机制与适应能力：中国农村合作医疗体制变迁的启示》，《中国社会科学》2008 年第 6 期，第 130 页。
⑥ 刘鹏：《合作医疗与政治合法性——一项卫生政治学的实证研究》，《华中师范大学学报》（人文社会科学版）2006 年第 2 期。
⑦ 林闽钢：《中国农村合作医疗制度的公共政策分析》，《江海学刊》2002 年第 3 期，第 94 页。

偏向于"风险型"。这种国家对于大多数人基本医疗需求保障责任的"放弃",成为许多研究者所批评的"新农合"制度的主要缺陷之一。① 事实上,国家层面的合作医疗政策之所以更加关注"大病"保障问题,源于中央政策共同体对于合作医疗的基本定位,即将其作为农村扶贫、解决农民"因病致贫"、"因病返贫"问题的重要措施。20世纪80年代末90年代初,中国政府开始逐渐致力于减少贫困。② 而90年代以来许多对中国农村贫困问题的研究表明,农村贫困户中因病致贫或因病返贫的约占80%,"在2003年农村致贫原因构成中,因疾病或损伤导致贫困的占33%,是致贫的首要原因;而劳动力少与疾病或损伤存在密切关系,是致贫的第二大原因,占27%。两项合计为60%"。③ 上文提及的江泽民在2001年对农村卫生的关注也与贫困问题相关。在阅读了相关研究报告后,江泽民对张文康说:"你说的关于农村的现状令我很震惊,你确定有1/3的贫困家庭是因为医疗费用所致?"④ 这种"扶贫"话语主导下的政策设计,虽表明了对农村特殊弱势群体生存状况的关照,但会产生较为严重的"逆向选择"问题,降低了对农民群体的吸引力。许多地方合作医疗参合率的快速上升,均与地方政府的大力推动乃至强制性要求密不可分。⑤

归结来看,国家层面的"新农合"政策在很大程度上表明了对农民社会保障权的认可,医疗卫生也成为农民在获得真正"国民"身份后的一项基本福利。但是上文所提及的国家政策偏重"保大病"而忽视了"小病"等基本医疗卫生需求的事实则表明,这种国民福利的关照是有限度的。究其原因则在于这项"福利"是经由国家自上而下所赋予的,是被"强加"给农民的一项"消极权利",⑥ 而不是经由农民自身权利意识的觉醒以及包括集体动员、政治/政策参与等方式而获得的"积极权利"。原初的政策设计中尽管涉及吸纳农民参与的内容,但是在现实实践中难以实现。例如以县为

---

① 葛延风、贡森等:《中国医改:问题·根源·出路》,中国发展出版社,2007,第13页。
② 〔英〕沙琳:《需要和权利资格:转型期中国社会政策研究的新视角》,中国劳动社会保障出版社,2007,第267页。
③ 李迎生:《转型时期的社会政策:问题与选择》,中国人民大学出版社,2007,第213页。
④ 朱旭峰:《政策变迁中的专家参与》,中国人民大学出版社,2012,第94页。
⑤ 纪程:《话语政治:中国乡村社会变迁中的符号权力运作》,中国社会科学出版社,2011,第222~223页。
⑥ 赵德余:《以权利看待发展——中国农村变迁中的风险治理及规则重构》,复旦大学出版社,2011,第10页。

核算单位的设计，排斥了基层农民参与管理的权利。① 这种缺乏"民主"的"民生"追求，必然导致"新农合"政策实施中的一系列困境。例如难以获得农民群体的真正认同，以"福利供给"追求"政治合法性"的初衷将大打折扣。此外，地方党政领导"强制"推动下参合率的提升在增加了地方"政绩"之外也隐含着类似"民生"政策偏离初衷的隐患，即农民群体无法作为"新农合"的真正受惠者。② 这些问题的存在表明，农民群体在逐渐获得国民身份的过程中，尚未具备向现代"公民"身份转变的条件。公民与国民的主要区别在于，除具备经济权利与社会权利（如社会保障权）之外，更重要的则是以选举、结社、政治/政策参与为核心的政治权利。政治权利的落实既需要具备明确的政治权利意识，也需要国家围绕民主政治建设而构建的制度规则体系的保障。而这，又有赖于中国未来国家建设取向的进一步定位以及中国民主政治改革的持续推进。③

五 合作医疗政策反思与展望——从福利走向公民权利？

医疗卫生政策制定与实施本质上是一个涉及利益、权力与意识形态竞争的复杂政治过程。忽视这种政治实质将无法理解政策变迁中所存在的各种问题与争论。有鉴于此，本文以国家建设为逻辑起点，通过集中关注中央政策共同体的认知性因素而将国家建设与合作医疗关联在了一起，从而构建出一个用以理解长时期合作医疗政策变迁的分析框架。本文的分析表明，在不同时期，合作医疗之所以能够引起中央政策共同体的关注从而进入政策议程，与特定时期内的国家建设取向密切相关。源于对社会主义建设与现代化建设关系的不同处理，国家建设取向经历了"理想主义"、"发展主义"到"科学发展观"的转变。在这种国家建设取向转变的影响下，合作医疗也经历了一个曲折起伏的发展历程。在该历程中，合作医疗政策的定位也由"社

---

① 徐勇等：《中国农村与农民问题前沿研究》，经济科学出版社，2009，第318页。
② 李友梅等：《从弥散到秩序："制度与生活"视野下的中国社会变迁（1921~2011）》，中国大百科全书出版社，2011，第292~293页。
③ 王正绪在国家建设的框架内探讨了中国民主政治改革问题。参见王正绪《国家建设、现代政府和民主之路：六十年来中国的政治发展》，《马克思主义与现实》2010年第1期，第44~46页。

会主义福利"到"福利"转变为"营利"后的"非决策",从为解决"看病贵"、"看病难"问题的"努力重建"却难以再现"辉煌"到基于"扶贫"意图的"福利关照"。政策自身的变迁既是对特定时期农村医疗卫生问题的回应,更是体现了农民群体社会身份的转变,即由"人民"向"国民"的转变,由经济权利向社会权利的扩展。

在国家建设与合作医疗的关系上,本文的分析表明,合作医疗政策变迁受到国家建设取向转变这一宏观政治情境的影响。更为重要的则是,特定时期内国家党政领导者对于合作医疗的关注及其政策设计,是为了实现国家建设目标所作的主动性选择。也即,合作医疗政策的选择与变迁,是为了彰显特定时期国家建设路径选择的合理性,并为政权汲取足够的政治合法性。因此,集体化时期合作医疗的"辉煌"是因为它契合了理想主义国家建设的合法性特征;改革开放后的迅速"解体"是由于它原有的合法性机制在强调"经济发展"与"效率"的市场化时期变得越来越不合法;"新农合"的迅速推广则又是源于这种对国民福利的关照在科学发展观的"民生"取向下成为新的合法性源泉。这种变化,体现了包括合作医疗在内的具体政策选择对于宏观政治体制的"反馈"影响。

本文以国家建设为逻辑起点对于合作医疗政策过程的分析,既是为了探究驱动政策变迁的内在机制,取得对合作医疗政策更为全面、深入的理解;更为重要的则是反思当前的"新农合"政策,更好地认识今后中国农村医疗卫生政策的走向。本文的分析表明,当前国家层面的"新农合"政策设计还存在包括过于关注"大病保障"而忽视基本医疗卫生需求等问题。类似问题的产生根源在于农民群体所获得的社会保障权利以及"国民"资格是一种国家主导下的自上而下的赋予结果,而不是基于农民自主偏好以及自觉权利意识而获得的。也即,在很大程度上已经具备了"国民"身份的农民群体,还需要实现向真正"公民"身份的转变。真正的公民身份既包括经济权利、社会权利(社会福利)的获得,更为重要的则是包括选举、结社、政治/政策参与在内的政治权利的实现。公民身份的获得,需要未来时期国家建设取向的进一步明确,即在经济建设维度上提升农民收入与资源禀赋,在政治建设维度上改善农民代表权与参与渠道,在文化建设维度上促进农民权利意识的觉醒,在社会建设维度上推动农村民间组织的发育以及群体利益表达能力的成长。随着农民群体公民权利的实现,包括医疗卫生在内的各种社会保障、社会福利的分配才有可能真正超越社会身份的差异而落实于人类的基本需要之上。

深圳小产权房市场调研报告[*]

程 浩[**]

摘 要：深圳小产权房（又称"农民房"）体量大、分布广、问题多、影响深，成为政府不得不认真考量、理性应对的一个综合性社会问题，时刻拷问着地方政府的政策设计智慧和行政管制能力。深圳市逐步实施小产权房市场管制，已经形成了明显的政策路径依赖，但现行的政府管制政策不足以根治错综复杂的小产权房问题。深圳可以尝试建构一套小产权房市场未来发展及其问题解决的政策框架，以纠正现行管制政策的失效、弥补政策缺失、突破政策困境。建构的基本路径，可以选择法律的、政治的、经济的和管理的路径。

关键词：住房 小产权房 政府管制 管制政策

一 深圳小产权房市场现状与问题

（一）深圳小产权房发展现状

1. 数量估算。据一些机构、专家的抽样调查显示，深圳小产权房的数

---

[*] 基金项目：教育部 2013 年度人文社会科学研究青年基金项目"小产权房开发管制政策顶层设计——基于土地制度与住房政策的视角"（13YJC810001），深圳市哲学社会科学"十二五"规划研究课题"深圳市住房问题研究——以小产权房为视角"（125A115）。项目负责人：程浩。

[**] 程浩，深圳大学当代中国政治研究所政治学副教授，博士。

量非常庞大，如深圳市国土资源和房产管理局于 2007 年 4 月完成的一项全市住宅状况调查统计显示，深圳市共有户籍原村民 35.8 万人，占全市常住人口的 4.3%，拥有"城中村"农民房或其他私人自建房超过 35 万栋，总建筑面积约 1.2 亿平方米，占全市住房建筑总面积（2.45 亿平方米）的 49%。① 深圳市众厦地产顾问有限公司在 2009 年上半年完成的小产权房专题研究报告中也指出，目前深圳住宅总面积约为 2.6 亿平方米，其中小产权房面积高达 1.6 亿平方米，比例已经超过 60%，体量非常庞大。② 根据深圳市建筑物普查和住房调查数据，（2010 年前后）深圳市共有住房 4.04 亿平方米。其中，产权住房约 1.12 亿平方米，仅占总量的 28%；城中村私房 1.7 亿平方米，占总量的 42%；其他住房（含机关事业单位自有房、企业自有房等）1.22 亿平方米，占总量的 30%，③ 城中村私房、机关事业单位自有房、企业自有房等属于"小产权"性质的住房的比率累计高达 72%。深圳市查违办于 2011 年 1 月发布的数据也显示，全市各种以小产权房名义出现的违法建筑，数量超过 40 万栋，而深圳房屋总数也不过 60 万栋，小产权房数量占到了 66% 以上。一份民间调查则显示，深圳每年新增住宅 400 万平方米，而新增小产权房则为商品房的 60% 左右。④ 据此估算，深圳这块土地上有五分之三的家庭居住于所谓的"小产权房"。

2. 区域分布。深圳小产权房分布范围比较广，几乎每个街道办辖区都有小产权房建成和销售，部分小产权房项目开发屡禁不止，有愈演愈烈之势。总体上看，深圳小产权房在福田、盐田、罗湖、南山等关内区域分布比例相对较小，绝大部分小产权房分布在宝安、龙岗等关外区域，数量分布呈现离

---

① 深圳市国土资源和房产管理局：《全市住宅状况调查》，载冯杰《深圳常住人口人均住房 29.6 平方米》，《深圳特区报》2007 年 4 月 19 日。另据媒体报道，截至 2011 年 12 月，深圳违法建筑达 37.94 万栋。参见龙飞《深圳试水小产权房特区政策》，《中国经营报》2012 年 4 月 9 日。深圳市国土资源和房产管理局局长张士明在接受专访时指出，这些私宅，不仅解决了原村民自身的住房问题，且大多数用于出租，客观上解决了大量外来人口的租房需求。据笔者观察和了解，深圳大多数农民小产权房被租用于企业厂房、仓储场所、职工宿舍或外来务工人员栖息地，一些临近高校和中职院校的城中村小产权房，甚至成批量地合法租用于学生集体宿舍。

② 参见深圳市众厦地产顾问有限公司《2009 年深圳市小产权房专题研究》，百度文库：http://wenku.baidu.com/view/0461d4661ed9ad51f01df25d.html。

③ 参见王锋《关于深圳市住房政策的思考与建议》，新浪房产：http://news.dichan.sina.com.cn/2010/04/01/141501.html。

④ 参见杨佼《深圳小产权房高危赌局》，《华夏时报》2011 年 3 月 28 日。

市区越远比例越高的现象。其中，宝安沙井镇为深圳小产权房数量之最，在售或在建的统建小产权楼盘在 50 个以上，住房多达 5 万套以上。关外布吉深惠路附近、南岭村片区、吉厦村片区、龙华中心区、富士康片区等，目前均存在大量的在建和在售小产权房，部分项目规模甚至高达几千套。这些片区所有的小产权房加起来，总量可能超过 4 万套，体量非常庞大。①

3. 开发模式。中央电视台《经济半小时》栏目组调查后评述，"在深圳，建设在国有土地上的小产权房在疯狂地生长，以往村组织转变成的股份公司，纷纷在自己掌控的国有土地上建起了小产权房"，"一些单位也打着解决职工住房的口号，大量建设小产权房"，部分"小产权房不仅和商品房一样拥有电梯和小区，同时也有配套的物业管理"。② 从笔者调研的实际情况看，深圳大多数小产权房都是以旧村改造、城中村改造等名义，由原住民自发组织起来或当地村（居）组织以集体之名擅自组建队伍，在城市化土地征转中村（居）自留土地上违规开发建设并对外销售；也有不少小产权房是由当地村（居）与开发商合作或开发商协议租用村（居）自留土地后开发建设并对外销售，并由卖房者向购房者发放村（居）自制的"房产证"或"集资建房协议书"。其中，距市中心较近地区由于土地资源稀缺，小产权房楼盘一般规模较小，基本由村（居）民个人或村（居）民联合投资方开发建设，建筑质量参差不齐；距市中心较远地区，小产权房楼盘规模普遍较大，多由村（居）委牵头联合开发公司建设，部分楼盘建筑质量和小区规划均可以媲美大型商品房住宅区。③ 深圳小产权房占用土地属性主要有三种，即村（居）民宅基地、村（居）民工商用地及村（居）集体道路市政等公共用地，其中占用工厂用地开发建设小产权房的现象非常普遍。随着一些工厂的搬迁，不少当地村（居）委会以合作建房的方式，开发建设起小产权房。深圳小产权房户型结构多样，一般是多层、高层普通住宅，也有少量错层、跃层的多居室高档住宅和别墅，既有与城市"蓝领"收入水平相适应的"迷你型"小公寓，也有能满足中、低收入"白领"阶层需求的小两房。④

---

① 深圳市众厦地产顾问有限公司：《2009 年深圳市小产权房专题研究》，百度文库：http://wenku.baidu.com/view/0461d4661ed9ad51f01df25d.html。
② 李杰：《深圳到底存在多少开发商自己发证的小产权房》，2009 年 6 月 15 日 CCTV《经济半小时》。
③ 参见尹璐、董超文《深圳"小产权房"成交惨淡》，《深圳商报》2011 年 10 月 28 日。
④ 参见张志红、李新添《深圳市小产权房商品化处理问题探究》，《广东行政学院学报》2011 年第 2 期。

4. 交易方式。深圳小产权房一般是开发建设单位自行组织队伍进行销售，也有委托中介公司进行销售的，一般不刊发媒体广告，更多的是通过手机短信、口口相传、熟人推荐或街头小传单形式招揽客户。为规避媒体曝光，到深圳宝安区西乡街道某社区小产权楼盘看房时，看房人还必须凭依社区居委会发放的看房放行条。从销售价格看，深圳小产权房一般只有同地段商品房价格的40%至60%，南山区西丽片区个别小产权楼盘每平方米单价甚至突破了12000元（概因其临近地铁口、商业步行街等配套设施非常完善）。从购买对象看，漂泊的外地打工者、急欲搬家的拆迁户、由于没有城市户口而无资格购买经济适用房或限价商品房等保障性住房的中低收入群体、由于没有固定的正式工作而无法获得银行按揭贷款支持购买普通商品房的"无业"群体，甚至政府公务员、公司白领和学校教师，都是小产权房的消费者。小产权房买卖合同主要采用《合作建房合同》或《房产使用权转让合同》，房屋使用年限从50年、70年至永久使用权不等，部分小产权房开发商自己制发房产证，不仅有开发商自编的房产证号，同时也标上了使用年限。为了保证买房人的利益，深圳小产权房交易中还普遍引入律师见证。① 个别小产权房楼盘，买卖双方一般只签订一份购房"协议书"，交易手续相对较为简单。如号称深圳最牛小产权房的龙华"华侨新苑"，在办理买卖手续时，开发销售单位只向购房者提供一套自制的"集资建房协议"，根本看不到"买卖"字样。② 据一位多年关注小产权房的业内人士介绍，深圳小产权房建设和交易一直以来都非常活跃，几乎每一个村、街道都建有大量小产权房，销售和交易活动并不只停留在地下，而且越来越公开化。③ 中央电视台《经济半小时》栏目甚至评述，"小产权房在深圳已经脱离政府建立的商品房交易系统，形成了自己一套独立的体系，套用一句股市的行话就是已经开始了场外交易"，"目前深圳市大批小产权房开始建立政府之外的交易规则，保障买房人能将小产权房顺利出手"，"在深圳，小产权房不仅在政府管理之外，建立了可以自由转让的市场规则，同时为了保证买房人的

---

① 参见尹璐、董超文《深圳"小产权房"成交惨淡》，《深圳商报》2011年10月28日。
② 参见金焰《买小产权房的，明知道是个坑也会往下跳》，《南方都市报》2009年7月11日。
③ 当然，也有观点认为深圳不存在所谓的小产权房，如深圳市委常委、常务副市长吕锐锋就坚称，深圳没有小产权房，深圳有的是原农村集体经济组织建造的不合法不规范的统建楼，以及一些非法房地产，这类房产应该看成深圳的历史遗留问题。参见刘力图《深圳小产权房现抛售潮中小开发商资金链紧绷》，《华夏时报》2011年10月22日。

利益,在小产权房的交易过程中,也开始引入律师作为见证","深圳的小产权房市场发展到开始利用金融工具进行销售,个别楼盘实现了小产权房交易的分期付款","围绕着小产权房,深圳俨然已经形成了一个完整的地下房地产市场,有人做开发,有人做销售,有人建立信用体系,分工明确,协调合作,而对购房者来说,这个市场已经可以初步为他们提供小产权房的买、卖、出租等全方位服务功能,可以说,深圳小产权房市场不依赖政府,也能独立运转下去"。①

5. 发展趋势。深圳新近开发建设的小产权房项目,一改此前房屋质量较差、配套设施缺乏、物业管理不完善等弊端,开始了模拟商品房开发的运作模式。与以往小产权房市场运作模式不同的是,掀起新一轮开发、热销态势的小产权房出现了两种明显的分化趋势:一是模拟城市商品房开发,在建筑规划设计、园林景观布设、商业配套设施等方面都采用"类大产权房"的较正规运作模式,如南山区西丽片区某小产权楼盘的园林景观布设、配套的商业步行街服务设施等,远比周边商品住宅小区更美观、更奢华、更完善。另一种趋势则是以租代售,"类旅馆模式"生存。② 而且,在房价居高不下、通胀忧虑、政策限购的背景下,深圳小产权房市场不断升温,村(居)民、由原村委会转制而来的村(居)股份公司、村(居)干部、来路各异的开发商、部分地方商业银行(如深圳市农村商业银行于 2009 年设立了村镇银行业务部,其主要任务除了发放村委会开发的非商品住宅项目贷款,还向村民开展类似贷款业务)、房地产市场中介以及大量有住房需求的购房者、逐利的投资者,正在逐渐合流,形成了一个庞大的既得利益集团,并且小产权房开发早已从村(居)民或村(居)委会自建的原始阶段,完成了公司化运作的升级,形成了完整的产业链和利益均沾的利益格局。③ 深圳小产权房开发建设和销售已经从农民个体行为逐步演绎为当地村(居)集体组织的集体行动。

---

① 李杰:《深圳到底存在多少开发商自己发证的小产权房》,2009 年 6 月 15 日 CCTV《经济半小时》。不过,深圳市司法局于 2009 年 9 月 7 日印发《关于严禁为违法建筑销售行为提供公证和律师见证服务的通知》,首次明文禁止公证机构和律师为违法建筑买卖提供相关公证和见证服务。

② 房地产高级经济师、著名地产评论人章林晓对此分析后指出,"出现这两种分化趋势的背后原因:一是有开发商或直接或间接参与小产权房的开发建设;二是有大量的投资/投机资金进入到小产权房的开发建设中"。参见刘筱晨《小产权房再兴风浪》,《中国房地产报》2009 年 11 月 9 日。

③ 参见杨佼《深圳小产权房高危赌局》,《华夏时报》2011 年 3 月 28 日。

（二）深圳小产权房衍生问题

伴随着深圳城市化快速进程和房地产市场快速发展，深圳市住房问题愈发凸显，不仅存在商品住房供给结构失衡、供给价格上涨过快、住房刚性需求过大、需求缺失理性、低收入群体住房困难等问题，还出现以旧城改造、城中村改造、集资统建、信托持有等名义违规开发建设、非法并入市销售的大规模集中成片的小产权房，以及由此衍生的问题。

总体而论，深圳小产权房衍生的问题包括法律法规适足性问题、社会合理性问题以及小产权房利益相关方特别是涉地村（居）民的权益问题。深圳绝大多数小产权房可能在土地取得、建筑规划许可、建审手续、房屋销售、产权办理等方面都存在非法问题，在开发、销售、售后、保有等多个环节也面临着多重问题：在开发建设阶段，主要是开发建设者的主体资格及其资质问题（国家法律法规至今尚未明确规定，是否应当允许集体经济组织与城市房地产开发商享有同等的权利，在取得相应的资质证书之后，从事房地产开发），以及小产权房开发建设的报批取证问题；在销售阶段，主要是预售保障问题（欺诈、烂尾后携款潜逃）和销售范围或对象问题；在使用阶段，主要是房屋质量认证和售后维修保养问题；在保有阶段，主要是产权证书申请、发放、转让、遗赠等问题。

具体而言，首先应区分四种情况：一是那些依法办理了相关报建审批手续的宅基地小产权房，理应属于合法建筑，因为现行法律法规政策是允许村居民在集体土地上建造住宅的，因此，并非只要是小产权房就是非法建筑。二是那些未经报建审批而开发建设的小产权房，可能因违反深圳土地用途管制政策、城市规划政策、国家建设管理法规或有关农村住宅的政策，而被定性为非法建设的违法建筑。三是那些属于合法建筑的小产权房，如果是在本集体组织成员内部转让、置换，仍属于法律法规允许的合法流转的小产权房；如果其向非本集体组织外的第三人转让或出售，因其转让或销售的对象与国家现行法律政策发生冲突，变成了法律法规禁止的非法流转的小产权房。四是那些非法建设的违法建筑，无论是其开发建设环节还是其销售环节，都得不到法律法规政策的保护，属于禁建禁售的小产权房。

其次，小产权房合理与否，取决于各方利益博弈的结果。一些街道或村居集体、村民、开发商，利用土地进行逐利、套利并迎合了城市居民的低价住房需求，把深圳小产权房做成了一个大市场，获利颇丰，不少人也暂时圆了自己的住房梦。但毕竟，国家的土地用途管制制度、耕地保护制度、粮食安全考量以及深圳城市发展空间规划又是不可逾越的红线，政策和法律都不允许对深圳小产权房开发网开一面。在这种左右为难的尴尬境地中，深圳小产权房未来究竟何去何从，是政府不得不直面的一个难题。

最后，深圳小产权房市场管制还蕴涵着许多复杂的、操作性的问题，如深圳城市化中村居自留土地私建私卖小产权房该由谁来管？城市居民特别是外来人员购买小产权房该如何处置？城市保障性住房的供应不足及分配扭曲问题该如何解决？小产权房交易带来的税收流失、土地规划混乱、户籍制度调整等一系列难题该如何破解？深圳小产权房在交付使用或入住后，也存在一些不容忽视的现实问题：多数小产权房是毫无资质的建筑队伍在短时间内"量贩式"盖房的结果，选址无规划、用地无审批、地质无勘测、建设无监控、交付无验收、销售无许可，"招手楼"、"贴面楼"、"接吻楼"随处可见，加上一些小产权房肆意加盖、无约束地装修，建筑设计水平落后，房屋质量明显缺乏保障，房屋售后保修养护难以保证，入住后的消防、治安、物业管理等也极易出现问题。不少小产权房地处远离市中心的关外城中村，公共设施落后，配套不足，出行不畅，交通成本畸高（无公共交通，打的不便，一般要自驾车），还潜藏着公共卫生、公共安全等诸多风险。由于小产权房购买者在使用房屋过程中产权有不确定性，只可以使用，但不方便买卖或转让，一旦房屋遭遇拆迁或卖房者单方面毁约，进入法律诉讼，购房者的权益将无法获得现有法律的保障。此外，深圳小产权房还涉及腐败问题（如寻租）、管理问题（包括管理失控、管理瑕疵、利益协调、违法管理、差异化管理、行政不作为）、拆迁问题、利益博弈（如利益驱动）、投资风险（包括风险后果、风险规避、投资机会）等诸多问题。这些问题，已经远远超越了单一的经济或法律层面而衍生为综合性社会问题，不断拷问着地方政府的政策设计智慧和行政管制能力。

二 深圳小产权房市场管制的路径依赖

深圳小产权房不仅数量大，而且波及面广、问题多、影响深，成为政府不得不认真考量、理性应对的一个社会热点民生问题。深圳小产权房已呈蔓延之势，逐步做大做强，做成了一个大市场，其建设数量、区域分布、市场需求等都已相当庞大，具备了相当深刻的社会影响力，倒逼政府必须强化管制。截至目前,深圳市逐步实施小产权房市场管制,并形成了显明的路径依赖。

(一) 立法规制

1999年2月26日,深圳市第二届人民代表大会常务委员会第三十次会议通过了《关于坚决查处违法建筑的决定》,将农村经济组织的非农业用地或村民自用宅基地非法转让兴建的建筑、特区内城市化的居民委员会或股份合作公司的非农业用地非法转让兴建的建筑,以及农村经济组织的非农业用地或村民自用宅基地违反城市规划或超过市政府规定标准的建筑,均列为需要严厉查处的违法建筑范围;强调一户村民只能拥有一处宅基地,其宅基地的面积和建筑面积不能超过市政府规定的标准;村民兴建住宅,应当符合土地利用总体规划和城市建设需要,依法报规划国土部门审核、批准;禁止非本村村民买卖宅基地和以合作建房的形式在宅基地兴建住宅;房屋租赁的主管部门不得给违法建筑的行为人发放《房屋租赁许可证》,坚决查处违法租赁行为。这一《决定》无疑是对小产权房开发建设及租赁的非法性作出了明确界定,并要求市政府各职能部门及各区政府各司其职、相互配合、相互支持,从重查处违法建设或租赁的小产权房。

时隔10年之后的2009年5月21日,深圳市四届人大常委会第二十八次会议第二次全体会议通过了《关于农村城市化历史遗留违法建筑的处理决定》,就违法建筑的界定、普查以及确权、拆除、没收和临时使用等不同处理办法作出了规定。其中,经普查记录的违法建筑,除未申报的外,符合确认产权条件的,适当照顾原村民和原农村集体经济组织利益,在区分违法建筑和当事人不同情况的基础上予以处罚和补收地价款后,按《城乡规划法》、《建筑法》规定办理初始登记,依法核发房地产证;尚未按照本决定和相关规定处理前,可以允许有条件临时使用。同时,《决定》要求政府对违法建筑确认产权的具体条件、处罚和补收地价款的标准与程序、办理初始登记的条件与程序等在12个月内制定具体实施办法和配套措施。这一《决定》迅速被媒体解读为深圳对备受关注的小产权房和农村宅基地流转开闸破冰,意味着部分违建小产权房将可"转正"办理房产证。5月25日,深圳市查违办一位官员在接受《南方日报》采访时指出,关于违建转正的标准,有三个原则可以明确:一是土地权属是否清楚;二是违不违反相关规划;三是有没有报建手续。对已经购买了违建房的人,政府会出台具体处理细则。① 5 月 31 日，国土资源部一位官员分析后指出，深圳本身具有特殊性，深圳土地已经全部国有，而公众普遍理解的小产权房是建设在集体土地上的商品房，深圳将为小产权房颁发"准生证"是理解上的偏差。国土资源部对小产权房的态度已经非常明确，农村集体用地是不能用来建小产权房的，小产权房不符合国家现行法律规定，更不受法律保护。② 随后，深圳市人大也对"深圳小产权房将拿全国首个准生证"的说法予以明确否认，表示该解读属于完全误读，市人大旨在解决城市化土地遗留问题的相关立法，绝不意味着现有违建转正后就可以等同于商品房一样自由流通，大部分现有违建房（小产权房）登记确权后，将只有合法的使用权，并非外界所理解的商品房市场流通权。③ 6 月 9 日，国土资源部组织会议专题听取深圳市人民政府、广东省国土资源厅对深圳处理农村城市化历史遗留违法建筑有关情况汇报后指出，深圳市人大作出的《关于农村城市化历史遗留违法建筑的处理决定》，对历史遗留各类违法建筑的依法处理作出了一系列原则规定。该《决定》处理的是深圳市国有土地上的违法建筑，这与其他地区在农民集体土地上违规违法建设的向社会公众租售的小产权房有本质的区别。深圳市依法采取拆除、没收、确权、临时利用等多种方式处理，对少数经依法处理、罚款和补交地价后确权的建筑，也主要是明确使用权，不能简单地理解为允许全部成为商品房进入市场流通。有关媒体报道深圳将发首个小产权房"准生证"，是对《决定》的误解。④ 不过，该《决定》的积极意义就在于，将"小产权房"纳入城市规划范围之内，一方面照顾到了小产权房所有权人的切身利益，另一方面也充分考虑到了城乡一体化发展过程中存在的问题。

（二）政府管制

深圳市人民政府早在 1993 年 11 月 9 日就出台了《关于处理深圳经济特

---

① 参见卢先兵《深圳小产权房促销借势违建转正实施细则将明确》，《南方日报》2009 年 5 月 26 日。
② 参见吴鹏、马力《小产权房"转正"系"理解偏差"》，《新京报》2009 年 6 月 1 日。
③ 参见王莹《深圳小产权房拿准生证是误读》，《南方都市报》2009 年 6 月 1 日。有业内人士分析后指出，对于小产权房确权后，可能会区别不同情况核发商品性质房产证或非商品性质房产证。有的小产权房只拥有合法使用权，即使拿到房产证后，也难以获得与商品房相同的转让流通权。参见万晶《躁动的小产权房》，《中国证券报》2009 年 6 月 9 日。
④ 王立彬：《国土资源部要求坚决查处"小产权房"等违法行为》，新华网：http://news.xinhuanet.com/fortune/2009-06/10/content_11521769.htm；秦京午：《深圳小产权房"转正"属误读》，《人民日报》2009 年 6 月 12 日。

区房地产权属遗留问题的若干规定》，规定原农村集体非法转让红线外土地、建成的建筑物影响城市规划的，不予办理登记，待后处理；不影响城市规划的，对非法转让和受让双方按规定补交罚款后准予登记。原农村集体未经批准与其他单位合作建房（即原农村集体出地，单位出资合作建房产权分成），如该地在划定的农村用地红线内的，免予处罚，承认双方签订的合同，该地视为有偿用地；如该地在划定的农村用地红线外，建成的建筑物影响城市规划的，不予处理登记，待后依法处理，不影响城市规划的，按规定补交罚款后准予登记。原农村集体单位非法转让土地给个人或与个人合作建房的，合同一律无效，不予登记发证。原村民利用宅基地与地方合作建房产权分成的，由原村民退还建房资金及利息给出资方，房地产确定给原村民。这些规定措施虽明确是用于处理特区范围内的房地产权属遗留问题，但对解决当下全市小产权房权属问题，仍不失很强的现实借鉴意义。

2004年10月22日，深圳市人民政府颁发了《深圳市城中村（旧村）改造暂行规定》（深府〔2004〕177号），鼓励国内外有实力的机构通过竞标开发或者参与开发城中村改造项目；鼓励宝安、龙岗两区和盐田区部分有条件的区域城中村内居民通过土地置换，以村为单位异地重建住宅区，实施整体性搬迁；城中村现居民异地集中重建住宅区，实施整体性搬迁的，由主管部门无偿收回其现有住房用地，在统一规划的前提下，合理安排建设用地，每户480平方米以下面积免收地价；城中村改造项目完成后，符合有关规定的建筑物和附着物均可由建设单位取得完全产权，并可自由转让。2005年4月7日，深圳市人民政府又颁发了《关于深圳市城中村（旧村）改造暂行规定的实施意见》（深府〔2005〕56号），禁止以房地产销售以外的方式转让城中村（旧村）改造项目中的权益，禁止以城中村（旧村）改造为名倒买倒卖土地使用权。这一《规定》及《实施意见》，不仅没有有效管制深圳市城中村（旧村）小产权房开发建设，而且为城中村（旧村）改造实施过程中催生的大量小产权房披上了合法化外衣，那些符合有关规定的建筑物和附着物，由建设单位取得完全产权，并可自由转让。

自2009年5月21日深圳市人大常委会通过的《关于农村城市化历史遗留违法建筑的处理决定》公布后，深圳市政府就对全市违法建筑进行普查，全市纳入普查的违法建筑总量约31万栋；处理的实施细则，依然按购买小产权房属于非法行为的原则处理；已经明朗的处理措施包括，在2004年以前的违法建筑，若建筑布局合理、质量可靠，符合地质、消防以及城市总体规划等相关要求的,将以栋为单位而不是以套为单位,通过一系列手续办理商品房房产证;产权不清的,要先理清产权关系;农村集体所有或者农民个人所有的违法建筑,已分"卖"给个人的成栋的楼房,如果要取得商品房房产证,必须要先理清产权关系。鼓励本着自愿原则,内部协商解决问题,或者购买人享有长久的居住权,或者对购买人提供一定的经济补偿,都不失为解决办法;城市居民购买小产权房,不能得到商品房房产证。[1]

2012年5月25日,深圳市政府正式启动以"产权明晰、市场配置、节约集约、科学调控"为核心原则的土地管理制度改革综合试点工作,重点明晰原农村土地国有化后土地使用权归属,推进确权工作。深圳市政府为此报批出台了《深圳市土地管理制度改革总体方案》,并制订了近期实施方案(2012~2015年)。根据近期实施方案,深圳2012年设置了原农村城市化遗留违法建筑处理的专项试点,并以宝安区沙井街道共和社区、龙岗区平湖街道山厦社区为试点,开展历史遗留违法建筑处理工作。[2] 这次试点,或许能够为有效处置深圳乃至全国小产权房进行探路并提供经验。

(三) 政策有效性研判

深圳小产权房继续规模性开发与现实的热销,反衬了小产权房现行管制政策的苍白乏力,从一个侧面佐证了现行政策的有效性不足或失效。从深圳小产权房的现行政策分析中,可以对其有效性作如下研判。

第一,深圳小产权房现行政策的目标取向存在一定局限性。根据现行法律法规及相关政策,小产权房开发、销售活动是不合法的。近年来深圳出台的小产权房政策,其目标主要是禁止小产权房开发建设和销售。不可否认,这一政策取向的确在一定程度上遏制了小产权房违法乱建抢建、非法入市交易等现象,但政策并没有有效回应在政府垄断土地一级市场和城市化快速发展背景下当地居民分享土地增值收益的巨大利益诉求,也没有充分认识到高房价背景下小产权房对解决中低收入群体居住需求的积极意义。因而,现行政策的目标取向存在一定的局限性甚至缺陷。

第二,深圳小产权房政策设计存在缺失、脱节乃至冲突,缺乏整体性、

---

[1] 参见杨丽花《深圳历史遗留违规建筑不久将有定论——小产权房"转正"希望落空》,《证券时报》2010年5月20日。

[2] 参见周昌和《深圳土地改革年内试点土地确权》,《南方都市报》2012年5月26日。

系统性，短期取向突出。现阶段深圳住房政策过度强调住房产业的经济发展功能，过于注重从促进经济快速发展的角度推进住房政策改革、加快住房市场发展，对住房政策的保障功能、公平性重视不够，对合理满足居民住房需要、妥善解决社会住房问题准备不足。对经济结构深化调整、城市化进程加快以及收入差距不断扩大等带来的多样化、多层次的住房需求，特别是大量中低收入居民的基本住房需求，深圳政府并没有清晰的认识，缺乏明确的可操作的目标和规划，因此，也难以形成整体性的、系统性的小产权房调控和管制政策。目前，深圳小产权房政策设计还有一定的缺失、脱节乃至冲突，个案查处、严防死守等短期应急取向还比较突出。

第三，深圳小产权房市场规制主要凭依的是游离于法律之外的、多变的行政政策。由于国家现行法律法规对小产权房进行规制的缺失，深圳市政府不得不出台一系列行政政策以填补空白。深圳存在的用地秩序混乱、非法转让土地使用权等问题，特别是非法交易集体土地的现象比较严重，迫使政府不得不以政令加以扭转。但深圳出台的针对小产权房的行政政策，往往因应舆情民意诉求、时事变迁、领导人主观意志的变化等，缺乏稳定性和连续性，而且容易成为一些人多势众的村（居）集体组织或小产权房开发商等强势利益集团的"俘虏"，造成了政策的不公平性。

第四，深圳小产权房政策执行经常遭遇"上有政策下有对策"、政策执行阻滞等困境，政策的实施结果有可能导致资源浪费乃至社会矛盾激化。从深圳小产权房政策执行效果来看，除领导督办或媒体曝光的少量小产权房案件外，绝大多数在建已建、在售已售的小产权房，并未得到及时查处，政策选择性执行、扭曲性执行、差异化执行等情况经常发生，政策执行阻滞问题比较突出。而对小产权房进行停建停售、没收、强制拆除等措施，尽管合乎并执行了相关政策法规的要求，但也容易造成一些不容忽视的社会问题，如强制拆除或没收小产权房，既可能造成住房建设资金和建筑材料的巨大浪费，给买卖双方造成经济损失，也可能激化社会矛盾，影响社会稳定；停建小产权房造成半拉子工程，亦是资源的极大损失和浪费。

三 深圳小产权房市场管制政策设计的路径选择

小产权房问题不是一个简单的经济问题，也不是一个简单的法律问题，而是涉及政府、村（居）民、村（居）集体、开发商、购房者乃至市场中介等多个利益主体,涉及集体土地产权、城市住房保障等制度层面的一个复杂的社会问题。如何有效管制处于灰色地带的小产权房市场,在山东经济学院房地产研究所所长、建设部房地产估价与房地产经济专家委员会委员、全国政协委员郭松海看来,"是一场体制、政策和民生的艰难博弈"。[1] 探究深圳小产权房市场未来发展趋向,不是简单探讨小产权房违法变合法的问题,而是深入探究如何通过建构新的政策框架,来解决深圳小产权房开发、销售衍生的问题。在现行的政府管制政策不足以根治错综复杂的小产权房问题时,深圳市可以尝试建构一套小产权房市场未来发展及其问题解决的政策框架,以纠正小产权房市场现行管制政策的失效,弥补政策缺失,突破政策困境,同时有效规范小产权房开发和销售。建构的基本路径,可以选择法律的、政治的、经济的和管理的路径。

(一) 法律的路径

从法理上建构深圳小产权房市场管制政策,主要是充分行使深圳特区立法权并将所立之法适用于全市范围。首先,深圳可依据《城乡规划法》,制定《深圳城市规划条例》,以立法的权威方式赋予城市规划的先导和主导地位。结合深圳城市发展现状和实际,深圳市规划部门应适当修订或调整一些区域的建设规划,并坚持用城市规划"立规矩",规范整治存量小产权房(符合规划的予以保留以待分类处置,不符合规划的予以拆除),遏制增量小产权房。

其次,深圳可在国家出台《住宅法》或《住房保障法》之前,先行出台《深圳住房条例》或类似的地方性住宅保障法规,对住宅的建设、分配、使用、流转等环节进行规范,明确界定深圳市、区政府在住房市场的责任和义务,明确市、区政府在住房市场的角色。深圳应依据国家有关城市规划、土地管理、房地产开发等法律法规,制定颁发的地方性住宅保障法规,建立和完善以非营利公益性住房为主的廉租住房、经济适用住房、合作建设住房和商品住房等四类住房供应体系和制度,对不同收入家庭实行不同的住房供应政策,保证中低收入家庭享有住宅社会保障和居住非营利公益性住房的权利。

此外,面对过度开发和抢建小产权房的违法形式,深圳立法或行政部门应制定专门的管理办法,对违反城市规划或土地管理法规的小产权房开发商

---

[1] 郭松海:《小产权房可以先合法化,但不一定商品化》,《城市开发》2008年第3期。

和村（居）集体组织有关负责人，给予行政处罚，没收其非法所得并罚款，情节严重或抗法的，应移送法办。

（二）政治的路径

以政治的路径管制深圳小产权房开发及其交易，首先是要在小产权房相关的地方立法和决策程序中，以制度化的方式率先建构起小产权房利益相关方的利益诉求渠道和民意表达渠道。遗憾的是，深圳以往棒杀小产权房的法规或政策的出台，并没有举行由这些法规或政策所规制的对象（包括集体组织、村居民、小产权房购买者等）大规模参加的听证会，并没有充分听取他们的意见和利益诉求。目前，除了已经建立起来的"听证会"制度外，还可以尝试利用网络新媒体新技术，建立起能够汇集民意、整合利益的新制度渠道，推行网络问政。如据"搜狐焦点房地产网"连线深圳等6个城市进行的一项小产权房新闻调查结果显示，受访者中认为小产权房应该合法化的占比高达87%，认为应该封杀的仅占10%（认为不好说的占比3%）；对于已售的小产权房，认为应该"补交地价款和税费转正"的占比高达67%，认为应该"保持现状"的占比24%，认为应该"拆除"或"退房款，收回"的占比分别为5%和4%。[①] 通过网络这一载体进行的网络调查，或许能够接近真实地反映出在宽松的语言环境下自由表达的民意。

其次是深圳各级政府及相关主管部门必须重视小产权房利益相关方的参与式合作共治。在以往的深圳小产权房市场管制实践中，政府及有关部门往往"单兵作战"，是唯一的权力中心和治理主体，规章禁令倒是颁发了不少，"强拆"或许也起到了一定的威慑作用，但总体上看，政府独力管制小产权房市场并没有取得预期效果。或许，小产权房利益相关方为了保护自己的切身利益所"共同"发挥出来的积极作用，有可能比政府直接保护更灵活，更务实，更贴近实际，更容易奏效。特别是小产权房所在社区（或集体行政组织或集体经济组织）比地方政府更清楚集体利益或当地公共利益之所在，有可能独自更好地管理集体土地等公共资源。因此，小产权房利益相关方参与合作共治，具有显著重要性和现实可行性。政府管制小产权房市场要取得成效，必须先取得小产权房利益相关方的理解、配合乃至支持。

[①] 《小产权房调查》，搜狐焦点房地产网：http://house.focus.cn/common/modules/survey/show_pub_result.php?s_id=613。

第三，深圳市、区政府必须平衡与保护小产权房各方利益，妥善解决利益冲突，避免矛盾激化可能带来的社会不稳定。在小产权房利益平衡中，深圳市、区政府必须处理好城市化过程中未征收的集体土地增值收益及其分配问题。深圳城市化过程中未征收的集体建设土地流转及其增值部分的收益，理应划归当地村（居）民和村（居）集体，政府则可以通过税收而非征收后出让收取出让金的方式实现利益调节。在小产权房利益保护中，深圳各级政府必须优先保护始终处于弱势的涉地村（居）民的利益和低收入购买者的利益，使前者不至于因失地而难于生计，使后者不至于因失房而难以立身。

（三）经济的路径

就市场经济发展来看，深圳小产权房应该是一种市场产物。因此，深圳可利用市场经济先发优势，结合实际，制定和实施一些经济性改革政策和创新举措。首先，针对建在深圳原村（居）民宅基地上的小产权房问题，深圳可对现行的宅基地制度进行渐进式解构。在深圳宅基地制度解构和创新过程中，大致有两种路径可供选择：一是城中村改造拆迁中的统一补偿安置。在补偿安置中，可采取货币化统一补偿、房屋置换、货币补贴与房屋置换相结合等不同方式，其结果是村（居）民得到适当的经济补偿，深圳城市化过程中未征收的集体土地被顺势征转为国有土地。由此，建在原宅基地上的小产权房可进行产权确认、登记和发证等工作，类同建在国有土地上的大产权商品房。二是政策引导中的宅基地政府"征购"[①]或直接买断。即是由深圳市、区政府或有关部门委托中介机构对宅基地进行评估，以评估价为基础，与宅基地所有权人及使用权人进行谈判，以签订征购行政合同的方式将宅基地变为城市经营性建设土地；或者政府通过制定有吸引力的政策配套措施，直接买断宅基地并转作城市经营性建设土地。由此，建在原宅基地上的小产权房也可顺势加以合法化。

其次，针对深圳城市化过程中未征转的其他集体土地上的小产权房问

---

① 所谓征购，是指国家有关部门委托社会中介机构对拟经营性使用的土地进行评估，然后以此为基础，与农村集体组织及农民进行谈判，从而将集体土地变为国有土地的行为。征购是一种特殊的买卖关系，是行政合同的一种类型，是权力因素与契约精神的有效结合。尽管在征购关系中相对人的意思表示要受到一定程度的限制，但从法律上说，一方面，征购不具有强制性，它仍是行政主体与相对人意思表示一致的产物；另一方面，农民集体对土地使用权的流转有决定权后，可保障征购价格的合理性，进而保护农地产权及农民利益。参见伍海平《小产权房合法化的若干问题研究》，硕士学位论文，湖南师范大学，2009。

题，深圳可依据国家有关土地管理的法律法规以及国土资源部等部门有关土地管理改革探索的指导精神，以地方立法或政府决策的形式，试点建立集体土地发展权①分配制度。基于这样的逻辑思路设计深圳小产权房市场管制政策，可行的路径有两条：一是政府"征购"城市化过程中未征收的集体土地。二是政府直接承认城市化过程中未征收的集体土地的发展权，采取完全市场交易的形式实现权益合理分配，基本做法是：集体建设用地发展权在政府与村（居）集体组织之间按比例配置，或直接授予村（居）集体组织一定额度的发展权。假设可以把深圳城市化过程中未征收的集体土地的发展权（容积率）平均值设定为4.5（深圳小产权房建造密度普遍偏大，招手楼、吻面楼、肆意加盖等现象随处可见），若按比例配置，政府与村（居）集体组织按4∶6配置，则政府获得1.8个发展权，村（居）集体组织获得2.7个发展权；若按一定额度直接授予村（居）集体组织发展权，则可直接授予村（居）集体组织2.7个发展权（容积率），超过2.7的发展权归政府。授予村（居）集体组织的发展权可以上市交易或自行开发。创设集体土地发展权并将之导入小产权房占用的集体土地开发及其收益分配制度改革，可以很有效地消解村（居）集体组织和村（居）民通过开发小产权房获取土地开发高额收益的利益冲动，有望更合理地解决深圳小产权房过度开发问题。

考虑到国家现行政策和法规主要是对小产权房流通环节中的买卖行为作出了明确限制，深圳市政府也可以尝试将已经发生的存量小产权房的买卖转

---

① 所谓土地发展权，是指改变土地用途或提高建设用地强度，进行非农建设开发的权利。改变土地用途一般特指由农地或未利用土地（包括生态用地）转变成建设用地，提高建设用地强度一般特指增加原有建设用地的密度、容积率或投资强度。土地发展权是一种可以从土地所有权中分离出来进行单独处分的财产权利，可以分属不同的主体。在土地发展权的配置上，主要存在以英、美两个发达国家为代表的两种截然不同的模式：一种模式以美国为代表，土地发展权归土地所有权人所有（即私有），通过政府购买或发展权转移交易获得建设用地开发的权利；另一种模式以英国为代表，土地发展权归政府所有，土地所有者或使用者必须先向政府购买发展权才能获得改变土地用途或提高土地使用强度。土地发展权的设立有两个主要目的：一是明确土地发展带来的增值收益的归属和用于收益分配制度设计；二是落实土地用途管制、耕地与生态环境保护政策制度设计。设立土地发展权对于中国的土地制度改革是一项制度创新，以科学合理的土地发展权配置、交易与使用制度取代一统天下的土地征用制度，有利于节约集约用地、保护农地和生态环境、减少社会矛盾、保护农民利益、降低交易成本，是实现区域统筹、城乡统筹、城乡一体化发展的有效政策工具（参见张占录《小产权房的帕累托改进及土地发展权配置政策》，《国家行政学院学报》2011年第3期）。让农民以土地发展权参与城市化及住房市场化，可以屏蔽国家征地制度对农民权益的侵害。

为租赁,将小产权房买卖合同转为租赁合同,责成销售方将购房款部分退回或转为租赁费。而且,根据《合同法》规定,政府限定此类小产权房一次最长只能是20年期的租赁使用权,这样,在为那些确实有居住需求的人提供了一个房源的同时,也增大了购买小产权房的风险,从而有利于从源头上有效遏制小产权房市场交易。政府通过租赁管理,还可以增加部分财税收入。

(四) 管理的路径

当下及今后一段时间内,深圳应区分不同类型的小产权房并作不同处理:一是根据占地属性与城市建设规划看,对于符合城市规划,又由当地村(居)委确认交易有效的小产权房,可由开发单位向政府补缴土地出让金后,政府将集体土地转变为国有房地产开发用地,同时由政府牵头组织有关机构进行评估,合理确定房屋的销售价格,在购房者补交原购房价与现评估价差额后,政府颁发合法的产权证书,变成"大产权房";对于不符合城市规划开发建设的小产权房,政府可合理调整规划后按上述方式处置或按成本价回购作为保障性住房,规划不能调整或调整规划后仍不符合的、影响又比较大的予以拆除。二是根据购买者动机看,对于为满足基本居住需要而购买的小产权房,政府应优先保护购房者的合法权益,在小产权房建设不违反城市规划的前提下,通过补办手续、补缴费用后给予产权确认和保护;对于高档小产权住宅和用于投机投资所购买的小产权房(购买多套或已购商品房),政府则应予以禁止或加重经济性惩处。三是根据不同利益主体看,对违法建造小产权房者应依法追究其经济、行政乃至刑事责任,以有效杜绝小产权房违法建造现象的蔓延;对于购买小产权房的业主而言,应采取以"疏导"为主的方式,或者按规定办理产权确认,或者协助其退房并帮助追讨房款。应该说,区分不同类型的小产权房作分类处理的政策设计,比较符合大多数小产权房利益相关方的预期,比较贴近实际情况,也与深圳市政府现行管制政策取向相一致,有现实合理性。

在国家已有法律和政策短期内不能变更的情况下,深圳市政府也可以采取如下管理措施来管制小产权房市场:一是加强违建执法巡查,建立社会举报制度及其奖励机制,严格执法,遏制乃至杜绝增量小产权房的开发及其入市交易。二是及时拆除严重违反城市规划的存量小产权房;已经交易的,责成销售方解除买卖合同(合同本来就是无效和不受保护的)并退还房款。三是将不违反城市规划或经调整城市规划后符合规划的存量小产权房进行合法化，但限制其商品化流转：政府对小产权房产权的确认，应该是"有限产权"，应当按规定为购房者办理权属登记，并应当分别注明"小产权房"、集体所有土地。对部分符合城市规划、足额补缴税费等条件后可以入市交易的小产权房，应参照商品住房交易的各环节管理，进行依法管制，补交税费，将小产权房入市流转纳入法制轨道。深圳市、区政府也可以考虑把部分小产权房就地变成"保障房"或将其"经济适用房化"，以弥补政府保障住房的供应不足。深圳小产权房巨大的供应量，无疑是现实情况下弥补保障住房供应不足最直接、最有效的途径，而且还可以减少市、区政府对保障住房的土地、资金、开发建设等投入问题。四是将合法化后的小产权房纳入深圳市统一的住房管理系统。小产权房作为商品房与保障性住房之外的重要的房屋形态，理应成为深圳住房供给体系的重要组成部分，理应纳入合法、规范的住房政策管理体系。

城市住房问题被公认为最沉重的社会民生问题之一。深圳小产权房的出现并入市，究竟在多大程度上增加了住房的有效供给？能否让普通工薪者能消费得起？能否缓解长期的城市住房短缺的压力？能否改善居住者特别是低收入购买者的居住环境和条件？能否实现他们"居者有其屋"的住房梦？这一系列问题，有待深入探究并提出对策建议。从长期看，深圳市管制小产权房市场的政策取向，首先应该是要制定出具有相当前瞻性的城市规划，因为先有统一一致和相对稳定的城市规划，包括小产权房在内的房地产市场才能健康地发展。其次是要以更多的小产权房楼盘入市来迫降高企的大产权商品房价格，以赋权于购房者并建立相应的法制救济渠道来建立小产权房质量监管体系，以培育房屋质量审核的独立中介机构来使民众住上安全房，以向所有人开放市场来解决小产权房对开发主体的不公平难题。深圳要从根本上解决小产权房问题，需要拿出高度的智慧和适足的政策。

成都市乡镇管理体制暨运行机制的
实证研究报告[*]

吴 翔[**]

摘 要：成都市从2003年以来一直致力于推进新型城镇化建设，注重对处于二三圈层乡镇的行政管理体制和运行机制进行调整以适应新型城镇化建设的需要。本研究报告在分析了成都市乡镇现行行政管理体制及其运转现状的基础上，分析了现行乡镇管理体制及其运转过程中存在的问题，提出了相应的解决问题的对策建议。

关键词：成都市 乡镇 行政管理 实证研究

"九天开出一成都，万户千门入画图"，作为中国西部政治、商贸、科技、通信、文化、教育、交通、经济、军事、金融中心之一，成都市享有"西部之心"的美誉，其下辖的20个区市县除经济、文化、社会、城市化发育程度较为充分的街道外，还拥有223个乡镇，其中乡27个，镇196个，

---

[*] 本文为成都市2012年度重大委托项目"成都市基层管理体制机制创新研究"的阶段性成果，课题组成员包括：侯水平、郭丹、廖冲绪、吴翔、张建立、何李、瓮晓璐、韩冷、张欢、曾爱玲等，由吴翔执笔完成，何李进行了基础数据的处理工作。感谢成都市委编办和四川省社会科学院对课题调研工作提供的大力支持，感谢课题组成员和评审专家对本文写作和修改提出的宝贵意见。

[**] 吴翔，四川省社会科学院政治学所基层治理研究中心主任，四川省社会发展研究中心副主任，副研究员。

这些乡镇全部位于成都的二三圈层。在加快推进领先发展、科学发展、又好又快发展的总体定位下，在着力打造"西部经济核心增长极"，实施"交通先行"、"产业倍增"、"立城优城"、"三圈一体"、"全域开放"等五大兴市战略的推进下，处于二三圈层的乡镇得到了长足的发展，但随着发展的高速推进，成都的乡镇也出现了一些问题，特别是现有的管理体制与运行机制不能够适应全域成都、统筹城乡的发展理念、发展要求和发展目标。为此，成都市委市政府责成市编办牵头成立课题组，对成都市乡镇一级的管理体制和运行机制进行深入的实证研究，以期突破高速发展中的基层管理体制机制带来的障碍。

课题启动以来，课题组成员进行了大量前期准备工作，制定了访谈提纲和调查问卷，在前期实证考察的基础上确定了调研样本和调研方式。所选取的调研样本涵盖了成都市14个区县中乡镇的所有类型，样本情况较好地代表和反映了成都市乡镇运转的基本情况。2012年3月6日正式开始课题调研，课题组先后对温江区永宁镇、金堂县淮口镇、崇州市怀远镇、都江堰市青城山镇、蒲江县大塘镇、新都区新繁镇、郫县红光镇、青白江区龙王镇等进行了实地调研。在此基础上，课题组选取温江区永宁镇进行驻点调查，整个调研调查过程前后历时两个多月。实地调研完成后，课题组对收集的资料进行了分类归纳与整理，对问卷借助专业的统计软件SPSS和EXCEL进行了数据分析与处理。现将调研结果分析归纳如下。

一　成都市乡镇现行管理体制暨运转情况

（一）乡镇的城市化进程概况

从2003年开始，成都市全面深入持久推进城乡一体化，以"三个集中"联动推进新型工业化、新型城镇化和农业现代化，避免片面城镇化、无序城镇化，深化城乡群众共创共享改革发展成果的体制机制，生动实践科学发展观，构建新型城乡形态，走出一条城乡一体、协调发展的新型城镇化道路：工业向集中发展区集中，带动城镇和二、三产业发展，为农村富余劳动力转移创造条件；农民向城镇和农村新型社区集中，聚集人气和创造商机，也为土地规模经营创造条件；土地向适度规模经营集中，转变农业生产方式，推动现代农业发展。

在"三个集中"增强城市带动能力的基础上，成都市大刀阔斧破除城乡二元体制，建立和完善了城乡规划、城乡产业发展、城乡市场体制、城乡基础设施、城乡公共服务、城乡管理体制"六个一体化"。

成都市在全国率先实施"规划下乡"，规划编制、实施和监管实现城乡满覆盖；2005年初探索实施城乡贯通的"大部制"改革，打破行政管理体制上的城乡界限；2007年被批准为全国统筹城乡综合配套改革试验区后，进一步加大财政对"三农"的投入，每年把城市较大部分土地收益用于支持农村，2010年市县两级财政对"三农"投入229亿元，较2002年增长31倍；交通、水电气、信息网络等基础设施城乡联网，农村中小学、乡镇卫生院、村卫生站实施标准化建设；2008年全市城乡居民基本医疗保险实现政策统一、待遇一致；2010年建立城乡一体的居民养老保险制度，实现城乡社会保障制度全面并轨；农村劳动者按常住地纳入城乡一体的就业服务体系，实现了城乡劳动力市场统一；近年来构建起以"梯度保障、无缝覆盖、应保尽保"的住房保障体系，实现供需平衡，满足各类需求，2012年全市开工建设各类保障性住房4.4万套，6月底前已实现项目全面开工。年底前，全市1.8万套保障性住房竣工目标任务将按时完成。

2008年1月，成都在多年统筹城乡实践的基础上，启动农村产权制度改革，开展集体土地所有权、集体建设用地（宅基地）使用权、土地承包经营权、林权和房屋所有权的确权颁证，赋予农民清晰完整的财产权利，推动生产要素在城乡之间自由流动，解决了农民对"沉睡资产"用不好也放不下的处境，激发了经济社会发展活力。同时，创新耕地保护机制，市、县两级每年从新增建设用地有偿使用费和土地出让收入中提取耕保资金。目前每年安排28亿元为承担耕地保护责任的农民购买养老保险，惠及170多万农户。

2008年11月，成都推出村级公共服务和社会管理改革，经费实行财政预算，每年安排7.12亿元，按每村年均不少于20万元拨付（2011年起增至25万元），此举为全国率先。2009年7月全面启动农村土地综合整治，推进田、水、路、林、村综合整治，彻底改善农村面貌；伴随这些攸关群众利益的改革，探索了村民议事会等农村新型基层治理机制建设，极大地激发了群众的主动性和创造性。2009年底，成都按照科学发展观要求和"自然之美、社会公正、城乡一体"的核心理念，确立了建设世界现代田园城市的历史定位和长远目标，全面提升和深化城乡一体化实践，全市城乡收入差距从 2002 年的 2.66∶1 缩小为 2010 年的 2.54∶1。

随着国家出台《成渝经济区区域规划》，成渝经济区及天府新区建设上升为国家战略，成都作为成渝经济区"双核"之一和天府新区建设主体，将进一步推进新型工业化、新型城镇化"两化"互动、"产城一体"融合发展，加快建设城乡一体化、全面现代化、充分国际化的世界生态田园城市，城乡居民享有同等的发展权利和发展机会，城乡基层经济市场化、社会公平化、管理民主化同步推进。广大城乡群众强烈的致富愿望和无尽的创造力，在城乡一体化的河床中自由奔流，成都市乡镇的城市化步伐加快，一些重点镇在经济总量、人口数量和城镇基础设施的建设上，已经初步形成小城市规模。

（二）乡镇日常事务与中心工作

党的十七届二中全会通过的《关于深化行政管理体制改革的意见》强调指出，深化行政体制改革要以政府职能转变为核心。《意见》同时强调，要全面正确履行政府职能，该由政府管的事政府要管住管好，并就政府履行经济社会管理四项基本职能的重点分别进行了阐述。这四项基本职能是经济调节、市场监管、社会管理和公共服务。对于最基层的政府，乡镇一级的职能更多的应该是集中在社会管理和公共服务方面，一些扩权的强镇在市场监管和经济调节方面也需发挥一定的作用。成都市由于在 2001 年、2004 年和 2007 年已经进行了三轮不同程度的乡镇体制改革，通过三轮改革，乡镇实现了职能转变和机构调整，特别是 2007 年的改革明确要求乡镇"把工作重点从直接抓招商引资、生产经营等具体事务转移到对农户和各类经济主体进行政策宣传、示范引导、提供服务、营造发展环境、维护社会稳定和保障农民合法权益上来"，明确赋予乡镇"农村土地承包管理、农民负担监督管理、农村集体资产财务管理等行政管理职能"的权限，乡镇经济发展指标基本上收到县一级的项目推进办公室，乡镇只剩下基础设施建设和产业机构调整等少量经济内容，乡镇的工作重点主要集中于社会管理和公共服务等方面。

但是实际上，一些区市县对下辖的乡镇特别是重点镇还有经济指标的考核和税收任务的布置，导致了乡镇将主要精力放在了招商引资、拆迁安置、项目管理等经济工作上，社会管理和公共服务建设相对滞后。同时，一些经济社会发育程度较低的乡镇出于寻求自身利益、增加职工收入以调动工作积

乡镇工作重点

		应答		应答次数百分比(%)
		应答人次	应答人数百分比(%)	
目前您所在乡镇的工作重点是什么？	产业结构调整	75	15.86	56.82
	计划生育和民政工作	30	6.34	22.73
	城镇建设与管理	87	18.39	65.91
	农村基础设施建设	73	15.43	55.30
	处理上访事件	32	6.77	24.24
	村（社区）文明建设	32	6.77	24.24
	招商引资	28	5.92	21.21
	生态环境建设	56	11.84	42.42
	组织协会	12	2.54	9.09
	发展旅游文化娱乐产业	38	8.03	28.79
	其他工作	10	2.11	7.58
	总　计	473	100.00	358.33

极性的考虑，在完成上级规定的任务和目标考核时出现了目标替代现象，自利性目标在一定程度上取代了公共目标，社会管理和公共服务不仅滞后而且变形。此外，作为最基层的政府，日常接待和应酬也占据了乡镇工作人员一定的工作时间（见图1）。

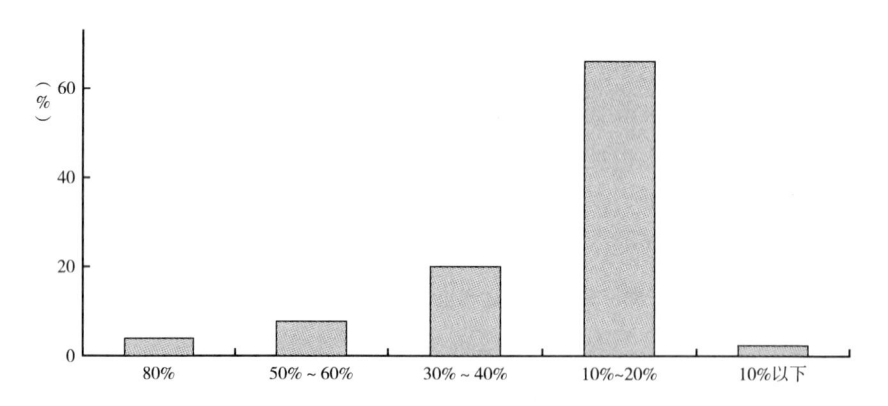

图1　乡镇工作人员接待应酬占工作时间的比例

（三）机构设置及工作状况

1. 乡镇机构设置情况：成都市在2007年的乡镇改革中不再对乡镇党政

办事机构的数量和名称作统一规定,而是实行总量控制,按乡镇分类规定机构数量上限,区(市)县自行确定乡镇机构的名称。2008年,成都市在此基础上进一步推进与功能区建设相适应的行政管理体制改革,根据乡镇经济社会发展水平、人口结构、区域功能特点和区域作用等确定乡镇管理体制。乡镇机构设置呈现多样性和个性化的特点。从总量控制来看,乡镇内设机构一般应为"四办一所一中心",但是实际上,各个乡镇均设置了其他的一些机构,这些机构的设置,有的是为了开展工作的需要,有的是为了给长期工作在乡镇人员解决职位和待遇的需要而设立。通常情况是经济发达程度越高、城市化进程越快的乡镇内设机构就越多,如处于成都市二圈层的郫县红光镇其内设机构达到了14个之多,分别为:党政办、效能督查办、文化站、社会事务和人口与计划生育办公室、群众工作办公室(挂社会治安综合治理办公室的牌子)、经济发展和环境保护办公室、统筹城乡发展办公室、城建办、财政所、社区管理办公室、拆迁办、劳动和社会保障所、综合执法大队、市容环境管理所。而处于第三圈层的乡镇由于其经济发展程度、城市化进程落后于第二圈层,其内设机构也相对较少,但还是突破了编制管理的相关规定,如青白江区龙王镇的内设机构达到了7个,分别是:党政办公室(含纪检目督办、便民服务中心)、社会治安综合治理办公室(含群众工作室、城管中队)、社会事务和人口与计划生育办公室、新农村建设办公室(含统筹办)、社会事业管理中心(现代农业推进办)、财政所、劳动保障所。

经济发达乡镇与发达程度稍差的乡镇内设机构的区别在于,经济越发达,单独设置的内设机构越多,经济发达程度稍差的乡镇,内设机构较少,但大量的内设机构挂了几块牌子。比较一下两者,发觉其履行职能的差异程度并不是很大。之所以经济发达乡镇单独设立,而欠发达乡镇采取挂牌的方式,与乡镇本身的经济状况,工作难易程度,某项工作开展、发生的频率均有一定的关系。但无论如何,所有乡镇均突破了编制管理工作的相关规定,这一方面说明了现有乡镇机构编制设置工作不能满足乡镇日常工作的需要,同时也反映了乡镇工作的内容逐渐增加和繁重的现实情况。

2. 人员配备情况:按照乡镇内设机构"四办一所一中心"的设置,成都市乡镇的公务员一般为30人左右,事业单位人员加上工勤人员30人左右,两者合计60人左右。管理区域幅度较大、人口较多的乡镇与区域较小、人口较少、比较偏远的乡镇在此基础上有所上浮和下调,一般来说,其正式编制人员不会超过100人。但实际情况是，大多数乡镇的工作人员均远远超过100人，有的甚至达到了400人。这些多出的编制外人员的来源主要有：一是乡镇利用职权将上级给下属村和社区配备的"一村一大"上调乡镇使用；二是从当地的中小学借用教师；三是采取招聘的方式，向社会招募人员。前两类人员的身份是借用，一般安排在党政办和各种需要较高知识技能的机构中，借用他们主要是看中了这些人较好的写作能力和专业知识技能。这部分人员的工资关系还在原单位，乡镇使用他们不必支付工资，只需支付超出工资之外的劳务报酬和各种名目的奖金，相对来说较为划算，因此，各个乡镇借用这些人员就比较常见。第三类人员的身份是临聘，其工资、奖金等均需乡镇想法筹集。之所以采取临聘的方式，主要是乡镇的一些工作需要大量的人员，而这些工作通常正式工作人员又不大愿意去干，比如城管、治安巡逻等。几乎每个乡镇都有一个城管中队和治安巡逻队，人员往往达到数十人甚至上百人。一个城管中队中除了一两个人是正式员工外，其余都是聘用，巡逻队的情况大致相同。二、三产业发达、财政实力雄厚的乡镇聘用的人员就多一些，相反，处于较为偏远、二、三产业不发达、财政实力较为薄弱的乡镇聘用的人员就少一些。少部分乡镇实在是没有财力聘请这部分人员，但各项工作和目标任务又不可能通过现有人员完成，于是不得不硬着头皮去聘人。至于费用则通过本级财政结余、上级财政加大投入等方式共同解决。

3. 工作人员素质及履职情况：随着时间的推移以及对有限职位的竞争，乡镇工作人员呈现年轻化趋势，有超过70%的人员是70、80年代出生的年轻人，年龄超过55周岁的乡镇工作人员从问卷来看仅占工作人员总数的2.3%（见图2）。在实际调研中，通过对收集到的各乡镇的工作人员花名册进行分析，我们发现实际情况更为乐观，许多乡镇甚至不存在超过55周岁的工作人员。问卷中显示的这部分年龄相对较大（50周岁左右）的工作人员主要是正式在编职工，聘用、借用人员全都是70、80后的青壮年。

与年轻化相伴随的是乡镇工作人员的学历层次得到了大幅度的提升，71.97%的人具有大学本专科学历，有1.52%的人具有研究生学历，初中及以下的低学历人员仅占7.58%（见图3）。公务员和事业单位人员普遍具有大学专科及以上学历，工勤人员的文化素质稍微较低，但也有部分工勤人员拥有大学专科学历。

学历的提升带动了工作境界的提高和眼界的扩大，乡镇工作人员对于

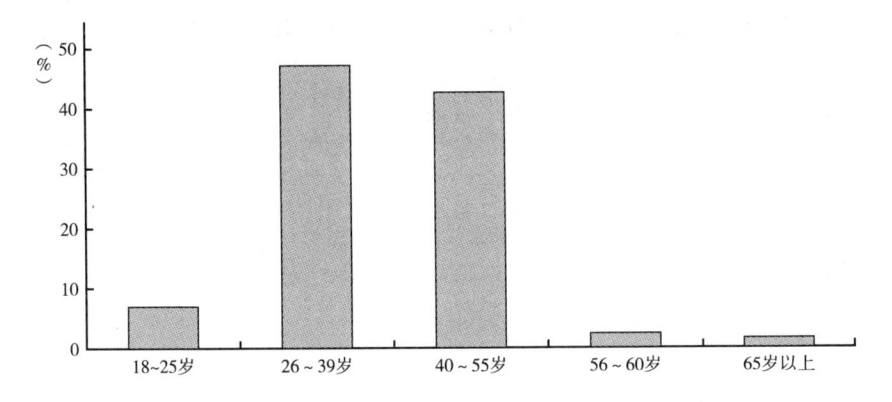

图 2　乡镇工作人员年龄构成

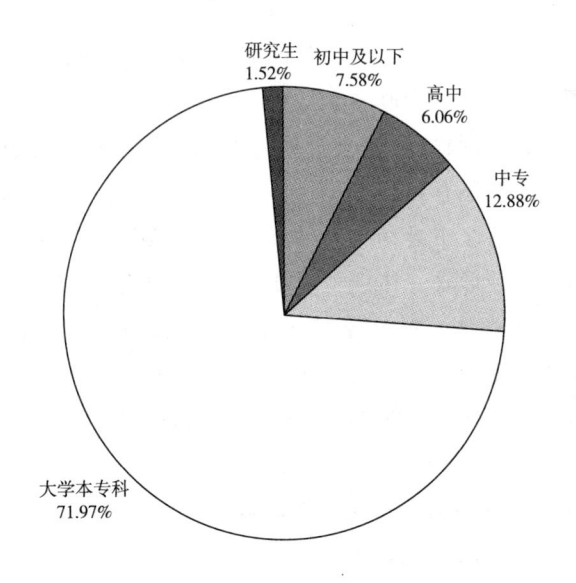

图 3　乡镇工作人员学历情况

成都市的统筹城乡发展战略、本乡镇的产业发展规划、服务型政府建设、工作重点的转移、与老百姓打交道时的态度、乡镇政府角色转变以及自身角色转变等均能有较为深刻的理解和认识。在执行大政方针和各项实际工作中，绝大部分工作人员均能够按质按量完成。乡镇工作人员良好的学历和素质成为各乡镇持续、健康、快速、科学发展的重要保障。但与此同时，乡镇工作人员的年轻化也必然伴随着工作经验的缺乏，大部分80后工作人员从高校毕业后直接就跨入了乡镇工作人员行列，对于怎样从事基层工作、怎样与老百姓打交道缺乏经验。乡镇工作的繁重、辛苦、琐碎、有限的上升空间，对自己前途、家庭建设的考虑，加上一些县级机关也在想方设法招揽具有基层工作经历的这些高学历优秀人才，一部分年轻乡镇工作人员在工作中难免出现敷衍塞责、得过且过的现象，工作热情不够，但他们一般都能够按照目标考核的要求完成工作任务，不至于在目标考核上拖乡镇的后腿。

（四）考核与监管

1. 县对乡镇的考核与监管

各区（市、县）对乡镇的考核是将区（市、县）的工作目标分解，由专设的目督办制定各乡镇的年度基本目标方案并对各乡镇的实施情况进行动态监控，适时掌握乡镇对于下达目标的完成情况，以保证区市县工作目标的整体完成。基本目标共计100分，除经济指标5分，政治指标11分外，其余80多分主要是公共服务和社会管理方面的考核指标，充分体现了民生优先的发展思路。此外还有各种专项目标和单项目标考核。对乡镇的测评虽然由目督办牵头，但各区市县均引入了群众测评、第三方测评、社会测评、入户调查和信调等多种形式，体现了群众的意志。在目标考核指标及考核方式的引导下，各乡镇实现了职能转变，由直接抓经济建设向服务经济建设转变，由注重管理向注重服务转变，服务型政府模式在乡镇一级得以初步建立，乡镇的社会管理能力、解决民生问题的能力、公共服务能力得到大幅度提升。

2. 乡镇对内设机构和人员的考核与管理

目前乡镇只能对内设机构进行考核和管理，对县级职能部门派驻乡镇的各事业单位和机构是没有考核管理权限的。对内设机构的考核内容主要包括分解到各科室的基本工作目标、重点工作目标、专项督查目标（信息目标）完成情况，落实镇党委政府重要会议、重大决策和重要工作部署情况，督办件、协办工作、临时交办工作完成情况，科室驻村工作开展情况，表彰奖励、督查通报情况。考核采取平时考核与年终考核相结合的方式进行。考核分值100分，其中民主评议10分，工作完成情况80分，党委评议10分。民主评议是由各社区干部组成民主测评小组对科室进行民主测评。工作完成情况是指完成县级目标考核内容的情况，如果在县级目标考核中被扣分的，涉及相关科室扣除相应分值。党委评议是指召开党委会由乡镇领导集体评议科室工作情况。除100分基本分，还有20分的加分，主要是针对承担当年全乡镇重点工作、突击性工作的，代表乡镇党委政府受到省委省政府、市委市政府、区（市、县）委区政府表彰的，受到乡镇党委、政府通报表扬的，获得季度科室评优评先的等情况进行不同分值的加分。相应的，如果受到区（市、县）党委政府、乡镇党委政府通报批评，工作迟到、无故缺席例会等会议，科室所联系的社区在目标考核中被减分，科室人员发生违纪行为，对集体造成政治名誉、财产损失等情况则要扣去一定的分值。

3. 乡镇对村的考核与管理

乡镇制定村（社区）目标绩效考核实施办法，对村（社区）进行目标管理，实施绩效考核。乡镇对村（社区）的目标考核通常是根据区（市、县）对乡镇工作目标的要求，以服务群众、提高群众满意率为着眼点，着重考核村（社区）在产业发展、推进群众工作、加强党的建设等方面的工作成绩，强化以日常工作完成情况为考核重点。考核内容主要为：乡镇分解到各村（社区）的基本工作目标、重点工作目标完成情况，落实党委、政府的重要会议、重大决策和重要工作部署及完成情况，督办件、协办工作、重大突击性工作完成情况，表彰奖励、督查通报情况。考核采取平时考核与年终考核相结合的方式，乡镇成立考核领导小组，成员由各职能科室负责人组成。考核实行计分制，满分为120分。其中，基本类100分，加减分类满分折合为20分。减分超过加分的，在基本分内扣除。基本分中有50分是考核乡镇各个科室根据年初给村（社区）下达的目标任务的完成情况；30分是考核村（社区）完成各级领导调研以及督办件、协办件、临时交办工作的完成情况；10分是村（社区）议事会代表、监事会代表、群众代表、一般群众对村（社区）工作班子的民主测评；10分是乡镇党委对村（社区）的民主评议。除了基本分，还有20分的加减分。加分主要是在重点工作（如农村四大基础工程工作、城乡环境综合整治、片区服务、生态建设、对外宣传等）上有创新突破，或者承担当年镇上重大突击性工作，由考核领导小组审定加分，每项加1~2分。此外还有受到省委省政府、市委市政府、区（市、县）党委政府、乡镇党委政府表彰的（以奖状、奖牌、证书或文件为准），分别加2分、1.5分、1分、0.5分，受到乡镇党委、政府通报表扬的（以《督查通报》为准），每件加0.3分。减分则是受到区（市、县）党委政府、乡镇党委通报批评的（以《督查通报》为准），分别减0.5分、

0.3分。从乡镇对村（社区）考核分值的设定来看，100分的基本分共计有90分是乡镇一级对村（社区）的考评，只有10分是村民对村（社区）的评议，且这项评议工作还得由乡镇考核领导小组组织实施。由此可见乡镇对村（社区）一级的控制。加减分同样体现了乡镇对于村（社区）工作的唯上级要求马首是瞻的思路。对于考核结果等级的评定也同样由乡镇决定而非村民决定，乡镇根据考核结果对村（社区）工作班子发放补贴。通过目标考核和补贴的发放，村（社区）完全成了乡镇一级的下属机构，其自治性和自主性被掩盖在细化的考核方案中。

（五）乡镇工作人员对工作的评价

在乡镇一级，现代服务型政府的建立和公共服务供给水平的提高在很大程度上取决于乡镇干部对工作的评价认识和态度。积极的态度能够使工作人员主动克服工作中面临的问题，建立和谐融洽的干群关系，促进社会的长治久安。积极的态度也有利于政府职能的实际转变和工作作风好转，有利于现代服务型政府的建立和完善。行政科层体制末端的乡镇处于层层下放的工作任务和目标考核的双重压力下，其绝大部分工作人员经常加班，经常需要走出办公室来到基层群众中间去处理实际问题。大部分人觉得与老百姓打交道不是很困难的事情，干群关系处理得还算和谐融洽，对于自身的角色定位能够有较为清楚的认识（见图4）。

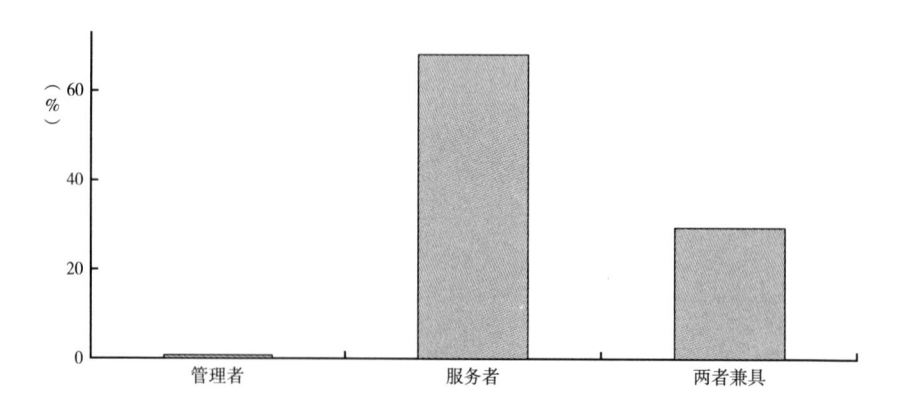

图4 乡镇工作人员对角色的定位

但对于现在所从事的工作的评价却不高，问卷中有近40%的人仅仅将其当成一种谋生的手段和职业，甚至有人明确表态不喜欢在乡镇工作（见图5）。

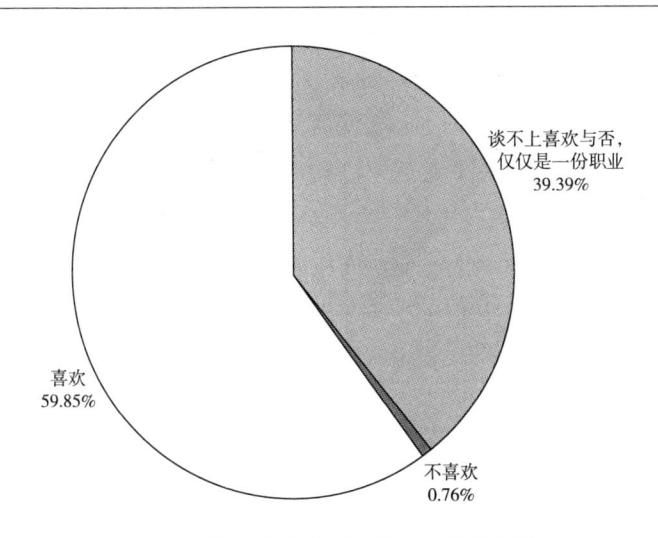

图 5　乡镇工作人员对本职工作的认可度

（六）老百姓满意度测评

人民群众的满意与否是评价基层工作好坏的重要指针。人民群众是通过乡镇工作人员来感知执政党的执政方针和执政能力，感知党的"立党为公，执政为民"的庄严承诺的。可以说，老百姓对党和政府工作的满意与否关系到我们党是否能够获得老百姓的拥戴，是否能够巩固执政地位。令人欣慰的是在此次实证研究中，我们通过不记名的随机问卷调查证实老百姓对于乡镇工作人员的满意度普遍较高，对于乡镇工作人员的工作给予了充分的肯定（见图 6、图 7）。这表明成都市多年来大力践行科学发展观，大力建设服务型政府取得了良好效果。

当然，"现代化孕育稳定，现代化过程却滋生动乱"。① 处于现代化进程之中的中国逐渐步入改革开放的深水区，在经济社会发展取得举世瞩目成就的同时，一系列社会问题和社会矛盾也逐渐凸显并成为影响社会稳定和谐的重要因素。调研中我们发现，人民群众对政府工作的不满意，主要表现在拆迁问题、农村土地综合整治、农村产权制度改革等方面。虽然，这些问题与我们取得的成就相比是一个指头与九个指头的关系，但群众利益无小事，在今后的工作中应加以重视。

---

① 〔美〕塞缪尔·P. 亨廷顿：《变化社会中的政治秩序》，上海人民出版社，2008，第 31 页。

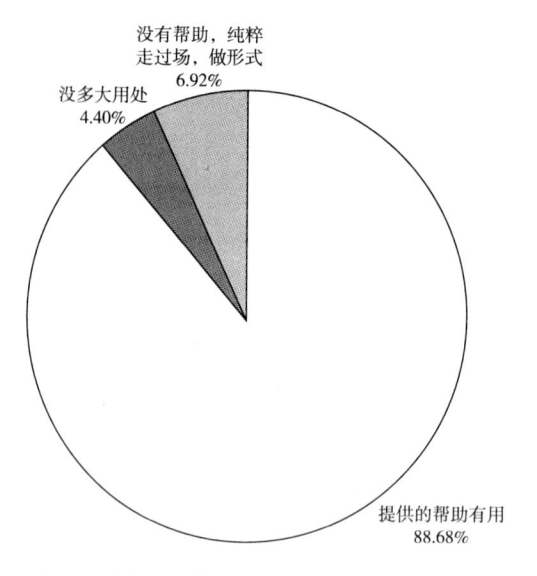

图6 群众对乡镇工作人员工作有用性的评价

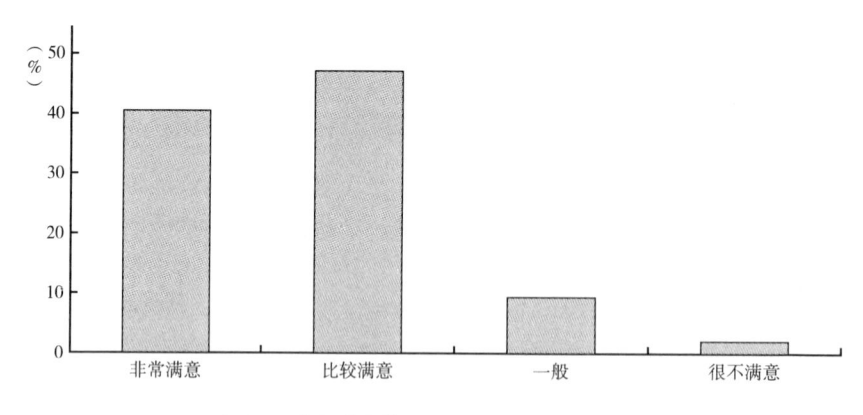

图7 群众对乡镇工作人员工作的满意度

三 成都市乡镇现行管理体制运转中存在的问题分析

(一) 县乡之间权责不对等、划分不清,乡镇一级权小责大

根据《地方各级人民代表大会和地方各级人民政府组织法》规定,乡镇政府除了没有下级政府外,在管理本行政区域内的政治、经济、社会、文

化、教育、卫生等各个方面，和县级政府差不多具有基本相同的职责。但从权力运行来看，乡镇的大部分职权却都被县直有关部门行使。虽然许多职权被县直部门分割出去，但乡镇的责任却丝毫没有减少，社会治安综合治理、安全生产、计划生育、民间纠纷调解、城乡环境整治、基础设施建设、社会保障等，按照属地管理原则，都是乡镇无法逃避的责任与义务。一些县直部门仍然习惯于给乡镇分任务、下指标，把所有工作责任都分摊在乡镇头上，而把实际的处置权和执法权上收，县级部门享有较大权力，承担较小责任；乡镇政府承担很大责任，享有很小权力，权责不统一、不对等、划分不清，乡镇一级权小责大。这种状况使得乡镇在实际工作发生"越位"，工作手段出现"缺位"，承担责任形成"错位"，乡镇政府成为不完整的一级政府组织，派出化倾向明显。"这种由组织结构和权力结构所决定的半官僚制管理方式客观上割裂了乡镇政府进行管理的权能和责任的统一性，由此产生了压力型体制中的有职而无权力，有责而无能力的悖论。"① 调研中，部分乡镇反映，乡镇在具体社会事务管理中往往处于矛盾状态，一旦管理就涉嫌越位，撒手不管就意味着不作为，特别是面对一些涉法涉诉和人事分离的上访事件，乡镇往往处于"有心解决，无权处置"的尴尬境地，只能被动接访，疲于应付。尽管这些年来，成都市的乡镇也进行了一系列改革，许多还是开全国风气之先，如撤并乡镇、乡镇主要领导人的民主选举等，但根本没有触动内在的结构性问题，乡镇政权在很大程度上仍然处在虚置的层面。

（二）乡镇缺乏作为一级独立政府的财政支撑

成都市乡镇现行的财政体制与全国一样，实行的是来源于1994年开始的分税制。分税制改革的目的和初衷是打破传统集权式的"统收统支"财政运转局面，调动各级地方发展经济、开辟财源的积极性和动力，同时，方便中央能够根据各地经济发育程度的差异进行资金的协调和统筹安排。在划分中央和地方的税种时，分税制将数额大、稳定性高、征收成本低、增长率高的消费税、增值税等划归中央，将税源分散、征收难度大、稳定性低的一些税种如农牧业税、农业特产税等划归地方。不仅如此，按照分税制的设计，各级政府都以1993年作为基础，核定对下一级政府的税收返还数目，实行"划分收支、核定基数、定额补助、超收分成、短收超支不补"的政

---

① 吴思红：《结构功能分析中的乡镇体制改革》，《江苏社会科学》2005年第4期。

策,这无异于每年向下层层分解税收增收任务。尽管实际的税源不见得逐年增加,但下一级政府在这种财税体制下不得不采取各种方式去完成上级政府制定的目标任务,处于行政体制中端的各级地方政府还可以将任务再分解到下一级政府,但对处于行政体制末端的乡镇政府却无法再将任务分解,只得面对广大的农民征税来完成上级布置的任务。为了完成上级布置的征收任务和其他各项工作,乡镇不得不增加人员;要养活不断膨胀的乡镇机构和人员,乡镇不得不向农民加大征收力度,同时通过强化罚没收入增加收入。由此导致了20世纪末到21世纪初税费征收中的"三乱"局面,农民负担日益沉重,基层政府和农民之间的关系日益紧张,各地不断涌现出抗税行为和群体性事件,由此导致了严重的治理危机。鉴于此,为了斩断县乡政府特别是乡镇政府伸向农民的汲取资源的触角,从中央到地方的各级政府和各个领域的专家学者想出了无数办法,提供了若干建议,直至最终完全取消农业税,同时,将乡镇的财政资金使用权和监管权上收至县一级政府,实行"乡财县管"。这一做法,极大地缓解了农村基层政府和老百姓之间的紧张关系,改善了农民的生存状况。但由于县对乡镇一级政府的财政实行"乡财县管",乡镇政府失去了作为一级政府的独立财政支撑,无力根据当地的实际需要发展本地的公共服务,改善当地的社会管理。在针对乡镇工作人员的问卷调查中,谈到当前基层工作的主要困难时,选择财政资金困难的人数比例远远超过了其他选择项的比例,说明财政资金缺乏也是乡镇干部在工作中的普遍感受(见图8)。

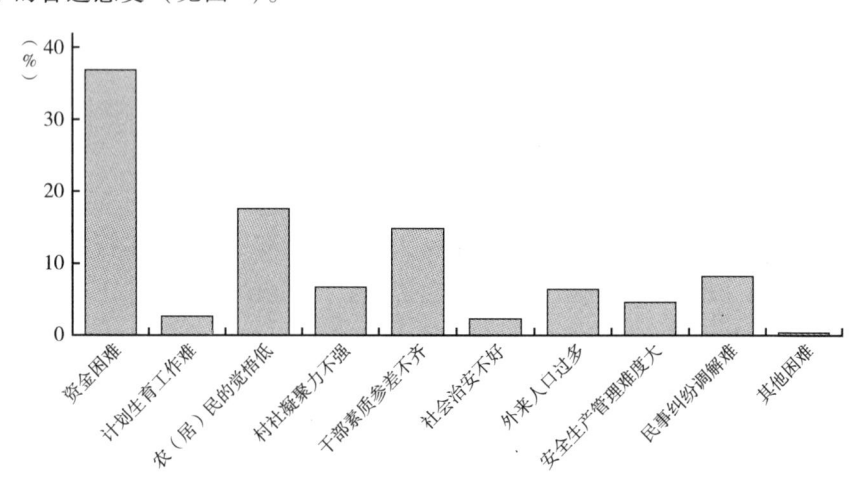

图8 乡镇人员对基层工作主要困难的认识

这一点在村组一级感受更加明显，在针对村组干部和普通居民的问卷调查中，有60.51%的受访者认为资金困难是当前社会管理和公共服务面临的主要困难（见图9）。

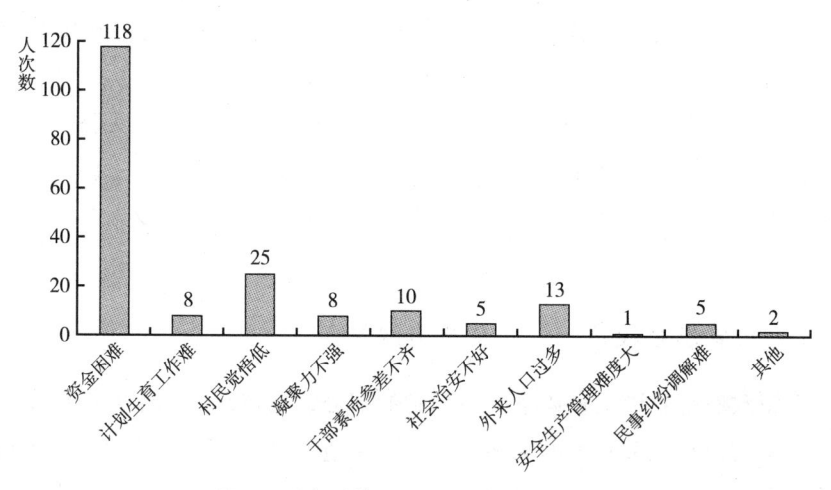

人次数：资金困难 118、计划生育工作难 8、村民觉悟低 25、凝聚力不强 8、干部素质参差不齐 10、社会治安不好 5、外来人口过多 13、安全生产管理难度大 1、民事纠纷调解难 5、其他 2

图9　群众对基层工作主要困难的认识

与此同时，乡镇政府的运转还完全依赖县级政府拨付的资金，乡镇完全变成了县级政府的一条腿，失去任何自主性。在现有的压力型行政构架体制下，包括县级政府在内的各级政府却将事权通过目标考核的办法纷纷下移，为了完成上面各级政府特别是直接的顶头上司县级政府的各种目标任务，乡镇政府只好动用和集中自己能够支配的各种力量，以获得作为目标考核主体的上级政府的认可。而上级政府对乡镇下达许多目标只是上级政府为了保证政治正确而制定的，离农村实际的公共服务需求和社会管理的实际需要存在着较大的差距。对于上级政府不大关心的事项，和县级政府比较而言处于弱势的乡镇政府只得采用弱者的武器进行抵抗，视这些任务带给自身利益的大小采取不同的策略加以对待，对于那些不会给自身带来多大好处的任务会采取弱者的武器进行消极抵抗。这里的"弱者的武器"是借用詹姆斯·C. 斯科特研究东南亚农民日常反抗形式的著作《弱者的武器》中的概念。他所谓的弱者的武器是指处于弱势地位的农民或者农民中处于相对弱势地位的人通常采用的一些消极抵抗的手段，包括偷懒、装糊涂、开小差、假装顺从、偷盗、装傻卖呆、诽谤、纵火、暗中破坏等[1]，来抵抗处于优势地位的人对

---

① 〔美〕詹姆斯·C. 斯科特：《弱者的武器》，凤凰出版传媒集团、译林出版社，2007，第2页。

其进行的支配。这里使用这一概念主要是指相对于县级政府处于弱势地位的乡镇政府所采用的一些消极抵抗的手段，主要有诉苦、抱怨、欺瞒、变通、推诿、得过且过、执行对自己有利的政策、尽量减少或不向农民提供公共服务等。这些手段的共同特征是"几乎不需要协调或计划，它们利用心照不宣的理解和非正式网络[①]"避免直接地与上级权威正式对抗，其结果自然是"最终会使得在首都的那些自以为是的官员所构想的政策完全无法推行"[②]，导致乡镇各项职能的虚化，农村的公共服务和社会管理虚置，一些重要工作如信访维稳、换届选举、城乡环境综合治理、城镇公共基础设施维护等经费缺口较大。

（三）管理手段单一，执法权力缺失

乡镇政府是我国政权体系中最基础的部分，处在政府工作的第一线，无疑是国家法律法规和政策的具体执行者，是地方经济社会事务的管理者和基本公共服务的主要提供者。目前乡镇执法主要涉及三个方面：一是公共安全管理，涉及安全生产、乡村道路安全、农业机械安全、消防安全等；二是人口资源环境监管，涉及城镇管理、市政（包括村镇规划建设）、国土资源、民政、环境保护等；三是农村市场管理，包括产品质量、食品卫生、医疗卫生、农资等。这些领域中，乡镇拥有的授权很少。除了乡镇政府受人口与计划生育局委托征收社会抚养费，以及按照《中华人民共和国城乡规划法》第四十一条第一款和第六十五条规定，乡镇政府具有执法权外，乡镇政府基本上无权执法。比如说消防，乡镇只管救火，对一些日常检查监管，乡镇政府是没有权力的。此种情形之下，出现的问题便是"看得见的管不着，管得着的看不见"。乡镇政府即使及时发现违法现象，大多只能劝阻，轻微的不了了之，对实在不听劝阻的严重违法行为，只有联系有执法权的单位处理。但实际上，面对点多、线长、面广的农村，等执法人员赶到，违法人员早已不知去向。违法取证在熟人社会特征明显的乡村也是相当困难。于是，对大多数违法行为的处理最后只好不了了之。现在成都市的一些区市县在几个乡镇设立了片区执法队伍，但由于管辖范围较大，行政执法部门要做到日

---

① 〔美〕詹姆斯·C. 斯科特：《弱者的武器》，凤凰出版传媒集团、译林出版社，2007，第2~3页。
② 〔美〕詹姆斯·C. 斯科特：《弱者的武器》，凤凰出版传媒集团、译林出版社，2007，第3页。

常巡回和随时监管难度很大，只能是突击检查，突击执法。

尽管法律法规都明确乡镇政府不具有执法主体资格，但实际执法实践中，乡镇政府总是被推到最前面去"冲锋陷阵"，成为主要的执法力量。如果遇到懂得法律知识的人将乡镇政府上诉到法院，乡镇政府往往会因为行政违法败诉且承担主要责任，由此造成相当大的的政治、社会影响，带来不好的示范效应。因此，乡镇政府在处理违法案件的时候，只能尽量采取劝导的方式，希望村民加以配合，自行终止违法行为。如果村民不听劝导，乡镇就只能下发整改通知书，然后上报县级相关的具有执法主体资格的部门来加以处理。如果县级相关部门不及时处理或者处理不力，则往往会引起村民违法的连锁效应和蔓延趋势，给乡镇的管理工作带来更大的难度。

成都市为了解决这一问题，在2005年启动首批14个优先发展重点镇时，各重点镇均按照建立城市化管理体制的要求，成立了镇城乡环境综合治理办公室、城管分局和综合执法中队，配置了人员编制，赋予了一定的执法权限。但在下放权力的时候，相关单位出于种种考虑有所保留，只是下放了初审备案的权力，而没有下放行政处罚的权力，出现处罚的事情只能借助于公安、交通等具有处罚资格的部门或者拿着相关部门的处罚单去处罚。同时，由于法律对执法资格的严格限定，具有执法资格的人必须具有公务员身份或参公身份，乡镇执法队伍由于身份的限制往往出现无法执法的情况。有的乡镇的执法中队中还有几个人具有执法资格，能够执法，而有的乡镇的执法队伍全都是临聘人员或事业单位人员，没有一个人具有执法资格，拿不出执法证而无法有效执法。按照乡镇人员的说法，"城乡环境是个筐，什么都可以往里装"，乡镇需要规范和执法的内容相当庞杂，加之撤乡并镇之后管理范围的扩大，有限的执法资格加上临聘人员的低收入、低素质、低社会地位严重影响了乡镇社会管理事项的有效开展。

（四）事业站所条块分割影响乡镇工作开展

各区（市、县）的县级职能部门为了开展工作，纷纷在乡镇设置了延伸机构。其设置方式，有的是按照片区设置，在数个乡镇设置一个机构，有的则是在每个乡镇都设置有机构。这些机构，名义上实行条块结合、以块为主，实际上权力在条、责任在块。特别是在2007年的乡镇机构改革中作了一条概括性的规定："县级派驻机构以及派出人员的人事关系、经费由县级主管部门统一管理。"这使得乡镇对这些机构的管理更加形同虚设。在乡镇事业单位的改革中，县级职能部门普遍将没有好处、不能带来收益的机构放给乡镇管理，而将一些能够带来收益的站所的支配权通过种种借口始终抓在手里，作为自己增加收入的一个重要来源。虽然成都的各乡镇在机构设置上将原来存在的许多事业单位整合成一两个中心，但表面上的机构整合并不能掩盖实际上存在的条块分割的管理体制问题。这些乡镇事业单位的人、财、物权都在条，而事却在块，虽然这些事业单位设立在乡镇，但由于从制度设计上和考核机制上其人财物的最终决定权在县级主管部门，导致乡镇无法对其进行有效的管理，它们最多只能是乡镇名义上的职能部门。有的遇到利益时，乡镇想争也争不到，遇到问题时，乡镇想推也推不脱。条块分割的事业单位设置体制造成乡镇政府管理权限的虚置，许多乡镇政府成了一个空壳化或准空壳化的机构。乡镇事业单位实际上处于"看得见的管不着，管得着的看不见"的境地。一些乡镇事业单位人员一周甚至一月都见不着人影，乡上过问，他说在县上办事，县上过问，他说在乡下。这些人成了"县上管不着，乡上管不了"的人员，人员管理真空化现象严重。服务效率、服务态度、服务质量自然大打折扣。我们在调查中发现，乡镇干部普遍反映现在片区站所没发挥什么作用，成了夹在县乡之间的中间层，造成人力资源和财政资金的严重浪费。乡镇认为现在片区站所的人自己的分内事情不去做，而是布置乡镇去做，由于属地管理原则，发生了任何不好的事情上级政府都以属地化原则将板子打在乡镇政府身上的情况。同时，老百姓有问题也只会找乡镇解决。由于这些单位与乡镇没有直接的行政隶属关系，乡镇政府无从对其工作进行干预或指导，乡镇就不得不去自己找人做这些本应该由站所人员去做的事情。加之许多工作需要一定的专业技术背景和执法主体资格，而乡镇工作人员又不具备，由此导致许多事情乡镇只能够去做却不能够做好，造成了乡镇工作人员的疲于奔命和老百姓的怨声载道。总之，事业单位条块分割的管理模式导致乡镇"处理每一件事务所必需的权力大多被垂直的业务部门所肢解"[①]，乡镇政府功能明显地弱化，效率越来越低，不能适应农村经济社会的实际发展。

（五）现行乡镇工作人员激励机制存在问题

工作人员的激励机制可以分为内在激励和外在激励。内在激励是指由工

---

① 吴思红：《结构功能分析中的乡镇体制改革》，《江苏社会科学》2005年第4期。

作本身带来的激励，包括工作趣味、胜任感、责任感、成就感、光荣感等。外在激励是指工作带来的奖赏，包括增加报酬、提升职务、改善人际关系等。相比之下，内在激励有更稳定、更持久、更强烈的效果。就乡镇工作人员而言，其工作的内在激励与外在激励均存在不足。就内在激励而言，从前述学历和素质分析可以看出，乡镇工作人员大都能够胜任工作，工作的胜任感较强，责任心较好，但由于基层工作大多较为琐碎、突发，且许多事务的影响仅局限于较少数人群，不具有重大影响和历史意义，由此带来工作的趣味性降低，成就感、光荣感不强。在针对乡镇干部的问卷调查中，有近三分之一的人认为自己无法从现行的工作中获取成就感（见图10）。

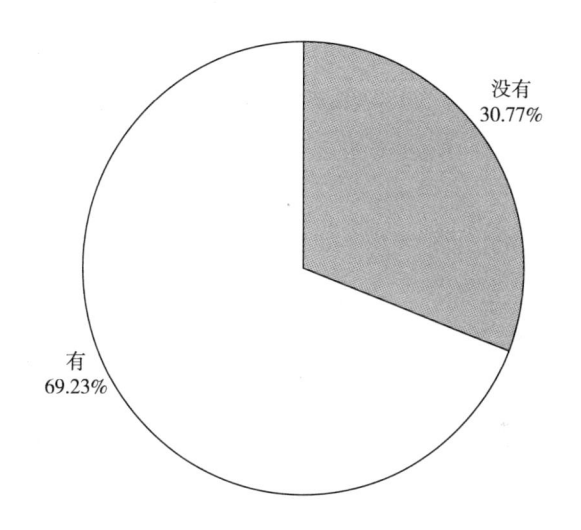

图 10　乡镇工作人员的成就感

从外在激励来看，对乡镇工作人员的激励手段除了职位提升还有收入增加和人际关系改善。从职位设置来看，在乡镇一级，公务员职位的领导序列和非领导序列均处于职务层次和级别的末梢。领导序列是科级，非领导序列是主任科员及以下级别。从职位提升来看，在乡镇一级最高职位序列也就是正科一级。因此，如果一个大学生毕业之后来到乡镇工作，从职位升迁上最多也就是上升到正科一级，但无论是领导序列还是非领导序列，正科的职位设置都是有限的，其竞争的激烈程度可想而知。最终能够上升到正科级的毕竟是少数，大多数乡镇工作人员如果走公务员序列并一直在乡镇工作最终还上升不到正科一级。除开公务员，在乡镇还有事业单位编制人员。从理论上讲，乡镇事业单位人员和高校、科研院所的事业单位人员一样可以进行高级职称的评定和聘用,但实际情况是,我国事业单位人员的职称评定必须参加国家统一组织的外语考试和计算机考试,这两者合格后,再考核发表论文的质量和数量,看是否在相应等级的刊物上发表一定数量的论文。只有外语计算机合格、论文发表规格和数量合格才能够评定相应的职称。一般情况是职称越高,外语、计算机以及论文的要求也就越高,而这三者对于长期在基层从事具体工作的事业单位人员来说基本上不可能实现。因此,乡镇事业单位人员的级别也往往只能处于最低端。而如果一个大学生毕业后不是进入乡镇工作而是进入更高级别的党政机关和事业单位工作,由于这些单位本身的级别较高,相应的,新进人员的职位级别也就较高,其后续提升和发展空间也就较大。比较两种不同的就业渠道,我们就会发现如果一个大学生在乡镇工作十来年,最为顺利的是提拔到科级正职或评定中级职称,而到更高级别的党政机关或事业单位工作,这时已经提拔到处级职位或评定高级职称了。如果再将时间延长,一个大学生来到乡镇工作20年,不得不面临腾出职位让贤的问题,自己在正当盛年的时候就只好休闲了,而一个大学生来到高级别的党政机关或事业单位工作到这个年限,要么提拔到更高级别的职位,要么在自己的专业领域大展宏图,要么下放到下级单位担任党政正职。许多乡镇的党政一把手就是区县一级机关下派的,这更加堵塞了乡镇人员的上升通道。因此,乡镇人员现行的职位激励是相当有限的。

从收入来看,按照我国现行的公务员法等相关法律法规的规定,工资、劳务报酬、待遇等与职位和级别挂钩,乡镇工作人员由于职位低、级别不高,相应的在规定的正式收入待遇上处于明显的劣势。当然,除了正式的收入,乡镇由于有一定的收入渠道和经济支配权,为了激励部属,乡镇领导也会发放一些加班费和交通费用补贴等,但囿于阳光工资制度的限制,加之招商引资工作逐渐从乡镇剥离,其相应的经济奖励也不复存在,即使一些经济较为发达的乡镇对这些资金的发放也是极为有限的。乡镇工作人员最大的福利也就是在各种名目繁多的接待中免费吃喝,节省一部分生活费用,但这方面的优势随着各级党政机关福利后勤的改善也不复存在,如成都市的区、市一级机关的工作用餐也仅仅是象征性的1~2元钱。

问卷调查显示,在回答工作中的付出与收入之间的比例关系时,仅有15.9%的受访者认为付出和收入成比例,而高达83.3%的被访者认为工作付出多于收入(见图11)。

至于人际关系改善这一外在激励措施,由于基层工作的复杂性和现行行

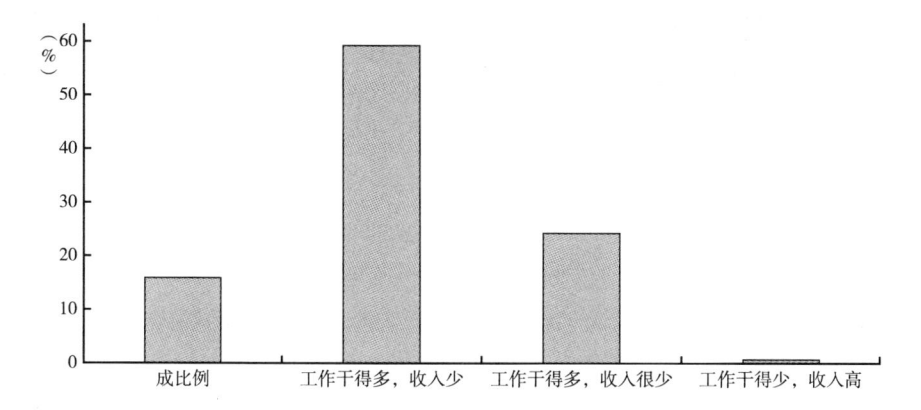

图 11 乡镇工作人员对付出与收入的评价

政体制的限制，乡镇工作人员不仅要处理好与基层老百姓的关系、处理好同事的关系，还要处理好与各个上级机关、部门的关系，除了同事关系的处理和区（市、县）一级的党政机关具有可比性外，其他两项都具有区（市、县）一级乃至更上一级的党政机关不可比拟的处理难度和复杂程度。直接与乡镇打交道的老百姓现在几乎都知道政府的服务性质，遇到事情通常都会寻求乡镇政府的帮助，乡镇工作人员如果处理不及时或态度上表现不好，群众就会表达不满，甚至还会寻衅闹事。因此，乡镇工作人员往往在周末也会加班做事，在他们的日程中根本不可能存在党政机关通常具有的周末休息概念，用他们自己的话来说是"5加2，白加黑"工作制。能够搭上休息日，处理好各种事情，辖区内或自己管辖的范围内不发生大的事情，不被问责就觉得很不错了，哪儿敢奢求从老百姓的赞许中获得激励和安慰？至于处理与各个上级机关和党政机关的关系，在乡镇一级来说也是极为复杂的，不仅管辖自己的上级机关和党政部门的关系需要处理好，它们布置的各项任务需要按质按量完成，而且外地许多到乡镇来考察、参观的部门和人员也必须接待好、安排好，否则会因此而得罪许多人。由此可见，乡镇工作人员要从人际关系的改善中获得与上级党政机关事业单位的比较优势、获得一定程度的外在激励也很困难。

（六）村（社区）组织行政化倾向突出

村（社区）组织行政化主要是指村（社区）的两委组织行政化倾向突出，表现在以下四个方面。

1. 村（社区）组织工作重心行政化

根据有关规定，村民委员会或社区居委会的工作任务主要包括两方面，一是组织村（居）民进行自我管理、自我教育、自我服务、自我监督，实现自治；二是协助乡镇政府工作。从理论上讲，作为基层群众性自治组织，其更多的时间和精力应当花在村（居）的自治事务上。但实际上乡镇由于在现行的行政管理架构中承担了大量的基层管理和服务工作，乡镇不堪重负后，一方面通过不断增加编外人员的方法加以解决，另一方面把各级各部门压下来的管理和服务工作任务下移给村（居）组织，使得村民委员会和社区居委会变为乡镇政府的办事机构。目前，成都市的村（社区）工作可分为八大类近百项，涉及城管爱卫、综合治理、计划生育、最低生活保障、民间纠纷调解、宣传教育、迎接考核评比、人口普查等。其中政府各职能部门指派的行政任务占村级组织工作的80%以上，村委会变成了主要承担行政工作的一个机构。多数居民把村（居）委会看成政府组织而非村（居）民自治组织，把村（居）委会看做政府行政力量的延伸，认为村（居）委会应该完全执行乡镇布置的任务（见图12）。

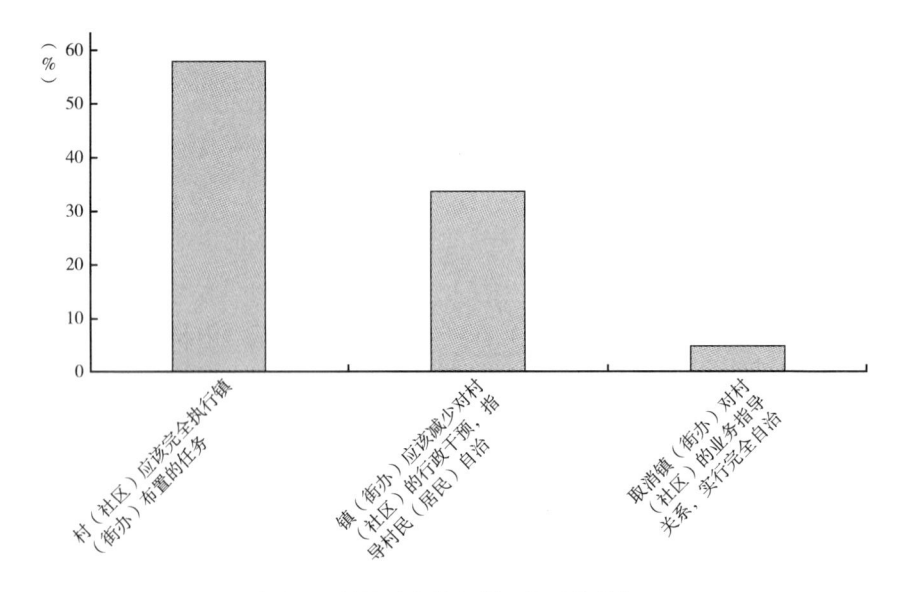

图12 村民对乡镇与村组关系的认识

据统计，一个社区每年要承担的事务性工作任务有130多项，主要是人口计生、低保救济、治安稳定、矛盾调解等日常工作，以及普查统计、危改拆迁等突击任务，村委会整天忙于应付各部门下派的任务。乡镇党委政府把村委会当作行政下属机构，经常给村委会摊派任务，并对其进行检查、考核以及奖惩。课题组在调研中了解到，村委会与街道办签订的《责任书》有：计生、消防安全、食品安全、环保、防疫、综治维稳等10多项。承担的责任是辖区上述工作的"第一责任人"，承担的后果是"一票否决"。未履行职责轻则通报批评，扣发工作补贴，重则按失职、渎职给予党纪政纪处分，直至追究刑责。

2. 自治章程、工作制度及人事决定行政化

尽管目前各村和社区普遍制定了村（居）民自治章程、村（居）民公约和村（居）委会工作职责等规章制度，但它们是由上级民政部门或乡镇制定，分发给各村和社区遵照执行的，没有经过村民（居民）会议或村民（居民）代表会议的讨论、通过。这种做法反映了乡镇政府对村（社区）自治范围和自治程度的控制。《中华人民共和国村民委员会组织法》和《中华人民共和国居委会组织法》规定，村（居）民委员会由村（居）民会议选举产生，村（居）民会议有权撤换和补选其成员。许多村委会和社区居委会换届确实要经过村民或居民选举，但候选人资格由政府确定，这实际上是由政府主导选举，使得选举基本流于形式。加之现行政策规定新进入村委会和社区居委会工作的大学生必须通过市区招考选拔，乡镇干部实行包村制度。在这样的选举方式和人事制度下，村民委员会和社区居委员会成员实际上成了乡镇聘用的干部和下属。

3. 经费收支行政化

成都市的村民委员会和社区居委会的工作经费来源有三部分：政府财政拨款、社区物业收入和社区自筹，其中主要经费来源是政府的财政补助。社区物业收入仅仅在一些城乡结合部的涉农社区较高，社会对社区的捐助很少且不稳定，村民委员会和社区居委会工作经费的缺口较大，其经费缺口普遍由街道提供。村（社区）党组织的经费则主要是村级党组织成员兼任村级自治组织成员获得的报酬，以及区（市、县）级组织部门在村（社区）上缴的党费返还一部分和村（社区）党务工作目标考核下拨的经费。通常，乡镇对村和社区的工作经费实行统一管理，由乡镇财政所设立村（社区）账户，统一做账。经费由市区下拨到乡镇，由乡镇统一收支，由此造成"端谁的饭碗归谁管"，村（居）委会不得不依附于乡镇。目前成都市乡镇下属的村（社区）人员都是拿政府给的固定补贴，村（社区）党组织书记和村（社区）委员会主任为1800元/月，两委干部为1100元/月左右。村和社区经费最大的开支都是由镇上拨付。

4. 运行方式、考核机制行政化

村（社区）组织采用行政化的运行方式，考核机制也相应地行政化。目前对村（居）委会的监督考核名义上有两种形式：一种是村（居）民民主评议村（居）委会，一种是由乡镇和政府有关职能部门对其进行考核评比。但在两种监督考核形式中，由于乡镇和政府职能部门的考核结果与村（社区）的工作经费、人员任免等挂钩，因此乡镇及政府职能部门的考核占据着绝对的主导地位，左右着村（社区）党组织和居委会的工作取向，居民群众的考核效力则显得软弱无力。

（七）对下放权力的争论与争夺

下放和扩大乡镇职能和权力，赋予乡镇更多的经济社会管理权限，加强乡镇的公共服务和公共管理职能，随着乡镇的经济社会事务和公共服务项目的增多以及服务型便民型政府的建设，已成为必然趋势。在调研中，各区（市、县）级职能部门和调研乡镇均对下放权力、促进乡镇政府权能强化和职能转变持肯定态度，并认为这是今后成都市乡镇改革的方向（见图13）。但对于权力下放的法律法规的限制，哪些权力应该下放、下放到何种程度的问题、与权力下放相伴随的责任下放的问题、对乡镇人员是否赋予一定的执法权等，相关部门和乡镇存在一定的分歧。

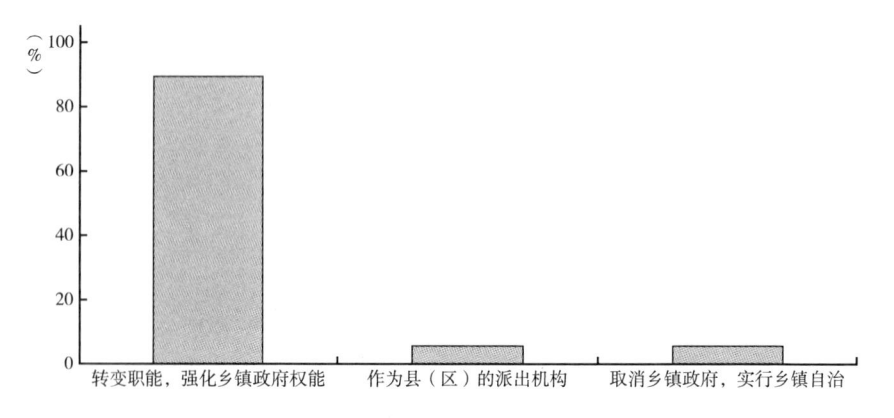

图13 对乡镇改革方向的认识

县级职能部门权力下放到乡镇一级行使，首先遇到的难题就是下放权力的法律障碍。根据1995年修订的《中华人民共和国地方各级人民代表大会和地方各级人民政府组织法》，我国行政执法权是以县一级为主体的，乡镇政府几乎没有任何行政决策、执法权。乡镇政府代表国家实施的管制行为主要表现在计划生育、税费征收（2005年后逐步取消）、九年义务教育等领域。如果通过放权改革将大量的权限下放给乡镇政府，就有可能与现行的法律法规相冲突。因此，在课题组调研过程中相关各方认为，在权力下放的过程中，需要注意放权的法律依据、内容、方式等，注重行政体制改革的合法性。如果仅仅由相关部门出具一份放权的"指导意见"和目录，而不解决放权的法律法规支撑，权力下放没有相应的法律保障，就可能造成乡镇政府认为下放的权力没有确定性，使用起来，其效果也就大打折扣。很多乡镇干部担心，没有法律保障的授权，一纸文件、一个会议就能把下放的权力收回去。而如果采取委托执法的形式，相关执法委托的法律法规与政策制约的问题如果得不到有效的解决，乡镇执法主体地位同样难以确立。同时委托乡镇执法的县级部门也存在执法权力委托下去了而执法风险和责任却最终要由自身来承担的问题。因此，如何将权力相伴随的责任一并委托下去也面临着法律法规的规范和明确。

同时，县级职能部门和乡镇对于哪些权力应该下放、哪些权力不需要下放也存在较大的争论。总体来看，县级职能部门希望将执行难度较大、执行过程中又不会产生经济效益的权限下放下去，以减轻自身的工作负担。对于自己不希望下放的权限，县级职能部门则认为最主要的理由是乡镇拿到这些权限后，由于缺乏专业技术知识或者囿于熟人社会不能够有效执行，最好维持现行的片站模式或在乡镇设立直属站点的模式。而乡镇则希望将能够推动当地经济社会文化发展，在执行过程中能够给乡镇带来短期和长期收益的如产业发展、项目投资、规划建设、市政交通、环境保护、市场监管、安全生产、社会治安、民生发展等方面的权限下放下来。由金堂县相关部门起草的《县级相关部门下放权目录》，相对于成都市起草的《区级相关部门下放镇街权限指导目录》在行政权限上少了37项，试点的淮口镇拿到目录后认为他们最需要下放的部分被金堂县人为地截留了，希望能够照着成都市的文件下放所有的权限给镇。

下放权力给乡镇的初衷是希望公共服务和社会管理能够前移，使得公权力能够为乡镇发展作出更大的贡献，但成都市乡镇工作人员的整体文化素质虽然较高，但法律专业毕业人员较少，同时具备一些专业执法知识（如水务、国土、规划等）的人员较少，加之乡镇工作一把抓的特征，行政执法的专职比例小，兼职比例大，在实施中也面临一些问题。虽然这种专兼职结合的管理体制可以有效整合乡镇执法资源，节约成本，有其存在的合理性，但是带来的问题也不容忽视。由于兼职人员有着自己本职的工作，所以对待执法工作，时间和业务上都不可能有充分的保证，也就不能充分有效地行使执法权，不能把下放权力的能量充分发挥出来。如果由于执法人员整体素质不高，缺乏相应的执法能力，或者由于面对沾亲带故的乡里乡亲徇私枉法，或者由于被执行人和自己或自己的亲戚朋友有过节而加重处罚，导致下放权力的虚化或变异，都会使得扩权的预期效果大打折扣。这些问题应该在扩权强镇的过程中认真加以注意。

四　深入推进成都市乡镇管理体制改革的对策建议

（一）规范县乡财政关系，保障乡镇财政收入和自主权

根据公共财政和地方分权理论，我们认为县乡之间的财政职能必须重新调整和划分，县乡财政体制重建和改革的整体思路是"一级政权，一级事权，一级财权，一级监督权"，并配之以自上而下的转移支付手段，来完善分税分级财政。目前，我国乡镇基本没有收入来源保证政权运行。近几年的乡镇政府运行也充分说明了此类问题。"三农"问题某种程度上也是县乡财政问题，其直接原因也在于乡镇政府收入来源匮乏。县乡政权由于其财政自给能力一直较低，不论是分税制改革前还是改革后其自给能力一直都处于 0.5 左右，即财政支出一半必须通过非税方式解决。因此，要保证乡镇政权顺利运行，"一级政权，一级事权，一级财权"的重要保障手段之一就是转移支付。通过设立规范化、均等化的转移支付制度，确保中央、省、市财政转移支付足额和配套到位，弥补乡镇财政缺口，确保乡镇行政运转和履行基本公共服务职责的资金需要，顺利引导产业发展和实现国家在农村的各项政策措施。同时，提高和规范县乡之间的税收分享、分成比例，提高土地拆迁等工作的项目经费，规范行政事业性收费、土地出让金净收益返还留在乡镇的比例，部分重点发展乡镇可以将土地出让金全额返还。明确由乡镇自主分配、管理和监督财政收支，编制预算和决算，办理财政资金收付，监管国有资产、政府债券债务等。

（二）规范县权责划分，从行政性分权向法制性分权转变

县乡政府职权上的划分可以根据各自的优劣势进行。从现实情况来看，县级政府的优势在于财政实力相对较强，机构多、分工细，人才和技术能力强，权威性和规范性高，管理范围相对较大等；乡镇政府的优势在于贴近基层、灵活性高等。从这个角度而言，财政花费大或者专业性、技术性、权威性强，或者外部性大以及均等化程度要求高的职能应该归县级以上政府及其部门；琐碎繁杂、个性化程度高、服务性强的职能应该归乡镇政府；属于私人物品范围或者具有一定赢利空间的职能可以通过市场主体来提供。

具体来说，从财政投入角度看，投入较多的较大型基础设施、基础教育、医疗卫生、社会保障和扶贫等项目应该归县级以上政府及其部门；投入较少的乡镇级基础设施归乡镇政府，村内基础设施归村级组织。从赢利空间大小来看，赢利空间小的农村邮政等业务归县级以上政府及事业单位；具有一定赢利空间的农村电影放映服务和文艺演出、展览服务等归村级组织。均等化程度要求高的基础教育、社会保障、基本医疗卫生、基础设施、扶贫等归县级以上政府及其部门；均等化程度要求低的农村成人教育等归市场主体。从公共性（辐射范围、外部性）来看，公共性强的土地管理、建设规划管理、减灾防灾、环境保护和较大型基础设施建设等职能应该归县级以上政府及其部门，部分重点镇可通过授权的方式下放给乡镇；乡镇基础设施、组织村级资源共享、村级信息统计、纠纷仲裁等职能归乡镇政府；村级公共服务如村民基本信息登记、纠纷调解、报刊图书阅览服务、农民体育健身、村民文化活动、村内基础设施等归村级组织；而农业生产流通和农户自用设施则可以通过市场机制解决。从权威性要求来看，权威性要求高的法律援助、农村警务、安全生产监督、税收等职责应该归县级以上政府及其部门，部分重点镇可通过授权的方式下放给乡镇；指导村级民主的职能可以交给乡镇政府；农村治保和村级民主可以由村级组织自己承担。技术性强的农业科技服务、动植物疫病防控、资源和环境保护和食品安全防控等可划归乡镇及其事业单位来行使。

从以上不同主体的职能列举来看，乡镇的核心职能范围其实比较清晰，主要包括乡镇范围内的少数基础设施建设与维护、组织行政村之间的资源共享、进行行政村层面的信息统计、对村级不能解决的纠纷进行调节和仲裁以及指导村级民主等。现阶段乡镇职能之所以繁杂，一方面是因为乡镇这一层

级政府的存在助长了县级政府及其职能部门的官僚习气，增加了他们对乡镇的依赖性；另一方面是因为县乡政府承担了本来不应当由它们承担的职能，过多地干预了市场主体、农村自治组织以及其他社会组织的活动，加重了县乡政府自身的负担。例如，如今乡镇政府把大量的时间投入到强制性征地拆迁、干预农业生产和直接招商引资等方面。

因此，随着县级政府职能的规范以及村级组织的日渐强大，市场体系的日渐完善，乡镇政府自上而下的职能负担会逐渐减轻，使其更有可能将主要功能集中在为三农提供公共服务上来。

目前，县级部门和乡镇在扩权方面都是尽可能地以对自己有利的方式进行。其实判断是否放权的标准应该是客观的，即：是否有利于老百姓办事方便，是否有利于提升公共服务、社会管理、市场监管的水平和效率。至于政府经济调节职能，由于其本身的宏观性，我们认为在重点发展乡镇可以适当加强，而对于一般乡镇则无须重点强调，可以将经济调节放在整个县域范围内通盘考虑，由县级相关职能部门组织实施。发改委等宏观管理部门要加强宏观性、综合性、战略性问题研究，综合运用多种手段有效调控经济社会运行，同时减少微观管理事务和审批事项。

（三）大力推行行政委托，保障乡镇履行职责所需的执法权力

我国大多数法律只规定县级以上政府及其主管部门才具有行政处罚的主体资格，乡镇政府一般不具有。在此情形下，乡镇政府要取得行政处罚权最可行的办法就是通过上级行政机关委托的方式来实现。根据《地方各级人民代表大会和地方各级人民政府组织法》的规定，乡镇政府可以办理上级政府交办的事项，《行政处罚法》也规定了行政机关依照法律、法规或者规章的规定，可以在其法定权限内委托符合条件的事业组织实施行政处罚。鉴于此，有关部门在制定和修改法律法规和规章时，需要进一步明确委托方式，大力推行行政委托，以赋予乡镇政府行政处罚权，并具体规定委托处罚的事项、期限、权限等，这样既能弥补行政机关执法力量的不足，又能充分发挥乡镇政府高效便民的地域优势。通过行政执法委托的改革，让乡镇一级享有行政执法权，切实有效地维护农村地区的公共利益和社会秩序，保护农民和农业合作组织的合法权益，推动农村经济的发展。

同时，对法律法规尚未规定、涉及农村公共安全、市场秩序、人口资源环境领域的事务性执法，如确需对乡镇部门进行委托的，应按照法定程序进

行。对不宜进行委托或法律法规明确规定不能委托的执法事项，应以主管部门执法为主，县级政府及其执法部门要切实履行法律、法规赋予的行政管理职责，不能把依法应当由自己履行的职责直接或者变相压给乡镇政府。

在大力推行委托执法的同时，还要切实加强乡镇法制机构队伍建设，保证机构设置和人员配备与乡镇法制建设任务相适应。要进一步强化乡镇干部法律知识的学习和培训，有计划地举办乡镇政府执法人员培训班，提高他们的业务素质。特别是要结合乡镇工作实际，就其密切相关的法律法规进行专业性培训，如计生、环保、土管、水利、林业等实体法及行政处罚、行政复议、行政诉讼等程序法的培训。此外，要加强规范性文件和其他法律文书的制作与审查，以及申请法院强制执行等实践技能培训。通过思想政治培训和具体业务培训的有机结合、定期培训和专项培训的有机结合，提高乡镇执法人员的法治观念，提高他们对程序合法性的认识和规范程序操作的能力，改善执法方式，增强文明规范执法意识，自觉接受监督。在确保公平、公正、合法、合理的同时，争取群众的理解、配合、支持和拥护。

（四）下放派驻机构的管理权限，促进乡镇整体性政府的形成

面对条块分割的管理体制造成的乡镇权力萎缩、职能虚化、行政碎片化等现象，必须改革目前的管理体制，下放区（市、县）派驻机构的管理权限，做实做强乡镇政府。目前成都市的县乡行政机构设置还是采取传统的科层制。科层制的效率来自明确的职责和顺畅统一的管理权力，乡镇条块分割的事业单位设置实际上使乡镇处于半科层制中的权力断裂状态，必然造成其功能上的严重缺陷。而县乡之间实际上存在的压力型行政管理体制使得乡镇要管的事情越来越多。权力的缺陷与实际职责之间的张力造成了乡镇政府无法作为的尴尬境地。尽管各区（市、县）党委、政府一再强调乡镇党委和政府要加强对乡镇事业单位人员管理，然而收效甚微。因为，对县级职能部门派驻乡镇的各事业单位人员的财权、人权、事权全都不在乡镇手里，乡镇管理这些机构基本上是一句空话。为此，应打破条块分设的乡镇派驻机构设置现状，将乡镇事业单位的管理权限由县职能部门下放给乡镇。根据不同基础、不同类型的乡镇经济社会发展需要，采取委托、授权等多种形式，逐步下放区（市、县）级各部门设在乡镇的各事业单位的管理权限，切实赋予与乡镇职责任务相适应的管理手段，增强其组织协调、规划决策、政策执行、科学发展的能力。把乡镇职能定位在"落实政策、促进发展、维护稳定、加强管理"

上，使乡镇事业单位能够为当地农民提供更有效的公共服务，使乡镇真正成为有所为的最基层政府，成为整体性政府，而不是上级政府的派出机构或者办事处。就乡镇事业单位的管理而言，目前，可以从以下几个方面推进改革。

首先，强化乡镇对事业单位的人事管理权限。事业单位法人代表任免、人员调动必须由乡镇党委政府审核签字，其主要负责人的任免须事先征得乡镇党委同意；对工作不力的派驻机构主要负责人，乡镇党委可向其上级主管部门提出调整建议；上述单位工作人员的党（团）组织关系一律转入所在地的乡镇党（团）委管理。

其次，落实乡镇对事业单位人员的绩效考核权力。建立乡镇、区（市、县）直主管部门和服务对象共同参与的考核评价体系，将服务质量和工作实绩作为主要考核指标，将村民和服务对象的评价作为重要的考核内容。

最后，改革乡镇事业单位人员工资福利管理体制。实行职工薪酬与服务绩效全面挂钩的绩效工资制。其中，把基本工资直接由区（市、县）主管部门打入职工工资卡，绩效工资部分划给乡镇考核后发放，从而让乡镇掌握住管理乡镇事业单位人员的奖惩权。

体制问题解决了，乡镇政府和乡镇事业单位的作用就能显现出来，生机和活力就会迸发出来。

（五）健全对乡镇的激励机制

一是下放人事使用权。将乡镇中层干部的选用权、任免权下放给乡镇党委政府，同时允许打破身份限制使用人才，做到合理使用人才和人尽其才。乡镇的工作往往实践性、经验性大于规范性、理论性，许多工作做久了，自然熟能生巧。加之成都的乡镇虽然在向城市化方向大步迈进，但还未摆脱熟人社会的生活习惯，老百姓对乡镇工作人员还有情感上的认同问题。因此，乡镇的很多事情并不一定需要学历层次高的人员才能完成。实际的乡镇工作中，由于公务员招考名额的限制，在缺少正式公务员的情况下，许多工作是由事业编制人员甚至临聘人员完成的，而且在完成的质量和时效上并未不符合要求。因此，建议乡镇工作人员的使用，包括中层干部的使用应该打破身份的限制，公开竞聘上岗，根据岗位的不同发放相应的报酬，而非现行的按照身份竞岗和获取报酬。同时，增加对乡镇工作人员的业务知识培训和人员交流力度，提高乡镇工作人员的素质和能力，拓宽眼界和工作思路，有效解决乡镇工作中由于能力不足出现的"中梗阻"现象。

二是从职位设置上强化激励。这方面可以考虑适当扩大乡镇科级正职人员的比例，设定乡镇人员每年考核合格，若干年后就可自动转为科级副职待遇，再在乡镇工作若干年后就可自动转为科级正职待遇，在科级正职任职时间超过一定年限的人员自可动高配副处级、正处级调研员，以便从职位配置上调动乡镇人员的工作积极性。同时在绩效考核上向乡镇倾斜，提高乡镇工作人员特别是偏远乡镇人员的工作补贴和奖金收入。

三是适当下放考核权。目前，区（市、县）一级对乡镇的考核权力过大，乡镇领导对工作人员的考核权以及村一级对乡镇的评议权过小。建议建立乡镇工作的多方考核机制，赋予乡镇对内设机构特别是区（市、县）级部门派驻机构的日常工作考核权，以加强乡镇工作的整体性。加大辖区群众对乡镇工作的民主评议权，使得乡镇工作能够更加注重群众所思所想，克服形式主义。在考核指标设计上，进一步强化公共服务和社会管理考核权重，增强城乡居民和基层自治组织考核权重，清理各种评比达标活动，取消不属于中央、省、市规定的"一票否决"事项。

（六）理顺乡村关系，促进村级自治

目前政府要求村（社区）完成的行政性事务占据村（居）委会日常工作的绝大部分时间，而村（居）委会本身的人手又不是很充足，通常一个村也就几个人。为了理顺乡村关系，最为主要的是加快村（社区）的"去行政化"进程，加强社区自治能力建设，进一步建立健全村级组织体系和民主管理制度体系，不断提高村民议事会、监事会运行质量，提高村民自治能力，形成领导有力、管理民主、服务全面、经济富裕的新型村级治理局面。二是强化乡镇党委政府的服务意识。乡镇工作重心应该进一步下移，实现从管理向服务、从突出权力主体向突出义务主体转变，把真心帮助社区解决实际问题作为义不容辞的职责，为社区提供有效的公共产品服务，以社区居民满意不满意、拥护不拥护为工作的出发点和检验标准。三是实施政府部门到社区各项工作的"准入制"，减轻社区行政工作的负担，防止居委会自治功能异化。此外，还可调动社会力量，加强社区建设。乡镇政府可以按照"政企分开、政事分开、政社分开"的原则和"小政府、大社会、大服务"的要求，实行"权随责走，费随事转"，对于涉及居民自治管理的事务工作，可通过政策导向和项目竞标及过程管理等形式，委托给社区居委会或社区民间组织去实施。

基层社会组织发展中政府监管的问题与优化对策*

——以深圳市南山区为个案

唐 娟 刘婷婷**

摘　要：随着社会组织管理体制的改革和创新，对社会组织的监管也被提到了前所未有的高度。本文以深圳市南山区为例，通过文献研究与问卷调研相结合的方法，对社会组织的外部及内部监管问题进行梳理。探讨如何健全以政府为主导的多元监管体系，以对社会组织具体运营及活动进行必要的引导和规范，促进社会组织的良性运作。

关键词：社会组织　监管问题　优化思路

一　引言

近年来，深圳市在全国率先对社会组织管理体制进行改革创新，采取了

---

* 本课题组由深圳市南山区纪委、南山区民政局、深圳大学社会管理创新研究所构成。其中，调研领导小组由南山区民政局局长张建平任组长，南山区纪委信访室主任方施健、南山区民政局副局长薛声波任副组长。领导成员还包括南山区民政局民间组织管理科科长李珊。调研工作小组成员为唐娟（深圳大学社会管理创新研究所所长）、陈文（深圳大学社会管理创新研究所副所长）、赵勇（区纪委信访室主任科员）、许秀丽（南山区民政局工作人员）、杨洁（南山区民政局工作人员）、黎琚（南山区民政局工作人员）及深圳大学当代中国政治研究所研究生刘婷婷、赖文涛、魏纬、梁迪。执笔：唐娟、刘婷婷。

** 唐娟，博士，副教授，深圳大学社会管理创新研究所所长；刘婷婷，深圳大学当代中国政治研究所研究生。

对社会组织实施分类管理、对特定类型的社会组织实行民政部门直接登记制度、启动异地商会登记试点、进一步促进行业协会和商会等社会团体民间化等政策措施，大力推动社会组织的增量发展和质量提升，最近五年全市社会组织以年均13.2%的速度增长。

在上级政府的政策导向下，南山区委、区政府积极培育和扶持社会组织发展。2011年成立了南山区社会组织孵化基地，为各种类型的社会组织提供协助发展的平台，以推动社会组织更好地服务社区、服务社会。目前，全区共有社会组织1700多个，其中登记注册的442个。各类社会组织作为经济社会发展的重要力量，作为公共管理和公共服务的有益补充，在文教体卫、科学技术、政经发展、社会建设等领域，在促进公益、推动政府职能转变、发挥中介纽带作用、建立公共交往平台等方面取得了显著成效。然而，事实上，在闸门徐徐开放的同时，创新并强化对社会组织的监管也被提到了前所未有的高度。从总体上看，大部分社会组织都能遵守国家的法律法规和各项规章制度，按照各自章程规定的范围和内容开展正常的活动。但由于社会组织的迅猛发展、性质和种类复杂多样及其数量的不可预知性，脱胎于计划体制下的传统的政府监管体制已经难以实现有效监管，社会监管和自我监管还都没有完全到位，因此在一定程度上形成了放任自流和监管真空的局面，产生了一些急需解决的现实问题，如新兴社会组织登记注册的比例偏低，有些社会组织在登记成立后存在着空壳现象，政府对社会组织的拨款或补贴多头分散、难以统筹，政府购买社会组织服务的程序还有待进一步完善，公共资金使用效益的评估机制尚未健全，社会组织业务主管部门、登记管理部门、其他新成立的社会组织孵化部门分别行使对社会组织的监督管理职权，其相互之间的分工合作关系尚待系统化，政府业务部门对社会组织的行政干预和控制依然过多，一些社会组织尤其是社会团体的行政化、垄断化现象依然存在等。这些现实问题不解决，将有碍于社会组织的规范成长。因此，政府对社会组织监管的理念、模式、方式必须与时俱进，加以转变。为全面掌握南山区社会组织发展和监督管理情况，区纪委、区民政局联合深圳大学社会管理创新研究所开展了社会组织发展监督体系建设的专题调研，旨在以坚持培育发展与监督管理并重为指导思想，在积极引导、培育扶助社会组织健康发展的同时，建立健全社会组织发展的过程预警机制和动态监管机制，加强对全区社会组织的严格监管，有效促进社会组织成长环境的净化、优化，引导社会组织走提升质量发展之路。

本报告主要采用文献研究与实证研究相结合的方法。

文献研究。主要是对近年来国家、省、市和南山区委、区政府出台的有关社会组织发展、管理和监督的法律、法规、规章、规划进行学理梳理，分析制度脉络和规范；研读其他地方政府业已制定的有关社会组织发展和监督管理的政策文件，或者分析其公共决策动态，研究理论界有关国内外非营利组织监管制度的学术文献，借鉴其合理思想和意见。

问卷调查。根据南山区社会组织的具体情况，设计问卷，结合抽样调查的方式，计划在442家社会组织中抽取80家作为本次的调研对象，其中社会团体47家、民办非企业单位33家。主要以社会组织负责人为调研对象，了解社会组织内部基本情况、日常运作、财务状况以及监管情况。需要说明的是，在问卷发放和回收过程中，由于一些客观原因，如与社会组织无法取得联系、填表人不按时交卷、社会组织负责人拒绝接受调研等，不得不对原来的样本进行替换。根据原定样本计划，社会团体样本应是47个，民办非企业单位样本应是33个。但是，由于问卷发放、回收中遇到的困难，原定社会团体样本有12个没有完成，原定民办非企业单位也有12个没有完成。新抽中的样本中，有18个属于社团，6个属于民非，因此，最终收回并有效的社团样本是53个，民非样本是27个（教育类除外）。

本项研究以南山区社会团体和民办非企业两类社会组织作为调研对象，试图通过调查研究，梳理如下两个问题。

外部监管。主要分析社会组织的法律规范监管、政府监管和社会监管的情况。具体是，目前对社会组织实施监管的政府主体及其之间的权责关系如何？登记管理制度、日常监管制度和扶持培育管理制度是如何运行的？各种制度在运转过程中面临的问题及深层次难题是什么？

内部监管。指社会组织的行业自律和内部监督。具体是，组织章程及其其他规章制度的建立健全程度如何？内部决策、执行与监督的机制是否健全？组织经费的来源渠道、收入盈亏、资金流向如何？各项有关组织行为的信息公开透明程度如何？组织发展过程中遇到哪些问题和困难？组织未来的发展战略是什么？

其中，研究重点是探讨如何健全以政府为主导的多元监管体系，以对社会组织具体运营及活动进行必要的引导和规范，促进社会组织的良性运作。

二 南山区社会组织监管中存在的问题分析

(一) 法律监管的制度绩效与存在问题

1. 制度绩效

改革开放以来,随着社会组织的不断发展,在宏观层面上,国家出台了一批促进和规范社会组织发展的行政法规、规章和其他规范性文件。到目前为止,国务院发布的有关行政法规有四项,民政部等国务院职能部门发布的部门规章十二项,其他规范性文件四十余项。上述行政法规、规章和其他规范性文件在如下方面对社会组织作出了管理规定。

一是有关社会团体的管理规定。包括:登记管理,名称管理,年度检查办法,会费政策,社会团体设立分支机构、代表机构、专项基金管理机构的管理,有关党政机关领导干部不得兼任社团领导职务的规定,社会团体的企业所得税征收管理办法及公益性捐赠税前扣除资格认定工作等;

二是有关基金会的管理规定。包括:登记管理,名称管理,年度检查办法,注册会计师审计制度,信息公布办法等;

三是有关民办非企业单位的管理规定。包括:登记管理,名称管理,章程示范,印章管理,年度检查,开户银行账户的有关问题,服务和收费管理及其企业所得税征收管理,自律与诚信建设,科技类、文化类、体育类民办非企业单位登记审查与管理,城镇非营利性医疗机构进行民办非企业单位登记的有关问题等;

四是有关社会组织的综合管理规定。包括:档案管理,会计制度和财务管理,评估管理办法,登记管理机关行政处罚程序的规定,以及取缔非法社会组织的办法等。

上述国家层面的行政立法填补了我国社会组织立法方面的空白,为地方有关法规、规章的制定及其他公共决策提供了上位法的依据。自20世纪90年代以来,广东省和深圳市也相继制定了一批中观层次的相关法规、规章和其他规范性文件。其中,由广东省人大常委会制定的有关社会组织管理的地方法规有2项①,

---

① 即《广东省基金会管理条例》(广东省人大常委会1994年出台、1997年修订)和《广东省行业协会条例》(广东省人大常委会2005年制定)。

由省政府制定的地方行政规章有 1 项①，由省政府及其职能部门制定的其他规范性文件 16 项。近年来，深圳市委、市人大、市政府及市民政局等职能部门制定的有关促进和规范全市社会组织发展的地方规章和规范性文件共有 24 项，其中地方法规 1 项，地方规章 2 项，其他规范性文件 21 项。

上级政府制定的法规、规章和其他规范性文件，为南山区政府培育、扶持和监督管理社会组织提供了一定的依据，也为社会组织提供了一定的行为规范。作为基层政府，南山区对社会组织的法律监管主要表现为：依据各类上位法中的有关规定，结合辖区实际情况，进行统筹规划，推进全区社会组织发展和监管领域中顶层设计的系统化，加强制度建设，制定指导性文件，出台社会组织发展纲要、政府购买社会组织服务的项目名录、社会组织评估管理办法等，培育、规范社会组织的发展。

2. 问题分析

目前，绝大多数有关社会组织监管的上位法在属性上还属于抽象行政行为，因此，包括南山区在内的基层政府对社会组织的法律监管，本质上就是上级政府各种规范社会组织的抽象行政行为在基层的贯彻实施，其中存在的问题主要是这些抽象行政行为的权威性、全面性、有效性、稳定性程度如何，因而，基层政府对社会组织所实施的法律监管中存在的问题，归根结底是上述上位法系中存在的普遍性问题的折射和反映，主要体现为如下几个方面。

一是立法层次偏低。

目前，在国家层面的各项规则中，71% 以上在我国法的效力位阶体系中属于不具有立法属性的最低层次的"其他规范性文件"，缺乏法的权威性。在广东省和深圳市层级，由地方立法机关制订的地方法规总共只有 3 项，地方政府行政规章也只有 3 项，而 86% 以上属于不具有立法属性的效力最低的"其他规范性文件"。实施法律监督是我国宪法和法律赋予各级人民代表大会的一项重要权力，但是很明显，在对社会组织的法律监督中，各级人大是缺位的。

二是法系结构松散。

大量的部门规章和其他一般规范性文件往往偏重于一时一事，彼此之间缺乏衔接，不成体系，易变不稳。例如，仅从其所使用的社会组织名称而

---

① 即《广东省社会团体登记管理实施细则》（广东省人民政府 1993 年制定）。

言，就各行其是，没有统一。有些规章和其他规范性文件直接以"社会组织"命名，如民政部于2010年发布的《社会组织评估管理办法》（民政部令第39号）和《社会组织档案管理暂行办法》，于2012年发布的《社会组织登记管理机关行政处罚程序规定》，广东省委办公厅、省政府办公厅于2008年发布的《关于发展和规范我省社会组织的意见》，深圳市委办公厅、市政府办公厅于2008年发布的《关于进一步发展和规范我市社会组织的意见》，广东省政府办公厅于2012年发布的《政府向社会组织购买服务暂行办法》（粤府办〔2012〕48号），直接使用了"社会组织"的概念。有些规章和其他规范性文件则被称为"民间组织"，如民政部于2000年发布的《取缔非法民间组织暂行办法》（民政部令〔2000〕21号）、于2007发布的《关于推进民间组织评估工作的指导意见》（民发〔2007〕127号），广东省民政厅于1999年发布的《广东省民间组织年检暂行办法》、于2006年发布的《民间组织评比达标表彰活动审核备案管理办法》，深圳市民政局等部门于2003年发布的《关于民间组织办理税务登记、领购使用票据和收费管理有关问题的通知》、于2005年发布的《关于规范我市民间组织机构代码税务登记和银行账户管理有关问题的通知》、于2006年发布的《深圳市资助社区民间组织从事社区服务暂行办法》，使用的是"民间组织"的概念。有些规范性文件使用了"非营利组织"的概念，如财政部、国家税务总局于2009年发布的《关于非营利组织企业所得税免税收入问题的通知》（财税〔2009〕122号）和《关于非营利组织免税资格认定管理有关问题的通知》（财税〔2009〕123号）；有些则使用了"民间非营利组织"的概念，如财政部于2005年发布的《民间非营利组织会计制度》的通知。

三是法条涵盖不全。

现有的法规、规章和其他规范性文件对社会组织的非营利性和公益产权问题、社会组织使用公共资源的社会效益评价问题、政府购买社会组织服务的履约监管问题、主管部门的权能界定等有关社会组织发展与监管的重要问题的规定，都比较粗疏甚至有遗漏，大大滞后于社会组织的发展，这给基层执法者实际上造成了"无法可依"的困惑，实际上也使社会组织的许多行为无规可循。

因此，用制度分析的逻辑看，基层政府在执法监管中、社会组织在运营发展中遇到的困境，归根结底是出自上位制度的不健全。

(二) 政治行政监管的实施绩效与存在问题

1. 实施绩效

近年来,南山区委、区政府在推进全区社会建设的过程中,逐渐形成了"一核多元"基层社会治理模式。一方面,以执政党建设为核心,通过"嵌入"的方式,对基层社会形成了"三个全覆盖",不仅把国家政权组织的功能行为纳入了执政党建设的范畴,而且把社区、社会组织,尤其是"两新"组织的功能行为也纳入了执政党建设的范畴,努力实现党对社会组织的政治领导、政治整合和政治监督;另一方面,政府作为社会治理多元主体中最基本的一元,发挥行政主导功能,致力于以深化社会组织改革、社会管理体制改革、公共服务改革为主要内容的社会建设,取得了令人关注的成绩,主要表现在以下几个方面。

一是推进社会组织登记改革。

逐步扩大社会组织直接登记范围,公益慈善类、社会福利类、社会服务类等社会组织,可直接到民政部门申请登记。目前,全区在民政部门登记的社会组织共有 400 多家,这些社会组织在承接政府职能转移、提供专业化服务等方面发挥了重要作用。

二是搭建社会组织健康发展平台。

推进政府公共管理职能向社会组织转移委托,探索社区组织和社区服务、社区自治融合创新发展,积极拓展社区公益项目,促进公共服务类社会组织的发展壮大,鼓励其参与社会公共服务竞标。采取奖励、补贴、项目委托等方式向社会组织购买服务,支持和引导社会组织在文化、体育、老年人服务、公益服务、社会工作等方面发挥积极的作用。

三是培育"枢纽型"社会组织体系。

以工青妇等群团组织为依托,建立"枢纽型"社会组织工作体系,探索对工会、团委、妇联、科协、残联、侨联、文联、红十字会、总商会等组织进行首批"枢纽型"社会组织认定,构建社会组织枢纽型服务平台,发挥"枢纽型"社会组织吸引凝聚、引导带动各类社会组织参与社会管理服务的基础性作用,促进社会组织健康有序发展。

四是搭建社会组织孵化和交流平台。

创建街道社会组织服务中心,培育孵化社会服务类组织、枢纽型社会组织,重点培育发展满足居民需求的社区社会组织,形成非行政化的社会组织服务体制，促进社会服务管理和民主自治，实现社会组织从"单向管理"到"双向服务"转变的目标。

五是开展社会组织专题培训。

通过有计划的培训活动，促进社会组织管理人员的专业化、职业化，提升社会组织服务社会的能力。以"聚力南山牵手行动"为抓手，构建以各类社会组织为主体，全员动员、广泛参与、共驻共建、共融共享的新型社会动员机制。

六是开展社会组织评估工作。

探索实施社会组织评估制度，将评估结果作为政府购买服务、资助、奖励的重要依据。建立社会组织信息公开平台和诚信记录档案，促使其规范内部管理、加强自身建设，增强参与社会建设的能力。

2. 存在问题

随着社会组织管理体制改革的不断深入，以往由政府包办社团或其他社会组织的垄断局面已经被打破，但是，长期的路径依赖现象在短期内难以改变，目前南山区社会组织监管过程中还存在着一些问题，需要着力加以改善，主要体现为以下几个方面。

一是业务主管部门对社会组织的行政干预依然过多。

从社会组织发起的角度看，60.38%的社团的发起者依然是政府业务主管部门。民间自发型尚少，个人发起型社团只占13.21%，甚至低于2008年时的全市平均水平（17.9%）。

民办非企业单位在组织发源上的民间化程度虽然大大提高，但在其内部治理上，自主性、自治性程度依然不高，因为业务主管部门对民办非企业单位的内部治理上依然存在着过多的行政干预现象。比如，在民办非企业单位主要人事问题上，负责人由业务主管部门直接任命产生的占51.85%，先由业务主管部门提名后经等额选举产生的占11.11%，两项相加后比例高达62.96%。

对社会团体的内部治理，业务主管部门也同样存在着行政干预过多的现象，政社未分的情况在一定程度上还存在。调查中发现，党政机关现职公务员兼任社会团体主要负责人的情况依然存在，样本社会团体现任法人的现职领域，其中在党政机关从业的占16.98%，社会团体负责人产生方式中，直接由业务主管部门任命的占18.87%，由业务主管部门提名、等额选举产生的占20.75%。因此，要彻底实现社会团体的去行政化，依然需要假以时日，进一步深化社团管理体制改革。

二是社会团体在资源上依然依赖业务主管部门。

调研中发现，样本社团拥有自有产权办公场所的只有1.89%，由业务主管部门提供办公场所的占41.51%，社团经费中有89%来自政府部门，通过会费和在核准业务范围内提供服务、用者付费的方式获得收入的能力还不高，最近三年来年均收入仅占总收入的8%，蕴藏于民间的社会资源尚未得到发掘。而国际上非营利组织的这部分收入平均约占其总收入的40%。经济上过于依赖政府，不利于社团"去行政化"的实现。

三是业务主管部门对社会组织的行政控制缺乏绩效问责。

我国经历了长时期的计划经济体制，政府力量强大，其影响渗透到社会的各个方面。在这种背景之下，许多社会组织带有"半官方"的特性。由于许多社团在性质上同事业单位相似，是行政机关的延长。社会组织日常管理方面，其重大工作决议需要向业务主管部门汇报，业务范围、经费支出也需要业务主管部门审批，人事安排、业务成果也要业务主管部门进行定期的检查。因此造成了业务主管部门对社会组织全方位的干预。

在政府采购社会组织服务的过程中，由业务主管部门参与项目采购竞标，由中标的业务主管部门通过公开招标或者直接下拨的方式把资金发放给社会组织。不通过公开招标的业务主管部门主要是文体局（文体局由文化局和体育局在2011年合并组成）、老龄办。一般来说，业务主管部门都按照相应的规定对社会组织进行拨款，社会组织的资金运营情况按规定要定期向业务主管部门汇报。

四是登记管理部门监管中年检制度运行所存在的问题。

年检是对社会组织实施监管的重要制度，通过社会组织的自查，向民政局反映其发展情况。但是，社会组织填写的年检报告内容的真实情况无法核实，尤其是财务经济情况。在对抽样样本档案的翻查中发现，年检报告的财务经济状况有部分的财务状况没有填写，并且没有任何说明。除此以外，还存在费用支出项目明细金额与总支出金额不符的情况。但登记部门无法对其真实情况进行核实。

而根据《民办非企业管理暂行条例》，民政部门只负责其成立、变更、注销以及年度检查，业务主管也只是负责其成立、变更、注销前审查以及年度报告的初审，目前的年检制度对民办非企业的监管也非常有限。

五是社会组织重大活动报告制度运行中存在的问题。

2010年发布的《广东省行业协会（商会）重大活动备案报告制度》规定，"重大活动备案报告是指将可能对本行业产生重大影响的活动在规定的时间内，以备案的方式向业务指导单位和社团登记管理机关报告的行为"。重大活动主要包括：会员大会（或会员代表大会）；修改章程；创办经济实体；重大的学术活动；大型的展览展销活动；涉外（包括港、澳、台地区）活动；开展评比、达标、表彰活动；接受境外五万元以上的捐赠或赞助；对本行业有重大影响的诉讼活动；其他重大活动，即重要活动上报、重点业务上报、重大事件上报。

在本次调研翻查样本组织的档案过程中发现，年检报告中填写"本年度重大活动情况"一栏的社团只有10%，有填写的只是简单说明情况，并没有作详细的描述，重大事务报告制度形式化，并没有真正落实。

六是登记管理部门执法监察中存在的问题。

登记管理机关享有对社会组织的行政处罚权，但由于缺乏必要的程序性规定，该项权力的行使往往无章可循，难以落地。与工商、税务、公安、消防等部门相比，民政部门对社会组织的监管缺乏基本的威慑力和必要的执法权力。对于违规或违法的社会组织，民政执法机构没有场所检查权、账户检查权，以及为保存证据所需实施的强制措施。在对社会组织的违法违规行为进行处罚时，民政部门可适用的行政处罚手段单一、惩戒效力微弱。例如，对于非法组织，民政部门只能采取取缔的处罚手段；对于合法组织的违法行为也只能采取警告、停止活动、撤销等处罚方式，不能采取罚款、没收财务等经济处罚手段。而且，民政部门的处罚对象只能是组织，对于欺诈、私分、侵占、挪用社会组织财产的个人，或以社会组织为名进行敛财、经济诈骗活动的个人没有任何处置权。

七是对社会组织经济监管中存在的问题。

民办非企业的基本属性是提供公共服务的非营利性机构，但是政府为了鼓励民间力量参与社会事业，在资产处置权、剩余索取权等方面没有对民办非企业进行严格的限定。部分民办非企业出于营利目的，参与社会事业建设，趋利动机强烈。同时，因为制度建设的滞后，对民办非企业的营利行为没有严格的约束。有些民办非企业随意定价，过于追求经济效益，对社会事业的全面健康发展产生非常不利的影响。由于政府对民办非企业的监督机制不健全，无法按照规定对其进行财务监督与审计。

三 优化社会组织政府监管的思路

社会组织的健康发展关系到社会的和谐稳定，而良好的制度环境关系着社会组织的未来发展。面对上述社会组织发展和监管中存在的问题，应该按照"培育发展与监督管理并重"的方针，以转变理念为前提，以创新体系、制度、机制为目标，以规范行为为重点，以提升社会组织发展质量、实现其公益价值为目的，积极探索监督管理新模式。国家《民政事业发展第十二个五年规划》规划明确提出，"改进社会组织管理，完善法律监督、政府监督、社会监督、自我监督相结合的社会组织监管体系"。构建一个以政府监管和社会监督、组织自律相结合的综合监管体系，目前已成为全国各个地方政府的新探索。市委、市政府在《关于进一步推进社会组织改革发展的意见》（2012年）中提出，要"用3到5年时间，基本形成政府行政监管、社会组织自律、社会各界监督、社会组织党组织保障的社会组织综合监管体制，实现社会组织健康、有序、可持续发展"。这表明，应改革、充实现行监管体系，从政府单一性监管转向多元综合性监管体系，有效促进社会组织成长环境的净化和优化。

（一）创新监管理念：从控制型监管转向激励型监管

改革社会组织管理体制，首要在于建构新型理念，树立新型的激励型监管的思维方式。在传统的双重登记管理体制下，政府对社会组织实施的监管是一种控制型监管，具有自上而下的、线性一元的、结构化的属性和特征，监管的重心在于控制入口登记。只要在社会组织成立阶段，对其主办者设置一定的可控性条件并采取严格的审查标准，其后，它们实质上就成为政府体系的衍生部分和政府过程的构成环节，对政府形成了高度的依附性，其组织结构、组织目标、运行过程、行为特征等均与政府部门保持着高度的同构性、同质性、同步性。然而，社会组织作为第三部门的独立性与活力因此而丧失。同时，由于控制型监管理念的重心在于事先（行政许可）环节，因而事中管理（如行政监督检查、行政评估、行政强制等）和事后管理（如行政奖励、行政罚款）被忽视了，因此这是一种不完善的、非全程的行政控制模式，已经不适应时代的要求，应该逐渐从控制型监管转向激励型监管。

激励型监管理念则意味着，在国家与社会开始相对分立、独立，又合作的新型关系框架内，国家（政府）为矫正市场和社会失灵，通过设定新的制度安排或规则，一方面，对经济和社会组织、个体的活动进行引导、激励和扶持；另一方面，又进行规范、羁束和惩戒。因此，相对于控制型监管而言，激励型监管能够更好地反映出现代国家对市场组织、非政府组织的管理特征。

激励型监管最早出现在欧洲国家的政府对市场主体的管理中，其最初的含义是指政府使用经济手段，如税收优惠、财政支持、金融扶持、投资倾斜、价格导向、产品定价优惠、市场优先准入、提供经营便利、优先采购、优先立项、行政奖励等正向激励措施，引导市场主体做出或不做出一定的行为，以实现政府既定的政策目标。随着激励型监管理论研究的深入，其内涵和外延都得到了拓展，从仅仅使用正向激励手段到兼用负向激励手段，从经济领域向社会领域、立法领域向行政领域延伸。并且，它淡化了浸润在传统的控制型监管模式中的政治意识形态因素，强调依法行政的理念，强调政府通过制定和颁布一整套有关的法律法规，使私人部门、社会组织获得进入公共领域的许可证并按照政府规定的程序进入和运营，最终达到政府所希望达到的公共服务供给效果。

激励型监管是政府监管理论的最新成果之一，既是一种理论，也是一种实践模式。其理论框架如图 1 所示。

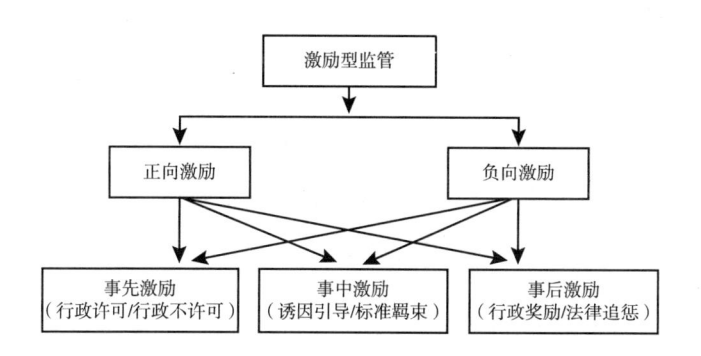

图 1 激励型监管的基本理路

转变思维，树立激励型监管的理念，应着力如下几点：一是树立社会分工和专业主义理念。要求政府转变职能，从全能政府转变为有限政府，尊重社会组织的独立属性和专业特性；要求政府对社会组织实施分类监管，并制定专业化标准和规范，使监管精细化。二是树立政府与社会组织的合作伙伴关系理念，而不能再把社会组织仅仅看做政府的附庸。三是树立政府"元治理"的理念。政府始终是其他社会力量难以替代的最权威的公共组织，政府须完善正向和负向两种激励手段，把社会组织的运转框定在改善公共福祉的边界内。四是树立对社会组织全程监管的系统理念。

（二）健全监管制度：以成套规则为社会组织提供行为规范

目前，虽然关于社会组织监督管理方面的法规规章和规范存在着局限性和滞后性，但国家和省市两级政府都正在积极完善、健全现有制度体系。其他城市的许多区级政府或县政府也都在积极探索适合自己辖区实情的社会组织监管规范。改革开放以来的实践表明，基层政府、地方政府的改革创新探索，往往会成为中央政府制度创新的先声，并为中央政府的制度创新奠定基础。

因此，作为区级政府，南山区在贯彻落实各上位制度的同时，应进一步完善区级已经制定的各类相关制度。同时，更重要的是，根据国家有关法律、法规和文件规定，研究制定符合南山区情况的各种促进社会组织发展、完善社会组织监管的制度体系，努力为上级政府甚至国家层面制定社会组织管理的法律法规提供实践样本。

一是制定综合性的有关进一步培育发展和规范管理社会组织的规范性文件，对部门职责和协同机制、工作措施和保障等予以细化和明确。

二是根据分类管理要求，对不同行业、不同性质的社会组织制定不同的管理规范和要求，以避免虚监、弱监和漏监。从社会组织登记管理、日常检查和年度检查、内部治理结构和章程制定、资金管理、信息公开、选举规程、重大事项报告、社会组织评估、查处退出等各方面，明确社会组织的行为准则，规范社会组织的内部治理，指导社会组织依法、依章程开展各项活动。

三是当前要重点建立健全以行政指导、行政强制、行政处罚制度为基础的制度体系，完善相关措施，规范行政自由裁量权在执法监管中的实施程序，确保有章可循和执法规范化、法制化，从而重新建构社会组织监管的关键条件。

四是制定相应制度规范，营造社会力量参与监督民间组织的制度环境。

(三) 改革行政监管：构建纵横交织的行政监管体系

对于南山区而言，贯彻落实市委、市政府的决策部署，基点在于：在推进双重登记管理体制改革的过程中，先重点解决"谁来监管、怎么监管社会组织"的问题，应结合近年来南山区社会治理创新的经验，对目前的社会组织行政监管主体结构进行再造，理顺社会组织行政监管主体之间的权能关系，创新行政监管工作机制。

依据目前深圳市的行政主体分布格局，社会组织行政监管的主体是指实施国家公行政的行政主体系统。遵循"统一登记、各司其职、协调配合、分级负责、依法监管"的原则，推进行政监管主体体系建设，重点在于：横向细化、理顺登记管理部门、业务指导部门及其他行政协同部门的角色与权能关系，纵向建立健全区、街道、社区三级行政监管主体网络。

1. 健全社会组织行政监管的横向主体网络

在区委、区政府的统一领导下，健全由民政部门主导，相关部门共同参与、各司其职、协同配合的对社会组织横向到边的监管体系。

（1）充实民政部门执法监管力量

强化民政部门对社会组织统一登记、备案管理、行政检查、行政强制及行政处罚的权能。主要可考虑如下措施。

第一，贯彻落实市委、市人民政府《关于进一步推进社会组织改革发展的意见》（2012），全面清理社会组织登记前置审批程序，厘定业务主管单位和登记管理机关的职责边界，实行工商经济类、公益慈善类、社会福利类、社会服务类、文娱类、科技类、体育类和生态环境类八类社会组织由区民政部门直接登记，强化区民政部门实施统一登记许可管理的权能。把社会组织直接登记管理工作经费列入财政预算，保障民政部门对社会组织正常开展财务审计、业务培训、年检公告、评估执法等工作。

第二，研究探索突破性地提升、强化区民政部门社会组织管理机构的角色与功能。推动社会组织发展、建立健全社会组织监管体系，是一项长期的战略性工作。鉴于此，深圳市民政局已经于2007年做出了突破性的机构改革举措，即将市民间组织管理办公室和市行业协会服务署整合为市民间组织管理局，为深圳市民政局下设副局级行政事务机构，专门履行全市民间组织的登记、监管等职能。2010年，经深圳市机构编制委员会办公室同意备案，市民间组织管理局对其内设机构作了相应调整，设综合信息处、登记处、管理服务处、执法监察处四个机构，分别履行相应的职责。而早在1999年，上海市就已经在市区两个层级上改革了社会组织的行政监管组织体系。

报告建议，南山区可利用作为全市社会信用体系建设试点区等契机，深入研究，大胆探索，突破性地提升、强化区民政部门社会组织管理机构的角色与功能，如把民间组织管理科改为民间组织管理处，依然作为区民政局下设的行政事务机构，内部参照市民间组织管理局设置负责相应职能的机构，尤其重视专门的执法监察机构的配置；或者，为现有的民间组织管理科配备专职执法监察人员，落实执法监察专项工作经费，配备一定的执法监察设备。如此，才能强化区民政部门在社会组织行政监管中的主导作用。

（2）明确其他职能部门的协同职责

明确区政府其他职能部门在社会组织执法监察中的协同职责，确保区民政部门对社会组织的执法监察职能的顺利实现。可考虑以区委、区政府的名义，出台"南山区社会组织执法监察协同工作的实施意见"，明确民政部、业务主管部门之间的关系，逐渐弱化业务主管部门对社会组织在人事管理和内部运行方面的行政干预，强化其业务行政指导和合同监管者的角色；明确财政、税务、审计、物价、公安、监察、法制等其他职能部门对社会组织的协同监管责任。

2. 建立健全社会组织行政监管的纵向网络

在区委、区政府的统一领导下，建立健全区级（区民政局）、街道级（街道社会事务科）、社区级（社区工作站）[①]对社会组织纵向到底的监管主体网络体系，明确各级监管责任，规范行政执法职权。

区级监管主体的职责主要是辖区内社会组织的监督管理，可尝试通过签订年度"社会组织监督管理责任书"的办法，对街道的监督管理工作进行指导和督促，协助街道建立健全各项规章制度，完善社会组织监督管理业务

---

① 从我国行政法实践的角度看，我国的行政主体是一个复杂的系统，既包括国家各级行政机关及其派出的能够独立担当法律责任的机构（实施国家公行政），也包括法律法规授权的其他社会主体，如村民委员会、居民委员会（实施社会公行政）。目前，深圳市的社区公共管理组织主要有两个，一是社区工作站，二是社区居民委员会。依据《深圳市社区工作站管理试行办法》（2006年9月13日），社区工作站的性质"是政府在社区的服务平台"，功能是"协助、配合政府及其工作部门在社区开展工作，为社区居民提供服务"；"社区工作站在街道党工委、街道办事处的领导下开展工作，并接受市、区民政部门及其他政府工作部门的业务指导"。因此，本报告把社区工作站归类于实施国家公行政的行政主体系统，是对社会组织实施行政监管的最低层级的主体。社区居委会行使的是社会公权力，应属于社会监督主体。

档案，对辖区内非法社会组织及社会组织的违法活动依法进行查处。街道办由区级监督主体授权，对辖区内社会组织进行监督管理，协助有关部门做好辖区内社会组织的党建工作，与辖区内社区工作站签订年度"社会组织监督管理责任书"，参与对辖区内非法社会组织的调查取证工作。社区工作站可设社会组织工作组或配备专门人员，负责参与宣传社会组织管理工作的政策法规，对社区社会组织进行监督，发现非法社会组织及时报告，对社会组织的违法行为进行说服劝阻并及时报告。

3. 建立健全各项行政监管工作机制

除了改革和完善注册登记和备案管理工作外，当前的工作重点还包括以下几点。

（1）完善行政检查工作机制

包括日常检查和年度检查，旨在强化对社会组织运行过程的监管。在日常检查监管工作中，民政部门可考虑对社会组织开展某些介入性工作，如参加社会组织的年会；参加社会组织的理（董）事会、常务理（董）事会；参加社会组织举办的评比表彰、展览、宣传、论坛、讲座、培训班等活动；监督社会组织公益资助、接受捐赠、对外交流等活动；要求社会组织认真执行重大事项报告制度，主动向区民政部门或街道办报告重大事项或重要活动信息，报送出版物、会议通知和项目方案，接受民政部门的日常监管。

年度检查是民政部门对社会组织实施行政检查和执法监察工作的重要内容，重点检查社会组织依法开展业务活动、制度建设和资产管理等方面的情况。对年检中发现的问题，要督促追踪限期整改；对违反行政管理秩序且情节严重的，应依据有关法律、法规、规章给予行政处罚；对承担民事责任或构成犯罪的应移交司法机关处理。

要使民政部门完善履行行政检查的职责，需加强民政部门的行政强制和行政处罚权能，如赋予民政部门社会组织监管机构和工作人员可命令任何注册登记的社会组织向民政部门提供其资料、文件、账目和账簿，对社会组织涉嫌违法的场所、设施实施强行进入检查、搜查或查封，对涉嫌违法的财务实施扣押，对涉嫌违法的存款、汇款、有价证券的冻结等。

（2）建立健全社会组织分类分级评估机制

根据社会组织的不同种类、不同特点和不同作用，编制社会组织设立导向目录，实行分类指导和管理。按照民政部和省、市和南山区有关社会组织等级评估的要求和规定，全面推进社会组织评估工作，通过等级评估规范社会组织内部治理管理层次，促进各类社会组织增强自律和规范意识，加强自我学习和能力建设，按评估等级的有关要求来改进、完善自身治理的方式。同时，通过评估制度的逐步落实和扩大，逐步形成登记、日常检查和年度检查、评估、执法监察"四位一体"的监管工作机制。

(3) 加强社会组织执法监察力度和效能

根据社会组织发展的实际情况，及时实施专项执法监察或联合执法监察。目前，鉴于社会各界对社会组织资金使用存在颇多质疑，当务之急应是加强对社会组织财务收支的执法监察。

第一，社会组织必须按照国家有关《民间非营利社会组织会计制度》规定的财务管理制度进行财务操作，接受财政部门的监督；自觉坚持年度报表按期填报上报制度。

第二，财政税务部门应会同民政部门研究制定、落实政府委托培训项目、资助补贴和捐赠税前扣除等扶持社会组织发展的财税优惠政策，明确操作规程和部门责任，加强监督管理。

第三，坚持财务例行检查制度。坚持专项检查和民政、财政、审计、纪委、监察等部门联合检查制度，把有政府资助特别是有财政拨款、专项资助、政府购买服务项目、履行或代行政府职能特别是有行政事业性收费项目的社会团体和民办非企业单位作为检查重点。检查结束后，逐一下达检查结论，检查情况在全区通报。

第四，建立社会组织财务审计监督制度。由民政委托第三方评估机构，每年抽取10%左右的社会组织进行财务审计。对于那些还没有审计介入的社会组织，必须实施审计监督；对于那些已经引入审计监督但审计范围只局限于对财政拨款部分的社会组织，应当扩大审计范围，把社会捐赠、会费等所有来自国家或社会公众的资金纳入审计范围。坚持社会组织成立验资审计，坚持法人变更审计。更重要的是，民政部门在日常管理中发现社会组织财务收支或票据管理不规范或有违规违纪情况的，可适时进行专项监督审计。

第五，逐步把对社会组织的无偿拨款制度转变为项目补贴或项目奖励。补助是一种政府给予服务生产者的补贴，补助形式可能是提供一定的资金，也可能是提供税收优惠、低息贷款或贷款担保。对提供公益性服务和行业公共服务的社会组织，经评审后给予项目补贴，或根据绩效评估考核情况，给予项目奖励。

第六，推行集中统一采购，完善区政府采购中心政府采购网络系统，把各部门分散采购逐步纳入统一的政府采购监管之内。区政府采购中心可联合区纪委、监察局召集全区各预算编制单位、政府采购分管领导和负责人开展政府采购培训，对各家招标代理机构编制的标书、采购公告、项目答疑、操作流程、执行依据、结果公告等作出统一要求，在全区内逐步要求各招标代理机构直接在南山区政府采购网上传采购文件、发布采购公告、组织项目答疑、申请评标专家、录入采购结果、发布采购结果公告，实行"统一操作、网上传输、简化流程、快速办理、实时监管"。

第七，加强对政府购买社会组织服务合同履约情况的监管。可由纪委联合区采购中心、民政、财政等部门开展政府采购专项检查。

第八，严格社会组织收费监管。清理整顿具有垄断性、强制性的各类服务性收费；落实社会组织收费报批制度，社会组织面向社会收费的项目和收费标准应按国家有关规定向物价部门报批，未经批准的收费项目，不得向社会收费；落实社会组织收费项目的依据和标准向社会公开的制度；严格执行社会团体会费标准备案管理制度，会费标准的制定和修改须经会员（代表）大会半数以上代表表决通过，并在会员（代表）大会通过之日起30个工作日内报送业务主管单位、财政部门和登记管理机关核准备案。

（4）创建执法监察行政协助工作机制

这是公共行政执行协同机制的一种，指行政机关在执行职务时，遇有特定情形，而依法请求与其无隶属关系的其他机关予以协助，被请求机关不得拒绝。社会组织执法监察工作涉及部门众多，如果没有制度化的行政协助机制，民政部门很难独当一面。目前，社会组织行政执法中，往往由登记管理机关牵头、业务主管单位和有关部门参加，对社会组织实施联动执法监察，包括同级部门之间联合执法监察和上下级之间的联合执法监察，以及为了保证这种联合执法监察而建立的部门联席会议机制、部门联络员机制等。但这种工作机制存在着诸多体制性弊端，特别是缺乏机构间法理上的合作机制，缺乏机构履职与法律之间的协调，部门各鸣其号，相互扯皮，导致了民政部门的行政执法难以真正落实。如果南山区探索建立起社会组织执法监察中的行政协助机制，将是具有重大意义的体制改革创新。

（5）健全社会组织退出机制

强化行政处罚的负向激励效应，完善社会组织撤销登记的行政处罚的工作程序，制订切实可行的工作方案。对那些长期不参加年检、连续两年年检不合格以及有其他严重违法行为的社会组织，依法予以清退，从而净化社会组织管理环境。

（四）充实社会监管：构建多元参与的社会监管体系

社会监督的主体是公民、法人和其他组织。随着社会组织的快速发展，社会组织不但数量众多，而且类型多样，活动内容和形式各异，仅靠政府的政治和行政监管将力有不及且成本很高，因此，加强对社会组织的社会监管，将是必由的选择。虽然对社会组织实施社会监管的主体体系并不是一种强制性的正式体系，但却因其监督成本低和社会效益高而发挥着正式体系所不可替代的功能。

此外，社会组织的行为属性是使用公共资源，服务于公共目的。其资源来自政府拨款、补贴或购买服务的经费、社会捐赠、志愿服务，并且从政府那里享受税收减免的优惠，因此它们实际上获得的是公益资产，在法理逻辑上就负有公共责任，应该向社会公众有所交代，接受来自社会公众的监督。没有公众监督，无论是官方的还是民间的社会组织，都不可能具有足够的自净功能。

加强社会监管也是值得借鉴的重要的国际经验。从世界各国的经验来看，对社会组织的社会监督主体主要由如下五方面组成，见图2。

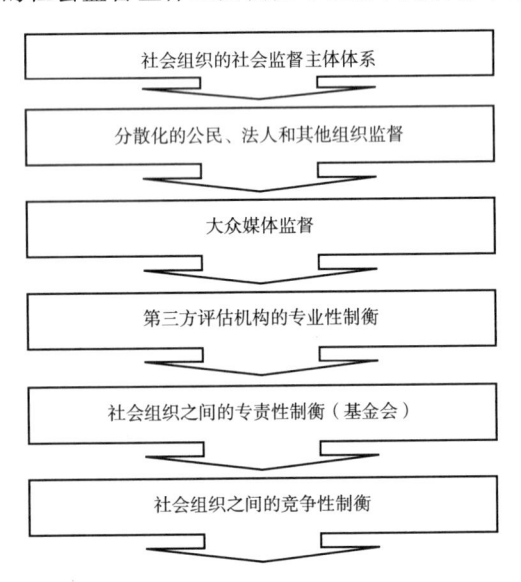

```
┌─────────────────────────────┐
│   社会组织的社会监督主体体系   │
└─────────────────────────────┘
              ↓
┌─────────────────────────────┐
│ 分散化的公民、法人和其他组织监督 │
└─────────────────────────────┘
              ↓
┌─────────────────────────────┐
│         大众媒体监督          │
└─────────────────────────────┘
              ↓
┌─────────────────────────────┐
│   第三方评估机构的专业性制衡   │
└─────────────────────────────┘
              ↓
┌─────────────────────────────────┐
│ 社会组织之间的专责性制衡（基金会） │
└─────────────────────────────────┘
              ↓
┌─────────────────────────────┐
│   社会组织之间的竞争性制衡     │
└─────────────────────────────┘
```

图2　社会组织的社会监管主体体系

1. 分散化的公民、法人或其他组织的监督

通常，公民、法人或其他组织通过社会组织定期或不定期向公众公布的组织运行及财务运作方面的信息，在客观上实施着对社会组织的监督。尤其是那些捐款、捐物或从事过志愿服务的公民、企业或其他组织，对社会组织如何使用这些公益物资的行为更为敏感。公民、法人或其他组织对社会组织实施监督的方式主要是舆论评价、举报、投诉等。

2. 大众媒体监督

大众媒体对社会组织的社会监督，体现为充分发挥媒体舆论"第四种权力"的作用。主要是指通过报纸、电视、电台、期刊、影视纪录片等形式来对社会组织的各种活动和运行状况进行监督。加强社会监管的关键是保障社会公众的知情权和监督权，畅通公众监督渠道，因此大众媒体的监督是社会监督的重要构成。社会组织要维护其自身良好形象和声誉都须经受得住社会舆论和新闻媒体监督的考验。大众媒体营造的舆论会影响公众的态度和行为，给社会组织造成压力，同时也为政府监管部门输送了重要信息。实际上，舆论监督所形成的约束环境对社会组织的规范化运作会产生重大的影响，起到惩前毖后的效果。

3. 独立的第三方评估

独立的第三方评估机构通常是指具有权威的中间机构，主要是社会上的一些咨询、评估、设计机构。这些特定机构以公益性社会组织的基本特征为基础，根据有针对性的评价指标和方法，通过定性、定量分析，对公益性社会组织的活动情况、业绩、效率、影响以及持续性等若干内容作出独立的、专业性、综合性评价。虽然对公益性社会组织的评估模式有政府评估、合作评估以及第三方评估三种，但第三方评估机构是社会组织公益绩效评估的主要执行机构，可以是营利组织，也可以是非营利组织。

在社会组织绩效评估过程中，第三方评估机构在对比评估指标的基础上，通过对社会组织具体行政、财务、人力、服务等方面的综合调研，给予相应的评分，最后汇总到民政部门。这里需要指出的是，由于第三方评估机构多为企业性质的营利组织，所以，自身的形象、信誉和做事标准化方面要求非常严格。通过引进第三方评估机构进行实地评估，不仅可以保证评估的真实性和公正性，而且还大大弥补了民政部门人员不足、效率不高的缺点。所以，第三方评估机构的引入，是社会组织绩效评估过程中最大的亮点。其具体的评估内容包括：社会组织的基础绩效评估；社会组织的能力绩效评估；社会组织的发展绩效评估；社会组织的财务绩效评估；社会组织的社会绩效评估。

目前，只有深圳市民政局实行社会组织评估，资源有限，区政府应适当鼓励培育和组织专业化的研发与评估团队。在南山区社会组织孵化基地的基础上，鼓励社会各界开发建设专业性的第三方评估机构，对社会组织进行全面的评估，为政府购买社会服务和社会组织的监管提供有效依据，从而降低成本，提高实效。

4. 社会组织之间的制衡

社会组织之间的相互监督和制衡也是社会监督的重要方面。这又包括两个方面。

（1）社会组织之间的专责性监督和制衡

如基金会，因以资金支持某社会组织开展某项活动，该项目的设计、预算、运作过程和社会效益，都将受到基金会的监督。换言之，基金会根据项目计划对某社会组织的监督，是其应该履行的职责。

（2）社会组织之间的竞争性监督和制衡

市委、市政府《关于进一步推进社会组织改革发展的意见》已经明确提出，要"突破'一业一会'的限制，按产业规模合理细分行业，适度引入竞争机制"。在对其他社会团体、民办非企业单位的培育和发展中，也应当考虑这种同业竞争机制所发挥的监督作用。

5. 社会监督机制建设

为了强化社会组织的社会监管，须在政府主导下，加强如下工作机制的建设。

（1）建立健全公益举报和回应机制

区两新工委、区纪委、区民政部门、监察部门均可设立投诉信箱、公开举报投诉电话等，及时受理社会各界对社会组织的监督举报，对重点领域还可以实行有奖举报。充分发挥纪委、民政、财政、审计、监察等方面的监督检查作用，共同解决可能遇到的社会组织腐败问题。对被举报存在严重问题的社会组织，监管机关应客观公正并迅速作出处理。同时，建立健全回应机制，把调查情况和处理意见向举报人和社会反馈，促进社会监督。

（2）强化社会组织信息披露制度

要实现有效的社会监管，必须严格实行信息披露制度，扩大信息披露的渠道和方式。目前社会组织向外进行信息披露的主要方式是向业务主管部门和登记管理部门提交相应的文件或报告。但社会组织不仅要对政府负责，还要向其成员、捐助者、受益人及社会公众负责。因此，社会组织不仅应当主动向社会公众披露信息，而且当社会公众有具体需要时，还可以随时查阅社会组织的有关信息。

区政府应充分利用互联网信息平台，推进社会组织运营的网络化、信息化及其监管的公众化、公开化，强化社会监督。社会组织信息化建设具体包括三大系统：（1）网络基础平台系统。建立社会组织门户网站，进行权威信息发布及将社会组织工作信息公开，接受社会监督。（2）业务管理系统。将社会组织的办公系统与政府监管部门的办公系统相连接，实现网上办公对接，同时为社会组织的人力资源开发提供必要条件。（3）应用服务系统。借此及时了解公众意见和建议，为社会组织的业务开展提供信息支持；同时对社会组织进行宣传介绍，开展社会组织间的合作、交流，为社会组织、企业以及公众提供网上便捷服务。

强化社会组织信息披露制度，尤其要强化其财务信息的公开。区政府可研究制定"南山区社会组织财务管理指引"，增加社会组织财务信息透明度。规定社会团体必须定期向会员（会员代表）大会报告财务工作和财务状况并接受会员查询；民办非企业单位向理事会汇报财务工作。社会组织收费的服务项目、收费标准等内容必须向社会公开。社会组织的重大活动情况、资产财务状况、接受与使用社会捐赠和政府资助情况以及资金使用效果等应通过媒体或本组织网站、刊物、会员大会等多种形式进行公开，接受监督。

（五）倡导内部监管：构建社会组织自律体系

社会组织自律体系主要由行业自律体系和社会组织内部监督体系构成。行业自律主要是指同类的社会组织通过自发联合组合起来的联合会、协会或者行业性社团等，制定共同遵守的道德标准和行为规范，规范其会员单位的组织行为，对其会员单位进行监督和管理，提升行业的社会公信力，维护会员单位共同的社会形象。社会组织内部监督则是指社会组织在自身的组织宗旨、使命和完善的内部组织结构、规章制度的约束下，确保组织行为的规范性，实现组织的公益性目标。行业自律和社会组织内部监督的优势，是依靠社会组织自身的力量实施自我监督，把外在的法律法规约束内化为自我约束，实现组织的良性运转，节约外在的监督成本。

鉴于此,当前的重点工作应该是以下几点。

1. 大力倡导社会组织的行业自律

借鉴企业组织中成立行业协会的办法,鼓励社会组织分领域、分类别建立同业联盟,充分发挥行业联合会、枢纽型组织的监管功能,利用行业自律加强社会组织的诚信监管。

2. 落实社会组织负责人的有关管理规定

严格落实上级政府有关党政机关领导干部不得兼任社会团体领导职务的规定,结合南山区实际情况,按照"增量严控,存量渐退"的原则,具体问题具体分析,使公务人员逐渐退出社会组织,还原社会组织的"民间本色"。凡是申请成立新的社会组织,其领导层和管理人员当中不能有现职党政领导干部,由民政部门在注册登记过程中严格把关。对于原有兼任社会组织负责人的党政机关领导干部,可根据社会组织自律原则,按民主管理程序,要求其在换届选举的过程中按法规章程和有关文件的要求,不能被提名为下一届负责人候选人。因特殊情况确需党政领导干部兼任社会团体领导职务的,必须按干部管理权限进行审批,并不得领取兼职报酬。审批应掌握以下原则:一是拟兼职的应是在社会政治生活中起重要作用,具有一定影响的学术性、研究性、联合性社会团体,且该社会团体主要领导职务一时没有合适人选担任;二是只能审批1名至2名党政领导干部在同一社会团体兼职,且该党政领导干部所兼任的职务须与本职业务相关,又没有在其他社会团体兼职。具体程序如下:由干部所在单位党组(党委)出具同意其兼职的函,报民政部门确认后,出具"特殊情况确需兼任的函件",再按干部管理权限报组织部门审批。

3. 引导社会组织改善内部治理结构和制度

借鉴发达国家或地区社会组织内部治理结构建设的经验,强调董事会组成的广泛性和董事会的监督作用,完善组织运行程序和规章制度,健全落实社会组织内部民主和制衡机制。

4. 建立社会组织诚信激励机制

诚信建设是社会组织自律体系建设的基础。应继续按照《南山区社会信用体系建设工作方案》和《南山区市场监管体系建设工作方案》要求,结合社会组织发展的实际,深入开展行业自律体系建设,全力构建社会组织信用监管新格局。充分利用各行业协会或其他社会团体平台,推进会员单位信用信息共享。结合行业特点,引导行业协会等社会组织开展行业自律管理，制定自律公约，推进守信激励机制和失信惩戒制度建设。建立健全全区社会组织和从业人员信用档案或诚信数据库，并纳入全市的诚信系统，诚信记录作为社会组织在公共财政扶持、服务购买和经费资助审批等方面的参考依据，以及从业人员考核评估的重要依据，从而督促社会组织及其从业人员依照法律和章程规定开展活动。

参考文献

一　政府文件

民政部《社会团体登记管理条例》（1998年）
民政部《民办非企业单位登记管理暂行条例》（1998年）
民政部《民间非营利组织会计制度》（2004年）
民政部《社会组织评估管理办法》（2011年）
民政部、财政部《关于调整社会团体会费政策等有关问题的通知》（2004年）
广东省委省政府《关于进一步培育发展和规范管理社会组织的方案》（2012年）
《广东省民间组织年检暂行办法》（1999年）
广东省政府办公厅《政府向社会组织购买服务暂行办法》（2012年）
广东省民政厅《关于规范我省民间组织行政执法工作的通知》（2003年）
广州市《关于进一步加强对社会组织发起人负责人服务管理工作的通知》（2012年）
广州市《关于进一步深化社会组织登记改革助推社会组织发展的通知》（2011年）
《河源市民政局行政处罚自由裁量权细化标准（试行）（社团）（一）》（2012年）
《河源市民政局行政处罚自由裁量权细化标准（试行）（民非）（二）》（2012年）
佛山市顺德区政府《关于规范社会组织管理加快社会组织发展的实施意见》（2011年）
佛山市禅城区《关于进一步培育发展和规范管理社会组织的实施意见》（2012年）
《深圳市社会组织发展规范实施方案（2010~2012年）》
《深圳经济经济特区政府采购条例》（2011年修订）
深圳市委、市政府《关于进一步推进社会组织改革发展的意见》（2012年）
《深圳市社区社会组织登记与备案管理暂行办法》（2011年）
《深圳市财政扶持社会组织发展的暂行办法》（2011年）
青岛市民政局《关于进一步完善社会组织监督管理网络体系建设的通知》（2008年）
青岛市《关于加强社会组织执法监察工作的通知》（2011年）
《长沙市社会组织登记和监督管理办法（试行）》（2011年）

《北京市社会组织重大事项报告的若干规定》（2011 年）
《北京市社会组织评估管理暂行办法》（2010 年）
上海市《关于进一步加强本市社会组织建设的指导意见》（2011 年）
长春市绿园区《加强社会组织监督管理工作的实施意见》（2011 年）
《白银市加强社会组织执法监察工作意见》（2011 年）
《关于建立大连社会组织信用信息监管网络系统的实施方案》（2009 年）
《甘肃省加强社会组织执法监察工作意见》（2011 年）
《酒泉市加强社会组织执法监察工作意见》（2011 年）
《即墨市民间组织监督管理网络检查制度》（2008 年）
《即墨市民间组织监督管理网络举报制度》（2008 年）
慈溪市关于进一步规范社会团体监督管理有关问题的通知（2011 年）

二 著作与论文

胡锦主编《基层党建与和谐社区建设：南山的实践路径及理论创新》，社会科学文献出版社，2010。

陈妙华、陈海涛：《深圳南山区："一核多元"社区党建模式》，2011 年 8 月 11 日《人民网－理论频道》。

陈家喜、黄卫平：《把组织嵌入社会：对深圳市南山区社区党建的考察》，《马克思主义与现实》2007 年第 6 期。

杨道波：《公益性社会组织约束机制研究》，中国社会科学出版社，2011。

国务院发展研究中心社会发展研究部课题组：《社会组织建设现实、挑战与前景》，中国发展出版社，2011。

陈金罗、刘培峰：《转型组织的非营利组织监管》，社会科学文献出版社，2009。

王浦劬、莱斯特·M. 萨拉蒙等：《政府向社会组织购买公共服务研究》，北京大学出版社，2012。

张鹏程：《多元合作模式下我国社会组织监督机制研究》，东北财经大学出版社，2011。

李璐：《分类负责模式：社会组织管理体制的创新探索——以北京市"枢纽型"社会组织管理为例》，《北京社会科学》2012 年第 3 期。

张娟：《关于民办非企业单位诚信建设的研究》，《牡丹江大学学报》2008 年第 3 期。

赵立波：《民办非企业单位：现状、问题及发展》，《中国行政管理》2008 年第 9 期。

刘惠苑、叶萍：《社会组织管理质量评估体制研究》，《前沿》2011 年第 24 期。

刘昱伶、文海霞、李向渊：《我国社会组织监管问题研究综述》，《现代商贸工业》2007 年第 12 期。

刘社松、刘宏：《不断加大改革创新力度推进社会组织建设管理》，《管理新论》2008 年第 5 期。

王新时：《从行政组织法的视角看我国非政府组织之法律规制》，《内蒙古大学学报》2012 年第 1 期。

唐良银：《从社会组织的分类的角度看非营利组织管理中存在的问题》，《民间组织管理》2003 年第 5 期。

耿炜：《非营利组织财务报告及信息披露问题研究》，《东北财经大学学报》2011 年第 12 期。

夏龙：《关于我国社会组织双重管理体制改革的探索与思考》，《改革与开发》2012 年第 2 期。

姚华平：《国家与社会互动：我国社会组织建设与管理的路径选择》，《华中师范大学学报》2010 年第 5 期。

赵秋成、王飞、张鹏程：《绩效管理视阈下的社会组织监管研究》，《东北财经大学学报》2012 年第 1 期。

成元君、陈锦棠：《经验与启示：香港民间社会组织的发展》，《学习与实践》2010 年第 1 期。

张仕瑜：《浅析民办非企业单位发展的现状、问题及对策》，《社团管理研究》2009 年第 3 期。

白城市行政学院课题组：《社会监督问题研究》，《行政与法制》2010 年专刊。

孙涛：《社会组织监管问题分析及对策建议》，《中共青岛市委党校学报》2009 年第 10 期。

何增科：《深圳市社会组织登记管理体制改革的案例研究》，《政府管理与改革》2010 年第 4 期。

陆晶：《我国非政府组织管理法治化问题研究》，《吉林大学学报》2011 年第 5 期。

战建华：《我国社会组织管理体制改革的实践分析——基于北京、上海、深圳等地社会组织体制改革的思考》，《发展思索》2009 年第 7 期。

汪文来：《新加坡、香港培育发展社会组织的启示》，《特区实践与理论》2011 年第 6 期。

孙发锋：《选择性扶持和选择性控制：我国社会组织管理体制改革的新动向》，《上海行政学院学报》2012 年第 9 期。

游志攀：《政府采购项目监督与绩效评价研究》，《华北电力大学学报》2009 年第 5 期。

付建军、高奇琦：《政府职能转型与社会组织培育：政治嵌入与个案经验的双重路径》，《理论与现代化》2012 年第 3 期。

邓国胜：《中国民办非企业单位的特质与价值分析》，《中国软科学》2006 年第 9 期。

周红云：《中国社会组织管理体制改革：基于治理与善治的视角》，《马克思主义与现实》2010 年第 5 期。

刘鹏：《中央政府的社会组织管理创新及其评述》，《行政管理改革》2011 年第 1 期。

刘鹏、孙燕茹：《走向嵌入型监管：当代中国政府社会组织管理体制的新观察》，《经济社会体制比较》2011 年第 4 期。

孙伟林：《我国社会组织发展现状、问题与建议》，《中国党政干部论坛》2009 年第 8 期。

卢汉龙：《我国社会组织的发展与能力建设》，《理论文萃》2010年第1期。

董文琪、王远松：《浅析社会组织管理的制度缺陷与改进对策》，《经济与社会发展》2009年第3期。

张萃萍：《当前我国社会组织存在的问题及对策思考》，《改革与发展》2010年第3期。

赵君、顾成敏：《当前我国民间组织的发展面临的主要问题及对策》，《开封大学学报》2011年第3期。

周俊：《政府购买公共服务的风险及其防范》，《中国行政管理》2010年第6期。

伊强：《关于政府购买社会组织服务问题的思考》，《中共郑州市委党校学报》2011年第5期。

杨柯：《社会组织监管体制存在的问题及改革对策探析》，《云南行政学院学报》2011年第6期。

驻民政部纪检组、监察局：《社会组织防治腐败问题对策研究》，《中国纪检监察报》2009年3月26日。

政治建设与改革

中国为什么需要政治体制改革

张 涛[*]

摘　要：政治问题最终一定需要通过政治逻辑去解决。在现代复杂社会维系政治共同性取决于政治组织和程序的力量。社会没有强有力的政治体制，也就没有界定和实现其共同利益的方法。强有力的政治体制是道德一致和共同利益在行为上的表现，并且在这样的体制中公共事务本身成了每个个体的普遍事务，政治职能成为其普遍职能。从经验取向分析，中国政治体制自身存在的问题与获致和维系政治共同体之间存在张力。

关键词：政治体制　政治共同体　政治发展

一　导论

随着中国改革的发展，政治体制改革议题愈来愈受到关注。在以往学术界对政治体制改革的研究当中，政治体制改革常被视为具有"适应性"特质，即为经济体制改革提供效率保障的改革，或者说，"政治跟着经济走"[①]，政治体制改革被动配合经济体制改革。周天勇表达的观点最具有代

---

[*] 张涛，深圳大学当代中国政治研究所教授。
[①] 朱光磊：《中国政治发展研究中的若干思维方式问题析论》，《天津社会科学》2005年第6期。

表性:"用经济学思维进行政治体制改革。"① 从经济发展的适应性逻辑解释政治发展,包括一些政治学者也为此观点背书。李景鹏给出的政治体制改革的理由是:"政治改革中要摸着石头过河,首先就是要摸清经济改革和经济发展的脉搏,看经济发展能够为政治改革提供多少动力和可能性。"②

然而,探讨中国为什么需要政治体制改革这一议题,其逻辑指向在于中国需要一个什么样的政治体制。对中国政治体制改革动因的理解是选择政治体制改革目标模式的重要依据和前提条件。主张"用经济学思维进行政治体制改革"的周天勇,其逻辑指向十分明确:"主要还是从促进经济发展和保证二元结构社会安全稳定转型的角度来考虑。因此,我们所提出的改革方案认为:中国政治体制改革的主要任务是改革政治体制中阻碍经济发展的部分,即进行行政管理体制和财政税收体制改革,发展民间非政府组织,加大对地方领导的监督和考核等。"③

难道这就是中国需要的政治体制改革吗?

桑玉成就指出:"政治学研究有必要注重价值回归,有必要审视政治发展的价值问题。"不可以"忽略了政治生活自身的价值追求和价值秩序"。④俞可平也指出:"政治发展有着自身的内在逻辑,这种内在逻辑也在相当程度上决定着政治变革的方向和效果。"⑤ 林尚立则把政治发展看成是适应性与自主性并存的过程,"其动力资源可以分为两大方面:一是政治领域外的动力资源;二是政治领域内的动力资源"。"中国政治发展现在面临的最大问题是如何开发政治领域内的动力资源。"⑥

我们当然需要政治体制成为经济体制改革的解放因素,成为经济发展的动力。改革者应当使政治体制的变化与经济体制的变化相平衡,尽量使两者相得益彰,建立与新的经济体制相适应的政治体制,但这仅仅是问题的一个方面。政治发展有自身的内在逻辑,具有自主性的需求和供给逻辑。更需要

---

① 《用经济学思维进行政治体制改革——访中共中央党校校委研究室副主任周天勇》,《社会科学报(上海)》2008年4月10日。
② 李景鹏:《试论政治发展的动力与目标》,《天津社会科学》1998年第3期。
③ 《用经济学思维进行政治体制改革——访中共中央党校校委研究室副主任周天勇》,《社会科学报(上海)》2008年4月10日。
④ 桑玉成:《探寻中国政治发展的价值目标》,《中国社会科学报》2010年10月19日。
⑤ 俞可平:《中华人民共和国六十年政治发展的逻辑》,《马克思主义与现实》2010年第1期。
⑥ 林尚立:《中国政治发展的动力资源》,《探索与争鸣》2000年第2期。

我们严重关注的是，中国政治体制自身存在的问题与获致和维系政治共同体之间事实上存在的张力。

二 人类为了获致和维系政治共同体而需要政治体制

人类为什么需要政治体制？美国政治学家亨廷顿给出的解释是："为维持秩序、解决争论、选择权威领导人；从而促使在两种或多种社会势力之间建立共同体所做的一种安排。"① 他还指出，建立包含并反映道德一致和共同利益的政治体制，是维护在复杂社会的共同体的极重要的要素。② 所以，政治体制的重要性在于它是获致和维系政治共同体的条件。或者说，人类是为了获致和维系政治共同体而需要政治体制。因此，从逻辑上讲，政治体制改革或者政治发展的目标取向就是获致和维系政治共同体。

政治体制之所以重要，是因为它是获致和维系政治共同体的条件。显然，政治共同体是比政治体制更具价值意义的政治学范畴。政治学家亚里士多德就是从"人天生是政治的动物"这一前提出发，建构其政治学理的。这种对政治的看法，马克思亦十分认同，他曾经说过："人是最名副其实的政治动物。"③ 这并非不经意之言，它代表着亚里士多德和马克思坚信不疑的一种观点：人的自然本性就是在政治共同体中共同生活。人类的本质是政治动物，或者说社会动物就是政治动物，人类社会的现实存在，就是每个个体身处政治共同体之内的存在。换言之，只有通过政治共同体，才可以构造普遍性的社会生活方式，个体的人才真正结合成为人类社会，人才真正成为人类。

同时，政治体制还因政治共同体的变化而发展。"政治制度本身只有在私人领域达到独立存在的地方才能发展。在商业和地产还不自由、还没有达到独立存在的地方，也就不会有政治制度。"④ 马克思认为在传统时代，政治体制和政治共同体的关系特征表现为：人的私人生活、生产劳动与政治共同体的公共生活是完全统一的。"每个私人领域都具有政治性质，或者都是

---

① 塞缪尔·P. 亨廷顿：《变动社会的政治秩序》，上海译文出版社，1989，第9页。
② 塞缪尔·P. 亨廷顿：《变动社会的政治秩序》，上海译文出版社，1989，第11页。
③ 马克思：《〈政治经济学批判〉导言》，《马克思恩格斯选集》第二卷，1995，第2页。
④ 马克思：《黑格尔法哲学批判》，《马克思恩格斯全集》第三卷，人民出版社，2002，第42页。

政治领域；换句话说，政治也就是私人领域的性质。"① "人民的生活和国家的生活是同一的。"② 家庭和市民社会本身把自己变成国家。市民社会的特殊要素，例如私有财产、出身、文化程度、职业已经以领主权、等级和同业公会的形式上升为国家生活的要素，政治共同体的本质"必然表现为一个同人民相脱离的统治者及其仆从的特殊事务"。③ 每个个体虽然生活在政治共同体中，但是，公共事务本身则是一部分人的特权，是同人民生活现实存在相异化的力量。

进入现代，政治体制和政治共同体浑然一体的状态就被打破，从而使得政治体制与政治共同体合一的一元存在转变为政治体制与政治共同体相互具有独立性的二元存在。政治体制和政治共同体的关系出现了质的变化：市民社会特定的生活活动和特定的生活地位失去了政治性质，降低到只具有个体的意义。国家宣布私有财产、出身、等级、文化程度、职业为非政治的差别，宣告人民的每一个成员都是人民主权的平等享有者。"公共事务本身成了每个个体的普遍事务，政治职能成为他的普遍职能。"④ "只有这样超越特殊要素，国家才使自身成为普遍性。"⑤

亨廷顿在《变动社会的政治秩序》中，对政治体制和政治共同体的关系亦有精辟判断："一个简单的政治共同体可能只以民族、宗教或者职业为基础，因此很少需要有高度发达的政治体制。"⑥ "在简单社会中，共同体存在于个人之间的直接关系：夫妻、兄弟、邻居。义务同共同性的关系是直接的，没有任何外界因素介入。然而，在较复杂的社会中，共同性还涉及个人或集团同本身之外某些事物的关系。这就是人和集团所共有的对某种原则、传统、假托、目的或行为准则的义务。"⑦

十分明显，马克思和亨廷顿虽然分析路径不同，但是结论实质一致：在现代复杂社会维系一个政治共同体需要建立高度发达的政治体制。所谓高度

---

① 马克思：《黑格尔法哲学批判》，《马克思恩格斯全集》第三卷，人民出版社，2002，第42页。
② 马克思：《黑格尔法哲学批判》，《马克思恩格斯全集》第三卷，人民出版社，2002，第43页。
③ 马克思：《论犹太人问题》，《马克思恩格斯全集》第三卷，人民出版社，2002，第187页。
④ 马克思：《论犹太人问题》，《马克思恩格斯全集》第三卷，人民出版社，2002，第187页。
⑤ 马克思：《论犹太人问题》，《马克思恩格斯全集》第三卷，人民出版社，2002，第172页。
⑥ 塞缪尔·P. 亨廷顿：《变动社会的政治秩序》，上海译文出版社，1998，第10页。
⑦ 塞缪尔·P. 亨廷顿：《变动社会的政治秩序》，上海译文出版社，1998，第11页。

发达的政治体制,马克思给出的标准是:超越社会特殊要素、"是真正的普遍东西",① 公共事务本身成了每个个体的普遍事务,政治职能成为他的普遍职能。亨廷顿给出的解释是:"体制是道德一致和共同利益在行为上的表现。"②

三 目前中国的政治体制缺少实现政治共同性的力量

"复杂社会中的政治共同性取决于政治组织和程序的力量。"③ 社会没有强有力的政治体制,也就没有界定和实现其共同利益的方法。从经验取向分析,目前中国的政治体制就缺少这种力量。

第一,腐败和特权严重侵害政治体制的自主性。

政治体制的自主性,马克思的解释就是超越社会特殊要素,市民社会特定的生活活动和特定的生活地位失去了政治性质,降低到只具有个体的意义;亦是说,政治体制绝不是代表某社会集团的特殊利益而已,是超越任何社会团体特殊的利益,发展自己独立的利益和规范。因而建立起超越或独立于这些势力之外的存在。只有具备这种自主性才能获得支持而成就力量,才能成为稳定且具合法性的制度。

目前中国政治体制欠缺自主性的表现主要是腐败和特权。腐败和特权的严重存在其事实无须多论。腐败实质是政府官员不能坚持原则,任由外来因素侵犯其角色职责的行为。特权实质是社会的特殊要素,例如职业身份、行政等级、强势社会集团、部门利益、户籍身份上升为政治生活的要素,这意味着把政治体制置于社会特殊要素的从属地位。而腐败和特权的规则化又意味着政治体制的主要目的已不是追求公共利益,而是角逐个人利益。

第二,利益表达体制的单一建构影响公共利益的实现。

目前中国政治体制的系统输入机制与系统输出机制严重不平衡。可以说掌控公共政策制定权力的中央政府与广大的社会公众之间并没有建构出一个信息对称、有效的政治沟通体制,社会公众影响政府公共政策的决定的规范

---

① 马克思:《黑格尔法哲学批判》,《马克思恩格斯全集》第三卷,人民出版社,2002,第42页。
② 塞缪尔·P. 亨廷顿:《变动社会的政治秩序》,上海译文出版社,1998,第12页。
③ 塞缪尔·P. 亨廷顿:《变动社会的政治秩序》,上海译文出版社,1998,第13页。

途径严重不足，体制无法满足公民多样性的利益表达需求。现体制内这方面主要的正式安排是信访制度。《中华人民共和国信访条例》第二条，将信访定义为："是指公民、法人或者其他组织采用书信、电子邮件、传真、电话、走访等形式，向各级人民政府、县级以上人民政府工作部门反映情况，提出建议、意见或者投诉请求，依法由有关行政机关处理的活动。"以信访方式来表达诉求是否有效，暂且不论。信访组织作为利益表达体制的单一建构不免太过简单，或者说，中国的利益表达体制不具有复杂性，并且其组织结构分化和功能的多样性都不够。体制具有复杂性才会产生稳定性和力量。目前新出现的体制外的一些利益表达方式，比如散步、购物、喝茶等，反映出的就是利益表达体制的单一建构的困境，而以暴力或者极端的方式的利益表达，例如自焚、自杀、杀人、爆炸、群体性事件中的暴力化则是这一体制单一建构的社会代价。而免除暴力就需要提供表达利益的多元制度管道。

利益表达体制的单一建构是一个问题，同时，信访作为利益表达方式，能否在一定程度上影响公共政策的决定也是一个问题。利益表达在政治系统中的意义不仅仅是让自己的需要或者希望为政府所知，其最终意义是希望最后成功地将它转换为权威性政策决定。信访管道对中国政府公共政策决定有何影响？根据王浦劬和龚宏龄的研究结论，行政信访工作对于公共政策发生影响和作用的主要机制体现在决策信息获取机制、政策问题察觉机制、政策沟通协调机制、决策制约监控机制、政策宣传教育机制、政策反馈调整机制六个方面。① 这里唯独缺少"政策决定机制"。

政治过程的终端是决策。政府是需要切实地了解社会公众的要求，获取社会公众需求的真实信息，从中实现社会问题的挖掘和确认，并提出解决对策。可是就社会问题的挖掘和确认，以及提出解决对策而言，在目前的体制中决定权力完全掌控在政府手里。民众的利益表达与政治领导人的公共政策决定没有贯穿起来的结构，与决策无关。社会公众在公共政策的决策过程中的角色不应该仅仅是"要求"，更应该表现在"支持"，只有获得人民多数票的政策方案才应该成为公共政策的决定。目前以微博、博客、播客、BBS论坛、脸书、人人网、开心网为代表的各类不断产生的新信息发布方式，推进了公民参与社会问题的意见表达与讨论，政府也在加强电子政府建设和以

---

① 王浦劬、龚宏龄：《行政信访影响公共政策的作用机制分析》，《中国行政管理》2012年第7期。

微博等方式回应公民诉求。这些方式有利于政府与公民的政治沟通，有利于政府了解公民的要求，获取公民需求的真实信息，但就是与公共政策的决定无关。这些信息平台、沟通机制的基本特征是公民无法控制政府的反馈，只能被动等待。而民主与民本的实质性区别恰恰就在于主动性与被动性之差异，在民主政治中，民有主动权，可以采取直接行动；而在民本政治中，民完全是被动的，主动权掌握在官员手中。

第三，政治体制中政党的利益汇聚功能缺失。

公民特定社会利益的表达，最终当然是希望能够影响公共政策决定。在现代政治中，这是以政党为中介实现的。政党的功能就是连接公民与政府的桥梁，把不同的利益汇聚到党组织中来，平衡各方利益，协调成党的纲领，进而通过竞取多数选票控制政府的人事和政策，由此将其纲领整合进政治体制。毛泽东的"群众路线"的理论实质就是这种政党功能的中国化解释。毛泽东强调，要取得正确的领导意见，必须把群众的意见集中起来化为系统的意见，又回到群众中坚持下去，在群众的行动中考验这些意见是否正确。如此循环往复。

"党要管党"如何定义？就是党要履行利益汇聚的功能，通过有效的组织工作密切联系群众，将代表多数人利益的主张转化成为党的纲领进而转化为政府的公共政策，同时，获得人民对政府公共政策的支持。可以说"党要管党"最重要的是群众工作，这才是政党的第一职责或者工作重心。政党就是组织群众参政的工具。在目前的中国，经济建设成为最大的政治，执政党的工作重心长期以来就是领导政府推动经济增长，GDP成为考核各级官员的核心指标。现在虽然开始重视社会建设，但是有一个道理一定要清楚，政府职能与政党职能不同。经济建设和社会建设是永恒的政府职能，而政党的永恒职能是组织群众参政，政党最重要的工作是组织和动员群众。政党不可以完全政府化，"党要管党"当然意味着党政有"分"、有"合"。党的执政功能的实现就意味着与政府"合"的关系；"党政分开"实质就是在执政的条件下，政党与政府的功能分化。在执政的条件下，"党政合一"实属当然，执政党当然要履行政府职能。但是，执政党也要进行组织和动员群众的工作，发挥利益汇聚的功能。

在现代政治体制中，最基本的两个制度是政党和政府。政府在"输出"功能方面扮演最重要的角色；政党则在"输入"功能上扮演最重要的角色，政党就是组织群众政治活动的基本制度安排，是政党提供了一个可以表达和汇聚利益的有效架构。而在践行这一功能时，它必须服从政治的逻辑，而不是行政的逻辑。

第四，政治体制的个人同化能力很强，而团体同化能力很弱。

30余年的经济发展过程，同时也是社会动员的过程。伴随教育、传播媒体大众化、城市化而来的是人们逐渐脱离了传统的社会、经济和心理联系，而开始接受现代世界共有的态度、价值和期望，这必然会激发个人和团体投入政治。政治体制如何同化改革后产生新觉悟的各种社会力量，是为国家面临的政治性挑战。

现实是各种社会力量被动员，但没有被体制同化。其表现就是各种社会力量介入政治表达其利益诉求的方式，反映的是其社会特性和能力：富人行贿；中产"散步、购物、喝茶"；穷人自杀、自焚、杀人。在这些各逞其能的复杂介入政治的模式下，唯一的结果就是加剧其与体制的紧张关系和冲突。

一个有同化能力的政治体制，自有种种可以调节缓和这种冲击力的措施，这些措施或是减缓新团体介入政治的步调，或是迫使新团体的政治积极分子先接受一段适当的政治社会化的浸润，在态度上和行为上有所改变。换言之，各社会势力在介入政治过程中，必须先把自己的行为、价值和态度大大修改一番。他们要先抛弃许多从社会特定的生活活动和特定的生活地位学习到的东西，使之能适应一套全新的行为典范，将其力量和政治行为方式转化为在政治体制中可被接受的、合法的形式。

中国执政党提出的"三个代表"理论，在一定程度上增强了体制的个人同化能力。改革后产生的新社会阶层的政治地位被承认，其代表性人物可以通过入党、人大代表、政协委员管道进入体制内参政。然而，"三个代表"理论的局限性在于，仅以个人为同化对象，开放了上层个人流动，但它并未将新社会阶层作为团体——就团体而言——吸收入体制中。所以，其意义也许只是减少新社会阶层追求政治参与的强度，缓和了其对体制的压力，但不可能将之根绝。将这些团体同化入体系内的问题，虽然得以暂缓下来，但仍然未获得解决。

第五，行政逻辑泛化到司法机关和立法机关。

实现政治体制所要承担的政治功能，维持体系的合法性，提高政府能力，就必须分化出新的专门化政治角色和结构，同时，必须提高角色或者结构之间的自主性水平。衡量政治机构的自主性，"要以政治体制本身的利益和准则与其他体制及社会力量的利益和准则相区别的程度而定"。① 根据这一政治学原理判断，中国政治体制虽然分化出了功能专门化的结构性单元，但是结构之间缺乏自主性水平，其特征就是"泛行政化"，其表现就是行政逻辑泛化到司法机关和立法机关。

行政涉及的是政策的实施。行政事务的运作规范，遵循效率原则，通过职位等级制和权力等级化方式，建立一种稳定而有序的上下级之间的支配和服从关系，这是效率价值使然。行政化是行政机关的当然运作规范。《宪法》第八十六条明确规定："国务院实行总理负责制。各部、各委员会实行部长、主任负责制。"第一百零五条规定："地方各级人民政府实行省长、市长、县长、区长、乡长、镇长负责制。"中国行政机关运作规范方面的问题，是行政化程度不够，存在"泛政治化"现象。

政治体制履行司法职能、立法职能和行政职能各有其截然不同的运作规范。司法有别于行政之处在于，司法职能遵循公正原则，而独立性、中立性、严格的诉讼程序规则是确保司法公正的必要条件。而在现实中，司法机关审判方式存在事实上的审批制、请示制；审判主体法官行政等级化；法院地域性的科层设置演变为事实上的上下级之间的领导关系。这等于将法院泛化为一个"首长制"的行政机关。

立法机关的泛行政化的最主要表现是，全国人民代表大会常务委员会内的委员长、副委员长、秘书长和委员存在上下级之间的领导关系。《宪法》第六十八条规定："委员长、副委员长、秘书长组成委员长会议，处理全国人民代表大会常务委员会的重要日常工作。"宪法对委员长会议的定性表明其不是决策机构，而是处理常委会日常工作的事务性机构。但《立法法》则给予委员长会议对法律草案的决定提交权（决定其是否列入常务委员会会议审议程序）。因此，我国人大部门的许多从业人员以及研究人大制度的部分学者均认同委员长会议是全国人大常委会的"领导机构"。②

四 政治问题最终一定需要通过政治逻辑去解决

与中国的经济发展速度相比，中国的政治发展是缓慢的，政治体制的改

---

① 塞缪尔·P. 亨廷顿：《变动社会的政治秩序》，上海译文出版社，1998，第22页。
② 马岭：《委员长会议之设置和权限探讨》，《法学》2012年第5期。

革，远落后于经济社会变迁。这个政治体制的迟发展性质，与经济社会的变化极不相称。目前中国经济发展与政治发展的速度不均，政治发展落后于经济社会的演变，这是我们面临的一切社会问题的根源。

中国社会面临的种种问题，如社会财富分配的不公平等，实质是权力分配和地位分配的不公平；官员腐败的实质就是将私人利益置于公共利益之上，意味着将政治价值标准和政治制度置于个人经济价值的从属地位，政治的主要目的已不是追求公共目标的实现，而是追逐私人利益；腐败盛行，实质是政治体制无力量规范官员的行为，体制的软弱就是腐败的机会；社会道德严重失范，根源在于一个政治体制衰弱的社会，无力遏阻私欲横流；群体性事件高发、暴力社会化，反映出现政治体制无法应付因经济社会现代化所产生的不断升高的参与问题，缺乏把暴力在体系中所可能扮演的角色减少至最低程度的政治程序。

中国的经济社会改变了，政治体制一定要跟着改变。改革不只意味财富的增长，人们经济福祉的增加，还包括对物质资源和象征资源进行平等的分配，更包括对权力和地位的重新分配。实言之，目前的社会领域的改革以及福利政策，可以减轻社会紧张压力，但是无法终结它，相伴随的仍然可能是一个必须付出很高的维稳压制代价才能维持的一个并不很稳定的存在。在我们这样一个已经进入现代化阶段、复杂性和异质性都较高的社会中，政治共同体或者说和谐社会乃是由政治活动所产生，亦是依靠政治活动才能维持下去。创造强有力政治体制的能力，也可以说就是创造公共利益的能力。

一个强有力政治体制可以具有如此能力：不需要用命令达成共识；不存在无政治的社群，可以使得每个社群行使权力时，不是各逞其能地直接介入政治领域，而是必须先认同既存的政治组织，遵循既存的政治程序，权力必须在政治体制的框架之内行使，由政治体制来监督、调节和指引其使用。所以，民众参与政治绝对不意味着民众控制政府，民主主义一定不是民粹主义。政治体制改革扩大参与后，反而能够将无序的政治参与带入政治秩序之内，增加政府对人民的控制。

目前的中国社会是，一方面开放与经济社会发展使得民众政治意识觉醒，另一方面缺乏多样化的结构以组织规范疏导政治参与活动；新社群被动员，但没有被同化。这是中国稳定问题的根本结症之所在。

政治问题最终一定需要通过政治逻辑去解决。我们必须放弃那种对无政治活动的社会和谐画面所具有的留恋，不通过政治活动就能建立共同体或者和谐社会是幻想。而政治逻辑又要通过政治平台去实现，目前党内民主的改革就是政治逻辑与政治平台的统一。政党是政治组织，其组织运作当遵循政治逻辑，而不是行政逻辑或者经济逻辑。而目前的公推公选改革，尤其是副职的公推公选，是将政治逻辑放在行政平台去实现，在行政组织中非理性地推行政治逻辑。因为正职任命副职才可以充分发挥政策执行的效力。目前中国治理的一大特色就是让行政组织承载了太多的政治功能，行政泛政治化。

中国政治体制改革在技术层面面临的问题是如何调节控制新社会势力参政的速度和先后顺序，以保持政治参与扩大与政治制度化之间的平衡。现实的问题是如何选择调节控制新社会势力参政的速度和先后顺序的相关变量。西方是通过财产、教育程度、种族、年龄、性别、居住等限制条件，逐渐将政治权力从贵族扩大到上层资产阶级、下层资产阶级、农民和城市工人的。显然，在这一特定方面，中国的确不可以照搬西方模式。我们所处的时代已经不可能通过选择财产、教育程度、种族、性别限制政治权力而获得改革共识。我们这样的后发展国家，面临的一个很严重的张力就是，新文化的传播与认同速度远高于与之适应的新公共政策的制定和新体制的建构，这就是中国目前自身所处的现代化阶段必须面对的困境。

在选择调节控制新社会势力参政的速度和先后顺序的相关变量方面，目前中国作出的选择是：通过"三个代表"理论让新社会阶层中的上层企业家扩大了其政治权力；党内民主理论提出之后，体制内下级干部参与决策的广度增加。下一个新选项面临的问题是：如何把目前的精英参与过渡到大众参与？下层企业主、农民和城市工人的政治权力如何有节奏地开放？这些技术层面问题的解决，一定可以支持政治体制改革价值共识的达成。

政绩竞争与地方政府的跟风[*]

——以"大跃进"时期《人民日报》为切入点

李国强[**]

摘　要：本文以"大跃进"时期《人民日报》为切入点,分析了地方政府在特定的极端竞争状态下的政治忠诚表达问题。"大跃进"运动中,地方政府之间的竞争和中央采取严苛的奖惩措施,与这一时期《人民日报》的独特地位相契合,这使得《人民日报》对"大跃进"期间各省激进程度的认知相当精确,《人民日报》变成了地方政府的"竞赛平台"、"政绩排行榜"。研究表明,地方政府不断追求政绩,主要是通过政绩向上级表达政治忠诚,而不是简单的政绩问题。换言之,应当把政绩理解为地方领导人表达政治忠诚的工具。

关键词：政绩竞赛　《人民日报》　政治沟通　政治忠诚

一　地方政府竞争与政治沟通

获得完整准确的信息是实施政治监督与控制的首要条件,上级政府唯有在此基础上才能正确评价下级政府和负责官员的工作绩效,进而采取合理的奖惩措施。如果不能获得完整准确的信息,绩效评估就无从谈起。

---

[*] 本文受中国社会科学院青年科研启动基金项目资助,项目名称为"政府干预对产业发展的影响——以地方中小钢铁企业为例"。感谢中国社会科学院周庆智研究员、刘山鹰副研究员以及北京大学政府管理学院严洁副教授的悉心指正,当然,笔者文责自负。

[**] 李国强,博士,中国社会科学院政治学研究所助理研究员。

为了赢得同级政府之间的竞争、避免受惩罚并获得上级政府的奖励，下级政府及其负责官员不但有强烈的动机追求政绩，也有强烈的动机通过发布虚假信息来伪造政绩，即所谓"官出数字，数字出官"。① 一首流行甚广的民谚讲道："村骗乡、乡骗县，一直骗到国务院。国务院下文件，一层一层往下念，念完文件进饭店，文件根本不兑现。"这就是讲由于缺乏有效的信息传递和监督机制，虚假信息横行无忌，层层蒙蔽上级政府，国家政策即便颁布也无人执行。

之所以出现这样的情况，是因为在当代中国，由下级政府逐级向上汇报是信息流动的主要渠道，上级政府主要通过下级的汇报了解实情。假如下级出于自身利益考虑提供虚假信息，实际上等同于关闭了信息流动的主渠道，使上级无法获得真实信息。通常认为，1958 年"大跃进"期间中国政府正常的信息收集和传递系统出现了严重问题，上级政府不了解实情的情形相当严重，甚至中央高层都不敢轻信地方政府上报的信息。②

正如俗语所云，"盲人骑瞎马，夜半临深池"是极为危险的，对于任何一个政权而言，政治沟通渠道堵塞不通都将产生致命的后果。不过，"大跃进"中的毛泽东作为最高领导人，对于"浮夸风"、"共产风"以及随之而来的虚假信息却不以为意。他认为这些恰恰是地方政府和群众积极性高的表现，不能泼冷水，"气可鼓不可泄，人而无气，不知其可也"。对于群众性大炼钢铁，毛泽东也更看重积极性问题，他认为土法炼钢没什么可伤心的，有点损失也不必痛心；从根本上讲是得多于失，"9000 万人上阵表明了他的全民性，建设速度大大提高了"。③

为什么"积极性"是重要的？因为积极的背后是政治忠诚。更加紧跟中央意图的地方官员，倾向于更加忠实地执行中央政策，政治上采取更加激进的姿态；而当官员们需要在真实政绩与政治忠诚之间权衡取舍的时候，他们更加倾向于扭曲政绩和虚报数字以表达政治忠诚。为了表现出超越同侪的积极态度，地方官员有时不得不夸张地谎报政绩。对于上级领导人而言，真

---

① Yongshun Cai, "Between State and Peasant: Local Cadres and Statistical Reporting in Rural China," *The China Quarterly*, No. 163 (Sep., 2000), pp. 783 – 805.
② Choh-Ming Li, "Communist China's Statistical System: 1949 – 57," *The American Economic Review*, Vol. 51, No. 2; Papers and Proceedings of the Seventy-Third Annual Meeting of the American Economic Association (May, 1961), pp. 499 – 517；李昌平：《我向总理说实话》，光明日报出版社，2002；谢岳：《当代中国政治沟通》，上海人民出版社，2006。
③ 李锐：《庐山会议实录》，河南人民出版社，1999，第 182 ~ 183 页。

实信息固然重要，虚假信息也同样有其存在的合理性，那就是帮助上级领导人了解下级官员的政治忠诚情况。

这是中国地方政府竞争机制之下的产物。从政治学角度看，中国政治体制的奇特之处在于分权与集权的并存，具体表现为三个相互关联的特征，一是中央对地方政府拥有绝对的人事控制权，二是政府自上而下层层实施严格的绩效考核，三是把诸多行政职责以及绝大多数经济领域的权力都下放给了地方政府，地方政府享有高度的自主权。中央政府通常会观察比较不同地方政府对同一政策的执行情况，表彰那些表现得更忠实、更积极的地方政府官员，选择优秀者加以提拔。①

市场竞争的目的是赢得消费者，地方政府竞争的目的则是为了赢得上级领导人的信赖。在干部选拔过程中，"德才兼备"、"又红又专"等原则常常被反复强调，在政治忠诚和个人才干不可得兼的情形之下，政治忠诚无疑是第一位的。

"大跃进"运动堪称地方政府竞争机制运作的极端案例，各地在工农业各领域都展开了空前激烈的竞争，毛泽东亲自号召要"学先进、比先进、赶先进"。当时正常的信息传递渠道完全失真，从上到下的统计系统近乎崩溃，"浮夸风"遍布全国，上级政府基本上已经无法获取真实信息。真实信息的缺失伴随着虚假信息的大范围散播，高产纪录令人难以置信，"放卫星"令人瞠目结舌。这些虚假信息的背后，就是政治忠诚问题。

二 作为"竞赛平台"的《人民日报》

统计工作在"大跃进"运动中崩溃了。长期掌管国家统计部门的薛暮

---

① Olivier Blanchard & Andrei Shleifer, *Federalism with and without Political Centralization: China versus Russia*, Massachusetts Institute of Technology, Department of Economics Working Paper Series, Harvard University Institute of Economic Research, Cambridge, Massachusetts Research Paper No. 1889, Working Paper 00 - 15, 2000. Pierre F. Landry, *Decentralized Authoritarianism in China: The Communist Party's Control of Local Elites in the Post-Mao Era*, NY: Cambridge University Press, 2008. 荣敬本等:《从压力型体制向民主合作体制的转变：县乡两级政治体制改革》，中央编译出版社，1998年；周黎安:《中国地方官员的晋升锦标赛模式研究》，《经济研究》2007年第7期；张军:《当代中国经济研究10篇》，北京大学出版社，2009年；周飞舟:《锦标赛体制》，《社会学研究》2009年第3期。

桥曾无奈地对各省统计局长讲,"大跃进""势不可挡",省委命令报假账,"只能听省委的话,将来总有一天中央会问你们真实数字,你们仍要做好准备,随时可以把实际数字拿出来"。①

在地方,统计部门的口号变成了"领导上需要什么,我们就提供什么,领导上什么时候要,我们就什么时候给"。② 某省甚至强调,统计工作要变"马后炮"为"马前炮",广泛采用"预计数检查法",对各级各领域计划完成情况做"预计检查",报送有关方面。③

在统计工作近乎于比拼想象力的情况下,刊登各地高产纪录即"放卫星"情况的新闻媒体,特别是《人民日报》,既为"大跃进"推波助澜,也在无形当中充当着地方政府的"竞赛平台"。《人民日报》能发挥如此重大的作用,既是其政治职能的一贯体现,也是由"大跃进"时期的特殊情况造成的。

《人民日报》作为中共中央机关报,向来由党内高级别领导人负责,报纸本身长期遵循着严格的组织纪律,其版面安排、文章形式、思想倾向乃至遣词造句等无不经过精心安排。④ 精心安排的重大后果之一,就是《人民日报》无形之中变成了政治生活的风向标,以何种形式刊登何种文章,乃至图片的位置和大小等,其精心安排的版面和文章本身就代表着中央的政治意图。

因此,为了发动"大跃进",毛泽东对新闻宣传工作进行了周密部署和精心安排,其中就包括改组人民日报社。毛泽东早就对反对冒进的社长邓拓,以及主管宣传的陆定一和胡乔木等不满,因而在"大跃进"前夕派更能贯彻意图的贴身秘书吴冷西进驻人民日报社,充当"大跃进"的"急先锋"。⑤

改组之后的人民日报社立刻不遗余力地鼓吹"大跃进",甚至"大跃

---

① 薛暮桥:《薛暮桥回忆录》,天津人民出版社,1996;赵胜忠:《跃进型统计体制的形成和后果》,《二十一世纪》第60期2000年8月号。
② 江西"计划与统计"编辑室:《数字与情况之争》,《统计工作》1958年第17期,第11页。
③ 河南省统计局:《河南省统计工作1958年"大跃进"规划要点(草案)》,《统计工作》1958年第8期,第12~14页。
④ Frank Tan, "The People's Daily: Politics and Popular Will-Journalistic Defiance in China During the Spring of 1989," *Pacific Affairs*, Vol. 63, No. 2 (Summer, 1990), pp. 151 – 169. Wu, Guoguang, "Command Communication: The Politics of Editorial Formulation in the People's Daily," *The China Quarterly*, No. 137 (Mar., 1994), pp. 194 – 211.
⑤ 吴冷西:《忆毛主席——我亲身经历的若干重大历史事件片断》,新华出版社,1995。

进"这一称呼本身就是人民日报首先发明的。《人民日报》的两个方面得到特别强调，一是宣传中央的路线方针政策，新闻报道要"做到准确、及时而又系统"；二是特别加强对地方的报道，"及时连续反映全国各地执行情况，及时反映执行过程中产生的新经验和新问题"，并对此发表一系列评论。①

《人民日报》报道地方情况本就遵循一定之规，而这时中央亦敦促其安排版面时注意平衡，因此对各省新闻报道的数量就表现出令人惊讶的规律性。《人民日报》几乎是马不停蹄地刊载各地竞相攀比的高产纪录，发布各式各样的排行榜和进度表，给地方政府以极大的政治压力。根据新华社的一份资料，"大跃进"期间全国超过一半的粮食高产纪录都刊登在《人民日报》上，《人民日报》发布的粮食高产纪录约占中央级媒体发布总数的79%。②

"大跃进"运动中，全党都认为《人民日报》的报道等同于中央的意志，连《人民日报》"自己也认为除了代表中央不可能再做点什么"。③

报社对中央大政方针和日常工作都很熟悉，一方面，吴冷西作为毛泽东贴身秘书，经常接触中央高层领导，能够及时知晓许多政策信息。另一方面，《人民日报》和中央机构的日常工作结合得很紧密。例如，《人民日报》曾发表《人有多大胆，地有多大产》的著名文章，鼓吹粮食高产卫星，这篇文章实际上来自于中共中央办公厅的内部报告。④ 1958年夏，中央办公厅派员到山东寿张调查农业生产情况，调查组一位成员写信回来，《人民日报》就发表了这封信，以"人有多大胆，地有多大产"为通栏标题。

由于中央的重视和《人民日报》的实际作用，地方政府总是力求获得《人民日报》更多的报道，把本地的成绩宣传出去。在统计系统崩溃和"浮夸风"盛行的年代里，《人民日报》充当着中央认可的地方政府"竞赛平台"或"排行榜"的角色，其对各省激进程度的认知相当精确。

---

① 《报纸在"大跃进"中》，《新闻战线》1958年第3期。
② 《今年农产品高产纪录统计表》，《新华半月刊》1958年第18期。当时刊登高产纪录的另一份中央级重要媒体是新华社主办的《今日新闻》。
③ 祝华新：《人民日报，叫一声同志太沉重（3. 大饥荒）》，http://www.chinaelections.org/NewsInfo.asp? NewsID=176131。
④ 李锐：《"大跃进"亲历记》（下卷），南方出版社，1999。

三 政策形势与新闻报道

《人民日报》的新闻报道受到政策形势的影响，政策走向的变化直接导致新闻报道重点的变化，甚至遣词造句都会随之发生规律性的变化。接下来的分析主要以《人民日报》词频分析为切入点，所用到的方法很简单，就是检索某段时间内正文中包含某些关键词的文章的篇数，或者对文章篇数稍加统计处理，然后结合其他数据进行分析。在检索当中，根据实际情况采用相应的关键词，例如检索《人民日报》涉及河南省粮食生产的新闻报道数量，关键词就是"河南 &（粮食+麦+稻）"，在这里"&"表示"并且"，"+"表示"或者"。[1]

1958年是"大跃进"运动中最狂热的年份，之后延续至1959年、1960年。1958年元月1日，《人民日报》发表社论《乘风破浪》，明确提出了赶英超美的发展目标，号召"充分发挥革命的积极性创造性，扫除消极、怀疑、保守的暮气"，乘着"压倒保守思想的共产主义风前进"。

"大跃进"运动遍及工农业各个领域，以提高主要工农业产品的产量为重中之重。在农业领域，最主要的工作是提高粮食产量；在工业领域，指导方针是"以钢为纲"，发动全民大炼钢铁。纵观1949～1965年《人民日报》的新闻报道，"大跃进"的这些特征体现得相当明显。观察图1（a），计算每年正文涉及钢铁的文章篇数占当年《人民日报》文章总篇数的比例，1957年之前该比例大致徘徊在6%～8%，而在接下来的1958～1960年则迅速攀升到10%以上。1958年，涉及钢铁的文章比例达到了空前绝后的13.8%，与当年中央要求继续大炼钢铁的政策明显关联。

《人民日报》涉及粮食生产的文章比例略有些复杂，但其趋势也是相当明显的。自1949以来，由于朝鲜战争和"一五"建设（参见图1（b），具体反映在1950年和1954年前后），粮食总量紧张的问题一直持续着，以至于中央被迫全面推行统购统销政策。1958～1960年，《人民日报》有关粮食问题的文章再次猛增，此次猛增显然是因为中央决心以"大跃进"运动的新方式来提高粮食产量。在图1（c）中，显示的是历年来涉及粮食亩产的

---

[1] 本文使用的数据库主要是人民日报社新闻信息中心制作的《〈人民日报〉图文电子版（1946～2008）》，该数据库完整地收录了《人民日报》自创办以来直至2008年的全部文章。当时全国共30个省级行政区划，本文的分析不包含比较特殊的5个自治区、3个直辖市及青海省，仅涉及21个普通省份，下文分析与此相同。

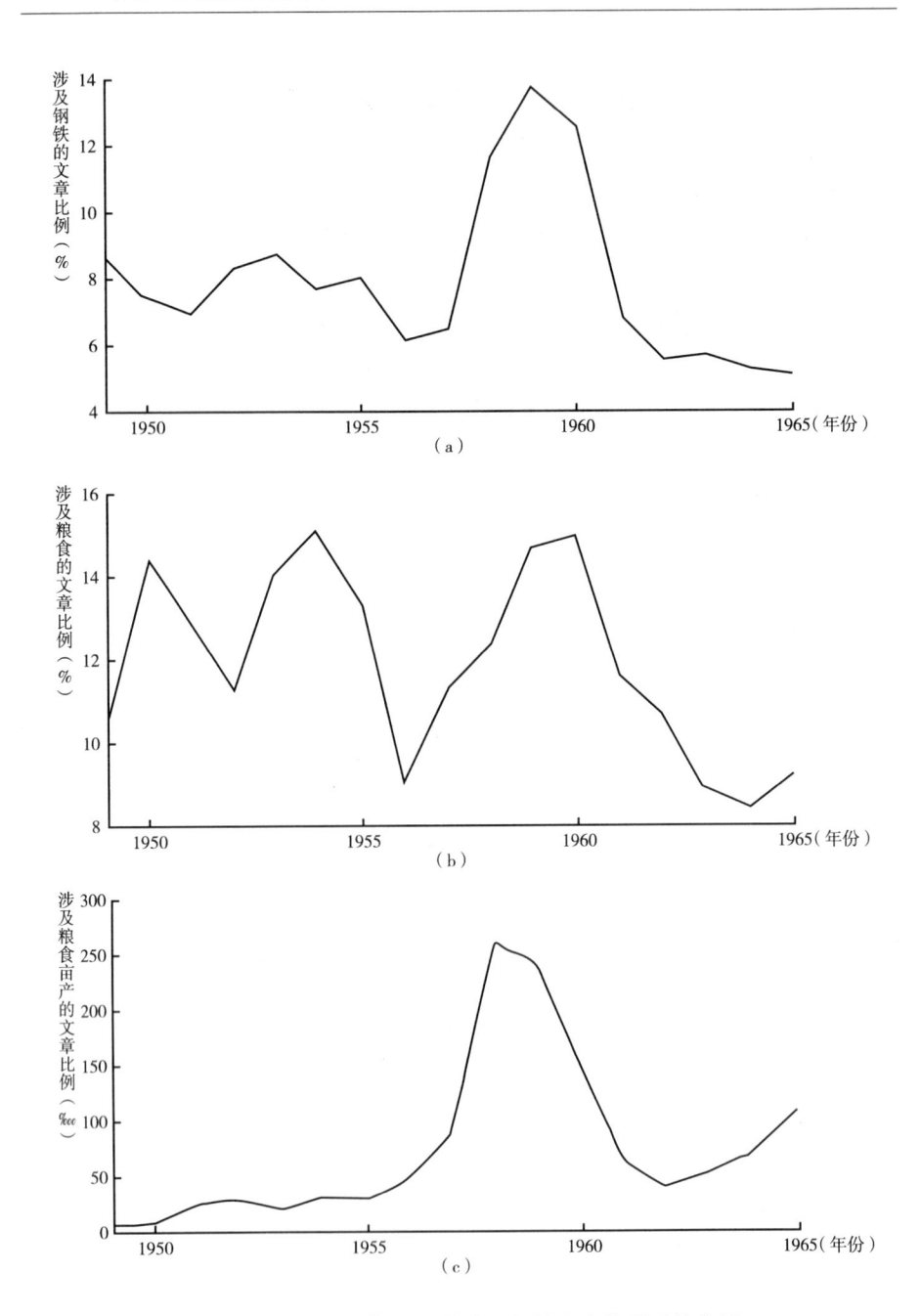

图1　《人民日报》涉及粮食和钢铁文章的历时性变迁

注：涉及钢铁的文章，检索词为"钢+铁"；涉及粮食的文章，检索词为"粮食+麦+稻"；涉及粮食亩产的文章，检索词为"（粮食+麦+稻）& 亩产"。

文章比例，1957年之前该比例很少超过50‰。高峰期出现在1958年和1959年，比例分别达到259.3‰和243.8‰。之所以会如此，是因为"大跃进"中各级政府都对粮食增产特别重视，增产的情况要看亩产，大量的粮食"卫星"都是根据亩产报道出来的。

如果说从长时段看，《人民日报》的报道和现实密切相关的话，那么从短时间看这种契合也是相当明显的。在"大跃进"运动的两三年中，政治形势多变，《人民日报》的新闻报道也经历了曲折变化。"大跃进"运动可以大致分为四个阶段：1958年全年均可归为狂热时期，全国上下热衷于创造增产奇迹；1959年上半年为收缩和放缓时期，其标志就是当年6月国家统计局把之前公布1958年粮食总产量数字从7500亿斤压缩到5000亿斤；1959年下半年，因为庐山会议反右倾的影响，全国又掀起了新一轮狂热；1960年之后，"大跃进"的恶果显现，运动跌入低谷乃至结束。《人民日报》在这四个阶段的表现有所不同，但都体现出对政策形势的因应。

在四个阶段当中，正文包含某省名称的文章占该时期《人民日报》文章总数的比例发生了比较明显的变化。下面以各省文章比例较前一时期的增长率（负增长表示下降的趋势）略作分析。观察图2（a）和图2（b），在"大跃进"狂热阶段（1958年以及1959年1~6月），《人民日报》对各省的报道都有了大幅度增加；在"大跃进"收缩阶段（1959年9~12月以及1960年），对各省的报道就减少了。

饶有兴味的是，在狂热阶段《人民日报》对某省报道增加得越多，在收缩阶段对该省的报道就下降得越多，即《人民日报》的报道有一种强烈的回归普通状态（非群众运动状态）的趋势，这在河北、河南、山东、湖北等激进的省份表现得特别明显。这表明《人民日报》对于哪些省份激进、哪些省份不激进是有清醒认识的，在狂热阶段就以激进省份为典型大书特书，到了冷却收缩阶段，就大幅减少相关报道。从图2可以看出，《人民日报》对于先进和落后省份的认识是相当精确的，对这些省份的变化也很了解。

《人民日报》关注重点在不同时期的变化，无疑首先是由中央政策的变化造成的。《人民日报》绝大多数报道都属于正面报道，所以在刊登关于某些情况或某些地方的报道时，报道数量较前一时期是增加还是减少，就暗含着表扬或批评的态度（或者说是一种促进或搁置的态度）。因而可以合乎逻辑地推断，无论是长时期还是短时期内，《人民日报》对形势的反应都相当敏感。

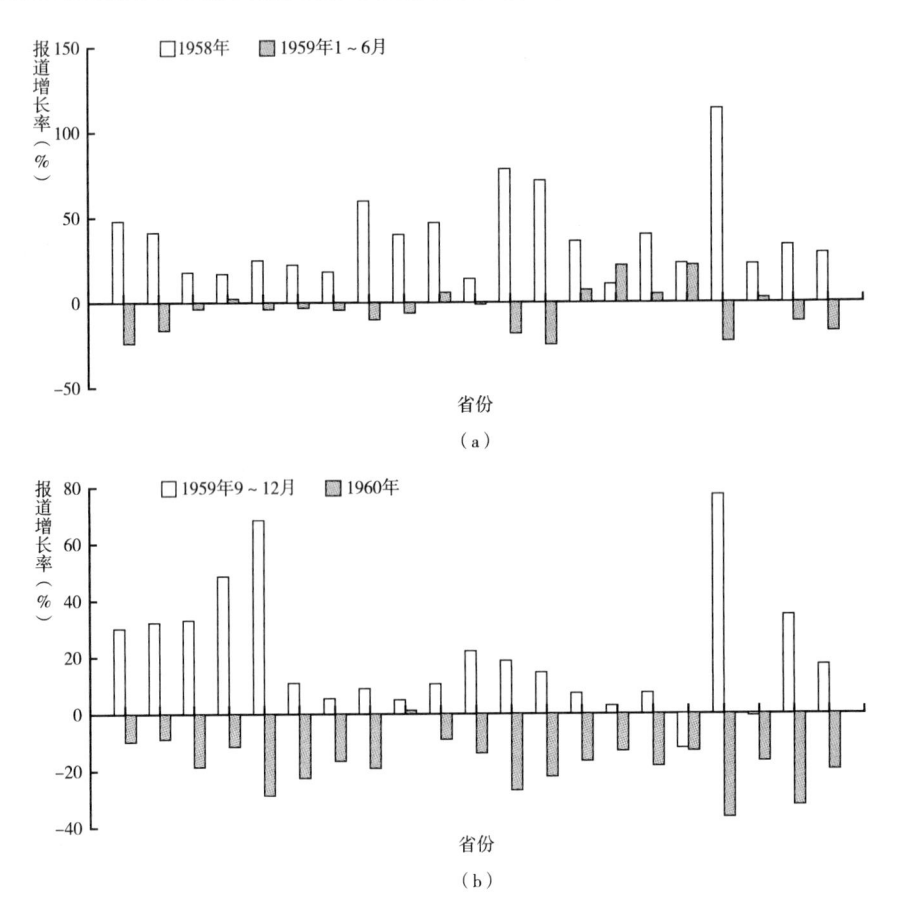

图 2　"大跃进"期间《人民日报》对各省报道增长率的变化

注：检索词为《人民日报》特定时期内的省名，例如河北省的检索词为"河北"。

四　客观现实与新闻报道

除了纵向历时性研究之外，另一个重要的角度是横向比较，即对比研究《人民日报》关于各省不同侧面的报道有何规律性。

《人民日报》每年对各省的报道总数大致有个比例，通常而言，涉及大省的新闻报道多一些，涉及小省的新闻报道相对少一些。这里所谓的"大省"和"小省"，主要是就人口而言的，某省人口越多，就越有可能被《人民日报》的新闻报道提及。换言之，各省人口总数和《人民日报》的报道总数之间存在着非常强的相关关系。这条规律不但适用于 20 世纪 50 年代，就算到了 21 世纪的今天依然成立。

以 1957 年和 1958 年为例，前者可以代表 20 世纪 50 年代的正常年份，后者正是"大跃进"狂飙突进的一年，两个年份里《人民日报》的规律是相同的。1957 年，各省总人口和《人民日报》涉及该省的文章篇数之间存在明显的线性相关（见图 3（a），$R^2 = 0.62$，$p < 0.0001$）。1958 年，同样的线性关系依然存在，只是相关性有所下降，残差扩大（见图 3（b），$R^2 = 0.51$，$p < 0.0005$）。事实上，如果对各省人口取对数，测量其与文章篇数的关系，相关度会更高，两个年份均如此。人口最多的四川、山东、河南、江苏、河北等省，被《人民日报》报道的次数也最多，1957 年《人民日报》涉及这些省的文章总数都超过了 850 篇，1958 年则都超过了 1000 篇，明显高于其他人口较少的省份。

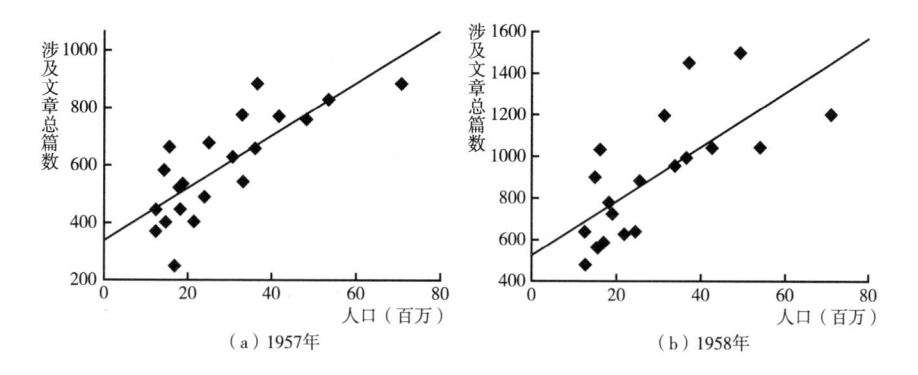

图 3　《人民日报》对各省新闻报道的数量与人口之间的关系

注：（1）涉及文章总篇数是指 1957 年《人民日报》正文中包含某省名称的新闻报道总篇数，检索词为省名。例如山西省，检索词为"山西"；（2）各省人口数据来自国家统计局综合司（1990）。

接下来分析新闻报道与不同经济领域之间的关系。在"大跃进"运动中，农业领域的粮食产量和工业领域的钢铁产量是各级政府最为关注的两项指标，这两项指标与《人民日报》新闻报道数量之间的关系是很有意思的。

以 1957 年为例，大体而言某省粮食总产量越高，《人民日报》涉及该省粮食生产的文章篇数就越多，呈现一定程度的相关关系（见图 4（a），$R^2 = 0.26$，$p < 0.05$）。值得注意的是，虽然相关关系的确存在，但回归之后的残差相当大，线性模型的解释力受到了局限。再看图 4（b），图中已经剔除了吉林、黑龙江、山东和甘肃等四个生铁产量为 0 的省份，还剔除了生

铁产量达到 419 万吨的辽宁省的数据。即便如此，对比分析各省生铁总产量和《人民日报》正文中包含生铁关键词的文章篇数，两者之间并没有显著的线性关系。

令人惊讶的是图 4（c）和图 4（d）所反映的情况。图 4（c）表明，各省粮食总产量和生铁总产量之间不存在明显的相关关系，而在图 4（d）当中，《人民日报》涉及各省粮食的文章篇数竟然和涉及各省生铁生产的文章篇数极其显著地高度相关（$R^2 = 0.65$，$p < 0.0001$）。粮食和钢铁生产所需的条件完全不同，各省的资源禀赋又千差万别，所以出现图 4（c）的情况并不奇怪，但对于图 4（d），涉及生铁的文章篇数不和客观现实中的生铁总产量相关，却和涉及粮食生产的文章篇数相关，乍看之下似乎很难解释。

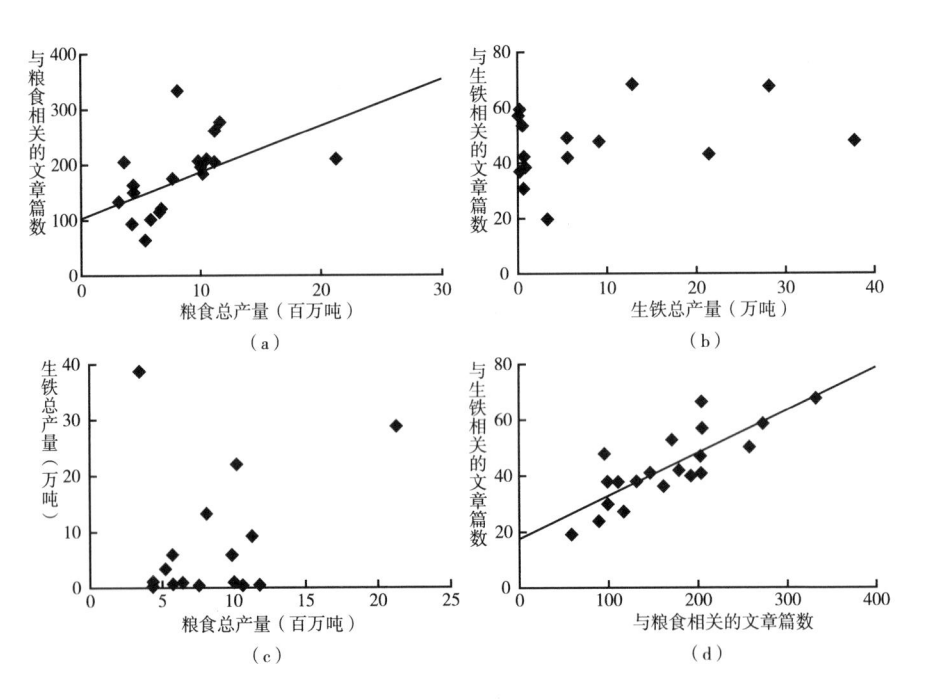

图 4　1957 年《人民日报》对各省粮食和生铁的报道情况

注：(1) 与粮食相关的文章篇数，检索词为"省名 &（粮食 + 麦 + 稻）"；与生铁相关的文章篇数，检索词为"省名 & 铁"；(2) 粮食总产量的数据来自国家统计局综合司（1990）；生铁总产量数据来自冶金工业部生产司（1992）。

同样的情形还发生在 1958 年（见表 1）。《人民日报》与各省相关的 5 个变量，即（一）文章总篇数、（二）涉及粮食的文章篇数、（三）涉及生铁的文章篇数、（四）粮食生产的卫星数、（五）生铁生产的卫星数等，它们两两之间存在着显著的相关关系。在表 1 当中，还有（六）当年粮食总产量和（七）当年生铁总产量两个刻画实际生产状况的变量，其中（六）当年粮食总产量与（一）、（二）、（三）分别相关以外，（七）当年生铁总产量与其他所有变量都不相关。显然，《人民日报》对各省具体领域的报道，与该领域的实际情况未必一致，新闻报道数量更多的是按《人民日报》自身的规律行事的。

表 1　1958 年《人民日报》涉及各省若干方面的新闻报道数量之间的关系

	（一）	（二）	（三）	（四）	（五）	（六）	（七）
（一）文章总篇数	1						
（二）涉及粮食的文章篇数	0.928 ***	1					
（三）涉及生铁的文章篇数	0.802 ***	0.776 ***	1				
（四）粮食生产的卫星数	0.673 ***	0.819 ***	0.559 ***	1			
（五）生铁生产的卫星数	0.464 ***	0.484 ***	0.706 ***	0.527 ***	1		
（六）当年粮食总产量	0.331 **	0.249 *	0.226 *	0.087	0.107	1	
（七）当年生铁总产量	0.001	0.003	0.001	0.005	0.000	0.003	1

注：（1）变量（一）、（二）、（三）检索方法同前文；变量（四）粮食生产的卫星数，检索词为"省名 & 卫星 &（粮食 + 麦 + 稻）"；变量（五）生铁生产的卫星数，检索词为"省名 & 卫星 & 铁"。
（2）变量（六）当年粮食总产量的数据来自国家统计局综合司（1990）；变量（七）当年生铁总产量数据来自冶金工业部生产司（1992）。
（3）* $p < 0.05$，** $p < 0.01$，*** $p < 0.001$。

为了进一步挖掘《人民日报》新闻报道的规律性，探讨"大跃进"对《人民日报》的具体影响，分析《人民日报》1958 年较之 1957 年对各省新闻报道的增长率及相关情况是有益的。1958 年，《人民日报》对地方的报道有了明显增加，例如对河南、湖北、安徽等激进省份的报道分别比 1957 年增加了 78%、72% 和 59%；对于同样激进的贵州省，新闻报道数量更是大大增加了 114%。除了总体状况之外，涉及各省粮食、生铁生产的新闻报道也都有大幅增加，特别是涉及生铁的文章篇数增长极快，有不少省份都超过了 200%。

从表 2 可以看出，（一）各省文章总篇数增长率、（二）涉及粮食的文章篇数增长率和（三）涉及生铁的文章篇数增长率之间高度相关。与之相对应的，（四）粮食产量增长率和（五）生铁产量增长率与其他变量之间不相关。换言之，各省实际生产中是否增产与《人民日报》的相关报道是否增加之间关系不大。

表2 1958年《人民日报》对各省新闻报道的增加与大饥荒情况

	（一）	（二）	（三）	（四）	（五）	（六）
（一）1957~1958年文章总篇数增长率（%）	1					
（二）1957~1958年涉及粮食的文章篇数增长率（%）	0.687***	1				
（三）1957~1958年涉及生铁的文章篇数增长率（%）	0.770***	0.569***	1			
（四）1957~1958年粮食产量增长率（%）	0.110	0.137	0.067	1		
（五）1957~1958年生铁产量增长率（%）	0.015	0.000	0.009	0.001	1	
（六）1960年人口死亡率（‰）	0.198*	0.212*	0.214*	0.284*	0.000	1

注：（1）变量（一）、（二）、（三）检索方法同前文；变量（六）1960年各省人口死亡率的数据来自国家统计局综合司（1990）。

（2）变量（四）粮食产量增长率的数据来自国家统计局综合司（1990）；变量（五）生铁产量增长率数据来自冶金工业部生产司（1992）。

（3）* $p<0.05$，*** $p<0.001$。

另一方面，变量（一）、（二）、（三）、（四）和变量（六）1960年人口死亡率之间是相关的（R^2都在0.2左右，$p<0.05$）。"大跃进"引发了三年经济困难，其中1960年的情况最为严重，饥饿造成了比较普遍的非正常死亡现象。"大跃进"中越激进的省份，经济受破坏程度就越大，人口中非正常死亡率就越高。① 变量（四）和变量（六）的关系容易理解，两者负相关，粮食产量增长率下降当然会导致人口死亡率上升。至于变量（一）、（二）、（三），可以看做衡量各省激进程度的指标，《人民日报》对

---

① Dali L. Yang, *Calamity and Reform in China: State, Rural Society, and Institutional Change since the Great Leap Famine*, Stanford, CA.: Stanford University Press, 1996. James Kai-Sing Kung & Shuo Chen, "The Tragedy of the Nomenklatura: Career Incentives and Political Radicalism during China's Great Leap Famine," *American Political Science Review*, Vol. 105, No. 1, February 2011. 刘愿：《"大跃进"运动与中国1958~1961年饥荒——集权体制下的国家、集体与农民》，《经济学（季刊）》2010年4月第9卷第3期。

该省的新闻报道越增加，就表明该省越激进，那么对该省经济的破坏就越大，人口死亡率随之上升。

总结一下这部分的研究，首先，每年《人民日报》涉及各省报道和其对各省不同领域的报道数量之间存在相关性；不过，报纸的宣传报道，与各省的实际生产状况（如粮食和钢铁产量）之间则未必相关。其次，"大跃进"当中，《人民日报》对地方的报道数量有了较大增加，对各省报道的总数量的增长率，还有对各省粮食或钢铁报道数量的增长率，这些变量之间呈现显著的相关关系。最后，《人民日报》的确能够从总体上反映"大跃进"运动中不同省份的激进程度。

五 "浮夸风"之下的理性行为

在统计系统失灵和"浮夸风"遍地的情形之下，要获得真实信息是极为困难的。不过，要获得虚假信息并从中分辨出哪些省份更为激进，却并不那么困难。《人民日报》的相关报道为什么能较好地反映各省在激进程度上的差别呢？除了人民日报社特别强化了对地方的报道之外，地方政府竞相报告惊人政绩并极力争取《人民日报》的报道是主要原因。

地方政府刚开始的时候热衷于树立所谓的高产样板，之后很快变成了令人瞠目结舌的"放卫星"，而当"大跃进"造成的经济困难显现的时候，就开始着手隐瞒本地灾情。常被提及的"放卫星"主要是就单产而言的，单产是指粮食亩产或钢铁单日产量。放这两类"卫星"都需要提前做大量的准备工作，集中于特定的时间和地点，组织大量的人力、物力安排虚假场面。然后，邀请上级领导和媒体记者现场观摩，之后由媒体大肆宣扬。

粮食高产卫星以广西环江最为惊人，放出了亩产13万斤的"特大卫星"。[①] 从8月23日开始，环江县首先将试验田禾苗拔光，深耕后投入成千上万担肥料，然后精选一百多亩稻田中长势最好的成熟禾苗，将禾苗连根带泥挑到试验田栽种，密集到孩子爬上去也掉不下来的程度。9月初，环江县向柳州市和自治区报喜，后者迅速发函邀请新闻媒体和电影制片厂，并由各级领导、农业专家等组成了检查验收团，出席盛大的新闻发布会。新闻发布会之后第三天即9月12日，《广西日报》以特大标题套红报道这一全国高

---

① 王定：《亩产13万斤"大卫星"的幕后》，《我亲历的政治运动》，中央编译出版社，1998。

产纪录。9月18日,《人民日报》报道了该消息。

钢铁卫星可以"大跃进"中比较激进的河南省为例。河南省为了达到在大炼钢铁中领先全国的效果,决定从9月份开始,全省统一部署,在统一时间集中放卫星。① 经过半个月的精心准备,全省在9月15日统一行动,当天投入土高炉45000多座,动员360万人,使用40.7万辆各种车辆,放出了全省单日产铁2.89万吨的大"卫星",其中8个县达到日产铁千吨以上。于是,《人民日报》在9月17日发表社论《祝河南大捷》,赞扬河南省不仅出现小麦高产,而且又在土高炉炼铁方面成为全国的表率。

一些不那么积极的省份,通常会认真分析公开发行的《人民日报》以及某些内部传闻,积极捕捉关于激进省份的有用信息,例如通过"放卫星"情况分析全国形势、掌握其他省份的实际情况等。

外省市《人民日报》涉及粮食高产的报道会给本省形成了强大的外部压力。福建省委第一书记叶飞本对放卫星不感兴趣,但《人民日报》的报道特别是《人有多大胆,地有多大产》这篇文章,导致没有放过卫星的福建非常被动,加之华东局第一书记柯庆施的严厉批评和不断催促,叶飞不得不赶快把记者找来,要他们赶快动手"放卫星"。② 江苏省委书记江渭清眼看着湖南和河南相继放出了大炼钢铁的"大卫星",中央又要召开电视电话会议督战,于是紧急召开全省地市委书记开会布置"放卫星",赶在国庆节前放出了日产铁过1万吨的卫星。③

事实上,省际的内部信息流动也是很快的。8月13日湖北麻城宣布了亩产36956斤的粮食高产纪录,号称"卫星"中的"冠军",《人民日报》以通栏大标题报道;而不到十天,湖北如何"放卫星"的"经验"已经传播到了广西。广西柳州市委暗示环江县,湖北亩产3万斤的卫星是把6亩的粮食移到1亩里去了,环江放卫星如果"没有10万斤(亩)恐怕放不出去"。④ 这样,环江就下决心放一个亩产13万斤的"特大卫星"。

地方政府之所以争先恐后,关键在于"大跃进"运动的内在激励机制。

---

① 薛琳、齐兆舜:《河南"大炼钢铁"运动》,《河南"大跃进"运动》,中共党史出版社,2006,第208~224页。
② 伍洪祥:《伍洪祥回忆录》,中共党史出版社,2004,第561~568页。
③ 江渭清:《七十年征程》,江苏人民出版社,1996,第425~427页。
④ 王定:《亩产13万斤"大卫星"的幕后》,《我亲历的政治运动》,中央编译出版社,1998;林蕴辉:《中华人民共和国史(第四卷)——乌托邦运动:从"大跃进"到大饥荒(1958~1961)》,香港中文大学出版社,2008,第133~134页。

1958年，毛泽东频繁出巡全国，接见各地领导干部，批评落后，鼓励先进，督促各地投身于"大跃进"狂潮之中。1958年夏，在北戴河会议上，毛泽东更是就大炼钢铁明确表示，凡是未能完成生产和调拨计划的，分别根据情况给予警告、记过、撤职留任、留党察看、撤职、开除党籍处分。要执行铁的纪律，绝不是"豆腐记录"。① 中共中央书记处规定，钢铁指标"只能超额，不准完不成。不但一吨不能缺少，就是少一斤也不行"。②《人民日报》连续发表社论，要求"停车让路，首先为钢"，各级党委必须第一书记挂帅，亲临现场指挥。

"大跃进"中表现积极的省份，尽管造成了很严重的经济后果，却仍然被宣传和表彰。1960年9月，中共中央恢复大区中央局制度，凡是积极支持毛泽东的省党委书记几乎都得到了提拔。③ 表现最激进的若干省份，如四川省委书记升任西南局第一书记兼成都军区第一政委，上海市委书记升任华东局第一书记和南京军区政委，其他如广东、湖北、辽宁等省份的省委书记均获得不同程度的晋升。

在总结"大跃进"失误的时候，刘少奇甚至讲"全国许多事情是中央领导一半，人民日报领导一半"，④ 斯言是也。地方政府之间的竞争和中央采取严苛的奖惩措施，与"大跃进"中《人民日报》的独特地位结合起来，就把《人民日报》无形中变成了地方政府的"竞赛平台"和政绩排行榜。无论是对中央政策的直接宣传，还是对相关生产活动的热情报道，都是在向党内外发出明确的政治信号，要求党内外特别是各级党政机关紧跟形势和政策。显然，对"先进"省份报道得越多，就越意味着中央看到了这些省份的努力，同时也是在敦促落后省份奋起直追。

结语：政绩？抑或是政治忠诚？

本文以"大跃进"时期《人民日报》为切入点，分析了地方政府在特定的极端竞争状态下的政治忠诚表达问题。在地方政府竞争机制之下，中央

---

① 梁灵光：《梁灵光回忆录》，中共党史出版社，1996，第371页。
② 谢春涛：《"大跃进"狂澜》，河南人民出版社，1990，第89页。
③ 陈永发：《中国共产革命七十年》，台北联经出版事业股份有限公司，2001，第724~725页。
④ 袁鹰：《我在头脑发热年代写发热文章》，《炎黄春秋》2008年第11期。

的确能够分辨出不同省份的激进程度或努力程度,并采取相应的奖惩措施。

不少学者认为,中央通过向地方政府分权和晋升激励,激发了地方政府之间的经济竞争,这是改革开放以来中国经济获得成功的关键因素。① 从这一观点出发,地方官员之间竞争的是政绩或才干,政绩更突出或者更有才干者,更容易获得晋升机会。②

然而在"大跃进"运动中,许多激进的地方领导人所展示的"政绩",不但存在着极大的虚假成分,而且在其所造成的不良后果已经昭然若揭的情形之下,不但未受追究反而得到提拔。这就表明,政绩本身固然重要,通过政绩所体现出的政治忠诚则更为重要。换言之,在地方政府竞争机制下,应当把政绩理解为地方领导人表达政治忠诚的工具。

虚假政绩虽然劳民伤财,但其本身却表明地方官员对中央政策的拥护远远超出了常规,如此忠诚的官员是不会受到处罚的。就此而言,当今许多地方大搞乍看上去很荒谬的政绩工程,其背后所要表达的恐怕就是政治忠诚。

---

① Yingyi Qian and Chenggang Xu, "The M-Form Hierarchy and China's Economic Reform," *European Economic Review*, Vol. 37, 1993, pp. 541 – 548. Susan L. Shirk, *The Political Logic of Economic Reform in China*, Berkeley: University of California Press, 1993. 周黎安:《中国地方官员的晋升锦标赛模式研究》,《经济研究》2007 年第 7 期;张军:《当代中国经济研究 10 篇》,北京大学出版社,2009。

② Pierre F. Landry, *Decentralized Authoritarianism in China: The Communist Party's Control of Local Elites in the Post-Mao Era*, NY: Cambridge University Press, 2008, pp. 260 – 262.

"积极公民":律师参政的行动逻辑与政治影响*

陈 文 胡胜全**

摘 要: "积极公民"理论强调公民不仅是权利的拥有者和捍卫者,更是权利的践行者和争取者,突出了公民的参与行动、社会责任和文明品性在公共政治生活中的重要作用,以补充或替代对公民权的消极接受。目前以律师为代表的积极公民群体参政现象频现,其开始主动发掘现行政治制度内的民主空间,体制中的一些民主法治因子被逐渐激活,权利示范和鲶鱼搅动效应初现,这给现行体制的政治整合提出了更高要求,必须从制度层面予以疏导、规范和引导,有效将新兴社会群体的参政需求吸纳到现行制度框架内有序释放。

关键词: 积极公民 律师 政治参与

现代公民社会理论从公民身份和公民权(Citizenship)的视角,将公民分为"积极公民"与"消极公民"两类。后者只是对于权利资格(Entitlement)的承认,而欠缺对于公民权利的主动捍卫,以及参与公共政

---

* 基金信息:广东省人文社科重点研究基地项目:新社会阶层的政治参与研究(08JDXM81001),城市基层社会管理体制创新研究(11JDXM74003);深圳大学人文社科基金项目:公民社会与政治发展(11QNCG34)。
** 陈文,中共中央编译局博士后、深圳大学当代中国政治研究所专职研究员、管理学院副教授、社会管理创新研究所副所长。胡胜全,深圳大学当代中国政治研究所硕士研究生。

治生活的积极性,其典型的权利特征是"消极的公民权"、"私性的公民权"。相反,前者不仅仅局限于对于公民基本权利的重视和自我保护,而且强调了公民作为现代社会和公共政治生活中的重要参与者,突出了公民的行动、责任和品性(Qualities)的作用,要求以经济独立、行为自主、政治参与、文明品质(Civility)的责任与德性,来补充或替代对公民权的消极接受。哈贝马斯认为威权体制和福利国家政策导致了"消极公民"的产生,公民成为被动接受国家施予权益的对象,"促使公民性向私人性倒退,特别是将公民角色委托化(Clientalization)"。① Adrian J. Learns 也认为在社会治理和政治发展过程中,"积极公民"(Active Citzienship)具有更为突出的作用,有效治理依赖于拥有公共精神、承担社会责任、认同普遍价值为特征的积极公民的参与,共同构造一个以公民权利为基础的"参与型社会"(Participatory Society)。②

《中华人民共和国律师法》规定,律师是指"依法取得律师执业证书,接受委托或者指定,为当事人提供法律服务的执业人员"。由于律师的特定职业身份,其对于法治理念的秉持和对公民权利的专业性理解,以及观察现行体制现实问题的独特视角,相较于一般民众而言,该群体有着较为积极的参政需求,政治参与的方式和途径也较为多元,具有一定的"积极公民"色彩。为何目前律师参政现象频现,其参与形式呈现何种特点,将产生哪些政治影响?本文试图结合我国经济市场化改革之后的社会变迁进程,以律师群体参政为切入点,见微知著地分析新兴利益阶层的参政需求、行为特点和政治影响。

一 律师参政的行动逻辑:职业特质、权利自觉与社会关怀

政治参与一般是指,在一定的政治体系中,公民或组织等特定的主体为表达和实现其利益诉求,运用各种合法的途径、方式、方法和策略,通过影响政治体制的构成和运行、法律法规和公共政策的制定和实施、公务

---

① Jurgen Habermas, "Citizenship and National Identity: Some Reflections on the Future of Europe," *Praxis International*, Vol. 12: 1992.
② Adrian J. Learns, "Active Citizenship and Urban Governance, Transactions of the Institute of British Geographers," *New Series*, Vol. 17, No. 11, 1991.

人员的产生和配置，参与到公共政治生活中去的政治行为。从政治参与的主动性程度来分类，主要有自主型政治参与和动员型政治参与。前者即参与主体能意识到自身的利益和权利所在，并极力维护其权益，主动、自觉地选择各种方式参与政治生活的政治行为，参与者一般为积极公民。而后者主要是在特定政治体制和政治力量导向下的政治动员，或迫于威权体制的恐惧，或由于自身权利意识的懵懂，或局限于参政渠道的狭窄，参与者的积极性不高、主动性欠缺，往往只是对权力消极顺从。亨廷顿在论述现代化进程中的新兴群体参政需求增长时，特别提及律师等中产阶级知识分子的积极作用，其自主参政的愿望较为强烈，认为"这批人产生了政治功效感，要求以某种形式参加到政治体系中去"，① "力求以自己独特的方式参与政治"。

（一）职业特质：律师参政的天然优势

律师作为专业的法律工作者，从职业特质来看，主要具有如下特点：（1）职业工作的政治性。法律是国家意志的制度性表现形式，是执政党统治社会的重要工具，律师常常是法律法规制定、实施与解读的重要参与者，因此律师的职业工作本身就具有浓厚的政治性特征。（2）关注事务的公共性。律师作为提供法律服务的执业人员，所代理的诸多诉讼案件和提供的法律服务，往往涉及对于各类法律法规的运用和解释，关系到国计民生的政治、经济、社会等诸多普遍性事务，一般具有较强的公共性。（3）行为角色的代言性。由于现代社会利益的多元化，不断涌现的新兴利益群体需要在规则制定方面发出自己的声音，表达特定的利益诉求，律师常被邀请"接受委托或者指定"作为特定群体的代表发表看法。弱势群体的权利保护也是律师重点关切的领域，他们经常就一些凸显的社会问题和公共事件表达专业意见，引起社会的广泛关注。因此，从上述意义讲，律师具有某种天然的"政治动物"色彩，是一个国家政治发展进程中的重要政治参与群体，其在民主法治的建设进程中有着特定的积极意义，往往反映了一个国家对于制度建设和法治的重视程度。

早在1949年的第一届政协会议上，为建设新生社会主义政权、整合社会各界精英和完善国家制度体系，作为新中国成立初期最高权力机关的政协

---

① 塞缪尔·P. 亨廷顿：《变动社会的政治秩序》，上海译文出版社，1989，第80页。

共有 662 名委员,其中律师就占 14 位。在之后相当长一段时期内,由于各种政治原因,导致民主法治不被重视,律师制度遭到破坏,律师参政被搁置。直至 1988 年召开的第七届全国人民代表大会常务委员会第一次会议,律师以全国人民代表大会代表的身份,重新登上国家政治舞台。

改革开放之后,特别是随着"依法治国"方略的提出,律师行业得到了快速发展,律师在经济、社会、政治领域的作用日益凸显,律师已不再局限于从事法律诉讼业务,较多成为了民意的代言人和政府的法律顾问,其在各级人大代表和政协委员中的比例也逐步提高,越来越多的律师进入国家政治生活。在 2008 年第七次全国律师代表大会上,据中华全国律师协会会长于宁介绍,全国共有 519 名律师担任各级人大代表,2845 名律师担任各级政协委员,其中担任全国人大代表的律师有 11 名,担任全国政协委员的律师有 11 名。[1] 截至 2010 年底,全国律师总人数已经达到了 20.4 万人。[2]

(二) 权利自觉:律师参政的行为动力

积极公民是关心并投入到社会公共事务中,期待能对社会公共事务发挥积极影响的那一类公民,其在一定程度上超越了狭隘的自身利益,而更多地关心到其他人和公众的权利,往往成为权利的启迪者和民众合法权益的代表者。在现代多元社会中,特定的职业特质只是律师参政的可能动因之一,而更为关键的往往取决于律师对于公民权利的敬畏和自觉维护,这不但是对自身和他人私权的捍卫,而且也包括对选举权和被选举权等政治性权利的争取。

随着我国经济市场化改革日益深入,法治程度逐步提高,政治生态相应发生了深刻变化,社会新兴利益群体的权利意识逐渐觉醒,作为知识精英的代表,律师对于权利的认识更为深刻,其参与政治过程的积极性相对较高,参与的途径和形式也较为多样。市场经济发展、社会深刻转型和政治的相对开放,为律师行业的发展提供了契机,大量社会化独立运行的律师事务所相继成立,也为律师参与政治过程提供了新的动力和平台。

近年来,律师为新兴利益阶层争取合法权益的案例屡见不鲜,律师经常

---

[1] 崔清新、张景勇:《改革开放以来我国律师参政议政"渐入佳境"》,新华网,2008 年 10 月 25 日。
[2] 《全国律师协会会长于宁:中国律师总人数已逾 20 万》,《21 世纪经济报道》2011 年 3 月 4 日。

以"代言人"的角色出现在社会公共生活的舞台上。如2003年5月27日,河北省徐水县民营企业家孙大午因所谓"非法"吸收公共存款罪被逮捕,一批律师立即在网上呼吁关注孙大午、关注我国金融体制改革和民营企业生存发展环境,还专门组成辩护团,在法庭上为孙大午辩护,最终促成了孙大午的释放,这在一定意义上对国家完善金融体制和促进民营企业发展产生了重要影响。2006年4月,在"华硕遭天价索赔事件"中,以张平、付占平、张澜等为代表的诸多律师,为消费者的权益进行了长期关注和呼吁。

选举权和被选举权是公民的重要政治性权利,一些律师开始主动发掘现行政治制度内的民主空间,试图通过"自荐竞选"的形式,采取"以身试法"的方式,激活体制中本就存在的一些民主因子,为捍卫公民的政治权利"身先士卒"。如在2003年、2006年、2011年的区县人大代表换届选举中,涌现出一批律师,他们积极以"自荐竞选者"的身份,通过网上发帖、制作海报、张贴宣传资料、散发传单、发表演讲等多种方式,与由组织提名的候选人同台竞争,引起了社会的广泛关注。

(三) 社会关怀:律师参政的公共表现

公共精神是现代国家建设和理性公民社会构建的重要社会资本,积极公民将社会关怀、参与公共事务视为一种生活方式,拥有将个人私权置于社会共同体当中来实现的行为自觉。律师捍卫弱势群体权利以及对公共事件的关切,正是这种公共精神的具体表现。

在关注个人基本权利保护方面,如2003年"孙志刚事件"发生之后,一批律师及时跟进,极力向全国人大和有关部门呼吁完善保护个人权利的相关法律制度。北京邮电大学文法经济学院许志永律师,联合华中科技大学法学院教师俞江、中国政法大学法学院教师滕彪为"孙志刚案"上书全国人大,建议对《城市流浪乞讨人员收容遣送办法》进行违宪审查。目的主要集中在两个方面:其一,直接目的是打算通过具有最高立法权的全国人民代表大会这一最高立法机构,废除国务院于1982年5月12日颁发的《城市流浪乞讨人员收容遣送办法》,因为这一办法已不适应现阶段需要且有悖于宪法精神,只有废除这一法规方可从法律的角度根本保护进城务工人员及其他弱势群体的合法权益。其二,间接目的是试图通过这一"个案"以民间形式推动全国人民代表大会建立一套正常有序的违宪审查机制,从制度层面维护人民代表大会和宪法的最高权威,进而为中国民主法治建设奠定更坚实的制度基础。虽然倡导建立"违宪审查机制"的期望落空，但国务院于2003年6月20日颁布文告，宣布停止实施《城市流浪乞讨人员收容遣送办法》，至此这一导致孙志刚之死且给无数进城务工人员等弱势群体带来了诸多不便、甚至灾难的法规文本终于被正式废除。

在社会公共性事件的关注方面，律师已经成为至关重要的参与群体，并善于运用法律规范这一神圣工具对其进行及时解读和全程对照，并试图通过各种参政途径对暴露出的普遍性社会问题提出咨询建议。律师群体在特定的公共事件中，已经成为制约公权、保护民权、呼唤道义的劲旅。如在2011年"小悦悦事件"发生之后，诸多律师发出倡议，呼吁国家应该尽快为见义勇为者立法，以避免类似惨剧再次发生。律师"组团"介入公共事务，共同关注公众事件和彼此互助鼓励，有利于促成公共性事务的法制化处理，并助推我国的民主法治进程。

二 律师参政的方式：从体制内表达到自主性竞选

公民的参政行为往往受到特定政治体系的制约，政党制度、政府架构和政治文化等因素都会对其参政方式产生重要影响。改革开放之后，"坚持依法治国基本方略"、"扩大公民有序的政治参与"、"科学执政、民主执政、依法执政"等一系列理念的提出，为律师这一特殊群体参与政治生活提供了相对宽松的政治环境，在一定程度上拓展了律师发表专业意见的体制内渠道，同时为律师作为特定群体的代表陈述诉求和呼吁权利提供了可能，并给予了一批律师自荐竞选人大代表的理性宽容。

（一）担任人大代表参与立法、提交议案

人民代表大会制度是我国的根本政治制度，是社会主义民主政治最为重要的制度安排。律师成为人大代表是其参与国家政治生活的重要形式，可以通过人大这一权威渠道表达律师职业群体的专业意见，参与有关立法过程。据悉，2008年"两会"期间，我国省、自治区、直辖市一级的人大代表中有执业律师95人，省、自治区、直辖市以下的地区人大代表中有722人。在省、自治区、直辖市一级，北京市有6位，上海市有11位，天津市有3位，重庆市有9位。浙江、广东两省分别有6位、5位律师当选人大代表。在省、自治区、直辖市以下地区，执业律师当选人大代表的前五名为广东、

辽宁、江苏、山东和浙江省，分别有 75 位、61 位、59 位、55 位和 49 位执业律师当选人大代表。①

（二）通过党委途径反映意见

特定的政治体系和制度安排往往决定着民众参与政治过程的形式，中国特定政治语境中的扩大公民有序的政治参与，是在中国共产党的领导下，以巩固执政党政权为依归，保持现行基本政治架构的前提下进行的。因此，成为执政党系统的成员或通过党委途径反映意见，是至关重要的参政形式。越来越多的律师希望通过加入中国共产党，成为执政党系统的一员，来获取基本的政治资本以表达行业意见和相关诉求。以深圳为例，截至 2011 年 6 月底，全市共有 6238 名执业律师，其中中共党员律师有 1905 名，比例高达 31%，市党代表 2 人，深圳律师协会党委下设 86 个律师所党支部，负责 830 名组织关系转入的党员律师的教育管理工作。一些律师还通过"公推直选"方式参与到党代表的选举活动中。

（三）担任政协委员和参政议政

政治理论家罗尔斯认为"在立法阶段中，我们必须依赖立法阶段的实际讨论过程而在允许的范围内选择一个政策"。② 因此，在政治过程中，政治协商体现了一定的民主特征，立法讨论是形成民主决策的重要形式。作为中国人民爱国统一战线的组织，中国人民政治协商会议是中国共产党领导的多党合作和政治协商的重要机构，是中国政治生活中发扬社会主义民主的重要制度形式。各民主党派通过多种形式发表意见，就国家和地方大政方针和多党合作中的重大问题，开展政治协商，实行相互民主监督。

在我国，政协可以就国家和地方的大政方针以及政治、经济、文化和社会生活中的重要问题等开展政治协商，可通过各种协商例会、专题议政会、专题研讨会、专题调研、委员视察、政协委员参与中共党委与政府统一组织的检查和巡视等多种形式，进行参政议政的政治活动。据 2008 年的相关数据，目前全国共有 2845 名律师担任各级政协委员，其中全国政协委员就有

---

① 郭恒忠：《中国各级人大代表中执业律师人数已达 800 余人》，《法制日报》2008 年 3 月 2 日。

② 约翰·罗尔斯：《正义论》，何怀宏、何包钢、廖申白译，中国社会科学出版社，1988，第 362 页。

11 名。又如截至 2011 年底，上海律师各级人大代表和政协委员共约 150 人，其中政协委员人数为 106 名，增长了 30%。①

（四）担任法律助理和政府法律顾问

在政治机构中担任特定的法律顾问和法律助理，也是律师参与政治生活的重要途径，往往可以不必经过复杂的政治选举程序，主要依靠一位或若干位成员直接地影响政治过程，由于可以直接接触到政务官员甚至影响决策，所以这一过程在一定意义上往往是持续的和有效的。如在诸多西方国家，律师不但存在于立法机构，而且也在实际影响着政府机构的运行，议员和政府官员常与律师这些活跃的社会精英人物交往和接触。改革开放之后，我国也逐渐重视律师作为政府顾问的重要作用。如早在 1999 年 12 月 5 日，时任司法部部长的高昌礼对吉林省政府在全国率先组建了由律师和法学专家组成的省政府法律顾问团给予了充分肯定，认为应该不断总结、完善和推广政府法律顾问团制度，各级司法行政机关，应当从实施依法治国基本方略的高度，充分发挥职能作用，努力开创政府法律顾问工作的新局面，不断推动依法治国的深入发展。温家宝在 2003 年全国依法行政工作电视电话会议关于《全国推进依法行政努力建设法治政府》的讲话中，强调"要充分发挥各级政府法制机构的作用，各级政府和各部门要充分发挥法制机构在依法行政方面的参谋、助手和法律顾问作用"。之后，越来越多的律师担任政府法律顾问，据司法部部长吴爱英在"共和国部长访谈录"专栏中透露，我国由律师组成的政府法律顾问团（组）已达到了 8200 多个②，这对政府的依法行政起到了不容忽视的重要作用。

（五）接受委托起草法律法规草案和积极参加听证会

我国的诸多法律法规的起草工作，长期以来常常是由人大和政府职能部门单独负责完成的，往往欠缺民主性、公开性、参与性、公平性和科学性。近年来，一些地方人大和政府越来越重视律师参与相关法规的起草工作，如青岛市较早于 2004 年在这方面做出了积极探索，当时人大常委会法制工作室负责人分别与两家律师事务所，就起草《青岛市物业管理条例（修订草

---

① 《律师人大代表和政协委员换届》，法制网，2012 年 1 月 9 日。
② 《共和国部长访谈录——专访司法部部长吴爱英》，央视网 CCTV.com，2009 年 9 月 14 日。

案)》和《青岛市城市房地产开发经营条例（草案）》达成协议。2010年，深圳市律师协会首次接受市人大法工委委托，也组织了《深圳市个人信息保护条例》的立法起草调研工作。另外，律师群体参与听证会，在一定意义上可以对相关法律法规和公共政策的形成产生一定影响。

（六）权益性代言

由于"利益表达同把它们成功地转换为权威性政策，是完全不同的两码事。每个利益集团都面临着来自其他利益方面的竞争，包括新的或旧的，现行的或潜在的利益。这个利益集团的要求成功与否，取决于利益综合、政策制定和政策执行的整个过程"。[①] 因此，各种利益组织除了通过各种方式进行利益表达外，还重视政策的制定过程，往往将影响政策制定视为参与政治过程的重要步骤，以求制定出对本组织有利的政策。通过各种方式方法对政策制定者施加影响，或直接推举本行业和组织的代言人加入到政策制定过程之中，是各种社会组织、团体或集团影响执政党和政府机构的重要途径，并对政治生活和政治发展有着广泛而实际的影响。

近年来，律师越来越成为诸多行业的代言人，代表其反映意见、表达诉求。如一些律师代表房地产开发商的利益，对于"限购令"和"限贷令"表达了相关反对意见。在物业管理和物权保护领域，一批律师代表房产业主的利益，向全国人民代表大会、全国人民代表大会常务委员会提交了《中华人民共和国业主委员会组织法》的立法建议案。从组织化程度上看，律师愈加倾向于"抱团"发表意见和集体性呼吁，通过律师协会、律师事务所等组织形式表达群体意见，参与公共事务的讨论。如在"李庄案"中，斯伟江、杨学林两位律师出庭辩护，一大批律师"抱团"关注，很快就在社会上形成巨大的舆论压力，在一定程度上最终促成了控方的撤诉。

（七）自荐竞选人大代表

由于"选举是市民社会对政治国家的直接的、不是单纯想象的而是实际存在的关系。因而显而易见：选举构成了真正市民社会的最重要的政治利

---

① 〔美〕加布里埃尔·A. 阿尔蒙德、小G·宾厄姆·鲍威尔：《比较政治学：体系、过程和政策》，上海译文出版社，1987，第199~200页。

益"。① 现实中，民众对传统的"确认型选举"或"安排式选举"越来越反感，由于对选举不公或形式化选举而产生的"厌选"情绪在不断增长，在选举过程中甚至还出现了一些极端现象，而选民对真正的差额选举、选民与候选人的见面和互动、实行竞选的民主愿望却日益强烈。在基层民主选举实践中，以律师为代表的积极公民竞相问政的竞选现象不断涌现，自荐竞选者的人数呈递增趋势，且出现了群体性和联动性的新特点。

如在2003年9月上旬开始至12月中旬结束的北京市区县人大代表换届选举中，一批在社会上享有较高知名度且大多受过法律专业训练的公众人士也以自荐的方式踊跃参选，如因"三博士上书"及为民营企业家孙大午辩护而在法学界名声大噪的许志永律师，参与起草204条商品房买卖合同的房产维权律师秦兵，长期热衷于青少年法律援助事业的律师佟丽华，京鼎律师事务所的主任律师张星水，北京工商大学法学院教师葛锦标等；学术界将这一群体性参选活动称为2003年区县人大代表换届选举中的"北京竞选"现象。2009年，湖南衡阳一律师为竞选人大代表公示财产，称"鉴于人大代表的监督职责的行使，事实上是选民权利的让渡。为了很好地履行自己的职责，不管是否当选人大代表，我都将主动公布自己的财产，接受选民的监督。我个人认为这种方式可以在一定程度上避免出现用人大代表身份为自己谋私利的情况"。② 2011年5月29日，深圳市的李志勇律师在天涯论坛上发表文章，宣布参加同年深圳市区级人大代表的换届选举，并希望借助网络获得公众的支持。在2011年6月1日，深圳非本地户籍的律师张兴彬，也在深圳论坛网上发表文章，宣布参加今年深圳市区级人大代表的换届选举，并寻求民众的支持。尽管现行选举制度在关于非本地居民参加选举上有诸多不便的规定，但该律师仍然希望通过自己的行为推动选举法的修改，促进中国民主法治的进步。

三 律师参政的政治影响：积极公民的示范效应与体制吸纳的可能性

从总体上看，以律师为代表的积极公民群体参政有助于综合民意、促进

---

① 《马克思恩格斯全集》第1卷，人民出版社，1956，第396页。
② 李涛：《衡阳一律师公示财产竞选人大代表》，北青网 YNET.com，2009年11月14日；《湖南衡阳一律师为竞选人大代表公示财产》，湖南红网，2009年11月13日。

科学决策、克服官僚集权、形成公正法律,因此有利于中国的民主法治进步;但是,这同时给现行政治体系的运行提出了更高要求,必须从制度层面予以疏导、规范和引导,有效将新兴社会群体的参政需求吸纳到现行制度框架内有序释放。

从积极方面看,民主法治离不开积极公民的有序政治参与,律师群体参政有助于推进民主政治的发展、促进政策的科学制定、制约统治者的执政行为、培育公民的政治参与意识等。其一,律师群体参政有助于促进民主法治进程。律师通过担任人大代表、党代表、政协委员、政府的法律顾问和助理等,可以在中国特定政治体系中发挥一种"鲶鱼效应",搅动和促进政治体系对于法治的重视,促成官员对于规则理念的基本坚守,有利于在政治生活中养成遵守法律法规的自觉意识,因此律师群体参与政治过程对于民主法治的进步有着重要现实意义。

其二,律师参政能促进公共政策的科学制定。律师群体的职业特质,使其熟知法律法规和相关政策,因此该群体参政可以较理性地表达专业意见,或以"代言人"的特定角色,综合社会中多方利益主体的公共意见,发挥整合利益、吸纳民意的功能,这对于政策法律制定的全过程都将产生实际影响。在此意义上,律师群体加入政治过程,能促使政府理性正视和考虑社会中各种新兴群体或团体的利益诉求,也更乐意倾听和采纳他们的理性意见和专业建议,从而在综合民意的基础上制定出相对科学的公共政策。

其三,律师群体参政能制约行政权力的滥用。由于律师加入到了政治过程之中,因此其必然对地方党政部门的具体执政行为产生实际性的影响和牵制,有利于制约官员对于权力的恣意滥用,进而在制约和平衡中促成法治秩序的逐渐生成。

其四,律师群体参政有助于启迪和培育民众的自主政治参与文化。政治文化是人们在长期社会政治生活中形成的对于政治的感知、认识、观念和习俗等的综合体。公民在长期政治生活中所养成的进行自主政治参与的习惯和方式,以及所孕育成的公民权利意识、参政意识和竞争意识等,内在地影响着公民参与政治过程的方式。不同的政治传统和政治文化对民众的参政态度和形式等有着深刻影响,在现代民主国家中,公民自主参政的政治文化一般积淀较深,人们的民主法治观念和权利维护意识相对较高,鼓励公民参与政治的传统会促进民众的参政热情,从而有利于新兴利益群体表达诉求。相反，如果一个社会没有形成自发组织、自主参与的政治文化，新兴利益群体参与的政治过程就会变得相对艰难，特别是在独裁或威权体制下，人们自发参政的权利常常受到限制，民众往往会采取政治冷漠等形式逃避政治生活，因此不利于新兴利益群体公开和正规地表达诉求。由于历史和体制等多种因素的影响，我国是一个欠缺民主法治传统的国度，民众并没有养成理性、自主和健全的政治参与观念，因此律师群体积极参政在一定意义上启迪了民众权利意识的觉醒，并以切实的行动为民众树立起自主参政的"示范标"。

同时也应该看到，若不从体制和制度层面予以及时和有效的回应和疏导，或缺乏对新兴利益群体自主参与政治过程的引导，律师等新兴群体的参政也很有可能威胁社会秩序的稳定，削弱政治统治权威等。一方面，不加引导、缺乏规范、无理性妥协精神的新兴社会群体的参政，不但不能为推动民主法治的进程发挥积极作用，相反，由于各种利益群体只是关注自身的狭隘利益，置公共利益于不顾，凭借和利用社会普遍的不满情绪，煽动"仇官"、"仇富"心理，将自主参政形式作为炒作名声的工具，这必然对民主法治造成实际性损害。

另一方面，大量新兴社会群体要求自主参政并进入政治过程，必将削弱传统政党管制的有效性和合法性。由于新兴利益群体进入政治过程，因此公共权力系统在协调各种团体之间的矛盾时就会变得相当困难，在多元社会中建立和维系政治统治权威的任务更加艰巨。

再者，欠缺制度规范和疏导的新兴利益群体参政有可能威胁社会秩序的稳定。如果不对新兴利益群体的参政进行体制上的及时疏导，缺乏有效畅通民意的制度化途径，新兴的社会阶层很可能采取强制性的非法政治参与方式，往往会引发群体性暴力抗争事件，这必然会给特定政权施加重大的社会压力，威胁社会秩序的稳定。

因此，在现代化进程中"如果社会要成为一个共同体的话，那么每个集团的力量应通过政治体制而发挥，而政治体制则对这种力量进行调节、缓和并重加引导，以便使一种社会力量的支配地位与其他许多社会力量协同一致"。[①] 以律师为代表的积极公民群体的自主参政行动，必将对公共政策制定、政治发展、政治合法性、政治社会化和政治文化等产生重要影响。因此，必须畅通各种利益表达渠道，建立健全高效、灵活的民意表达机制，开

---

① 塞缪尔·P. 亨廷顿：《变动社会的政治秩序》，上海译文出版社，1989，第183页。

启从执业律师中选拔专业政务官员、法官、检察官的制度尝试，将律师这类积极公民、社会精英、意见领袖及时吸纳到体制内，并举行定期的民主选举，举办各种形式的政策讨论和听政会议，提高政治体系的利益整合和民意引领水平，尽可能将民间社会的政治参与需求纳入现行体制框架内来有序释放。

消极候选人：城市社区选举中的陪选现象剖析

熊易寒[*]

摘　要：消极候选人、消极选民与强势"选举机器"、积极分子共同构成了社区选举的行动主体。如果说贿选是村委会选举中亟待解决的突出问题，那么陪选现象则集中反映了城市社区民主的深层困境。本文通过对上海市最近三次居委会换届选举的经验观察，首先探讨了陪选现象在不同职位和不同社区的分布规律；进而剖析了陪选的具体操作方式；最后从体制和社会层面，阐释了居委会陪选现象的深层根源。陪选可以同时实现"输家最小化"和"确定性最大化"，以最小的代价实现差额选举与组织意图的结合，但同时也降低了选举的严肃性和正当性。

关键词：消极候选人　社区选举　陪选　政治冷漠

2006年、2009年和2012年，受上海市民政局委托，笔者与合作者对上海市的连续三次居委会换届选举进行了全程式的追踪研究。我们在调查中发现，居委会选举与村委会选举形成了一种鲜明对比：在农村，出现了以候选人为中心的竞争性选举，这一方面标志着基层民主的推进，另一方面也出现

---

[*] 熊易寒，复旦大学国际关系与公共事务学院讲师、博士。

了让政府担忧的贿选现象;① 在城市,则是以党总支/选举委员会为中心的选举,这使得居委会选举看起来更加有序,但同时面临着政治冷漠与竞争性不足的问题,不仅选民缺乏投票热情,甚至连候选人的人数都难以达到差额选举的标准,不得不借助"陪选"来实现差额选举。

所谓"陪选",就是指在差额选举中,一位或多位候选人既没有参选动机,也缺乏当选的可能性,而是在他人的动员下作为其他候选人的陪衬参与竞选。如果说贿选是村委会选举中亟待解决的突出问题,那么陪选现象则集中地反映了城市社区民主的深层困境。当然,这并不意味着居委会选举不存在贿选,村委会选举没有陪选。而仅仅是说,相对而言,在村委会选举中,贿选现象更为突出;在居委会选举中,"陪选"现象较为常见。②

衡量选举的竞争性强弱,选举中是否存在"陪选"现象,一个简单而有效的指标就是:候选人是消极的还是积极的。从逻辑上讲,候选人是选举中最大的利益相关者,理应是一个积极主动的角色;但是,如果把当选概率和个人对成功可能性的预期考虑进来,情况就大不相同了:当候选人自知当选概率极低,或者是应他人要求"陪太子读书"时,也有可能消极应对选举。一般而言,选举的竞争性越强,候选人的表现往往越积极,"陪选"现象也越少见;选举的竞争性越弱,候选人的表现往往越消极,因为选举结果缺乏悬念和不确定性,出现"陪选"的概率也越高,部分候选人是在组织或者"内定"候选人的动员下参加竞选的。

城市社区选举的主要行动主体包括:作为"选举机器"的党总支及其领导下的选举委员会、以楼组长和党员骨干为主体的积极分子、居委会候选人、选民。在社区选举过程中,这四大主体的行为取向并不是一致的,而往往呈现两个极端:一方面是消极候选人与消极选民;另一方面是强势"选举机器"和积极分子。陪选之所以会出现,之所以能够运作成功,很大程

---

① 2009年5月,中共中央办公厅、国务院办公厅印发了《关于加强和改进村民委员会选举工作的通知》(中办发〔2009〕20号),首次对贿选的概念作出界定,指出"在村民委员会选举的过程中,候选人及其亲友直接或指使他人用财物或者其他利益收买本村选民、选举工作人员或者其他候选人,影响或左右选民意愿的,都是贿选";同时还明确了贿选等违法违纪行为的责任追究、查处主体以及违法违纪应承担的责任。

② 关于村委会选举中的陪选现象,参见徐勇《中国农村村级选举竞争的若干支配因素——以25个村庄的调查及跟踪观察为例》,《政治学》(人大复印资料)2000年第3期;郑双胜:《精英互动下的乡村权力配置——候选人视角》,《学海》2008年第5期。

度上是因为这两方面的"共谋":强势"选举机器"主导选举过程,内定选举结果;积极分子进行配合,执行相关策略;消极候选人被动接受组织的安排;消极选民"例行公事"般地参与投票。

一 陪选现象的分布规律

(一) 居委会主任的陪选现象比较普遍

无论是高档商品房社区、传统里弄,还是售后公房社区,主任的陪选现象都比较突出。在(党总支)书记、(居委会)主任"一肩挑"的社区尤其如此。这是因为党总支书记在社区的治理结构当中通常居于主导地位,其他的居委会委员、社工在个人能力、政治资历和社区影响力等方面难与之匹敌。相当一部分总支书记曾经担任国有企业的中层干部,从事组织、人事、宣传、工会等工作,有一定的领导经验,组织协调能力较为突出,这就使得他们在居委会和社区内部都有较高的威望,同时得到街道相关部门的大力支持。况且,总支书记还是选举委员会的主任,如果说选举委员会是居委会换届选举的总发动机,那么,总支书记就是这台机器的操盘手;即使在书记成为正式候选人而退出选委会之后,仍然是选委会实际上的核心人物。我们发现,强势的书记一旦参选,往往会令其他人对主任的职位望而却步,在 C 社区,一位居委会委员董某被 11 位居民提名为主任候选人,但后来这张提名表上的 3 个名字却被划掉,导致这一提名无效,通过事后的访谈,我们基本认定这一做法是董某主动提出的。[①]

即使不是"一肩挑"的社区,街道层面一般也有属意的主任人选,相当一部分是寻求连任的上一届居委会主任。这种情况与党总支书记参选相似,主任在社区有一定的人脉和威望,同时得到街道、党总支和选委会的支持。总而言之,书记的兼任、主任的连任在主任候选人的产生过程中具有很强的"挤出"效应,导致无人竞争的局面,最后党总支和选委会不得不出面做工作,请合适的人选出来陪选。

---

① 熊易寒、姚银科:《迈向多动力选举:党组织在社区选举中的角色转型》,《天津市委党校学报》2011 年第 2 期。

（二）居委会委员的陪选现象大多发生在经济条件较好的社区

经济条件越好的社区，越有可能出现陪选。委员的陪选现象在高档商品房社区最为普遍。这一类的社区往往房价高、户型大，居民的经济社会地位普遍较高，他们大多有事业，有经济实力，即使退休了也可以流向人大、政协、半官方的协会，居委会的职位对他们缺乏吸引力。由于居委会委员必须属地化，因此无法从别的社区"调剂"人员，这一类社区往往没有足够的候选人。党总支、选委会不得不找社区的党员、楼组长、积极分子做工作，动员他们出来陪选或竞选"非坐班委员"，即不需要每天上班，也不领取工资报酬的委员。

相反，对于经济社会地位较低的居民而言，居委会的坐班委员是一个不错的就业岗位，在经济形势不景气的情况下更是如此。在以普通工人为主的中低档社区，我们几乎观察不到陪选现象，因为这一类型的社区，下岗工人、低收入的退休工人数量较多，居委会工作一方面可以为他们增加一定的收入，另一方面上下班方便，可以同时兼顾工作与家庭。因此，这里的居委会选举竞争性较强。街道层面似乎也有意强化选举的竞争性，在 Y 社区，一位居委会委员到了退休年龄，街道却派下了 2 位见习社工，他们都成为新一届居委会的候选人，两人都志在必得，互不相让。

为了应对这样一种局面，上海的区一级政府根据自身的经济-社会发展状况对社区治理结构进行了相应的调整。在卢湾、徐汇等经济较发达的地区，由于居委会委员对居民缺乏吸引力，便开始大力扶持社工站，实行"议行分设"的体制。所谓"议行分设"，就是明确居委会职责为参与决策社区事务、监督社区行政工作、反映社情民意，扮演"议行分设"中"议"的角色；另由政府聘用专职社区工作者组成社区事务工作站，负责社区日常行政工作，扮演"议行分设"中"行"的角色。[①] 在这套制度安排下，民选的居委会构成所谓的"议事层"，街道办事处聘任的社工站专职人员则是所谓的"执行层"。这样一来，居委会就从基层政府代理人的行政化困局中解脱出来，回归了居民自治组织的本来面目。[②] 但是，由此也导致了居委会

[①] 关于议行分设的详情参见《"议行分设"给居委会"松绑"》，《人民日报》2006 年 11 月 5 日。

[②] 《"议行分设"破居委会之"困"，居民直选居委主任》，金羊网，2006 年 3 月 30 日。

的"空心化"——客观上使得居委会无事可做,功能上趋于萎缩,行政职能固然剥离了,自治的功能也无从实现。在实行"议行分设"的社区,不领报酬的居委会成员更加无人问津,"陪选"也就势在必行了。

考虑到"议行分设"的这一弊端,2012年上海市第十届居委会换届选举动员大会明确提出,要调整"议行分设",推行"议行合一",居委会三分之二以上的成员必须是全职人员。但是,如何填补人员的空缺呢?在经济水平较高的中产阶级社区,全职委员尤其难以落实。上海市的对策是"一老一少",由退休党员干部和高校毕业生参与居委会选举。退休党员干部通常是社区积极分子,所以当选不是问题;而大学毕业生往往是社区里的"陌生人",在居民当中缺乏认知度和声望,需要陪选策略确保其当选。

二 陪选的操作方式

成功操作"陪选"的关键在于:挑选出合适的陪选人,保证陪选者获得正式候选人资格,并确保陪选者不会对其他候选人构成威胁。这就需要选举组织方与陪选人之间的共谋。

陪选的第一个关键环节是挑选陪选人,这个过程是与初步候选人、正式候选人的提名过程同步的。对于居民提名的初步候选人,选委会有导向性地征询意见。对有竞争力的初步候选人,往往是随意地征求意见,由于中国传统文化历来倡导谦让,对方往往会表示"不愿意"或者"难以胜任",选委会则顺水推舟,不再"劝进";对于理想的陪选对象,即最有利于突出其他候选人优势的人,选委会则是穷追不舍,力劝其参加竞选。

在C社区,一共产生了2位主任初步候选人,9位委员初步候选人,其中有6位不是现任的居委会委员或社工。对于其中的5位初步候选人,选委会只是简单地征求意见,当对方表示不愿意之后,迅速与其签订不愿意参选的承诺书;然而,对于其中的一位老太太徐某,选委会却表现出浓厚的兴趣,由选委会副主任专门做了一个半小时的说服工作。为什么选委会要选择这位候选人作为陪选人呢?一位居委会委员透露说,该社区的总支书记周某今年62岁,已经严重超龄了(街道规定女性坐班委员不得超过55岁),照理不应该再参加选举,但是因为特殊情况,她又参加选举。所以,她要找一个年龄比她还大的来参选,这样自己会比较有面子。在这6个人当中,只有鲁某和徐某超过 60 岁，均为 64 岁。其次，周某和徐某学历为高中，而鲁某是大学学历，因此鲁某被排除在外。更为重要的是，徐某的腿脚不好，不符合"身体健康"的要件。只要在选举过程中适当操作，就能使徐某的竞争力大打折扣。

按照有关规定，从初步候选人到正式候选人，可以采用预选和协商两种方式。我们发现，凡是存在陪选的社区，通常会采取协商的方式；而竞争激烈的社区，一般会采取居民代表预选的方式。正是依靠协商这样一种具有较大操作空间的方式，不合适的竞争者被排除了，而理想的陪选人则进入了正式候选人名单。

最后一个关键环节是投票。在选举当天，我们看到了这样一个场面：居民前来投票，因为对候选人不熟悉，就会询问楼组长相关情况。有些居民根本没有提问，楼组长也会很殷勤地向他们介绍各位候选人的情况。在说到徐某时，总会加上一句，"就是年纪很大的，腿不方便的那位"。于是前来投票的选民就会摇着头说"身体不好还来当居委干部做啥?!"遂选其他人。在选举过程中，有不少居民托楼组长代其投票，我们注意到，这些选举基本都是按照选委会的意图填写的。最后的选举结果可想而知，徐某仅获得 353 票，与其他候选人的票数相差甚远。①

绝大多数选民是在公开或半公开的状态下（往往是在工作人员的注视和指导下）填写选票的，工作人员（主要由党员骨干充任）对竞选人/候选人的介绍发挥了很大的作用，L 小区的 W 书记告诉我们：

> 引导的方式方法，要巧妙，既要达到目的，又要……（6 月）17 日晚上（引者注：选举前夜），我给党员骨干挨个打电话，讲选举证、选民介绍的事，明天的选举靠你们了，你们自己了解吗？我一个一个解释，最终的决定权在他们，但你有义务向群众介绍竞选人的情况。如果他们不清楚，我就再解释一遍。那天我很晚才回家。②

在有的社区，工作人员甚至直接"示范"，"帮"选民填好第一张选票，然后让对方照葫芦画瓢；但有时候多个选民同时来领票，工作人员一时兼顾

---

① 姚银科：《2009 年上海市 C 居委会换届选举观察报告》（未刊稿），2009 年 7 月。
② 2006 年 6 月 22 日 L 小区 W 书记访谈记录。

不过来，便出现了"独立选民"，他们往往倾向于按选票上的排名先后打圈，可能是因为预见到这种情况，有的社区没有按竞选人姓氏笔画进行排名，而是把自己中意的人选排在前面，把"陪选者"列在后面。总体来看，另选他人的情况在各个小区都比较少见。①

无限制的委托投票也给选举工作人员和积极分子控制选票流向提供了绝好机会。在居委会选举中，委托他人投票的情况相当普遍。据我们统计，亲自参与投票的选民比例大概在13%～50%，大多集中于25%～40%，也就是说，在很多社区，委托投票的比例高达70%以上。不仅如此，绝大多数的委托投票都没有出具委托书，也没有表明自己的投票意向。

在H新村，一位积极分子颇为得意地告诉我们，她一共投了26张票。在她看来，这表明了群众对她的信任，她大概不知道，根据选举规则，一个选民最多只能接受3个人的委托。另外一位楼组长对选举规则似乎更加了解，她告诉我，她所在楼组有3户人家委托她投票，都出具了委托书。笔者问："那他们有没有告诉你，他们打算选谁？"她回答说："他们都说，侬选啥人，我就选啥人。"积极分子一般会亲身参与投票，由于各种原因无法或不愿到场的居民就委托他们代为投票，但往往都没有表明自己的投票意向，而是慷慨地赠予了这一权利。也就是说，一个积极分子实际上拥有多张选票，我们姑且称之为"复票权"。与英国历史上的"复票权"不同，积极分子的"复票权"不是国家赋予少数精英的法定权利，恰恰相反，这在很大程度上有悖于国家的规定，它是选民自愿赋予的，是一种多方合谋的变通行为：一部分选民借以逃避"义务"，积极分子以此来支持自己居委会的工作、为圈内人助选——我们常常看到积极分子与相熟的竞选人/候选人热情地打招呼："我刚刚投了侬的票。"或者更直白地说："侬当选肯定没问题的，我们都支持侬。"② 在不少社区，我们还观察到，选举工作人员将无法认领的选票集中起来填写，其选票投向自然是与组织意图高度一致的，以至于一些社区在最后统计选票时，不需一笔一画地唱票、写票，而是直接将所谓的"标准票"（指与组织意图完全一致的选票）单列，对所剩无多的其他

---

① 熊易寒：《社区选举：在政治冷漠与高投票率之间》，《社会》2008年第3期。
② 熊易寒：《社区选举：在政治冷漠与高投票率之间》，《社会》2008年第3期；李辉：《社会报酬与中国城市社区积极分子——上海市S社区楼组长群体的个案研究》，《社会》2008年第1期。

"散票"进行唱票即可。

如果说内定"陪选者"和"当选者"的权力掌握在总支书记为首的党组织手中,那么,积极分子就是这种组织意图的实际贯彻者。

三 陪选现象的根源分析

为什么在居委会选举中,陪选现象如此常见呢?

首先,对于居委会委员的选举而言,存在这样一对矛盾:一方面是差额选举的程序性要求,这是一个刚性的制度约束;另一方面却是竞争性不够,在高档商品房社区,往往缺乏属地化的候选人。陪选就是这样一组矛盾的产物。

其次,对于居委会主任的选举而言,则是另一番景象:不是竞争性不够,而是要将竞争性与不确定性最小化。通过陪选实现差额选举,一方面可以排斥其他的潜在竞争者;另一方面可以确保内定人选的优势,实现对选举结果的控制,保证选举"成功"。

再以C社区为例,主任的候选人2名,差额1人;委员的候选人5人,差额1人。乍一看,似乎有2人要被淘汰,其实不然,因为主任的另一位候选人应某同时也是委员的候选人,作为主任候选人,她的任务与前面所说的徐某一样,也是陪选;而作为委员候选人,她则是组织属意的人选(见"C居民区2009年居委会选举票")。我们注意到,周某、应某同时出现在主任候选人和委员候选人名单中,也就是说,周某是作为主任的内定人选与委员的陪选,应某是作为委员的内定人选与主任的陪选。通过"交叉陪选",主任和委员的候选人数都达到了差额选举的要求,但最终只有徐某一人真正落选。

选举实际上只需要淘汰一人(徐某),这就大大降低了选举的竞争性与不确定性。实际上,应某作为陪选也是经过精心挑选的,之前与应某一同被提名为主任初步候选人的还有董某,但董某选择主动退出,对于书记而言,董某显然是更强有力的竞争对手:应某是志愿性的非坐班委员,董某是坐班委员,与居民接触更多;董某仅有49岁,而应某已经56岁,已经超过了街道规定的坐班委员年龄上限(55岁)。[①]

---

① 姚银科:《上海市C社区陪选现象分析》(未刊稿),2009年7月。

C 居民区 2009 年居委会选举票

主任		委　员					
应某（注:陪选）	周某	刘某	应某	周某（注:陪选）	徐某（注:陪选）	郭某	董某

说明:1. 同意的请在候选人姓名上方的空格中画"○";如另选他人,在姓名栏空格内写上所选人姓名。2. 同一候选人,高职务的得票数可以加到低职务的得票数,但低职务的得票数不能加到高职务的得票数;3. 主任选 1 人,委员选 4 人。等于或少于规定名额的有效,多于规定名额的无效;4. 对同一候选人,只能在一个职务栏内划"○",如在两个以上职务栏内划"○",计票时只计职务高的。

C 居民区居民选举委员会(章)

2009 年 7 月 18 日

简言之,虽然居委会主任与委员的选举都存在陪选现象,但二者的原因和性质存在着较大差异。对于委员选举而言,陪选在很大程度上是出于无奈,由于城市居住空间的阶层化,同一个小区内的居民社会经济地位大致相当,社区阶层结构的这种发展趋势与居委会属地化的制度安排相结合,导致不同社区的选情"冰火两重天":在工人聚居的老公房和里弄,居委会委员是一个香饽饽;而在中产阶级的高档商品房社区,居委会委员则是无人问津的鸡肋。①

而居委会主任的陪选,更多的是因为控制,是由于行政化的街居体制使然。我们在调研中发现,大多数街道的负责人对于居委会委员的选举是比较开明的,但对于主任的人选还是非常看重的。这是因为现阶段的居委会仍然承担了太多的行政职能,一位居委会主任说:"我们居委会现在做的事情,有三分之一是组织法规定的事情,还有三分之二是政府布置的事情。每年都在说减负,但事务年年都在增加。"② 另一位街道民政科长则坦言:"我们的居委会每年光是接受评比、检查就是 40 多项,问卷调查有 100 多项。"③ 相关的调查也证实了这一点:

"居委会承担的任务太重了,上面千条线、底下一根针,居委会这么'一扇小门'要同时面对二三十个政府职能部门,怎么应付得过

---

① 熊易寒:《从业主福利到公民权利:一个中产阶层移民社区的政治参与》,《社会学研究》2012 年第 6 期。
② 2009 年 7 月 10 日 H 居委会访谈记录。
③ 2009 年 7 月 7 日 C 居委会访谈记录。

来?"上海市人大内司委和市人大代表在调研中多次听到居（村）委会干部反映这样的问题。他们发现，目前居（村）委会承担的工作有社会保障、社会发展、创建示范、综合治理、人口计生、公共卫生等6大类150多项，除此之外，还要承担人口调查、劳动力资源调查、残疾人情况普查等繁重的统计工作，完成内容重叠、标准相近、种类繁多的考核评比，代行部分物业管理职责、接受有关部门订阅报刊，等等。[1]

在这样一种体制下，居委会在很大程度上是基层政府的"脚"，为了确保行政任务的完成，街道党工委和办事处便不得不对居委会主任人选进行"政治把关"，而经过组织考察和挑选的人员往往具有明显的竞争优势，往往会导致主任一职无人竞争的局面，最后不得不以陪选来应对差额选举的要求。

四 结论

作为一种选举策略，陪选之所以受到城市基层政府和选举委员会的青睐，主要原因在于：陪选可以同时实现"输家最小化"和"确定性最大化"，以最小的代价实现差额选举与组织意图的结合。"输家最小化"是指选举当中落选的人数越少越好，只要能够满足差额选举的最低门槛即可，所以不少居委会安排同一个陪选者竞选两个岗位（主任和委员），这样一来名义上淘汰了两人，实际只淘汰一人。"确定性最大化"是指通过陪选尽可能排除意外因素，利用缺乏竞争力或当选意愿的陪选者来排除有竞争力的"非组织提名人"，从而使得组织意图更加容易实现。

需要指出的是，陪选对选举结果并不是毫无影响的，虽然陪选的初衷是为了符合选举的程序性要求，从而使选举结果具有合法性，然而陪选现象的存在，最终恰恰消解了这种合法性，使社区民众对选举的程序正当性产生怀疑；再者，陪选大大降低了选举的竞争性与不确定性，而这恰恰是民主选举的核心指标。一场毫无悬念的选举，常常会动摇人们对于民主的信念。

---

[1] 郭光辉、陈列：《150项工作，居（村）委会怎堪重负》，《检察日报》2008年7月21日。

有缺陷的政党？
——海外学者论列宁主义政党的脆弱性

闫 健[*]

摘 要：在海外学者关注"列宁主义政党"转型的背后，是他们对于列宁主义政党内在缺陷的笃信不疑。在本文中，笔者分别从"脆弱的合法性基础"和"有限的适应能力"两个维度梳理了海外学者对于列宁主义政党内在缺陷的相关论述。本文的论述表明，列宁主义政党的内在缺陷构成了海外学者相关研究的逻辑起点，并直接影响了海外学者对于前社会主义国家政治转型前景的判断。

关键词：列宁主义政党　合法性　适应能力　转型

在海外学术界，对于前社会主义国家政治转型的现实关照往往与这些国家中列宁主义政党的转型紧密联结在一起。或者说，在海外学者那里，这二者本身就是一个问题的两个面向。因此，列宁主义政党的转型进程便成为海外学者相关研究的核心关注点。

在海外学者看来，列宁主义政党之所以需要"转型"，源于此类政党的内在缺陷。在海外学者那里，列宁主义政党的内在缺陷主要表现在两个方面，即脆弱的合法性基础和有限的适应能力。在本文中，笔者对海外学者有关列宁主义政党脆弱性的相关论述进行梳理，试图挖掘海外学者相关研究背后共同的理论（价值）预设。在笔者看来，列宁主义政党的内在缺陷构成

---

[*] 闫健，中央编译局比较政治与经济研究中心副研究员。

了海外学者相关研究的逻辑起点,并直接影响了海外学者对于前社会主义国家政治转型前景的判断。

脆弱的合法性基础

任何政治体系都必须基于一定的政治合法性。根据合法性来源和性质的不同,马克斯·韦伯将所有政治体系划分为三类,即传统型、克里斯马型和法理型。其中,传统政治体系的政治合法性源于特定社会的历史惯例和文化传统(例如世袭制);在克里斯马型政治体系中,政治合法性源于克里斯马领袖的个人魅力;而在法理型政治体系中,政治合法性则源于正式的程序规则和制度安排。在韦伯看来,现代政治体系的合法性只能基于法理之上,传统和克里斯马都无法为现代政治体系提供合法性,前者不适用于现代文明,后者则无法带来持久的合法性。

那么,在一个列宁主义国家(Leninist State)[①] 中,政治合法性的来源又是什么呢?在海外学者看来,列宁主义国家的政治合法性正是源于列宁主义政党自身。魏昂德(Andrew Walder)指出,"什么是共产主义社会中维持稳定的最为关键的制度呢?这就是按照等级原则组织起来的列宁主义政党,它渗透到每一个重要的基层组织之中,在命令经济中掌握实际上的产权,垄断了生产、投资、工资和职业的所有权力"。[②] 乔伊特(Kenneth Jowitt)将列宁主义政党视为一种"非个人化的克里斯马权威"(impersonalized charisma)。所谓"非个人化的克里斯马权威"是相对于传统的克里斯马权威而言的。传统的克里斯马权威本质上是一种个人权威,与此不同,在列宁主义原则下,承载"克里斯马权威"的不再是个人,而是一个组织,即列宁主义政党。这样一来,列宁主义政党便赋予一种传统的权威形式(即克

[①] 麦康勉(Barrett McCormick)将由列宁主义政党所主导的政治体称为"列宁主义国家",其含义基本上与很多海外学者使用的"共产主义国家"相同。但是,二者又有细微的差别。前者强调列宁主义政党在国家中的主导地位,而后者则突出共产主义意识形态的重要意义。但是,随着后革命时期的"去激进化"运动,共产主义意识形态在大多数社会主义国家不可避免地出现了衰落,尽管与此同时,列宁主义政党仍旧在国家中占据主导地位。因此,在本文的讨论中,笔者采纳"列宁主义国家"的称谓。关于"列宁主义国家"的特征,见 Barrett L. McCormick, *Political Reform in Post-Mao China: Democracy and Bureaucracy in a Leninist State*, Berkeley: University of California Press, 1990.

[②] Andrew Walder, "The Decline of Communist Power: Element of A Theory of Institutional Change," *Theory and Society*, Vol. 23, No. 2 (1994), pp. 297 – 323.

里斯马权威）以现代的组织形式（即政党）。在乔伊特看来，列宁主义的中心特点就是将（相互冲突的）克里斯马式的英雄导向与现代组织的非个人化导向有效结合在了一起，如他所言，在列宁主义组织中，"英雄主义被界定为组织特征，而非个人特征"。①

如是，则列宁主义国家的政治合法性便取决于列宁主义政党克里斯马权威的维系。在海外学者看来，为了维系其克里斯马权威，列宁主义政党一方面要抬高党自身的位置（将党"偶像化"或"神化"），另一方面又要通过意识形态和组织纪律培育成员的忠诚，因为，党的克里斯马权威最终要通过其组织成员的"先进属性"得以体现。也正因如此，列宁主义政党的意识形态和组织纪律对于维持其克里斯马权威均至关重要。

在革命时期，意识形态的纯洁性和严密的组织纪律能够赋予列宁主义政党强大的动员和行动能力，这是一个列宁主义政党能够取得革命成功的关键因素。麦康勉（Barrett L. McCormick）指出："列宁主义政党能够利用党员对党的历史使命的忠诚，以及社会对党的高尚性的接受，构建有效的'政治性战斗组织'。列宁主义政党不仅能够在竞争的国际环境中建立起军事强国，而且能够摧毁一切有组织的反对力量。结果就造就了一种新型的国家——尽管从技术上说并非十分有效，但却是高度自主的、并且至少暂时能够动员民众热情的国家。"② 塞尔茨尼克（Philip Selznick）也发现，"共产党政权建立了一个可以对全心全意奉献给组织的成员提出许多要求的体制。这是一个强有力的组织，它可以将自愿组织的普通成员转变为可以随意调遣的骨干"。③ 他把这类组织称为"组织武器"或"战斗性政党"。正因为如此，乔伊特和亨廷顿都将列宁主义政党看做后发国家实现现代化的一种选择。④

但是，在海外学者看来，列宁主义政党的克里斯马权威将随着革命环境

---

① Kenneth Jowitt, *New World Disorder: The Leninist Extinction*, Berkeley: University of California Press, 1992, p. 4.
② Barrett L. McCormick, *Political Reform in Post-Mao China: Democracy and Bureaucracy in a Leninist State*, Berkeley: University of California Press, 1990, p. 195.
③ Philip Selznick, *Leadership in Administration*, New York: Harper and Row, 1957, p. 13.
④ Kenneth Jowitt, "Inclusion and Mobilization in European Leninist Regimes," *World Politics*, Vol. 28, No. 1 (October, 1975), pp. 69–97; Samuel P. Huntington, "Social and Institutional Dynamics of One-Party Systems," in Samuel P. Huntington and Clement H. Moore ed., *Authoritarian Politics in Modern Society: The Dynamics of Established One-Party Systems*, New York: Basic Books, Inc., 1970, pp. 1–44.

的消失而面临严峻的挑战。革命是理想主义的迸发，但是它毕竟不是人类社会发展的常态。革命最终会发展到难以与其崇高的理想保持一致的时刻，当这个时刻来临之时，革命便会逐渐转向平静的时代，而不再是英雄的时代。这个"革命狂热之后的恢复期"被布林顿（Crane Brinton）称为"热月党人反动"（Thermidorean Reaction）。①

进而言之，这种挑战源于后革命时期社会和经济环境的根本变化，"它们（列宁主义政党）既无法以世袭作为合法性来源，又无法像西方的政党那样将合法性基于自然秩序或社会契约之上。因此，它们只能以领导革命成功作为自己的合法性来源。但是，基于革命传统的合法性很可能会下降，因为经过长时期的革命斗争之后，人们会对革命产生厌烦，这是一个普遍的现象"。② 亨廷顿也认为，后革命时期的现代化进程将逐渐侵蚀列宁主义政党的克里斯马权威，"恒久的现代化进程还是给一党制的稳定造成问题。政党的力量来自其夺取政权的斗争。一旦大权在握，那还会有什么动机驱使它去保持高水平的动员和组织呢……一党制持久的生命力恰恰依赖于某种被其领袖们视为异端邪门现象的存在"。③ 通过对比中共和越共两党在革命时期的民主政治实践，沃马克（Brantly Womack）发现，革命时期的政治军事竞争环境，迫使两党执行"照顾群众的政策"，尽管它们同时都保留着威权主义的内部结构。沃马克将两党在革命时期建立起来的这种体制称为"半民主体系"，在他看来，革命时期竞争性的政治军事环境是两党推行半民主政治的决定性因素。但是，在革命胜利后，两党对民众的责任性以及在民众中的好感都下降了，这不仅带来党与人民关系的变化，也导致列宁主义政党克里斯马权威的流失。④

更为重要的是，革命后时期国家建设的历史使命，将对列宁主义政党保持其组织纪律和意识形态纯洁性提出新的挑战。吕晓波指出，"一方面，战争时期，革命的意识形态和革命目标为组织成员提供了认同和能力，组织获得了整体性；另一方面，随着列宁主义政党掌握政权，它不得不面临'民

---

① Crane Brinton, *The Anatomy of Revolution*, New York: Vintage, 1957, pp. 213-215.
② Peter R. Moody, Jr., *The Politics of the Eighth Central Committee of the Communist Party of China*, Hamden, CT: The Shoe String Press, 1973, p. 2.
③ 塞缪尔·P. 亨廷顿：《变化社会中的政治秩序》，王冠华等译，三联书店，1989，第394~395。
④ Brantly Womack, "The Party and the People: Revolutionary and Postrevolutionary Politics in China and Vietnam," *World Politics*, Vol. 39, No. 4 (July, 1987), pp. 479-507.

族构建'的问题和发展任务。共产主义组织面临着成员社会构成的变化、对干部能力的新要求,以及功能常规化对革命理念的挑战"。① 在某种程度上,作为克里斯马组织的列宁主义政党需要战斗环境来保持自身的组织整体性。换言之,通过"斗争"而获得一定程度的社会冲突,对于列宁主义政党的持续的革命理想至关重要。② 在这里,舒尔曼(Franz Schurmann)首先发现了人为制造的革命环境对于维持列宁主义政党合法性的意义。他指出,战争时期的凝聚力会随着战争的结束而下降。因此,中共不断发动"整风"等运动,目的就是保持斗争的气氛,并以此来维持自己的凝聚力。在这里,意识形态就成为促进斗争的工具,它不仅唤起人们的道德义务,而且会构成一种有凝聚力的力量以防止斗争导致组织解体。③

乔伊特将列宁主义政党的克里斯马权威称为"组织的整体性"(organizational integrity)。在他看来,所谓"组织的整体性"就是指一种组织能力,即组织能够界定社会政治任务,并且能够使其成员服从于整体的组织利益,从而实施其战略。④ 换言之,"组织的整体性"意味着,组织成员的认知和价值观念必须与组织所宣称的价值观念相一致,组织的价值与目标成为每个成员的价值和目标。然而,吊诡的是,"组织的整体性"和列宁主义政党"非个人化的克里斯马权威"得以实现的前提,却是对组织成员的"超个人化"要求:组织成员被要求成为党组织的合格分子(或者叫"螺丝钉"),必须摈弃那些与党的意识形态相违背的思想与行为。否则,组织成员便会失去其"先进属性",进而与组织外的成员没有任何差别。因此,对于组织成员这种"超个人化"要求便成为党组织"先进属性"的具体体现,并成为区分组织成员与组织外成员的根本界限。

在实践中,对于组织成员的这种"超个人化"要求常常是难以维持的。特别是在革命后时期,随着共同使命感的降低和生存环境的改善,组织成员的个体偏好和利益倾向必然会显现出差异,对于组织的认同也会下降。在这

---

① Xiaobo Lu, *Cadres and Corruption: The Organizational Involution of the Chinese Communist Party*, Stanford: Stanford University Press, 2000, p. 25.
② A. Doak Barnett, *Cadres, Bureaucracy, and Political Power in Communist China*, New York: Columbia University Press, 1967, p. 444.
③ Franz Schurmann, *Ideology and Organization in Communist China*, Berkeley, CA: University of California Press, 1966, p. xlii.
④ Kenneth Jowitt, "Soviet Neotraditionalism: The Political Corruption of a Leninist Regime," *Soviet Studies*, Vol. 35, No. 3 (July, 1983): 275–297.

种情况下，组织成员就不再是党组织的螺丝钉，而是有着与组织外成员一样"个人化"偏好和利益要求的个体。这极易使得组织成员丧失其区别于组织外成员的"先进属性"，也使得基于对组织成员"超个人化要求"之上的组织整体性不可避免地下降。吕晓波指出："列宁主义政党维系组织整体性之能力不断走向衰落，是集权社会主义国家政治发展的最重要特点之一。这些国家政权的政治发展，在很大程度上受到了这一组织整体性能力削弱的影响。形成和保持组织整体性的能力，曾经是列宁式组织的明显特点，它表现在其能够使成员忠诚于组织，并无条件服从组织调遣。"[1]

首先，对组织成员的"超个人化"要求与物质利益的追求相冲突。在罗文索（Richard Lowenthal）看来，列宁主义国家一方面要保持革命的乌托邦理想，另一方面又要从事经济发展，后者又恰恰不符合其初期组织整体性的内容。列宁主义国家面临的现实与目标之间的冲突都可以归结为"发展与乌托邦"或"现代性与乌托邦"之间的冲突。随着"成熟工业化"（mature industrialization）的到来，一个列宁主义国家不得不强调对个人的物质激励，以促进经济的现代化。但是，强调对个人的物质激励必然与党的（强调组织成员"超个人化"的）意识形态发生根本冲突。"乌托邦和现代性"的双重目标相互交织在一起，经常就特定的政策问题产生冲突，因此，共产主义极权国家常常要经历"经济发展和自然的社会变迁所导致的负面的意识形态后果"。[2] 换言之，列宁主义政党的意识形态与个人的物质利益追求之间存在着根本的矛盾，后者可能对列宁主义政党的组织整体性带来负面影响。但是，一个组织如果不能为其成员提供基本的物质和其他私利需要，又很难保证其成员对组织的凝聚力和认同。这就使得列宁主义政党面临一个两难境地。

其次，对组织成员的"超个人化"要求常常无法抵御来自传统的影响。列宁主义政党的根本任务就是改造传统社会，但在现实中，列宁主义政党却常常为社会传统所改造。一方面，在革命发生时，整个社会文化制度基本上是传统的，这些传统的因素会随着革命的胜利一起被带入"新生的"社会，继续发挥着影响。更为重要的是，经过长时间的社会习得（social learning），这些传统因素已经为所有社会成员所内化——不仅组织外的成员认同这些传

---

[1] 吕晓波：《关于革命后列宁主义政党的几个理论思考》，载周雪光主编《当代中国的国家与社会关系》，（台北）桂冠出版社，1992，第196页。

[2] Richard Lowenthal, "Development vs. Utopia in Communist Policy," in Chalmers Johnson eds., *Change in Communist Systems*, Stanford, Calif.: Stanford University Press, 1970, p. 53.

统，即便是处于"超个人化"要求之下的组织成员往往也是这些传统因素的载体。因此，对组织成员的"超个人化"要求常常面临着传统因素的强大抵御。为了抵御传统因素对其组织整体性的侵蚀，列宁主义政党往往试图将自身与整个社会隔离开来。乔伊特指出，在列宁主义政党的巩固阶段，党的任务是创建新的政治体系核心，防止原先的社会和文化势力对党青睐有加的制度、价值和实践造成冲击和挑战。在这个阶段，政治不确定性从寻找"敢冒风险的干部"以及获得政治支持的能力，转变为党的精英试图将组织成员与社会之间的隔离最大化，确保干部只向党保持忠诚。[1] 即便如此，传统因素对于组织整体性的侵蚀似乎仍旧不可避免。如施乐伯（Robert Scalapino）指出的，"列宁主义政权巩固后，对传统因素采取了绞杀态度。但是，这是徒劳无功的。往往是，那些有利于现代性的传统因素被剔除了，而那些消极的传统因素却变换了方式，继续存在于新的体系之中。这里的一个例子就是集权传统在亚洲列宁主义国家的存续和发扬光大"。[2]

米尼（Constance Squires Meaney）将列宁主义政党对于传统文化的矛盾态度概括为列宁主义政党面临的"双重危险"：

> 一方面是被旧有的政治文化同化的危险，另一方面则是与社会相隔绝的危险。应对第一种危险，要求党必须保持自身意识形态的纯洁性，防止旧有政治文化和传统的侵蚀；应对第二种危险，又要求党必须将其成员派遣到社会的各个角落。党在这里面临着一个两难选择。[3]

随着时间的推移，在与传统因素的斗争中，列宁主义政党的组织整体性很难保持下去，曾经有效的意识形态逐渐失去其意义和吸引力。魏昂德将这种现象称为"新传统主义"，[4] 即列宁主义政党的组织整体性不可避免地遭到传统因素的侵蚀。在这种情况下，列宁主义政党对于组织成员的"超个

---

[1] Kenneth Jowitt, "Inclusion and Mobilization in European Leninist Regimes," *World Politics*, Vol. 28, No. 1 (October, 1975), pp. 69-96.

[2] Robert A. Scalapino, *The Last Leninists: The Uncertain Future of Asia's Communist States*, The Center for Strategic and International Studies, 1992, p. xiv.

[3] Constance Squires Meaney, *Stability and the Industrial Elite in China and the Soviety Union*, Berkeley: Institute of East Asian Studies, University of California, 1988, p. 5.

[4] Andrew Walder, *Communist Neotraditionalsim: Work and Authority in Chinese Industry*, Berkeley: University of California Press, 1988.

人化"要求不再能够维持,"战斗任务"不再提出和完成。同时,正式规则又让位于腐败、裙带关系等传统因素。

再次,对组织成员的"超个人化"要求与现代组织的科层化趋势相矛盾。如前所述,在列宁主义理论看来,列宁主义政党是一种"非个人化的"克里斯马权威,它赋予了"传统的"克里斯马权威以现代的组织形式。尽管如此,列宁主义政党并不能从根本上调和克里斯马权威与现代组织形式之间的潜在冲突:前者倡导组织成员的"英雄主义"和组织内部的平等精神,后者则强调专门化、等级化等现代组织要素。更为重要的是,为了促进经济发展,列宁主义国家必须采取一些"现代化"的组织方式和管理原则,这更是从实践中削弱了组织整体性。吕晓波指出:"为了建立这个平等的制度,列宁主义政权必须采用一些包括组织上、技术上的途径,尽管这些途径可能与革命权威合法性以及平等理想格格不入。它们包括职能分工、分层管理等所谓现代政治和社会才具有的秩序。结果是,功能分工会损害成员对组织的原本革命目标的信心和投入。这是因为,它不仅没有保持本来应该保持的目标意识,反而培养了角色意识。到头来,革命的意识形态不仅没有改造现实,反而被现实所改造。"①

因此,对于列宁主义政党而言,建立在对组织成员"超个人化"要求之上的组织整体性是难以为继的,这就意味着列宁主义国家的政治合法性是脆弱的和不稳固的。不仅如此,在海外学者看来,列宁主义政党有限的适应能力更是凸显了其内在的脆弱性。②

有限的适应能力

海外学者认为,列宁主义政党自身的组织原则和结构特征决定了它的适应能力十分有限,很难在不断变迁的环境中存活下来。根据党在每一时期的主要任务,乔伊特将列宁主义国家的发展划分为三个阶段,即转型阶段、巩

---

① 吕晓波:《关于革命后列宁主义政党的几个理论思考》,载周雪光主编《当代中国的国家与社会关系》,(台北)桂冠出版社,1992,第209页。

② 在本文中,"列宁主义理论"特指西方学者在对以苏共为原型的前社会主义政党研究过程中形成的一种理论分析工具,它强调列宁主义政党严密的组织纪律、森严的等级结构、僵化的意识形态以及它对国家和社会的持续主导。在西方,乔伊特、亨廷顿和布热津斯基等人是列宁主义理论的典型代表。本论文中的"列宁主义理论"并不指代西方学者对列宁著作或列宁主义思想的研究。

固阶段和包容阶段。一方面，党在每一阶段的主要任务会对列宁主义国家的政治结构产生影响；另一方面，党又必须适应每一阶段政治社会环境的相应变化。例如，在包容阶段，党适应政治社会环境变化的措施就是扩大政权在政治、生产和决策方面的内部边界，以将非官方的社会部门吸纳进来。包容的目的就是试图将列宁主义政党与整个社会融合在一起，而非彼此隔绝。这样一来，党得以在吸纳社会精英的同时，保持自身的克里斯马地位。[1] 但是，正如乔伊特所指出的，列宁主义政党在适应环境变化方面面临着诸多困难。

首先，列宁主义政党对环境的变化并不敏感。对于政治组织而言，适应环境变化的前提是能够感知到环境的变化。在列宁主义理论看来，列宁主义政党的一大特征就是与社会的隔离，这使得它很难感知社会环境的变化。例如，狄忠蒲（Bruce Dickson）认为："列宁主义政党的产生是为了改变它们治理的社会，而不是为了满足社会的要求，因而对于社会的变化并不敏感。列宁主义政党是精英主导型政党：民主集中制原则常常限制了党内的政治争论，因而阻碍了要求改革（以适应环境变化）的内部压力。此外，禁止党外任何政治组织的存在压制了社会的非动员参与。"[2] 由于列宁主义政党同日常社会生活相隔离并且不需要对公众的意见进行回应，狄忠蒲认为，列宁主义政党容易使用强制力压制要求变革的呼声，而不是去适应环境的变化。

其次，列宁主义政党的意识形态会成为制约其适应能力的重要因素。如前所述，意识形态是列宁主义政党获得政治合法性的重要来源。但是，在革命后时期，列宁主义政党的意识形态往往会成为制约其适应能力的重要阻碍。一方面，意识形态表明了列宁主义政党对于未来社会的远景设想，决定着党的奋斗目标。但是，它毕竟无法为党改造社会的具体实践提供指导，这就导致意识形态理想与现实之间产生巨大鸿沟。另一方面，由于意识形态对于维持组织整体性的重要作用，列宁主义政党又不能抛开意识形态理想而直面社会现实。在这种两难状况下，列宁主义政党的意识形态反而束缚了党适应环境变化的努力。因此，为了在论证党的适应努力的同时保持其意识形态理想，列宁主义政党不得不在意识形态理想之下发展出第二套意识形态体系。约翰逊（Charlmer Johnson）等人将列宁主义政党的意识形态分为两种，

---

[1] Kenneth Jowitt, "Inclusion and Mobilization in European Leninist Regimes," *World Politics*, Vol. 28, No. 1 (October, 1975), pp. 69-96.

[2] Bruce J. Dickson, *Democratization in China and Taiwan: The Adaptability of Leninist Parties*, Oxford: Clarendon Press, 1997, p. 2.

即"目标文化"(goal culture)和"变革文化"(transfer culture)。所谓"目的文化",指的是党对未来社会理想的设计,它与当下"需要彻底改变"的社会现实形成了鲜明的对比。"变革文化"则是指导党的决策的具体规范,它指明革命领导为达到目的文化而采取的具体步骤。① 同样,舒尔曼(Franz Schurmann)将列宁主义政党的意识形态分为"纯粹意识形态"(pure ideology)和"实用意识形态"(practical ideology)。前者的作用在于申明党的价值理念,即有关道德和伦理对错的理念;后者则界定具体的行为规范,即哪些行为是可以被接受的,哪些行为却是不被接受的。② 即便如此,意识形态理想与现实之间的矛盾依旧没有解决,意识形态理想仍旧限制着党对适应策略的选择,"随着列宁主义国家的衰朽,它们会发现自己的意识形态遗产会成为尖锐批评的源泉"。③

更为重要的是,列宁主义政党自身的组织原则大大限制了其适应能力。根据列宁主义理论,列宁主义政党是一个按照民主集中制原则组织起来的政党,在实践中,民主集中制原则几乎无一例外地导致政治权力的个人化和过分集中。从理论上讲,民主集中制原则提倡党内充分的民主讨论,但在实践中,由于党员数量的庞大和决策规则的缺乏,这种民主讨论往往难以展开。并且,在"打碎旧世界"的革命战争时期和"建设新世界"的社会改造背景下,这种基于全党成员充分参与之上的决策设想显然无法满足现实环境对灵活高效决策的要求。因此,在列宁主义理论看来,列宁主义政党的决策权力必然由党的领导层所掌握。另一方面,民主集中制原则又强调"下级服从上级"的组织纪律,这就无法为有组织的、自主的意见表达留下必要的空间。因此,在列宁主义政党中,政治权力将不可避免地集中于党的领导层。同时,列宁主义政党的克里斯马性质容易造就克里斯马领袖,而在"下级服从上级"的民主集中制原则下,这又会导致政治权力极易集中在最高领导人手中。在政治权力个人化和过分集中的状况下,列宁主义政党缺乏对社会政治环境变化的感知能力和应对能力。如林德布罗姆(Charles

---

① Charlmer Johnson and Azrel Jeremy eds., *Change in Communist Systems*, Stanford: Stanford University Press, 1970, p. 7.
② Franz Schurmann, *Ideology and Organization in Communist China*, Berkeley, CA: University of California Press, 1966, pp. 23 – 25.
③ Barrett L. McCormick, *Political Reform in Post-Mao China: Democracy and Bureaucracy in a Leninist State*, Berkeley: University of California Press, 1990, p. 196.

Lindblom)指出的:"共产主义体系下的领导人总是缺乏准确而及时的信息,因为它们过分依赖于官僚体系而不是多元政治或经济市场……共产主义体系拥有很大的'大拇指',但是却没有'手指'。"①

在海外学者看来,由于无法适应政治经济和社会环境的变迁,列宁主义政党便致力于对政治经济和社会环境进行控制。布热津斯基指出:"无论在心理上还是政治上,列宁主义政治体系随时准备与社会进行全面对抗。新的统治者只有攻击社会才能按照自己的政治设想重建社会。一个列宁主义政治体系是无法与一个基于动态自发性之上的社会长期共存的。这样的共存要么会导致政治体系的衰朽,要么导致政治体系与社会之间的持续冲突。"②魏昂德认为,为了获得干部和普通民众的服从,党组织必须通过控制职业机会和物质利益的方式,对他们的行为进行监督、惩罚和奖励。③在这种情况下,对环境的控制成为列宁主义政党维持其生存的必然选择,而一旦它不再能够完全控制环境,它将无法适应"一个它不能随意控制的社会"。④

因此,在海外学者看来,列宁主义政党本质上是一个脆弱的政治组织:对组织成员"超个人化"要求的不可持续性,使得基于组织整体性之上的政治合法性十分脆弱;适应能力的缺乏又使得它难以应对社会环境的变化。因而,在列宁主义理论看来,列宁主义政党是一种具有内在缺陷的、无法适应现代社会要求的政治组织。这使得许多海外学者对于列宁主义政党的前景抱以悲观态度。麦康勉指出:"列宁既不理解技术效率的真正来源,又无法理解组织和个人自主性的重要性。基于列宁主义原则之上的国家从一开始就是残废的国家。"⑤黎安友则认为,列宁主义政体的出现是一种"权宜之计",它不会永远持续下去,就它们的多样性以及长久性来讲,它们都生活在未来的阴影底下。⑥

---

① Charles Lindblom, *Politics and Markets*, New York: Basic Books, 1977, p. 65.
② Zbigniew Brzezinski, *The Grand Failure: The Birth and Death of Communism in the Twentieth Century*, New York: Charles Scribner's Sons, 1989, p. 21.
③ Andrew Walder, "The Decline of Communist Power: Element of a Theory of Institutional Change," *Theory and Society*, Vol. 23, No. 2 (1994), pp. 297–323.
④ James March and Johan Olsen, *Rediscovering Institutions: The Organizational Basis of Politics*, New York: Free Press, 1989, p. 47.
⑤ Barrett L. McCormick, *Political Reform in Post-Mao China: Democracy and Bureaucracy in A Leninist State*, Berkeley: University of California Press, 1990, p. 195.
⑥ Andrew J. Nathan, "Authoritarian Impermanence," *Journal of Democracy*, No. 3 (July, 2009).

简短评析

　　列宁主义政党的兴起和衰落是 20 世纪人类政治发展史上的重大事件。如果说海外学者对于列宁主义政党兴起的原因尚众说纷纭的话，那么，在对于列宁主义政党衰落原因的理解方面，他们的分歧则要小得多。本文的论述表明，海外学者认为列宁主义政党是一个充满内在缺陷和脆弱性的政治组织，这既体现为其脆弱的、不具可持续性的合法性基础，也表现为它有限的适应能力。在海外学者看来，随着革命后社会经济环境的变迁，列宁主义政党及其主导的政治体系的衰落似乎是不可避免的事情。

　　20 世纪 70 年代以来的"第三波"民主化浪潮似乎给了海外学者更多的理由保持自信。然而，人类社会的现实发展远比学者们的理论想象来得复杂和丰富。在充满变化和不确定性的经济社会环境面前，一些列宁主义政党表现出了惊人的学习能力和适应能力。从这个意义上讲，海外学者坚信的"列宁主义政党的终结"或许也意味着其转型和再造的真正开始。

反腐败与问责

海外中国腐败研究文献述评

李 莉[*]

摘 要：本文首先对西方腐败研究文献中关于腐败的定义进行了回顾并简要介绍了中国语境下对于腐败的界定；其次，在此基础上，本文介绍了海外文献中研究中国腐败问题的三种流派——功能学派、制度学派、文化学派，并对其进行了简要的述评。

关键词：腐败定义　中国腐败研究　述评

关于腐败的研究，一直呈现多样性和复杂性[①]。在西方学界，至今尚未有一个普遍适用于全世界的腐败定义[②]。究其原因即在于"腐败是一种非常具有地方性（endemic）的现象"[③]。也就是说腐败的地域特征非常明显，它总是与特定的政治环境、政治体制和文化习俗相联系。各个国家不同的政治

---

[*] 香港城市大学应用社会科学系博士研究生，广东外语外贸大学政治与公共管理学院讲师。本文是广东省人文社科重点研究基地项目"公车制度改革的模式比较与效果评估研究"中山大学廉政与治理研究中心课题组阶段性成果之一。同时，本文得益于对香港城市大学公共行政系公婷教授开设的"腐败与治理"课程的旁听，以及应用社会科学系卢铁荣教授关于其专著 "Corruption and Politics in Hong Kong and China" 的讨论，在此表示感谢。同时感谢匿名评审的宝贵意见。对于文中出现的错误皆由本人负责。

[①] Heidenheimer, A. J. & Johnston, M. (Eds.), "Political Corruption: Concepts and Contexts" (3rded.) (New Brunswick: Transaction, 2001).

[②] Mark Philp, "Access, Accountability and Authority: Corruption and the Democratic Process," *Crime, Law & Social Change*, 36 (2001): 357 – 377.

[③] Friedrich, C. J, "Political Pathology," *The Political Quarterly*, 37 (1966).

制度安排，迥异的文化习俗等就会左右当地人对腐败的定义。这种差异为我们理解腐败现象、分析腐败问题带来了不少困难。因此，试图对已有关于腐败研究的梳理本身就是一件极具挑战性的工作，这也是目前学界缺乏相关研究的重要原因。本文试图在梳理腐败定义和解释路径的基础上就海外中国的腐败研究文献作一个基本的整理和评析，以期对今后进一步的中国腐败研究提供帮助。

一　腐败定义的复杂性

腐败现象，古已有之，关于腐败的研究也源远流长。西方学界普遍认为，对于腐败的界定可以划分为"前现代社会科学时代"和"后现代社会科学时代"两个时期①。

（一）古典学派

前现代社会科学时代，自柏拉图以降，就开始对腐败有所关注。柏拉图在《理想国》中认为那些为部门利益所把持的政府都是一种腐败，因此他设计了理想国，在理想国中是没有腐败的。亚里士多德则在柏拉图的基础上将政体与腐败紧密联系起来论述。他在《政治学》中指明"这里存在三种政体，同时与之对应的是三种政体的变形，腐败就是这三种变形政体的原因所在"。②

显然，柏拉图与亚里士多德都将腐败与政体（国家形式）联系了起来。他们认为腐败是一种"违反、偏离"一定规则和形式的行为。但他们所强调的不是违反法律，而是违反统治者意愿的行为。③

在二者之后，马基雅维利、孟德斯鸠和卢梭则分别从个体的视角来看待和理解腐败。马基雅维利认为腐败是一种不断削弱和最终破坏个人品德的过程。因为，大部分人都是脆弱且缺乏好品质的人。因此，应对腐败的最好办

---

① Robert Williams, "New Concepts for Old?" *The Third World Quarterly*, 20 (3) (1999): 503 – 513.
② G. S. Becker, "Crime and Punishment: An Economic Approach," *Journal of Political Economy*, 76 (1968): 169 – 217.
③ Friedrich, C. J, "Corruption Concepts in Historical Perspective," in A. J. Heidenheimer and M. Johnston, (eds.), *Political Corruption: Concepts and Contests* (New Brunswick: Transaction Publishers, 2002).

法就是寻求英雄式的人物，令其担以领导之重任，从而带领民众远离腐败。① 孟德斯鸠则以罗马为例说明腐败可以使一个好政体变为一个坏政体，甚至走向毁灭。卢梭对于腐败的看法迥然有别于前人，他认为并非腐败之人破坏了政治体制，相反，是政治体制遭受腐败侵蚀后影响了个体。② 这一看法实际上反映出卢梭已经深刻认识到腐败的根源是与权力紧密相连的，政治腐败不可避免的是权力斗争的产物。

从上述各家对于腐败的界定来看，其相似之处在于以下两点。其一，自柏拉图以降，腐败都被视为一种"恶"。这种"恶"一方面反映在个人道德失范上：是一种个人的品质败坏使然；另一方面则反映在政治体制上：是一种体制损坏、变形之结果。其二，腐败总是关乎政治的。这一点不论柏拉图还是卢梭都已经提及。在他们看来，腐败并不是个人生活层面的事件，它本身就涉及政治过程和政治体制。腐败的威力巨大，足以使政权易手、政体变质。

（二）现代学派

经典学派的观念集中在一个"恶"字上，表明腐败是一个道德层面的问题。这种道德视野与其特定的历史时代是紧密关联的。而进入现代社会科学时代之后，社会科学对于个体与社会的认识也发生了革命性的转变。具体而言，真正开始从现代社会科学角度进行腐败研究是20世纪晚期才开始的。③

从文献上看，涉及腐败定义的研究包括法律、公共利益、公职、市场、民意等多个视角。其中，有三种视角的定义主导西方学界达30年之久④，它们被学界引用得最为频繁，因此也可以被称为主流定义。本文也将选取这三种定义予以介绍。

1. 以公共职位为中心的定义

这个定义自1960年代起被美国政治学学者奈（J. S. Nye）提出后，一

---

① Friedrich, C. J, "Corruption Concepts in Historical Perspective," in A. J. Heidenheimer and M. Johnston, (eds.), *Political Corruption: Concepts and Contests* (New Brunswick: Transaction Publishers, 2002).

② Friedrich, C. J, "Corruption Concepts in Historical Perspective," in A. J. Heidenheimer and M. Johnston, (eds.), *Political Corruption: Concepts and Contests* (New Brunswick: Transaction Publishers, 2002).

③ Robert Williams, 前引文, 第503~513页。

④ Mark Philp, 前引文, 第357~377页。

直被视为腐败定义中的经典。

> 腐败是一种由于追求金钱、地位等私人（个人的、亲戚的、党派的）利益而偏离或违反公共角色的规范及规则的某类行为。①

奈的这个定义在他自己看来是一个相对比较窄的界定，他的目的就在于要使它能够具有操作意义。因此，该定义非常强调三个要素：公共角色；私人利益；偏离、违反。但这个经典的定义还是被很多学者质疑。其中最受争议的就是奈定义中所谈到的"偏离或违反公共职责或规范"。人们认为其对于公共职责或规范的界定语焉不详。如果要强调腐败是一种偏离常规的行为，那么这种规范的标准从何而来？②其次，对于如何界定私人利益也有人提出质疑。加德纳（John Gardiner）就指出在奈的定义中虽然提到官员及其亲属收受了好处，但受的好处给了谁却是一个含糊不清的问题。这个定义所引发的讨论为进一步明晰腐败尤其是公共职责和私人利益的区分提供了非常好的分析框架。在奈之后的很多学者都在这个框架之上进行了更为细致的讨论。其中第二种主流定义，以公共利益为中心的定义的提出在一定程度上是为了弥补奈的定义中尚未涉及的对腐败作用或后果的关注。

2. 以公共利益为中心的定义

以公共利益为中心的定义不仅强调了腐败这一现象的本质，而且还特别关注了它的后果。③ 其中，弗里德里希（Carl Friedrich）提出的定义是这一类型的代表。

> 腐败是这样一种模式：即无论何时，只要当一个掌权者（例如他是一名政府官员）接受了非法所得并且投以回报，那么这种行为就损害了公众及其利益。④

---

① J. S. Nye, "Corruption and Political Development: A Cost-Benefit Analysis," *American Political Science Review*, 61 (2) (1967): 417-427.
② James C. Scott, "The Analysis of Corruption in Developing Nations," *Comparative Studies in Society and History*, 11 (2) (1969): 315-341.
③ Michael Johnston, "The Search for Definitions: The Vitality of Politics and the Issue of Corruption," *International Social Science Journal*, 48 (3) (1996): 321-335.
④ Friedrich, C. J, 前引文。

以此定义可以推知，只要是违背了公共利益的行为都可以归为腐败。这表明了判断腐败的标准来自公共利益。如果说奈的定义还是涵盖比较窄的话，那么弗里德里希的这个定义就显然要宽泛很多了。然而由于过于宽泛①，这个定义更加模糊不清。例如，什么是公共利益，谁来制定公共利益？众多学者都认为公共利益的模糊不清使得腐败的界定很容易陷于一种仅仅对道德层面负面效应的关注，而非真正能够去界定它②。再者，完全以公共利益为出发点来界定腐败，会与法律相冲突。例如损害了公共利益但没有违法的行为是否算作腐败，或者相反的情况。③ 第三，公共利益实际上与特定的政治体制和腐败形式密切相关，不同的国家在不同的历史时段都可能有不同的公共利益，因此很难进行一个具体的比较和实际操作。但无可否认，相对于公共权力在腐败中的滥用而言，公民个体自身的权利却更加值得关注。因此，从公共利益的视角对腐败进行界定是非常重要的。

3. 以市场为中心的定义

相对于前两个定义，以市场为中心的定义跳出了公共利益与私人利益、公权与私权的纠缠，而另辟蹊径地从市场的视角来分析和理解腐败。这一视角的代表是克拉韦伦（Van Klaveren），其提出的定义如下：

> 一个腐败的官员视他的权力为一种商业行为，他寻求个人收入的最大化。这个公职随即变成一个利益最大化单位。他的收入总额取决于市场形势和他个人在寻求利益最大化上的天赋和才能。④

以市场为中心的视角把腐败问题从政治权力的滥用转移到了个体的行为动机上，按照阿克曼（Susan-Rose Ackerman）的话就是"如果说各国的历史、文化、政体都千差万别的话，那么唯有作为人的行为动机是具有普世性的"。⑤

---

① Heidenheimer, A. J. & Johnston, M. (Eds.), "Political Corruption: Concepts and Contexts" (3rded.) (New Brunswick: Transaction, 2001).
② Michael Johnston, 前引文, 第 321~335 页。
③ John Gardiner, "Defining Corruption," Corruption and Reform, 7 (1993): 111-124.
④ Heidenheimer, A. J., "Perspective on the Perception of Corruption," in A. J. Heidenheimer, M. Johnston, and Victor T. LeVine, Political Corruption: A Handbook (New Brunswick. N. J.: Transaction Publishers, 1989).
⑤ Susan Rose-Ackerman, Corruption and Government: Causes, Consequences, and Reform (Cambridge University Press, 1999).

但是从这一视角出发下的定义依然存在不少争议。首先，这个定义经常以道德中立者的姿态出现，但实际上它逃避了一些复杂且重要的问题，例如如何平衡普世和地方标准。其次，此定义中所指出的寻求收入最大化也存在含混之处。菲利普就指出并非所有的寻求收入最大化的行为都是腐败，追求收入的最大化要与公职人员所在的具体体制和环境中对其收入的界定相关联。① 再者，大部分学者都认为以市场为中心的定义更多的是对腐败的一种分析框架而非一种定义。②

从上述三种定义的梳理中可以看出，对于腐败的界定确实存在诸多争议。但异中有同的是，三种定义都是一种基于行为描述之上的定义，它们具体讨论了腐败这种行为的表现形式、参与要素、本质、动机以及后果等。因此，可以说现代社会科学对于腐败的定义已经从经典学派的个人道德论转向了对行为本身、行为过程的讨论。

通过对上述西方主流腐败定义的解读，我们可以看出腐败定义的变迁与西方政治学的发展是紧密联系的。因此，这些腐败的定义都是针对西方政治体制下出现的行为、现象所作的分析和概括。威廉姆斯（Robert Williams）就曾以奈的定义为例指出，其定义中对腐败行为的特征都是按照西方社会的标准来描述的，而这些标准对于大多数发展中国家而言是非常片面的。③

那么，上述概念对于中国是否适用呢？首先，中国的腐败定义并不能照搬西方已有的定义。不能照搬的原因除了西方学者的定义存在一定的偏见（如以西方的标准界定行为特征等）外，更为重要的一点还在于对于腐败的分析和理解必须与政治体制、政治过程紧密相连。④ 上述这三种主流定义都是西方民主政治体制较为发达国家的学者提出的，他们讨论的对象是稳定的、已解决了重大政治命题（settled system）的社会中出现的腐败现象，而对于像中国这样的转型国家，我们更需要关注政治冲突（变化）如何塑造和影响腐败的定义。⑤

具体而言，对于中国腐败的定义至今也未形成统一的共识。⑥除了吸收和

---

① Mark Philp，前引文，第 357~377 页。
② Johnston，前引文；Philp，前引文；Williams，前引文。
③ Williams，前引文，第 505 页。
④ 分别参见 Philip，前引文，1997；Williams，前引文，1999；Johnston，前引文，1996。
⑤ Johnston，前引文，1996。
⑥ 腐败定义的模糊性是学者进行中国腐败问题研究时较为棘手的问题。公婷教授曾在第五届澳门公共行政会议上谈论过这个问题。

借鉴西方定义中所强调的公权私用以外，中国腐败的定义更多地掺杂了独特的文化要素和转型体制的特点，在这种状况下中国腐败的定义更加具有模糊性。①

目前海外中国贪腐研究虽然没有统一的定义界定，但其大体上可以分为两种类型②：一种是广义范畴下的定义；另一种是狭义范畴下的定义。

就广泛的定义而言，在中国，腐败并不仅仅局限于犯罪问题。③腐败还意味着道德堕落、个人生活作风腐化、违反党纪等问题，例如自私自利、金钱崇拜、官僚作风、享乐主义、挪用公款、受贿、徇私舞弊、牺牲群众利益等。除了这些官方的界定之外，还有从公众舆论的视角进行的界定。其中较有代表性的是黑登海姆（Heidenheimer）的观点，即中国目前存在的大多数腐败都是灰色腐败（grey corruption）或白色腐败（white corruption），例如收红包、走后门等。

上述这些从不同视角所进行的界定，具体又被概括为两类。一是非典型性腐败（non-typical corruption）：那些被官方界定的违反纪律条例的行为，它们的危害相对并不严重，在官方术语中可以被称为"不正之风"。而另一方面，所谓的典型性腐败（typical corruption）则涉及大量金钱利益，因而具有重大的社会意义，通常也会依照刑法规定予以判罚。④

另一种类型是较为狭义的定义。总的来说，一些持自由主义观点的法律学者和知识分子更倾向于这种类型的定义。该种类型的定义将腐败局限于对公权或公职的滥用上。⑤

实际上，这种类型的定义与奈的定义一脉相承，强调公权私用。然而，这种类型的定义对于中国是否适用一直受到质疑，因为在当下中国，公私领域的划分还较为模糊。⑥例如，在中国，所谓的公共职位界定非常之宽，它

---

① Yan Sun, "The Politics of Conceptualizing Corruption in Reform China," *Crime, Law & Social Change*, 35 (2001): 245 – 270.
② Yan Sun, "The Politics of Conceptualizing Corruption in Reform China," *Crime, Law & Social Change*, 35 (2001): 245 – 270.
③ Olivia Yu, "Corruption in China's Economic Reform: A Review of Recent Observations and Explanations," *Crime Law & Soc Change*, 50 (2008): 161 – 176.
④ Zhu Qianwei, "Reorientation and Prospect of China's Combat against Corruption," *Crime Law & Soc Change*, 49 (2008): 81 – 95.
⑤ Yan Sun, 前引文, 第 246 页。
⑥ Michael Johnston & Yufan Hao, "China's Surge of Corruption," *Journal of Democracy*, 6 (4) (1995): 80 – 94; Yan Sun, "The Politics of Conceptualizing Corruption in Reform China," *Crime, Law & Social Change*, 35 (2001): 245 – 270; Lu Xiaobo, *Cadres and Corruption: The Organizational Involution of the Chinese Communist Party* (Stanford: Stanford University Press, 2000).

既包括国家和政党在各个级别的政府官员，还包括政府行政控制下的国有机构和企业①，这都使得中国的腐败定义在实际操作中面临种种模糊不清的困难。

因此，对于上述定义中所强调的公共利益与私人利益的划分等概念，我们在讨论中国腐败问题的时候就要特别注意。中国自改革开放以来，虽然国家与社会的界限在不断明晰，但完全意义上的市民社会却并未出现，因此公私领域的界限非常模糊，如照搬西方的定义，就很难理解中国的腐败现象了。

二　中国腐败研究综述

虽然对于什么是腐败至今尚未形成普遍共识，但这并未影响人们对于腐败成因所作的各种分析和解释。随着现代社会科学的发展，越来越多的理论框架和学科视角都被用来解释腐败现象。

道德哲学强调个人自律的重要性；相比较道德哲学的主观性，法学则认为法律可以提供客观的他律性的规范和准则来判断和解释腐败②；社会文化学则认为腐败与社会文化具有紧密的联系③；经济学则致力于用微观层面的经济人假设，来分析动机和机会对于腐败的影响；政治学的视角注重探讨腐败与政治体制以及政府治理之间的关系；社会学领域中的犯罪学分支则强调将腐败犯罪行为视为一种特殊的白领犯罪行为。

总体而言，不同的研究视角带来了对腐败成因的不同解释。但从本质上而言，各个学科对于腐败之所以发生的解释无外乎内外两个要素的考虑，一是腐败发生的个人内在动机（incentive）；二是腐败发生的外部机会（opportunity）。

针对中国腐败问题研究，基于个人内在动机与外部机会两个视角的各种理论都有提供解释。同时，海外中国腐败研究又具有自身的独特性，不仅将上述理论与中国个案予以结合，同时还拓展了新的研究理论与领域，尤其是

---

① Yan Sun，前引文，第247页。
② Williams，前引文，1999。
③ Hofstede, G., *Culture and Organizations: Software of the Mind* (New York: McGraw Hill Company, 1991); Houston, H. R. and J. L. Graham, "Culture and Corruption in International Markets: Implications for Policy Makers and Managers," *Consumption Markets and Culture*, (4) (2001): 207 – 343; Husted, B. W, "Wealth, Culture, and Corruption," *Journal of International Business Studies*, 30 (1999): 339 – 359.

针对1978年之后改革开放与腐败之间的探讨最为显著。目前，中国腐败研究领域已经成为一个不可忽视的重要领域。①

具体而言，中国腐败问题的研究已从早期较为零散的研究发展为日趋多元化的研究。尤其是针对改革开放之后所进行的贪腐研究实际上与海外中国研究的理论发展密切相关，即对于中国腐败的研究都是放置于从"极权主义"（Totalitarianism）到"多元主义"（Pluralism），再到目前的"新制度主义"（New-Institutionalism）的理论变迁中来考量和分析的。

总体而言，这些研究可以按照1978年这个历史节点划分为两个阶段：前改革时期（1949~1978）和后改革时期（1978至今）。而后改革时期又可再细分为两个阶段：1978~1992年和1992年至今。

对于前改革时期的腐败研究多采用极权主义理论予以分析。这些研究认为在改革开放之前的中国，在计划经济高度调控下的政经环境中贪腐现象非常少见。多元主义理论则更多地被用于解释改革开放之后的贪腐状况，例如从社会转型的角度去探讨贪腐发生的原因。其中现代化理论就是最为典型的代表，认为发展中国家在向现代化国家转型的过程中，必然会遭遇新旧体制的转换，从而滋生大量腐败。而进入到20世纪90年代之后，更多的研究试图从新制度主义理论中寻找贪腐的成因。学者们多从影响精英和社会集团行为的制度性脉络入手分析现有制度设置及改革对于腐败的影响，同时还从非正式规则出发探索对正式制度下的个人所产生的影响。其研究认为中央的政策制定和执行相当复杂，且需经过讨价还价的过程，贪腐行为由此产生。②

---

① Gordon White, "Corruption and Market Reform in China," *IDS Bulletin*, 27 (2) (1996); Jean C. Oi, *State and Peasant in Contemporary China: The Political Economy of Village Government* (Berkeley: University of California Press, 1989); Lynn T. White III, "Changing Concepts of Corruption in Communist China: Early 1950s vs. Early 1980s," *Issues and Studies*, 24 (1) (1988): 49 - 95; Stephen K. Ma, "Reform Corruption: A Discussion on China's Current Development," *Pacific Affairs*, (1) (1989); Melanie Manion, "Corruption and Corruption Control: More of the Same in 1996 China," *The China Review*, (1997): 33 - 56; Ting Gong, *The Politics of Corruption in Contemporary China: An Analysis of Policy Outcomes* (London: Pager, 1994); Ting Gong, "Forms and Characteristics of Corruption in the 1990s: Change with Continuity," *Communist and Post-Communist Studies*, 30 (3) (1997): 277 - 288; Ting Gong, "The Party Discipline Inspection in China: Its Evolving Trajectory and Embedded Dilemmas," *Crime Law & Soc Change*, (49) (2008): 139 - 152; Andrew Wedeman, "Great Disorder under Heaven: Endemic Corruption and Rapid Growth in Contemporary China," *The China Review*, (4) (2004).

② 李英明：《中国研究理论与实际》，（台北）三民书局，2007。

针对改革开放前的腐败的研究相对零散，且文献数量也较少。因此，本文将主要关注改革开放之后的腐败研究文献。

自 1978 年启动市场经济改革以来，中国社会发生了巨大的变化。伴随着经济改革，除了快速的经济发展之外还有不断涌现的腐败。对于这个时期腐败现象的研究，已有研究主要集中探讨腐败发生的成因：中国的腐败日益严重，是否源于改革开放带来的市场化？而这个时期主要有三种理论占据主导地位：一是结构功能主义流派，二是新制度主义流派，三是文化流派。

（一）结构功能主义流派（structure-function）

1. 现代化理论

针对中国启动的市场化改革，一部分学者试图用现代化理论来解释腐败发生的成因。按照亨廷顿的观点，社会转型时期必然会导致基本理念、新的财富和权力资源的变化，而这些变化会增大腐败产生的可能性。同时，对于这些国家而言，腐败是一种有效的润滑剂。[1] 由此，很多学者都引用亨廷顿的这个观点来佐证中国改革开放之后出现的腐败现象。[2] 大多数学者认为转型社会更易于腐败。[3] 而这些基于亨廷顿现代化理论之上的研究实际上都是直接将腐败的原因归结于转型社会必然带来腐败的因果假设逻辑中。然而，这种理论实际上更是一种对现象的概括和归纳。同时，这种因果解释对于解释东亚一些早期进入现代化发展的国家而言，还具有一定的解释力，但对于改革开放日益深入的中国而言，就显然过于简单化了。

这其中的一个例证就是魏德曼（Andrew Wedeman）基于东亚国家的腐败研究。[4] 他在观察日本、韩国、香港和新加坡这些国家和地区的发展经验后，发现它们在现代化的高速发展时期也分别出现了伴随而生的腐败现象。他将这种现象概括为"东亚悖论"（the East Asian paradox）。但基于观察而

---

[1] Samuel P. Huntington, *Political Order in Changing Societies* (New Haven: Yale U. Press, 1968).
[2] Z. K. He, "Corruption and Anti-Corruption in Reform China," *Communist and Post-Communist Studies*, 33 (2) (2000): 243 – 270.
[3] Jowitt, K., *New World Disorder* (The Leninist Ektinction University of California Press, 1992); Ostergaard, C. S. and Peterson, C., "*Official Profiteering and The Tiananmen Square Demonstrations in China*," *Corruption and Reform*, 6 (1) (1991): 87 – 107.
[4] Andrew Wedeman, "Great Disorder under Heaven: Endemic Corruption and Rapid Growth in Contemporary China," *The China Review*, (2) (2004).

来的"东亚悖论"仅仅局限于对一种特殊现象的描述和概括,并非是一种具有解释力的理论。因此,当用这一理论概括来解释中国的腐败问题时,魏德曼只能说"对于我们在中国所观察到的腐败与经济增长并行的现象并非个案。它们也曾出现于东亚的一些国家,例如日本、韩国等。但却无法真正解释这种现象背后的深层次原因究竟如何,正如魏德曼自己所承认的"为什么在高速发展的早期阶段经常会带有腐败的蔓延,以及腐败的加剧与高速发展之间是一种什么样的关系,这些问题都已经超出了本项研究的范围"。①

另一方面,由于亨廷顿的现代化理论认为腐败仅仅是现代化转型过程中出现的现象,因此,它也促使很多官员和经济学家认为腐败是市场化改革的副产品,它将会随着时间的推移而减少。②但与此相反的是,另外一个解释的路径就是探讨改革与腐败之间的关系。在后改革时期,许多研究关注的焦点都是改革与腐败之间的关系问题。其中,不少学者的研究都认为腐败与改革密切相关。但腐败与改革并不是简单的、直接的因果对应关系,其中有很多更为复杂的变量需要考量。正因为如此,腐败绝不可能随着市场化的深入而逐渐消逝。③

2. 腐败与改革

缺乏政治体制改革的市场化改革不能有效遏制腐败。约翰斯顿与豪认为腐败与改革是紧密联系的,但却是非常复杂的。④ 我们应该考虑更多的因素,例如分权、市场化带来的自由、私人经济的增长等。换言之,他们认为中国的腐败不仅仅是市场化改革的后果,同时它也是政治经济变化的产物。孙燕也承认腐败与改革之间的关系非常复杂且充满对抗性。一方面,后毛泽东时代的腐败很大程度上是经济改革的副产品。但在另外一方面,腐败与经济改革是一种共生相伴的关系。⑤其中,基于这种复杂性因素的考量,具体而言,有如下一些具体的理论来探讨腐败与改革之间的关系。

(1)局部性市场改革理论

局部市场改革理论(partial reform)首先由鲍瑞嘉(Richard Baum)提

---

① 李辉,《中国的腐败问题:海外学者的观察与思考》(1980~2010),《广州大学学报》(社会科学版),2011年第8期,第17页。
② White,前引文,1996.
③ Ting Gong, "Forms and Characteristics of Corruption in the 1990s: Change with Continuity," *Communist and Post-Communist Studies*, 30 (3) (1997): 277-288.
④ Johnston & Hao,前引文。
⑤ Yan Sun, *Corruption and Markets in Contemporary China* (New York: Cornell University Press, 2004).

出，他认为在市场改革的初期即前十年时间内，中国实际上是一种局部市场状态，即部分市场制度与部分计划经济制度并存，由此造成了内在的冲突，从而导致很多漏洞的产生，使腐败得以发生。① 依照这种理论的逻辑，腐败的产生是由于市场的局部性，一旦有了较为完善的市场体制，腐败就有可能无机可乘。

同样持这一观点的是康明奈（Connie Squires Meaney），他认为中国的市场改革呈现一种局部性的特征（partial），而这种局部市场改革实际上造成了一种"分裂性腐败"（disintegrative corruption）的出现。② 这种所谓的"分裂性腐败"具体是指"在后毛时代的中国社会，关系性的社会交往方式在官员群体之间大量存在。而1978年之后的市场改革不仅没有进一步打破这种关系交往，反而释放出了大量以这种交往为基础的掠夺资源的方式"。③

与此同时，对该理论作出进一步强化的是戴慕珍。她通过对中国农村政治生活的考察发现，中国的腐败并不是由于市场化导致的。相反，恰恰是因为市场化改革不够充分（partial），才导致腐败的机会增多。④

（2）改革政策与腐败

显然，部分市场理论的观点主张由于市场化的不完善所导致的部分市场状态诱发了产生腐败的条件和因素。但这个理论的逻辑实际上还是在强调市场与腐败存在一种直接的因果假设关系。然而，实际上，到底是改革（市场化）本身引起的腐败，还是改革（市场化）背后的结构性因素对腐败发生作用，这已成为更为深入的一个研究领域。

马国泉（Stephen K. Ma）在研究改革（市场化）与腐败的关系时，将改革（市场化）本身与改革政策加以区分。⑤ 他指出"改革并不必然带来腐

---

① Richard Baum, *Reform and Reaction in Post-Mao China: The Road to Tiananmen* (New York: Routledge, 1991).

② Connie Squires Meaney, "Market Reform and Disintegrative Corruptionin Urban China," in Baum, ed., *Reform and Reaction in Post-Mao China: The Road to Tiananmen* (New York: Routledge, 1991).

③ 李辉，《中国的腐败问题：海外学者的观察与思考》（1980~2010），《广州大学学报》（社会科学版），2011年第8期，第17页。

④ Jean C. Oi, "Partial Market Reform and Corruption in Rural China," in Baum, ed., *Reform and Reaction in Post-Mao China: The Road to Tiananmen* (New York: Routledge, 1991).

⑤ Stephen K. Ma, "Reform Corruption: A Discussion on China's Current Developments," *Pacific Affairs*, 62 (1) (1989): 40-52.

败，但是腐败却易于由改革政策所引发。改革本身没有问题，关键问题在于如何改革，也就是为了改革所采取的具体政策以及政策的执行"。①

在这样的逻辑下，马国泉提出了"管理间隙"这个概念去理解中国的改革与腐败的关系。他认为，改革所采取的具体政策导致了以经济建设为中心的政策导向，从而削弱了政府工作人员对于公共行政的关注，转而投身于追求经济利益，二者之间产生了所谓的管理间隙，从而导致腐败现象的滋生。

与此相近的是公婷提出的政策的非预期后果（unintended consequences）观点。②公婷通过分析中国1949～1992年的各种政策与反腐败政策以及腐败活动，发现自1949年以来，新中国的腐败主要是作为各项政策的非预期后果而存在的，即政府在面临一系列政策问题时，鉴于官僚系统的组织能力有限，因为无法对政策问题作出预期，所以导致了以腐败为代表的非预期性后果。

显然，马国泉与公婷的观点都认为腐败是源于政策的，而非改革本身。从改革所发生的政策来考量腐败，这显然是将腐败问题的分析置于一个较大的背景，同时也较部分市场理论而言更有针对性。

然而，在探讨改革与腐败的关系研究中，虽然大部分学者都认为改革与腐败存在一定的相关性。但学者吕晓波却认为中国的腐败并非是由于改革（市场化）造成的，而是由组织内卷化带来的。③

吕晓波认为组织内卷化是国家组织从革命时代到后革命时代的转型过程中所出现的现象。当革命型的组织在面对突如其来的日常化政治事务时，既没有建立起现代的科层组织系统，又丧失了革命时期的各种意识形态认同。④在这样的背景下，组织就会缺乏肯·肖艾（Ken Jowitt）所说的"组织整合"（organizational integrity）能力，从而不能协调组织内部的个人与集体利益并引发腐败。⑤

显然，吕晓波的研究从组织的角度来探讨腐败的成因，他的研究也间接

---

① 李辉，前引文，第17页。
② Ting Gong, *The Politics of Corruption in Contemporary China: An Analysis of Policy Outcomes*, (London: Pager, 1994).
③ Lu, Xiaobo, 前引文。
④ 李辉，前引文，第15页。
⑤ Jowitt, Kenneth, "Soviet Neotraditionalism: The Political Corruption of A Leninist Regime," *Soviet Studies*, 25 (3) (1983): 275-297.

否定了腐败是由于改革（市场化）引起的。

综上可见，功能理论流派对于中国腐败研究的探讨都集中在现代化理论之上，实际的问题都是关注如何解释改革与腐败的关系。然而，这些理论对于腐败的解释更多停留于腐败是否是现代化转型的结果，但都未深入探讨腐败的深层次动因是什么。因此，从寻租理论开始，新制度主义流派开始重点关注腐败的个人动机以及制度成因问题。

（二）新制度主义流派

新制度主义流派起源于20世纪70年代的新制度主义经济学，之后又被政治学广泛借鉴，从而催生了新制度主义政治学。在解释中国腐败问题上，这两方面的理论都有所贡献。

1. 新制度主义经济学

（1）寻租理论

就理性抉择论的制度主义层面而言，寻租理论一直被用来分析中国的腐败行为。具体而言，对于寻租理论的解释又分为两个时期，一是改革初期的双轨制时期；二是90年代后期出现的新型的制度化的寻租行为。

第一，改革初期的双轨制时期。

在1980年代以及1990年代初期，双轨制在中国盛行。很多学者针对双轨制进行了很多研究，其中寻租理论被广泛地应用于解释这个现象。

吕晓波针对这个时期的腐败现象提出了"组织化寻租"（organizational rent-seeking）的概念。[①] 他认为公共机构寻租的发生源于他们享有对某种资源或权力的垄断特权。同时，他还进一步指出，寻租为官员提供了一种新的腐败机会，它使得官员发生了一种动机转向，即从追求职位的动机转向了追求金钱的动机。寻求官位一直是中国官僚体制的特征，这在改革开放之后依然如此。更为重要的是，市场化体制的出现以及国家分配资源的角色转变都促使官员的观念发生改变。职位和地位不再成为官员们最大的追求动机。腐败所带来的新的动机和机会都使得官员的越轨行为不断增多：这里出现了一种从追求职位到追求经济利益的行为转向。官员通过职位的特权去追求个人利益的最大化，这就导致了寻租行为的盛行。孙燕则指出在1980年代，中国腐败的主

[①] Lu, Xiaobo, "From Rank-Seeking to Rent-Seeking: Changing Administrative Ethos and Corruption in Reform China," *Crime, Law and Social Change*, 32（1999）：347 - 370.

要原因在于双轨制的存在。双轨制的存在为腐败的发生提供了很多机会。①

第二，90年代后期出现的新型的制度化的寻租行为。

吴德荣（Tak-Wing Ngo）采用寻租理论检验了中国90年代之后出现的新型的腐败行为。② 他认为寻租是中国最主要的腐败来源。通常，商人会通过向政府官员行贿来换取个人利益。中央政府将寻租作为一项政策工具来影响经济规划。地方政府则依赖寻租获得的利益来操控当地的经济发展。同时，许多私人企业则依赖寻租所得获得政府授权去参与竞争。因此，进入1990年代后期，作为经济治理的一个构成部分，寻租已经开始制度化。这种制度化具体表现为它产生出了介于经济治理、寻租和腐败三者之间的非常强大的制度连接。这也表明了寻租的产生是国家能力、政治认同和经济发展的源头。

综上，寻租理论从经济学的机会视角分析了腐败产生的原因。这种基于微观层面的分析视角显然有别于宏观的功能－结构流派，能够将个人内在的动机和机会因素揭示出来。然而，作为一种基于个人动机之上的理解视角，寻租理论无法解释中央与地方政府之间各级政府卷入腐败的复杂原因，由此，委托代理理论成为新的解释视角。

（2）委托代理理论。

90年代初期，双轨制逐渐退出历史舞台。针对当时不断出现的新的腐败行为③，委托－代理理论成为最为主要的理论代表。这些研究着眼于委托－代理关系中的信息不对称和道德冒险，同时分析控制腐败的条件和途径。

其中，吉萨（Kiser）和董小溪（Tong Xiaoxi）所做的研究虽然针对的是明朝和清朝，但在委托－代理理论框架下的分析却对当时分析中国的腐败问题具有很强的借鉴意义。

吉萨和董小溪通过研究中国明朝和清朝的官员贪污情况，发现当时的统治者可以视为委托人，而地方官员则可看成代理人。④在委托－代理关系中，

---

① Yan, Sun, 前引文, 2004。
② Tak-Wing Ngo, "Rent-Seeking and Economic Governance in the Structural Nexus of Corruption in China," *Crime, Law & Social Change*, 49 (2008): 27–44.
③ 公婷（1997）的研究表明，1990年代之后中国腐败有如下三个特征：①腐败并不是都建立在委托－代理关系之上；②许多腐败活动都直接包含经济手段而非行政手段；③宏观经济领域的腐败现象不断增多。
④ Edgar Kiser and Tong Xiaoxi, "Determinants of the Amount and Type of Corruption in State Fiscal Bureaucracies: An Analysis of Late Imperial China," *Comparative Political Studies*, 25 (3) (1992): 300–331.

他们通过财税系统对官员进行控制。但由于中国疆域辽阔，统治者很难对地方行政人员进行检查。由此产生了测量问题，这成为委托人（统治者）和代理人（地方官员）之间关系的最微妙的环节，也因此使得监控体系难以有效执行，促使腐败得以发生。

同样的，在委托－代理理论框架下，戴慕珍考察了改革开放之后中国的乡镇政治生活，她发现中央和地方政府的关系在改革开放后依然是一种委托－代理关系。而在这种委托－代理关系中，制度的转变即产权的重新界定和财税体制改革促使委托代理发展成为地方合作主义（local state corporatism）。在这样的制度变化下，代理人产生了追求个人利益的强烈动机（incentive），由此导致了两种类型的腐败出现：官僚腐败（bureaucratic corruption）和庇护主义（clientelism）。①

显然，委托－代理理论从腐败形成的动机和机会两个方面对中国的腐败成因进行了较为有力的解释。然而，该理论对于腐败的分析割裂了腐败发端的政治、经济和文化背景，而仅仅将其归结为一种单纯个体的追求经济利益最大化的选择行为。在复杂的转型中国的政经背景下，这显然不适用，因此，新制度主义政治学开辟了新的解释路径。

2. 新制度主义政治学

新制度主义政治学是在对行为主义、理性选择理论和传统制度主义研究批判与继承的基础上，在吸收并改造经济学新制度主义的基本术语的基础上，重新以政治制度作为分析的核心变量，并着重通过分析制度与行为之间的互动关系来发现制度的缺失或对行为进行纠偏。基于该理论，很多研究将腐败的成因归结于转型时期特殊的政治和经济制度的设置问题。

孙燕探讨了中国人事制度与腐败之间的复杂关系。②她的研究表明，作为一项新的制度改革，它意在提高政府效率，减少腐败。然而，在实际运作中，人事制度改革却流于表面。这其中的深刻原因在于制度设计存在内在的缺陷，从而为干部提供了腐败的机会。

任建明和杜治洲通过对中国现有的政治机构，包括人大/政党和集体领

---

① Jean C. Oi，前引文，1989。
② Yan Sun, "Cadre Recruitment and Corruption: What Goes Wrong?" *Crime Law & Soc Change*, 49 (2008): 61–79.

导体制的分析，考察了权力是如何被掌握在一把手手中的。从而揭示出一把手腐败问题的根本原因在于现有的政治体制使权力过于集中。①

同时，在这个层面，还有一些研究通过对组织本身的分析来解释腐败的成因。例如公婷通过分析中国共产党纪律检查委员会的组织结构设置和政策能力，发现纪检系统在组织结构上就存在基础性的缺陷：一方面是其存在双重领导问题，另一方面则是其缺乏自主决策能力。②

（三）文化学派

除了上述两种学派之外，还有一些学者是从文化流派的观点来解释中国的腐败问题的。目前这方面的文献主要集中在对"关系"的研究上。对于大多数研究者而言，关系是分析中国腐败不可避免的要素，例如韦伯的"特殊主义"原则，梁漱溟的"关系本位"，以及费孝通的"差序格局"等。晚近的研究则更加多元。③其中，将关系的研究与腐败研究相关联的以杨美惠1994年出版的《礼物、关系学与国家》最具有代表性。④

杨美惠通过90年代在中国所进行的多次田野调查的观察，记录了中国自从"文化大革命到改革开放前期，社会当中所存在的纷繁复杂的关系现象"。⑤在针对关系的研究中，杨美惠指出关系有两重含义：其一是情理（社会伦理与社会规范）与利益，即关系艺术结合了"功利性的动机与根植于儒家传统的大众化形式的一套高度发展的伦理"；另一种是公益与私利，即关系学当中"国家拥护的'公'的集体伦理和'私'的个人关系伦理"互相冲突。⑥在公私维度所面临的冲突中，腐败就成为矛盾的集中表现。但杨

---

① Ren Jianming & Du Zhizhou, "Institutionalized Corruption: Power Overconcentration of the First-in-Command in China," *Crime Law Soc Change*, 49 (2008): 45 – 59.
② Ting Gong, "The Party Discipline Inspection in China: Its Evolving Trajectory and Embedded Dilemmas," *Crime Law & Soc Change*, 49 (2008): 139 – 152.
③ 华尔德：《共产党社会的新传统主义：中国工业中的工作环境和权力结构》，牛津大学出版社，1996；金耀基：《金耀基自选集》，上海教育出版社，2002；边燕杰：《关系社会学及其学科地位》，《西安交通大学学报》（社会科学版）2010年第30卷第3期；Bian, Yanjie, "Guanxi and the Allocation of Jobs in Urban China," *China Quarterly*, (1994): 140.
④ Yang, Mayfair Mei - hui, "The Resilience of Guanxi and Its New Deployments: A Critique of Some New Guanxi Scholarship," *China Quarterly*, 2002: 170；杨美惠：《礼物、关系学与国家：中国人际关系与主体性建构》，江苏人民出版社，2009。
⑤ 姚泽麟：《社会转型中的关系学——评杨美惠的〈礼物、关系学与国家〉》，《社会学研究》2011年第3期。
⑥ 杨美惠，前引文，2009，第69页。

美惠指出"关系学跟贿赂完全是两回事,因为关系学当中暗含着人情、友谊、长期个人关系,以及帮助别人的概念",而贿赂则"完全只是为了贿赂某人而急速建立起来的"。①

虽然杨美惠的重点并非解释中国的腐败问题,但她通过对中国关系文化的深入探讨展示了腐败得以产生的深层次的历史文化基因。正如杨美惠所言,关系学将是中国在后共产主义时期进行社会重建的重要途径②,因此通过关系来探讨和研究腐败的发生就显得尤为重要了。

三 结语

综上,目前西方学界在解释中国腐败问题上从不同学科视角提供了富有洞见的分析。他们对于中国腐败的形式、特征以及成因都进行了较为广泛的探索。然而,总体而言,这些研究还都较为分散,一些局限性还是存在的。

首先,虽然腐败研究已经吸引了众多学者从不同的学科进行了相关研究,但总体而言,相比较其他领域的中国研究还较为薄弱。从上述分析中可以看出,无论是功能学派、制度学派还是文化学派都只能就一个方面探讨腐败问题。同时,各个学科对于腐败的探讨更多的是一种附带性的研究,即在分析其他政治、经济问题的过程中涉及腐败问题或者是将腐败问题作为其他问题的原因或结果来进行讨论。因此,虽然针对腐败研究的学科视角多样,至今却并未形成一个专门性的系统研究腐败问题的领域。实际上,腐败问题本身就是一个非常复杂的社会问题,尤其是在转型过程中的中国腐败问题就更加具有独特性,因而,这也在一定程度上增加了学术研究的困难。

其次,已有关于中国腐败研究的文献表明,虽然伴随中国改革进程的深入,不断涌现的腐败问题已经日益受到不同学科学者的关注,但目前已有的文献大多集中于腐败现象的描述性研究,例如对改革不同阶段腐败特征的描述和概括,以及针对中国治理腐败机构的研究等。然而,对于中国腐败深层次问题的实证研究却受到很多限制。例如,中国腐败案件的研究资料较难搜

---

① 杨美惠,前引文,2009,第57页。
② 杨美惠,前引文,2009,第246~267页。

集、腐败问题较为敏感等，这些都成为阻碍腐败研究深入发展的重要因素。

最后，目前已有的文献还较为缺乏中国不同地区的对比研究。西方学者的研究已经表明腐败会随着时间与地域的变化而有所不同。针对中国不同历史时期的腐败研究已经出现，但针对中国不同地区的腐败研究却较为缺乏。中国各个地区存在巨大的差异，同时官方公布的数据也显示在中国各个省份都存在腐败案例。因而，基于各地不同经验之上的对比研究实际上具有非常重要的研究意义，例如如何解释发达地区与欠发达地区同样存在数量相当的腐败案例等。

我国网络反腐的特征及对策

——基于 52 个网络反腐典型案例的实证研究

宋 斌[*]

摘 要： 本文采用定量研究和定性研究相结合的方法，通过对 52 个网络反腐典型案例的实证研究，认为当前我国网络反腐事件具有如下特征：数量上逐年增多、分布上东高西低、涉案官员年龄多在 45~55 岁、涉案官员多为处级干部、涉案原由多为色情或巨额财产、一把手腐败严重、政府在网络反腐事件中的行动速度要远落后于媒体以及网络反腐存在一定的盲目性等。根据网络反腐的这些特征，本文从制度建设、法律建设、公权力的制衡和网络道德文化建设等四个方面提出了规范和完善网络反腐的对策。

关键词： 网络反腐 实证研究 特征 对策

一 问题的提出与研究意义

互联网产生之初是作为一种沟通手段而存在的，随着网民数量的迅猛增长和网络社交平台的推广普及，互联网逐渐超越了报纸、广播、电视等传统媒体平台，成为最大的信息发布平台和舆论传播工具，虚拟社会的信息和舆论对现实生活的影响也越来越大。根据中国互联网络信息中心（CNNIC）

---

[*] 宋斌，西南大学马克思主义学院思想政治教育专业硕士生。

发布的《第31次中国互联网络发展状况统计报告》，截至2012年底，中国网民人数共有5.64亿，全年新增网民5090万人，互联网普及率达到了42.1%。[①] 互联网的普及，带来了信息传播和交换方式的变化，一条关注度高的信息能够在极短的时间内传播到全国各地甚至是全球各地，受众量能达到千万人次，可以产生极为广泛的社会影响力。

近些年来，通过网络揭发腐败线索，惩治贪官污吏的事件越来越多，引起了舆论的广泛关注。从万众瞩目的南京"天价烟"案，到广东海事局法院"天价出国考察"案，再到一连串的"房叔"、"房爷"、"房姐"、"房妹"案，以及沸沸扬扬的重庆雷政富案和发改委刘铁男案，网络反腐案件愈发引人瞩目。早在2008年6月，胡锦涛同志在人民网调研时就指出，互联网已成为思想文化信息的集散地和社会舆论的放大器，我们要充分认识以互联网为代表的新兴媒体的社会影响力，高度重视互联网的建设、运用、管理。根据人民网舆情监测室统计，2012年反腐倡廉舆情所占比例为28%，是网络舆情中最大的部分。[②] 可以看出，网络反腐作为一种反腐败的有效途径已经深入人心。

腐败问题自古有之，各国皆受其害。历史上从来没有哪个国家能彻底消除腐败，只能是采用更完善的监督制度、更丰富的治理手段和更深入的教育方法，尽量减轻腐败的危害，将腐败问题控制在可接受的范围之内。信息时代下催生的网络反腐是治理腐败的一种新方法，在抑制腐败的蔓延、减轻腐败的社会危害等方面发挥着重要作用。通过对当前网络反腐发展特征的实证研究，认清网络反腐的优势和弊端，采取针对措施规范和完善网络反腐的发展，切实促进网络反腐的健康发展，对于构建公平正义的法治国家、促进和谐社会建设具有重要意义。

二 样本情况说明

（一）资料说明

由于官方举报网站上的反腐信息并不对外公开，一般研究者难以获得。

[①] 中国互联网络信息中心 [EB/OL]，http://www.cnnic.net.cn/，2013-03-05。
[②] 刘鹏飞、齐思慧、周亚：《2012年网络舆情走势和社会舆论格局》，《新闻记者》2013年第1期。

所以，作为本文实证研究对象的网络反腐特指通过互联网发帖等方式提供腐败行为的线索或证据，导致腐败官员被查处的事件，不包括在专门举报网站上提供腐败线索或证据的网络反腐。本文所选取的52起网络反腐案例均为受到舆论广泛关注的典型案例，选取案例的标准参照百度搜索风云榜、人民网舆情监测室和新华网舆情在线的数据，样本原始数据均来自人民网、新华网以及各级地方政府的官方网站。

本文将所收集到的52起网络反腐典型案例建立数据库，数据库的指标包括：腐败分子的姓名、性别、年龄、案发原由、案发时所在省份、职务、行政级别、是否为正职、网络举报时间、网络举报平台、媒体曝光时间、官方查处时间、判决结果、涉案金额等。这些指标基本上可以覆盖案件的主要信息。

（二）样本的基本信息

在52起网络反腐典型案例中，涉案官员共有52人，其中男性49人，女性3人，平均年龄为51岁，其中年龄最小的是昆明发改委收费管理处副处长成建军，时年38岁，年龄最大的是原温州旧城改建指挥部总指挥吴权书，时年63岁，已退休。网络反腐涉案官员的行政级别最低为科员，共有6人涉案，最高为副部级，有2人。其中人数最多的是正处级官员，为15人，副处级官员9人，继之是正科级官员，共有8人。

本文所收集的52个网络反腐案例时间跨度为5年零5个月（自2008年1月1日到2013年5月1日），各年份案例数分别为：2008年8起；2009年10起；2010年3起；2011年8起；2012年13起；2013年（截止到5月）10起。

三 网络反腐案件的特征分析

通过对52个网络反腐典型案例数据库的定量分析，得出网络反腐案件具有如下特征。

（一）网络反腐事件数量呈波浪式上升

通过对52个网络反腐典型案例的实证研究，可以得出结论：2008~2013年，网络反腐案件的数量呈现波浪上升的发展态势。2008年和2009年是网络反腐的高发年，分别为8起和10起，2010年数量下降到了3

起，2011 年以后，网络反腐案件数量快速上升，分别为 8 起、13 起和 10 起（2013 年的数据截止到 5 月），尤其是 2011 年，网络反腐案件由 2010 年的 3 起猛增到 8 起，增长率高达 167%，2012 年网络反腐事件的增长率高达 63%（见图 1），从 2013 年前五个月的网络反腐事件数量来看，也延续了前两年的高速增长态势。由此可见，我国的网络反腐呈现越来越强劲的发展势头，公民的政治参与权和监督权得到了越来越充分的实现。

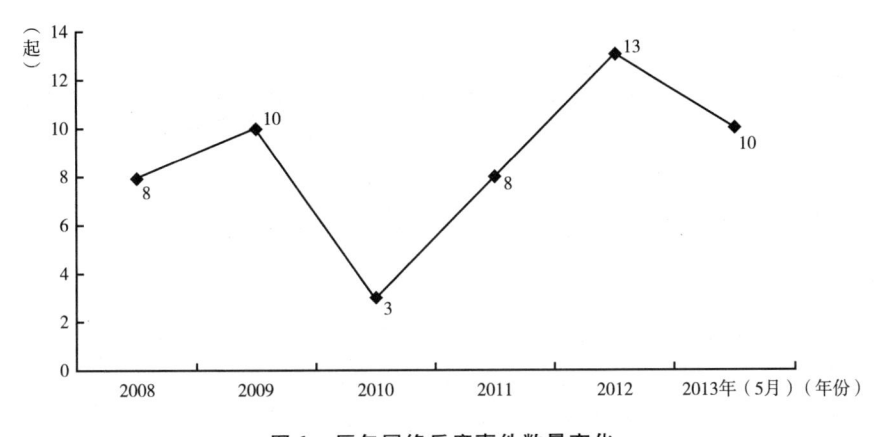

图 1 历年网络反腐事件数量变化

（二）网络反腐案件在地域分布上总体呈现"东高西低"的特征

从图 2 可以看出，经济比较发达的东部地区网络反腐案件也相对较多，如经济最发达的广东省网络反腐案件高达 10 起，浙江省 4 起，江苏省和辽宁省均为 3 起，山东省 2 起。在西部省份，网络反腐案件较少，最高的省份陕西省和云南省，仅为 2 起，其余西部省份网络反腐案件均不多于 1 起。中部地区的网络反腐案件数量介于东部和西部之间，多为 2~4 起，如安徽省和河南省各有 4 起，湖南省和湖北省各有 2 起。网络反腐案件分布呈现"东高西低"特征可能和以下两个方面的因素有关：一方面，网络反腐案件的数量与当地的经济发展水平和互联网普及程度正相关。东部地区经济发达，基础设施完备，信息化程度高，网民人数多，因此网络反腐案件也多。西部地区人口少，经济发达程度低，网络设施覆盖率低，因而网络反腐案件少。中部地区的经济发展水平和互联网普及程度介于东部和西部之间，网络反腐

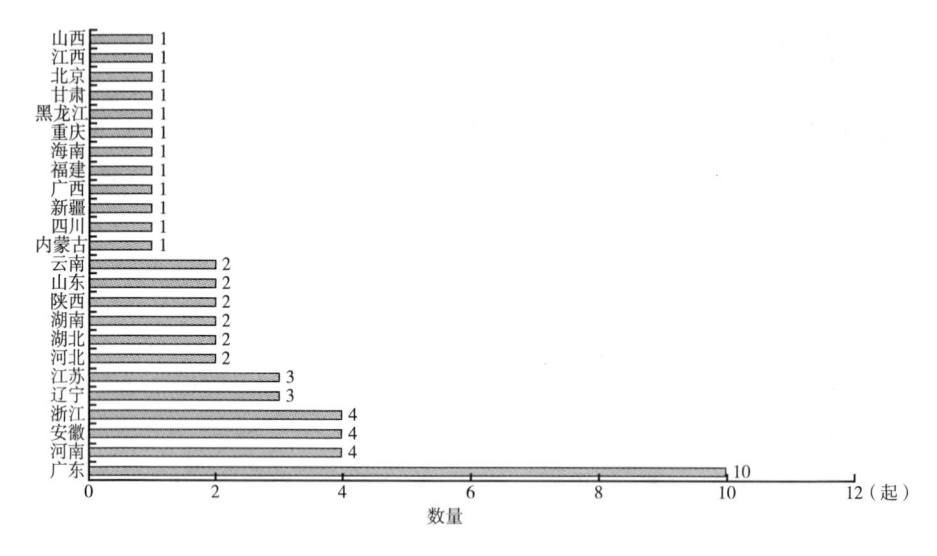

```
山西      1
江西      1
北京      1
甘肃      1
黑龙江    1
重庆      1
海南      1
福建      1
广西      1
新疆      1
四川      1
内蒙古    1
云南      2
山东      2
陕西      2
湖南      2
湖北      2
河北      2
江苏      3
辽宁      3
浙江      4
安徽      4
河南      4
广东             10
```

图2　网络反腐事件省份分布

案件数量也居于中间水平。另一方面，网络反腐案件的数量与当地政府的信息公开化程度正相关。中东部地区地方政府的信息公开程度较高，媒体资源发达，官员行为更容易暴露在公众面前，因而也更容易受到网络的监督和举报。而西部地区，由于信息公开程度较低，群众获取政府信息的渠道不畅通，对官员行为的了解较少，因而发现官员腐败线索的机会也少，导致网络反腐案件数量较低。

（三）网络反腐涉案官员年龄半数以上集中于45岁到55岁[①]

如图3所示，从网络反腐涉案官员的年龄来看，50岁到55岁的官员是主体，共有10起，占36%；其次是45岁到50岁的官员，共有6起，占21%；45岁到55岁的官员，共有16起，占57%。这表明，45岁到55岁的官员更容易成为网络反腐的对象。网络反腐涉案官员的平均年龄为51岁，其中年龄最大的是温州旧城改造指挥部党委书记吴权书，时年63岁，已退休；年龄最小的是昆明发改委收费管理处副处长成建军，时年38岁。

（四）网络反腐的对象集中在县处级政府官员，一把手腐败现象明显

网络反腐案件中，县处级政府官员是主体，一把手腐败现象明显。在

---

① 因部分网络反腐涉案官员的年龄并未公布，数据仅包含已公布年龄的28人。——笔者注

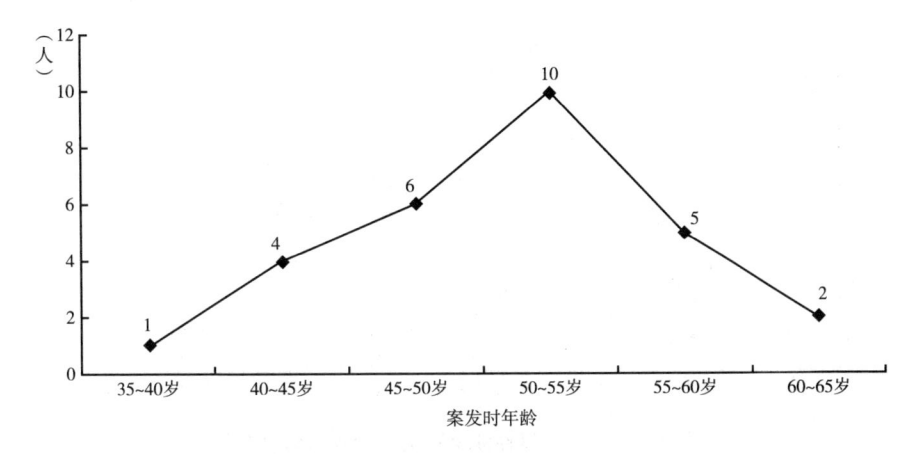

图 3　网络反腐案件案发年龄分布

52起网络反腐典型案例中，县处级干部腐败案例共有24起，占总案例数的46%，其次是科级干部和厅级干部腐败案件，均为10起，占总案例数的19%，省部级干部腐败案件有2起，占总案例数的4%（见图4）。可以看出，网络反腐的对象主要还是中下层政府官员，对高级官员的监督作用不大，值得注意的是，两起省部级官员腐败案件均发生于2012年下半年，这可能与党的十八大召开、中央反腐力度加强有关。此外，作为基层干部的重要组成部分，科级干部数量众多，但是在网络反腐中体现得并不明显，可能的原因是：科级干部级别较低，权力不大，与媒体接触的机会不多，因而暴露出来的腐败线索也较少。从图4中还可以发现，正职腐败现象远高于副职。在52起网络反腐案例中，涉及一把手腐败的有33起，占63%。这是因为，现行体制下一把手拥有本部门大小事项的最终决定权，受到的监督和制约较少，因而发生腐败的概率最高。

（五）网络反腐案件的案发原由主要是巨额财产来源不明和生活作风问题

实证研究结果表明，巨额财产来源不明和生活作风问题是网络反腐案件的主要案发原因。在52起案例中，因巨额财产来源不明和生活作风问题，导致腐败行为暴露的有31起，占总数的60%（见图5）。其中，因巨额财产曝光，引发的网络反腐案件有16起，占比例最大，为31%，这是因为：随着信息公开化程度提高，官员所拥有的真实财产（尤其是较难隐

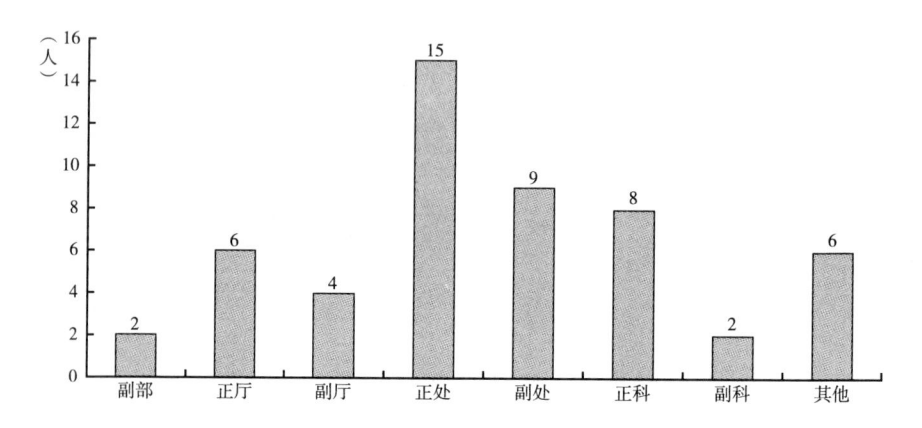

图 4　网络反腐事件涉及官员的行政级别分布

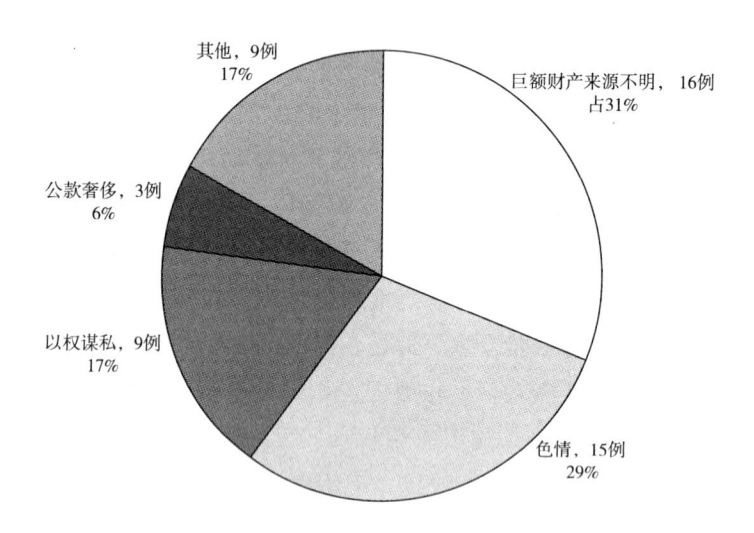

图 5　网络反腐事件原由分布

藏的房产）更容易被网络曝光，如近年来接连出现的广州"房叔"案、陆丰"房爷"案、郑州"房妹"案、神木"房姐"案等，都属于这种情况，腐败官员通过贪污受贿所得的大量房产成为绑在自己身上的定时炸弹。其次，官员生活作风问题（如包二奶、聚众淫乱等）成为网络反腐的一大热点，案例中涉及生活作风的网络反腐事件有 15 起，占比为 29%。由于生活作风问题的发生一般比较隐蔽，外人难以掌握具体细节，故网络举报人往往是腐败官员的妻子或"小三"，如徐州董锋案、茂名陈亚春案、济南单增德案等，都是因腐败官员和妻子或小三"闹翻"而遭其曝光，是典型的后院起火案件。"二奶"、"小三"成为网络反腐的重要力量是社会发展畸形化的产物,她们在网络上曝光腐败官员的线索的目的,并非是出于对公正社会的追求,而是出于对腐败官员个人的报复。这种反腐行为虽然在客观上造成了腐败官员的落网,具有一定的积极作用,但是其本身具有很大不确定性,同时也会对社会文化环境造成一定的污染,消极影响明显。

(六) 政府在网络反腐事件中的行动速度要远落后于媒体[①]

通过对媒体和政府在网络反腐线索曝光后行动速度的对比研究,可以得出结论:政府在网络反腐事件中的行动速度要远落后于媒体。如图6所示,媒体一般在网络反腐线索曝光后的三天之内,就对该事件进行新闻报道。其中,在当天进行报道的有16起,占31%,次日或第三日对该事件进行报道的有23起,占44%,10天以上对事件进行报道的仅有4起,占8%,平均反应时间为6天。与媒体不同,政府在网络反腐事件发生后的反应显得十分迟钝,平均所用时间长达31天。具体来说,多数情况下,政府是在网络反腐事件发生十天之后才作出反应,在48起政府作出反应的网络反腐案例中有25起是在事件发生10天之后,占总数的52%。3天之内作出反应的只有

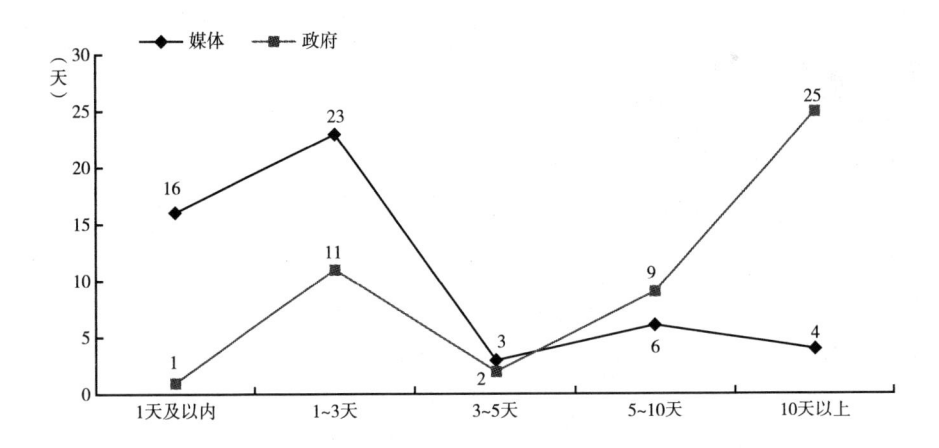

图6 媒体和政府对网络反腐事件的处理时间分布

---

① 媒体行动速度是指腐败线索曝光时间和网络媒体对此进行新闻报道时间之间的间隔(天数);政府行动速度是指腐败线索曝光时间和该地政府对此案的初步处理时间之间的间隔(天数)。——笔者注

12 起，占 25%。政府在网络反腐事件中的行动速度落后于媒体，固然有媒体追求时效性的因素，但是政府平均行动时间落后媒体 25 天，是媒体的 5 倍多，这和地方政府行动效率低、危机处理能力弱以及怀抱侥幸心理是分不开的。

（七）网络反腐中存在少量冤假错案和悬案，网络舆论暴露出一定的盲目性

在本文搜集的 52 起受到社会广泛关注的网络反腐典型案例中，有 2 起是冤假错案，分别是广州的李芸卿案和湖南的王亲生案，占 4%，还有 2 起是悬案，至今没有任何官方信息发布，分别是福建李德金案和安徽王冲林案，占 4%。在 2 起冤假错案中，均存在举报人对被举报者"腐败行为"不同程度的夸大，如在广州的李芸卿案中，举报人在天涯论坛、凯迪社区、百度贴吧等具有很大影响力的网站上宣称：李芸卿有 24 套房产，系广州城建系统的退休领导。但事实上，经查明，李芸卿的身份仅仅是某建筑设计院的工程师，并非官员，名下的房产也仅为 6 套，大多为小户型，均为其合法收入购买。显然，在这起网络反腐案件中，首先是举报人存在故意夸大事实的做法，并在举报内容中添加了个人的"推测"内容，以吸引网民的眼球。其次，作为网络反腐的重要推动者的网络舆论也具有一定的盲目性。在网络曝光某个腐败事件时，网民常常跟风式的认定该事件一定是事实，并开始予以大力批判，在事件的真实情况没有查明之前，网络舆论已经给被举报人"定罪"。网络舆论的有罪推定倾向，不仅给借助网络恶意诋毁他人的行为以可乘之机，而且对于提倡法律至上、理性思考的法治社会建设造成了消极影响。

四 规范网络反腐发展的对策

（一）加强网络反腐的制度保障建设

当前我国的网络反腐具有极为明显的偶发性和不确定性的特征，不仅在于网络反腐事件的发生难以预料，还在于网络反腐事件发生后，政府的处理措施难以预料。有些地方政府在得知网络举报案件后，立即着手调查处理，及时公布调查结果，有效地回应了舆论的质疑，如在重庆雷政富案中，重庆

市政府在63个小时之内就完成了对整个事件的分析、调查、取证和处理,对雷政富作出了免职的处理,在赢得了网民齐声赞许的同时,也提高了政府的公信力。但是,也有些地方政府,在得知网络举报后,采取消极的躲避拖延"对策",迟迟不对外发布任何信息,如汕尾烟草局的陈文涛案,政府在网络曝光9个多月后才对外公布处理结果。安徽王冲林案曝光至今已有7个多月,当地政府仍未对外发布任何信息予以说明。

造成这一现象的主要原因是,网络反腐作为新生事物,并没有与传统的反腐制度相接轨,对网络举报信息的处理没有规章制度可以遵循,使得地方政府在应对网络反腐事件时,重视程度不高,甚至是抱着不了了之的态度。因此,加强网络反腐的制度保障建设显得尤为紧迫,主要包括以下三个方面。

第一,建立网络舆情监测系统。了解舆情动向,是处理舆情的基础,也是掌握网络舆情主导权的有效途径。建立网络舆情监测系统,通过技术手段实时监测和整理网络中的反腐焦点、言论动向、信息来源以及发展趋势,就可以在其未成为社会重大事件之前,对其进行正面的宣传引导和快速对应处理,挤压谣言的生存空间,减轻事件的消极影响。当前人民网、新华网等媒体机构虽然初步建立了网络舆情监测系统,但是该系统主要是提供给媒体内部使用,与地方政府的联系不够紧密。地方政府应该主动加强沟通,与舆论分析机构建立长期合作关系,利用媒体的信息资源优势和技术优势,在第一时间掌握有关本地的舆论信息,为科学决策提供可靠依据。

第二,建立和完善网络反腐处理机制。网络反腐是公民对政府依法进行监督的一种方式,也是行使政治参与权的一种手段,理应受到政府的重视和认真对待。但是由于体制的不健全,很多网络反腐案件反馈到地方政府之后,不见回应。这不仅是对公民合法权利的无视,还极容易被一些人利用极端方式炒作,大大降低政府的公信力。整合纪检、监察、司法以及宣传部门的职能,建立一个分工合理、高效协同的网络反腐处理机制,是网络时代对反腐败工作的迫切要求。

第三,建立网络反腐责任追究制度。网络反腐的责任追究制度是确保网络反腐处理机制顺利运行的重要保障,必须予以健全和完善。有权必有责,有责任追究才能让权力的行使者心怀敬畏之心,做到权为民所用、利为民所谋、心为民所系。

(二) 加强网络反腐的法律保障建设

网络反腐是新生事物,网络反腐案件中暴露的一些问题在法律上找不到依据,这不仅对网络反腐案件的核查与审理带来了很大困难,也不利于我国法治国家建设的推进。完善相关法律法规,规范网络反腐的发展,应从以下两个方面着手。

一方面,要健全互联网的管理法律法规。1994年我国引入互联网以来,陆续制定了包括《互联网信息服务管理办法》、《互联网电子公告服务管理规定》等在内的一系列规章制度,但是相对于网络社会的发展速度,这些规则制度还远远不够,网络反腐的法律空白依然很多,其中最为紧迫和重要的是《网络舆论监督法》的制定颁布。

另一方面,要健全举报人保护和隐私保障法律法规。我国还没有一部专门的举报人保护法规,现实中,举报人遭到打击报复或变相打击报复的现象时有发生,使得不少人怀着"多一事不如少一事"的错误心态,对与自己利害关系不大的腐败事实听之任之,助长了社会的不良风气。制定一部完善的《举报人保护法》和《侵权责任法》,依法保障举报人的合法权益不受侵害,是建设网络反腐的法律保障制度的重要内容。

(三) 加强对政府权力的监督与制约

绝对的权力导致绝对的腐败,不受约束的权力是腐败滋生的温床。网络反腐的实证研究表明,一把手的腐败现象极为明显,正是因为一把手掌握财政、人事等决策大权,受到的监督和制约很小。要解决这一问题,最根本的做法就是分解地方一把手的权力。具体来说,就是分解地方一把手的决策权、人事权和财政权,权力是推行工作的条件和基础。权力分解的目的就是减少滋生腐败的土壤,让一把手摆脱社会不正之风的纠缠,集中精力用好权力,这并不会影响一把手的合法用权。①

此外,建立和落实官员财产申报制度、政务信息公开制度、回避制度以及报告制度等也是加强对政府权力的监督与制约、促进网络反腐健康发展的重要措施。

---

① 祁圣贵:《权力分解:遏制"主官"腐败的重要措施》,《学习导报》2000年第1期。

(四) 加强互联网道德文化环境建设

网络舆论在网络反腐中暴露出一定的盲目性,部分不了解情况的网民一味地去批评政府,甚至有少数网民故意编造谣言去抹黑诋毁政府,这些都不是一个理性社会所应该出现的情况。对于网民的反腐热情,应当鼓励和支持,但是也需要予以正确引导,如果失去了道德和法律底线,不仅达不到反腐目的,还会引起许多负面效应。[①]

加强网络道德文化建设,首先要加强网络媒体从业人员的道德文化建设。部分网络媒体从业人员缺乏社会责任感,为了追求商业利益,故意使用具有明显暗示性和错误导向性的言语,激起网民的情绪,给事件的处理带来诸多不利影响。要大力加强教育和监管,培养网络媒体从业人员的社会责任感,使其远离低级趣味,净化网络环境,保持网络舆论的严肃性、权威性,确保对网络虚假信息和网络舆论的控制和引导,提高网络舆论的社会公信力。

其次,加强网络道德文化建设,需要网民自身的配合。作为网络社会的最主要组成部分,网民的自律是营造良好网络反腐环境的前提。网民要自觉提高道德素质和法律素质,在网上举报腐败问题要有事实依据,理性表达,不能损害他人的隐私和尊严,更不能夸大其词、捕风捉影、恶意诋毁。

最后,加强网络文化建设,还需要政府提高责任意识和工作效率。实证研究表明,和媒体的应对网络反腐时的积极高效不同,政府在面对网络反腐事件时的反应速度相当缓慢,这为网络舆论的错误导向提供了一个可乘之机,严重影响了民众对政府的信心。地方政府要充分重视到网络反腐事件的社会影响力,对网络上披露的反腐信息作出及时回应,尽快查明事情真相,在法律允许范围内,公开调查进展情况,展示出为民服务的诚恳态度,从而赢得网民的支持和尊重。

---

① 牛先锋:《网络反腐的功能及其完善对策》,《理论视野》2009 年第 5 期。

中国的公众问责：发展、成效与环境[*]

宋　涛[**]

摘　要：在中国，公众问责是一种松散自发的，但是又持续存在和产生广泛社会影响的公众参与活动形式。在一个对于自发的公众参与活动十分敏感的政治环境中，中国的公众问责存在和发展必然有政治、行政环境因素的影响。本文在政策文件分析的基础上，重点关注中央政府在发展行政问责中所显现的行为过程与特点，通过个案剖析与整体归纳相结合的方法，认为相关因素表现为：公众问责的发展，总体上契合中央所倡导的"以人为本"和保障公众"知情权、参与权、表达权、监督权"的施政理念，获得了生存与发展的合法性解释依据。公众问责的主体虽然独立于体制之外，但公众问责的实现机制仍然在政府部门可掌控的范围之内，因而能够得到政府部门的认可。相关的学术研究为公众问责存在的合理性提供了理论解释依据。公众问责能够及时化解基层部门存在的管理问题，释放公众对立情绪，获得了有效性证明。

关键词：公众问责　行政问责　政府决策

---

[*] 基金项目：本文是广东省哲学社会科学规划一般项目"公众参与行政问责的发展及对公共管理影响研究（GD10CGL17）"的阶段性研究成果。
[**] 宋涛，管理学博士，深圳大学管理学院公共管理系教授。

与世界范围的公众问责发展相比，中国的公众问责起步晚，但有着广泛的社会影响。2003年，以"非典"事件中对两位省部级官员的问责为标志，中国开始推动行政问责建设。在"非典"事件中，由中央政府发动、自上而下所推行的问责行动的类型主要是以既有的组织结构和规章纪律为运行机制的等级问责。在行政内部主导的等级问责发展过程中，中国的普通公众对这个新生事物表现出了极大的关注和参与愿望，在等级问责发展起始，公众从观望到逐渐介入，渐进地扮演起了问责主体的角色，推动了公众问责的产生与发展。

　　公众问责是指，公众作为问责主体，针对政府部门及工作人员在公共责任履行过程中存在的问题提出质询，要求相关部门或工作人员予以正确性解释并承担失责惩罚结果的过程。从世界范围看，公众问责是一种公众参与活动形式。在问责发展早期，它与民主问责联系在一起，发挥了选择政府组成的功能；在民主政治成熟后，它与公众参与活动联系在一起，起着监督政府责任履行的作用。

　　从中国的公众问责实践过程看，公众问责的发展是公众根据等级问责所提供的经验，自发地参与到问责活动过程中，是明显的自下而上的公众参与活动形式，与等级问责发展相比，公众问责缺少既有的组织管理基础和体制性依赖，是一种松散自发的，但是又持续存在和产生广泛社会影响的公众参与活动形式。那么，在一个对于自发的公众参与活动十分敏感的政治环境中，中国的公众问责存在和发展的解释性内涵是什么？政府是基于什么出发点来看待公众问责现象？这是研究中国公众问责发展的基础性话题，目前国内学术研究中对这方面的内容还缺乏系统研究。厘清这些问题，有利于我们从现象背后认清在中国政治和行政发展环境中，公众问责存在的基础条件和发展的边界。这些即是本文研究的主要内容。

　　从行政生态学理论的视角看，一种行政行为的产生与发展，与其所处的政治、经济、文化等环境条件密切相关，在发达国家，由于这些分布的环境范围较为清晰，容易个别地抽离出来研究，而在发展中国家，"这些方面往往纠缠在一起，彼此密切地相互影响着，因此研究者必须把眼光扩展到整个社会政治系统的各有关的因素，才能够把公共行政的真实情况勾画出来"。[①]在一个政治、行政控制拥有绝对权威的社会环境中，一种新的公众参与活动

---

① 丁煌：《西方公共行政管理理论精要》，中国人民大学出版社，2005，第223页。

的出现，不可避免地带有政治、行政的影响。因此，对于公众问责的认识，必须与中国政府推行行政问责发展的政治、行政环境联系起来，在政府推动行政问责发展的初衷和政治、行政环境背景中予以分析。

由于中国政治、行政具有高度的融合性，对于政治、行政问题的决策权掌握在党政领导班子手中，对于公众问责发展所处的政治、行政环境，可以由高层领导班子的决策过程予以分析，在实际中，往往也可以用政府决策概念予以指代。但是，这条分析路径存在现实难度，这是因为在中国，政府决策过程具有封闭性特征，因此，对于高层决策过程的分析，只能依据公开的政策文件资料和政治与行政的行为过程。

为了更好地贴近公众问责发展所处的真实的政治、行政环境，本文在政策文件分析的基础上，重点关注高层领导班子在发展行政问责中所显现的行为过程与特点，试图通过个案剖析与整体归纳相结合的方法，使所分析的内容能够建立在经验资料基础之上。本文以中国政府推动行政问责的发展过程为研究路径，通过剖析中国政府发展行政问责的出发点和实践过程，结合行政问责的功能实现特点，对公众问责的存在与发展的政治、行政环境予以解释。在研究中，为了更好地解释公众问责发展的总体过程，本文以一个由公众发起、涉及党政部门或科级及以上领导干部的、有完整处理结果的问责事件为抽样选择对象，以《人民日报》、《中国青年报》和《南方都市报》为抽样单位（兼顾抽样的效度和信度），对其所刊登的2003~2012年公众问责事件予以整群抽样，共获得57个公众问责事件，用相似抽样方法共获得146个等级问责事件，在研究中通过结合以上问责事件的内容分析，对相关分析提供经验资料依据。鉴于网络问责是另外一种问责类型，本文研究的公众问责事件不包含网络问责事件。

一 责任履行监督机制的缺失与2003年新一届班子面临的考验

中国政府推行行政问责，是在一个较为特殊的政治背景下开始的施政行为。2002年11月8日至14日，中国共产党召开第十六次全国代表大会，选举产生了以胡锦涛为总书记的新一届领导集体。按照惯例，2003年3月5日，召开了第十届全国人民代表大会第一次会议，根据新当选的国家主席胡锦涛的提名，会议选举温家宝为国务院总理。这样，"被称为'胡温体制'的新一届国家机构正式开始运作"。①

1. 责任履行监督机制缺失状况

新一届领导班子上台，总是要体现新的工作思路和工作突破，在国内外树立新的形象。虽然有以前改革开放发展成果的良好积累，但是，在2003年，中国社会在长期发展中所积累的一些尖锐问题已经开始显露。从政府管理的视角看，新一届班子在政府管理中面临的突出问题是政府责任履行监督机制的缺失，这在地方政府管理中表现得尤为突出，这是因为在前期强调快速发展的惯性下，各级政府在追求经济增长的强大内在驱动力的推动下，唯GDP指标为是，而将政府应该承担的一些责任虚置。同时，传统的以等级封闭为主要内容的"官僚化"的管理方式，在政府责任履行监督方面缺乏有效途径，面临巨大的挑战。

从国内研究总结看，有学者论证了当时官员考核机制下所存在的责任监督缺失问题：一是领导干部的考核标准是"政绩制"，指标很多，诸如GDP、社会治安、安全生产、精神文明建设等成为衡量领导"工作实绩"、决定其升降去留的主要指标，但是，由于信息或统计系统的不健全以及社会舆论监督的不畅，事实上形成了"报喜得喜、报忧得忧"的考核奖惩机制，造成一些领导人只报喜、不报忧，为躲避惩罚隐瞒重大失误或事故实情。二是由于各地普遍实行重大责任事故负责制，一旦有重大事故，当地领导人就很可能被撤职。其结果也促使当地政府官员在事故发生后的第一反应就是竭力封锁消息，然后再在内部大事化小，小事化了。②

从国外研究总结看，世界银行的一份有关政府治理质量的研究报告，可以为了解中国政府管理在2003年之前的问责发展状况提供一个观察视角。2005年6月，世界银行发布了一份《政府治理指标：1996～2004》专项研究报告，③ 这份研究报告包含了以"行政问责"视角关注中国"问责"实践效果的内容，对1996～2004年的中国政府治理质量包括"问责"效果进行了评估。（见表1）

---

① 金春明：《中华人民共和国简史1949～2004》，中共党史出版社，2004，第373页。
② 金太军：《"非典"危机中的政府职责考量》，《南京师大学报》（社会科学版）2003年第7期。
③ Daniel Kaufmann, Aart Kraay, Massimo Mastruzzi. Governance Matters Ⅳ: Governance Indicators for 1996 - 2004. The World Bank, June 2005.

表 1 中国政府治理指标六要素发展统计（1996～2004 年）

政府治理指标	年份	百分点排列 (0～100)	治理质量评价	调查或测评来源机构的数量
话语权和问责	2004	7.3	最差	10
	2002	10.1	较差	9
	2000	10.5	较差	7
	1998	7.9	最差	5
	1996	12.0	较差	5
政局稳定和较少暴力威胁	2004	46.6	一般	11
	2002	45.9	一般	10
	2000	54.5	较好	9
	1998	49.7	一般	6
	1996	50.6	较好	6
政府效力	2004	60.1	较好	12
	2002	65.2	较好	11
	2000	64.0	较好	10
	1998	64.5	较好	7
	1996	66.5	较好	7
管制水平	2004	35.0	一般	10
	2002	37.8	一般	9
	2000	36.9	一般	8
	1998	42.9	一般	6
	1996	47.0	一般	7
法制	2004	40.6	一般	14
	2002	48.5	一般	13
	2000	48.7	一般	12
	1998	52.4	较好	10
	1996	37.3	一般	9
防治腐败	2004	39.9	一般	12
	2002	44.4	一般	12
	2000	44.6	一般	12
	1998	60.7	较好	9
	1996	58.7	较好	7

注：1. 评价的标准为：最差，10 以下；较差，10～25；一般，25～50；较好，50～75；最好，75 以上。
2. 调查或测评来源机构的数量是指围绕该指标引用的调查或测评数据的来源及其独立组织机构的数量。

这份报告是研究组从 20 世纪 90 年代开始，对覆盖 1996～2004 年的 209 个国家的政府治理情况进行了研究，在研究中共采用了全世界 31 个组织机构的37种数据资料，分析了有关评价政府治理的352个变量，是一个较为长期观察的研究结果。虽然报告中所选用的"话语权与问责"（Voice and Accountability）指标的评估内涵与中国的官方解释有出入，在数据的客观性上也会存在一定的误差，但是，作为在政府治理领域非常少有的一种全球比较分析指标和相关数据，仍能为对中国行政问责在此期间的发展状况的判断提供一定的参考。[①]

在衡量中国政府治理情况的6个指标中，从2004年看，表现最好的是"政府效力"（得分60.1），达到"较好"标准；表现最差的是"话语权和问责"（得分7.3），属于"最差"标准。1996～2004年，从统计数据所列举的年份平均得分情况看，表现最好的是"政府效力"（年平均得分64.1），达到"较好"标准；表现最差的是"话语权和问责"（年平均得分9.6），属于"最差"标准。这反映了在此期间，问责在中国政府治理发展中一直处于"最差"的状况。

另外，从世界范围比较看，在2004年，中国政府治理状况与世界中低收入国家平均状况相比，在"政局稳定"、"政府效力"、"法制"和"防治腐败"四个指标方面的治理状况好于世界中低收入国家平均状况，但在"话语权和问责"和"管制水平"两个指标方面的治理状况不如世界中低收入国家平均状况。其中，"话语权和问责"的治理状况与世界中低收入国家平均状况差距最大，中国在该指标的表现为"最差"（得分7.3），世界中低收入国家平均状况的表现为"一般"（得分39.9）。（见表2）

表2 "话语权和问责"指标——中国与世界比较（2004年）

范围	百分点排列(0~100)	治理质量评价
中国	7.3	最差
世界各国平均	49.9	一般
中低收入国家平均	39.9	一般

在2003年，封闭化的内部管理、责任虚置和问责机制缺失，实际上是将地方政府普遍存在的各种责任缺失问题遮掩起来，最后积累到一定程度，就必须由中央政府"买单"。而这份"账单"，不仅是管理缺失所产生的

[①] 本文依据研究报告及世界银行网站中的数据，对表1和表2的数据进行了整理。

"账目",更因为是与责任履行联系在一起,会带来政治的"账目"。早在新一届政府亮相之初,"洞见'仁政'的观察家们,就直言中国社会领域变革的目的,在于缓和日益紧张的社会冲突,弥合贫富差距引致的社会断裂,维护被撼动的社会稳定,寻求中共执政的合法性基础"。①

2. "非典"事件对封闭管理和责任缺失弊端的公开暴露

2003年初,新一届班子还未来得及出手新政,一场突如其来的"非典"自然灾害,以前所未有的社会影响,将政府管理中所存在的上述问题直接暴露在全世界面前。

2002年11月广东省出现一种新的疾病"非典",随后珠三角地区陆续发现病例,2003年1月下旬确诊为"非典"后,专家指出该病有较强的传染性,需做好防护隔离工作。但是,官方以传统的"内紧外松"的封闭管理方式予以处理。至2月1日前后广州出现本地病例时,当地各大媒介新闻仍然毫无表现。广东2月8日以4000万条短信、9日以4100万条短信传播着"广州发生致命流感的消息"。"人们期待着广播电视和报纸能给他们一个权威的说法,但是没有发现",终于使传言"演变为一场大多数广州家庭都卷入了的对板蓝根、白醋、口罩的大规模抢购风潮"。直至2月10日中午,南方网、《羊城晚报》、《南方都市报》才相继报道了广东发现"非典"病例的官方消息。②

随着"非典"迅速传染,"中国的广东、北京、山西、内蒙古、天津等地成为重灾区,香港和台湾也包括在疫区之内"。③ 到2003年3月,北京的"非典"传染形势已经非常严峻,但是,传统的"内紧外松"的封闭管理方式让大部分不了解真相的公众面临致命疾病的威胁。"3月26日,新华社突然刊出报道说:'北京市卫生局新闻发言人称,北京输入性非典型肺炎得到有效控制,病源没有向社会扩散,本地没有发现原发性非典型肺炎病例。'这是首次有关北京非典型肺炎的官方报道。"④ 北京市卫生局的发言,反映了北京市政府对于"非典"病情面向公众的处理方式。

---

① 章敬平:《今天,我们怎样评价中国》,中国财政经济出版社,2010,第206页。
② 夏春平主编《世界华文传媒年鉴2005》,世界华文传媒年鉴社,2005,第735页。
③ 金春明:《中华人民共和国简史1949~2004》,中共党史出版社,2004,第373页。
④ 中央人民广播电台新闻评论部编《反思:非典下的中国》,南海出版公司,2003,第99页。

4月3日下午,卫生部部长张文康在国务院新闻办举行的记者招待会上宣布,非典型肺炎是可以预防和治愈的,绝大多数患者已经康复出院。"张文康介绍说,中国大陆自2003年初发现非典型肺炎以来,截止到3月31日,共报告非典型肺炎1190例,其中,广东省1153例,北京市12例。刚从广东回来的张文康强调说,中国局部地区已经有效地控制了非典型肺炎的疫情,而且也积累了比较宝贵的预防和治疗经验。在中国,中国人民包括广东人民的生活、生产的秩序是正常的。因此,到中国来工作、旅游、开会等等也是安全的。"在张文康宣布"非典"已经控制的第二天,一位了解内情的解放军总医院前外科主任蒋彦永站了出来,于4月4日向外界写信称北京疫情严重,"美国《时代周刊》4月8日引述北京解放军总医院蒋彦永医生的署名信,称他所知的一家军队医院的患者就超过官方公布的人数,并批评中国卫生部门隐瞒SARS疫情"。①

北京市和卫生部封闭实情、提供虚假信息的做法,在"非典"的高传染和高致命的危情下,实际上已经是致来华的境外旅游者的安危于不顾。4月10日,世界卫生组织公开批评了北京的疫情报告系统,4月11日,北京重新被世界卫生组织定为疫区。因为"非典"病情的世界性关注效应,"非典"事件将中国政府管理系统中所存在的封闭管理和责任履行监督机制缺失的弊端,公开地暴露在了全世界面前,并产生了执政诚信的政治性危机。

3. 倒逼出来的行政问责机制

"非典"事件,给中国政府自下而上地上了一堂政府管理课程,得出了印象鲜明的结论:政府管理并非是全能的;封闭式管理方式在新的社会环境中可能会造成极大的社会损害和政治危机;责任履行监督机制的缺失会破坏管理系统的有效运转。

刚刚上台的新一届班子退无可退,只能以新的公开问责的方式,打破固有的封闭式管理,全力控制对"非典"危机的处理,以防止更坏结果的出现。因此,行政问责的实施,是政府部门管理中固有的沉疴和非典危机处理倒逼出来的产物。

2003年4月13日,国务院召开全国"非典"防治工作会议。"14日,中共中央总书记、国家主席出现在'非典'重灾区广州市北京路商业街上,

---

① 中央人民广播电台新闻评论部编《反思:非典下的中国》,南海出版公司,2003,第98~99页。

表示全党全国人民一起抗击'非典'的信心，回到北京在政治局常委会上强调：各级党政机关不得瞒报、缓报疫情。20日，中共中央决定撤销卫生部党组书记、北京市委副书记的职务，随后全国人大常委会和北京市人大常委会分别撤销卫生部长和北京市长的职务。"[1]

二 行政问责的作用与政府推行问责的初步成效

中国政府实行行政问责的切入点——"非典"事件本身所具有的世界性影响和以两位正部级官员作为问责对象，引发了社会对行政问责的广泛关注，标志着"行政问责"开始进入中国政治和行政领域之中。在行政问责实行之初，体制内外都在关注着同样的问题：行政问责能否对责任缺失的"官僚体制"产生震动？

1. 行政问责的功能

行政问责在责任政府建设中，被视为监督政府责任履行的一条有效途径，这是因为行政问责机制包括了对政府行为事前、事中和事后的全方位监督，"行政问责是一个具有前瞻性的过程，通过它，政府官员要就其行政决策、行政行为和行政结果进行解释和正确性的辩护，并据此接受失责的惩罚"。[2]

从问责的关系构成来看，存在着问责对象和问责主体两种行为体。在行政管理内部，建立在韦伯科层制基础上的行政组织结构，体现的是内部独立的自上而下的垂直授权体系与责任体系，"问责表现出的是一种相互关系状态，在这种关系构成中，一方是以个人或机构形式出现，处于被质问和要求回答的位置；另一方是以群体形式出现，他们对前者的绩效寄予期望，处于质问的位置"。[3] 现代政府的文官制度是由经过法律和行政程序的法律、规章制度所构成，作为问责主体的管理者和问责对象的被管理者之间的问责关系自然构成了强制性执行的含义。

---

[1] 金春明：《中华人民共和国简史1949~2004》，中共党史出版社，2004，第373~374页。

[2] 世界银行专家组：《公共部门的社会问责：理念探讨及模式分析》，中国人民大学出版社，2007，第22页。

[3] Jay M. Shafritz. *International Encyclopedia of Public Policy and Administration*. Colorado：Westview Press，1998.6.

行政问责是针对行政领域所进行的问责行为，"包括对政府决策前所进行的，类似信息通报和论证的前瞻性行为；在政府行为过程中所进行的，对行政遵纪守法和工作表现所进行的评估；以及在政府行政结束后所进行的质询"。[①] 在行政问责中，问责对象既可以是行政部门，也可以是行政人员，但是，由于行政官员在行政领域中所具有的重要地位（可以决定和影响某种行政结果的产生）和在社会上的影响作用，因此，在行政问责中一般将行政官员作为主要的问责对象。

2. 行政问责初试的震撼效应

行政问责的主要特点是将责任构成和失责惩罚予以明确的关联，并将之公之于众。"胡温体制"在2003年重手推行问责的决心，使得行政问责中的"强制性"和"惩罚性"内涵在短时间内产生了极大的震撼效应。"胡温新政伊始即遭遇'非典'侵袭，反映的是自然灾害背后的恶劣社会环境，是各级政府的行政腐败的暴露，胡温严刑峻法，全力整顿北京市及卫生部，上下撤换千多名干部，取得突破。"[②]

根据本文的抽样，2003年共有行政问责事件15件。其中，对于各级官员在"非典"事件中责任缺失予以问责的事件有10件，占67%，官员级别从省部级、厅市级到县科级全部涵盖，问责处理迅速，结果严厉，而且绝大部分是点名公开报道。（见表3）

表3 2003年"非典"期间行政问责事件内容概览

事件名称 发生时间 处理时间	事件概要	问责 发起者 处理者	问责对象、职务及 处理结果	问责 类型
（1）北京市"非典"事件—4月4日~4月20日	4月3日，时任卫生部长的张文康宣布，北京只有12例SARS；4月4日，蒋彦永通过邮件向外界公布北京SARS真相，信中称，仅他知道309一家医院，就收治了60例SARS病人，到4月3日已有6人死亡	公众、中共中央、国务院	张文康，卫生部部长（免职） 孟学农，北京市市长（免职）	公众问责

[①] 世界银行专家组：《公共部门的社会问责：理念探讨及模式分析》，中国人民大学出版社，2007，第12页。

[②] 纪硕鸣、周东华：《中国新政》，中国友谊公司，2010，第137页。

续表

事件名称 发生时间 处理时间	事件概要	问责 发起者 处理者	问责对象、职务及 处理结果	问责类型
(2)湖南省长沙市疾控中心干部防"非典"失职事件—4月24日~4月26日	4月24日,长沙市卫生局在工作检查中,发现防治"非典"工作存在漏洞,对相关部门负责人进行问责	长沙市卫生局党组、长沙市委组织部	刘和平,市疾病控制中心主任(免职) 林旗,市疾病控制中心党委书记(免职) (两人均副处级干部)	等级问责
(3)内蒙古磴口县擅离"非典"防治职守干部被停职事件—4月25日~4月27日	磴口县是内蒙古巴彦淖尔盟的"非典"重点疫区之一;在防控"非典"的关键时期,县文体局局长等人,未经请假擅离职守	磴口县县委 磴口县县委	县文体局局长(停职) 县司法局两名副局长(停职)	等级问责
(4)湖南省常德市副秘书长防"非典"失职事件—4月26日~4月28日	4月26日,在防治"非典"形势严峻的情况下,身为常德市防治非典指挥部综合信息组负责人的彭孟雄,却擅离工作岗位长达5个小时	常德市委 常德市委	彭孟雄,市政府副秘书长(免职)	等级问责
(5)河南省林州市卫生局长防"非典"失职事件—4月25日~5月2日	4月25日至28日,不明真相的群众毁坏了该市采桑镇呼家窑"非典"定点隔离病区、市防疫站备用隔离病区以及市中医院等医疗机构的公用设施	林州市委 林州市委	王松林,市卫生局局长(免职)	等级问责
(6)河北省涿州市领导防治"非典"不力事件—4月26日~5月2日	4月26日,涿州市一位妇女被诊断为"非典"病例,原因在于有关领导和部门工作不深入,未及时排查,没有采取有力的措施,致使疫情传播,造成严重后果	保定市委 保定市委	王天琴,市委副书记(撤职) 刘振江,市人大常委会副主任(撤职) 贾建勇,副市长(撤职) 石政,市卫生局局长(撤职)	等级问责
(7)河南省沈丘县党政主要领导防治"非典"不力事件—5月1日~5月7日	沈丘县委、县政府及县"非典"防治工作领导小组,未能及时对王某的行动进行监控,没有对与王某接触过的人员全部采取果断的隔离措施	周口市委 周口市委	束子成,县委书记(免职) 刘权,县长(免职)	等级问责
(8)山东省胶州市副市长防治"非典"不力事件—5月13日~5月15日	胶州市在隔离从外地回来的病人事件中失职,5月13日查出该患者为"非典"患者	青岛市委 青岛市委	王进,副市长(停职检查) 王志军,市卫生局局长(停职检查)	等级问责

续表

事件名称 发生时间 处理时间	事件概要	问责 发起者 处理者	问责对象、职务及 处理结果	问责 类型
(9)重庆市巫溪县干部"非典"期间婚事铺张事件—5月1日~5月17日	陈源义在五一期间为儿子大操大办婚事,违反组织在"非典"时期的相关规定	重庆市委 重庆市委	陈源义,县财政局长(免职) 张邦平,县委书记(正厅级)(党内警告)	等级问责
(10)山西省多名干部防治"非典"不力事件—4月21日~5月29日	对于在防治"非典"工作中工作不力和失职的干部,5月29日,山西省纪委作出处理决定	山西省纪委 山西省纪委	马林巨,汾阳市市委副书记(党内严重警告) 马新成,汾阳市政法委书记(党内严重警告) 雷志雄,汾阳市副市长(行政记大过) 郭建民,阳泉市工商局局长(通报批评) 胡光瑞,阳泉市工商局副局长(党内警告) 谢启宽,万荣县副县长(行政记大过)	等级问责

在"非典"期间,快速、严厉、公开的问责在短时间内集中推行,前所未有,有媒体将之称为一场"问责风暴"。很显然,"胡温体制"借用新的问责方式,不仅快速打开了工作困局,树立了工作权威,化解了"非典"危机,在世界面前呈现了"负责任"的形象,更重要的是,围绕问责所带动的"责任政府"建设,既有利于为行政管理增加控制途径,也有利于新一届领导班子所倡导的"以人为本"理念落在实处,化解政治与社会矛盾。因此,行政问责在政府管理中自上而下地得到了认可,也为政府部门审视公众问责的出现提供了心理预期和认同基础。

三 公众问责发展的政治、行政环境影响因素总结

"非典"事件所产生的问责行为不仅对行政部门和官员产生了强大的压力,也引发了整个社会对于问责这个话题的关注,问责在进入行政管理体制的同时,也进入了公众的视野。

从2003年开始,伴随着等级问责的实施,公众问责也进入了渐进的发

展过程。从等级问责和公众问责发展过程看,两者在发展特点上有明显的区别。2003~2012年,等级问责发展过程持续性较好,每年都有问责事件发生,尤其是在前4年,年度问责事件都在12件以上,使得等级问责效应持续发酵,产生了较好的社会影响,很显然,这与中央政府的强力推行与支持是密切相关的。而公众问责的发展明显分为两个阶段,2003~2007年的5年时间内,公众问责事件总计只有5个,而且在2005年和2006年还没有问责事件出现;从2008年开始,公众问责事件才持续发生,而且事件发生数量增加,问责力度加强,社会影响开始扩大。(见表4)

表4 公众问责事件和等级问责事件年度发生情况分布

年度	公众问责事件		等级问责事件	
	事件数量	占比(%)	事件数量	占比(%)
2003	1	1.8	12	8.2
2004	3	5.3	13	8.9
2005	0	0	12	8.2
2006	0	0	21	14.4
2007	3	5.3	8	5.5
2008	7	12.3	22	15.1
2009	11	19.3	19	13.0
2010	12	21.1	17	11.6
2011	11	19.3	17	11.6
2012	9	15.8	5	3.4
合计	57	100.0	146	100.0

公众问责是等级问责发展影响的产物,但是,由于中央政府推动行政问责发展的初衷是在体制内建设等级问责,加强垂直控制力度,自上而下地提升各级政府责任履行情况的监督效率,而体制之外的公众问责的发展并没有纳入政府部门的行政问责发展计划之中,公众问责的产生是公众自发的模仿行为。

公众问责自发性发展的特征,在公众问责发展过程中的两个阶段表现得较为清楚。2003~2007年的5年时间内,公众问责事件总计只有7个,很显然,这是公众问责发展的学习阶段。在这个阶段,政府部门自上而下所发布的有关推进行政问责发展的政策和制度,都是涉及体制内的等级问责发展的内容,与公众问责发展无关。由于缺乏政府在政策层面的引导,公众只能从等级问责发展中观察政府意图，逐渐熟悉"问责"这个新概念的内涵及其制度运行的特点。所以，这个阶段公众问责事件少，而且年度发展没有持续性。从2008年开始，公众问责发展进入了持续和具有社会影响的阶段。在这个阶段，问责事件数量增加，问责范围扩展，一些问责事件产生了广泛的社会影响，公众问责作为一种持续存在的公众参与活动现象引起了社会各个层面的关注。

自发性的公众参与活动是公众问责的总体特征。从以上公众问责发展所处的背景和过程分析来看，在一个对于自发的公众参与活动十分敏感的政治环境中，中国的公众问责存在和发展的合理性内涵主要表现为以下几个方面。

1. 公众问责的发展，总体上契合中央所倡导的"以人为本"和保障公众"知情权、参与权、表达权、监督权"的施政理念，获得了生存与发展的合法性解释依据

公众问责发展的合理性解释，来源于社会契约论和人民主权论对行政权力私化意识的彻底否定，公众问责的传统内涵更多地体现为对公民权利的保护，其主要功能在于防止公共权力为私人所用，使行政权力主要行使者就其行政过程接受其他组织、团体和公众的质询，作出回应解释并承担失责的后果。

在中国政治发展过程中，对于公民权利的落实与保障，也是一个渐进的过程。1997年9月，中国共产党第十五次代表大会召开，首次将"尊重和保障人权"写入党的全国代表大会报告。2002年11月，中共十六大再次重申"尊重和保障人权"，十六大产生的新一届领导班子更是将"以人为本"作为施政理念，显示出对于公众权利行使的宽容。2007年10月15日，中国共产党召开第十七次代表大会，十七大报告明确指出："人民当家作主是社会主义民主政治的本质和核心。要健全民主制度，丰富民主形式，拓宽民主渠道，依法实行民主选举、民主决策、民主管理、民主监督，保障人民的知情权、参与权、表达权、监督权。"对照历届党代会的工作报告，虽然都有加强民主法制建设、保障公民民主权利的内容，但明确具体地提出"保障人民的知情权、参与权、表达权、监督权"，在工作报告中这是第一次，公众拥有"四权"的提出，使得公民权利的行使有了较为具体的路径，也使得公众参与活动在政治上获得了合法性的解释依据。同样，作为具体的公众参与活动形式的公众问责，正是"知情权、参与权、表达权、监督权"的实现形式，也在政治上获得了合法性的解释依据。公众问责在2008年之后进入了持续发展的阶段，离不开政治上这种宽松环境的影响，同时，也顺应了"胡温体制"的施政特点,即"暴风骤雨式的政治改革从未发生,但替代政治体制改革的行政体制改革,却在飞快运转。政治问题行政化,已成不可逆转的大趋势"。①

2012年12月6日,中国共产党召开第十八次代表大会,十八大报告再次重申:"健全权力运行制约和监督体系。坚持用制度管权管事管人,保障人民知情权、参与权、表达权、监督权,是权力正确运行的重要保证。"除此之外,在十八大报告中,提出了在决策和权力运行中进行"问责"的内容,"要确保决策权、执行权、监督权既相互制约又相互协调,确保国家机关按照法定权限和程序行使权力。坚持科学决策、民主决策、依法决策,健全决策机制和程序,发挥思想库作用,建立健全决策问责和纠错制度。凡是涉及群众切身利益的决策都要充分听取群众意见,凡是损害群众利益的做法都要坚决防止和纠正。推进权力运行公开化、规范化,完善党务公开、政务公开、司法公开和各领域办事公开制度,健全质询、问责、经济责任审计、引咎辞职、罢免等制度,加强党内监督、民主监督、法律监督、舆论监督,让人民监督权力,让权力在阳光下运行",十八大将"问责"纳入制度建设框架之内,提出"让人民监督权力,让权力在阳光下运行",使公众问责获得了更好的政治发展空间。

2. 公众问责的主体虽然独立于体制之外,但公众问责的实现机制仍然在政府部门可掌控的范围之内,因而能够得到政府部门的认可

对于各级政府部门,特别是地方政府来说,公众问责有其存在的合理性,这只是理念上的理解,在实际工作中,地方政府在实践中是否可以掌控公众问责活动,公众问责是否会对地方政治稳定构成影响,可能是影响地方政府是否接受公众问责的更为重要的因素。

从公众问责运行机制构成内容看,虽然公众作为问责的发起者,独立于政府之外,不受政府控制,但是,公众问责在问责效果的实现过程中,问责启动机制和执行机制运行都掌握在政府部门手中。从2003~2012年的公众问责事件的问责启动机制运行过程看,党政部门是公众问责事件的主要问责启动者,党政部门启动的公众问责事件占了总数的91.2%。同时,公众问责事件的执行处理都是由党政部门行使,因此,从总体上看,党政部门掌握了公众问责事件是否予以启动问责和处理的控制权。(见表5)

---

① 章敬平:《今天我们怎样评价中国》,中国财政经济出版社,2010,第201页。

表5 2003~2012年公众问责事件启动者分布

问责启动者	事件数量	占比(%)	累积百分比(%)
上级党政部门	47	82.5	82.5
同级党政部门	5	8.8	91.2
其他	5	8.8	100.0
合　计	57	100.0	

3. 行政问责在发展过程中引起了学术界的广泛关注，行政问责存在及体制外问责主体培育的必要性分析，为公众问责存在的合理性提供了理论解释依据

行政问责实践的广泛影响，转而带动了国内各方面对行政问责的研究。国内早期对行政问责制度的研究，主要集中于对香港主要官员问责制的解释和分析。香港特别行政区于2002年7月1日建立的"主要官员问责制"，带来了责任政府状态下的行政问责这个概念，这个时期对行政问责的认识，只是个别学者进行一些解释性分析。在"非典"危机过后，从学术界到政府部门和社会，开始对行政问责有了一个新的认识。

国内学者对行政问责的认识，首先是在实行行政问责的作用上达成了共识，并进而推论出实行行政问责制的必要性。研究者以"非典"为案例，从政府转变施政理念的角度论证了实行行政问责制五个方面的原因：一是人民的身体健康和生命安全永远是第一位的，它既重于稳定，又压倒经济增长，更重于官员的政绩，官员不能以任何借口隐瞒事故实情。二是政府的责任不能虚置，一定要责任到官。三是政府不是全知全能、权力无限，一个有限责任政府要通过与民众和社会的良性互动来实现施政。四是人民仅有黑色数字知情权，政府要杜绝报喜不报忧。五是危机处理要有全球化的观念，要放弃应对危机的某种惯性和封闭性。① 在早期的研究中，一般文章中对在我国推行行政问责的意义都有较多的论述，内容比较相同，主要为：①有利于政府重视民意，提高公共管理的质量。②有利于整肃吏治，树立公务员队伍的良好形象。③有利于打破"对上负责"的为官之道，构建新的行政文化。④有利于提高干部素质，完善干部能上能下的机制。② ⑤有利于深化政治体

---

① 庞立平：《SARS转变施政理念》，《领导之友》2003年第4期。
② 姚庆武：《行政问责制的建立和完善》，《行政与法》2005年第11期，第30页。

制改革，推动政治文明进程。⑥有利于建设依法行政的法制政府。⑦有利于加强党风廉政建设，反腐倡廉。⑧有利于推进"行政国际化"进程。① 有学者认为我国行政问责制的理论基础表现为四个方面的内容：①行政问责的法律基础——行政法制，指行政职权法定化、行政机构法定化、行政程序法定化和行政责任法定化等内容。②行政问责的思想基础——"民本"思想，指官员必须对人民负责。③行政问责的政治基础——责任政府，指政府对社会（公民）的责任以及政府内部的责任两个层面。④行政问责的文化基础——行政价值取向，指对国家利益、集体利益和人民群众利益始终保持高度负责的自觉性。② 行政问责是指"对不履行法定行政义务或未承担相应行政责任的行政机关及其行政人员进行责任追究"。③ 学术界的研究，为政府推行行政问责制度建设提供了合理性解释。

国内早期对政府责任构成及追究的研究中，在对中国政治体制构成分析的基础上，政治责任往往被视为包含行政组织内外两种责任内涵及责任追究途径，根据发动政治责任追究的有效主体不同，可以将国内官员政治责任的实现方式分为五类：党发动的政治责任追究、权力机关（人大）发动的政治责任追究、上级机关发动的政治责任追究、自我发动的政治责任追究和社会发动的政治责任追究。④ 对于政府责任构成，有学者认为我国行政问责的责任体系包括四个方面，"一是政治责任，即向执政党和权力机关负责；二是行政责任，即向上级行政机关和行政相对人负责；三是道德责任，即向受害者和公众负责；四是法律责任，即向相关法律规范负责，承担法律制裁后果"。⑤ 这里所指的社会发动和责任构成，显然是包含了公众与行政组织之间的责任关系。

4. 公众问责呈现的问责效果，为及时化解基层部门存在的管理问题，释放公众对立情绪提供了渠道，问责的有效性获得了证明

从 2003~2012 年公众问责事件实现的问责内容分布来看，公众问责关

---

① 李自立等：《关于行政官员问责制的三个问题》，《党政论坛》2006 年第 3 期，第 45 页。
② 丁先存等：《完善我国行政问责制的几点思考》，《中国行政管理》2006 年第 3 期，第 15~16 页。
③ 张创新：《从"新政"到"良制"：我国行政问责的制度化》，《中国人民大学学报》2005 年第 1 期，第 113 页。
④ 刘俊生：《公职人员责任体系研究》，《北京行政学院学报》2003 年第 4 期，第 9 页。
⑤ 刘厚金：《我国行政问责制的困境及其路径选择》，《学术论坛》2005 年第 11 期，第 41 页。

注的内容和范围分布较广,对于关系到公众切身利益的公共管理内容敏感度较高。以 2012 年发生的 9 起公众问责事件为例,涉及"行政决策"、"权力行使"和"行政执行"等方面存在的问题,公众所发起的质询活动在一些地方政府的管理中产生了重大影响,引起了广泛的社会关注。如在涉及经济发展与环境保护之间的利益博弈之中,"什邡市钼铜项目引发群体抗议事件"、"启东市造纸厂排污工程引发群体抗议事件"、"宁波市 PX 项目引发群体抗议事件"3 起事件,在事件的内容构成、公众质询方式、政府处理方式等方面都有相似之处,且 3 起事件连续发生,有前后影响的传播效应,反映了在当今社会,即使地方政府怀有推动经济发展的良好愿望,也不能无视公众对生活环境保护的诉求而强行推行。3 个重大项目在前期决策规划和筹备过程中,已经投入了大量的公共资源,在地方政府停止项目建设后,前期投入所造成的巨额损失已经无法弥补,为今后地方政府在建设类似项目时,如何以适宜的公众参与形式介入政府重大决策,化解利益冲突,避免公共资源的损失,留下了深刻的经验和教训。

表 6　2012 年公众问责事件内容分布

事件名称 发生时间 处理时间	事件概要	问责 发起者 处理者	问责内容	问责对象、职务 及处理结果
(1)山西省长子县教育局局长儿子吃空饷事件——2 月 14 日~2 月 15 日	根据群众举报,2 月 14 日,民主与法制网披露山西省长治市长子县教育局局长李福刚之子李楠吃空饷事情	公众 长子县县委	权力行使	李福刚,长子县教育局局长、党组书记(免职)
(2)广东省陆丰市"乌坎事件"——2011 年 9 月 21 日~4 月 23 日	陆丰市乌坎村群众不满村委干部在征地、财务等工作中存在的腐败行为,2011 年 9 月 21 日,乌坎村群众与当地干部冲突激化,出现了打砸公私财物行为和冲击边防派出所行为	公众 广东省委工作组	权力行使	陆丰市县处级干部 1 人,党纪处分 陆丰市、东海镇科级干部 2 人,党纪处分
(3)四川省什邡市钼铜项目引发群体抗议事件——6 月 29 日~7 月 3 日	6 月 29 日上午,四川省特色优势产业重大项目宏达钼铜项目在德阳什邡市经济开发区破土动工,预计利税超过 40 亿元;因担心项目污染,当地居民随即发起一场集体反对行动	公众 什邡市政府	行政决策	什邡市政府停止该项目

续表

事件名称 发生时间 处理时间	事件概要	问责 发起者 处理者	问责内容	问责对象、职务 及处理结果
(4)江苏省启东市"造纸厂排污工程"引发群体抗议事件—7月28日~7月28日	日本王子纸业在华工厂大型项目被南通市政府批准,工厂的污水排口在启东市;启东市百姓对此项目建设强烈反对;7月28日,启东市发生大规模群体抗议事件	公众 南通市政府	行政决策	南通市政府永久取消该项目
(5)河南省淮阳县"6·18"爆炸事故中谎报瞒报事件—8月12日~8月15日	6月18日,淮阳县鲁台镇东屯花炮厂违规生产发生爆炸事故,淮阳县政府报告事故死亡7人、伤14人;8月初群众举报淮阳县政府在爆炸事故中谎报伤亡人数;后经调查确认爆炸事故共死亡28人,受伤20人	公众 周口市委、市政府	权力行使	胡景旭,淮阳县县长(停职) 雷廷军,淮阳县常务副县长(停职) 张海洋,淮阳县分管副县长(停职) 范民华,淮阳县安监局局长(免职) 张志刚,鲁台镇党委书记(免职) 穆敏,鲁台镇镇长(免职)
(6)安徽省淮南市工商管理局"带队考察旅游"事件—9月7日~10月22日	记者接到举报称,安徽省淮南市工商局发文通知,组织部分个体工商户及民营企业出境学习,每户企业收取5400元费用;实际上,却是科长局长到台湾环岛旅游,"带队"干部38人,其费用开销来自民企协会会费	公众 安徽省工商局	权力行使	万德玉,淮南市工商行政管理局党组书记、局长(免职)
(7)浙江省宁波市"PX项目"引发群体抗议事件—10月22日~10月28日	宁波PX项目总投资估算约558.73亿元,占地面积约422公顷,于2011年写入宁波市"十二五"规划中;10月22日,因为担心生活受到污染,宁波市镇海区民众为反对该工程,到区政府集体上访	公众	行政决策	宁波市政府停止该项目

续表

事件名称 发生时间 处理时间	事件概要	问责 发起者 处理者	问责内容	问责对象、职务 及处理结果
(8)重庆市大学生村官因言获罪事件—8月9日~11月19日	任建宇,重庆彭水的一名大学生村官,2011年9月,他因在网上转发评议重庆打黑活动的所谓"负面"信息被重庆市劳教委处劳动教养两年;2012年8月,他一纸诉状将重庆市劳教委告上法庭;后重庆市劳教委以"原决定不当"为由,撤销对任的劳教决定	公众 重庆市劳教委	权力行使	重庆市劳教委以"原决定不当"为由,撤销对任的劳教决定
(9)贵州省怀仁市拆违致死事件—12月7日~12月8日	12月7日,仁怀市城建局组织人员在仁怀市盐津街道盐津社区陀园坝组拆除违法建筑时,因推倒墙体压塌预制板,造成5名违法建筑的施工人员受伤,其中两人因抢救无效死亡	公众 遵义市联合调查组	行政执行	陈德旭,仁怀市住建局局长(停职检查) 罗太行,仁怀市住建局副局长(停职检查)

综上所述,公众问责在中国的产生与发展,获得了同期的政治、行政环境的支持,产生了一定的社会影响,已经形成了较好的社会认同,也为未来的发展提供了较好的基础。在获得令人欣慰的分析结果的同时,也要看到,公众问责由于其自身的属性特征,在未来的发展中,也面临着许多不确定因素,如公众问责是一种自发的公众参与活动,在参与方式上还处于无序状态,隐含着对现有秩序破坏的可能性;公众问责现有的制度化程度低,如何构建合适的制度作为引导等问题都值得关注,在深入的分析中总结其活动特征,为公众问责的持续顺利发展提供解释依据。

港澳台政治与行政

论"一国两制"理论的变与不变

王 禹[*]

摘 要: 丰富和发展"一国两制"理论,需要正视"一国两制"理论的变与不变问题。"一国两制"理论的宗旨是运用和平方式解决历史上遗留下来的国家统一问题,维护国家主权,保持香港和澳门的繁荣稳定,这就是"一国两制"理论的不变。"一国两制"在新的时代背景下面对新的任务,需要解决香港基本法和澳门基本法在具体实施过程中不断出现的新问题,这就是"一国两制"理论的变。

关键词: 一国两制 国家主权 基本法 变与不变

一 问题的提出

1997年7月1日香港回归及1999年12月20日澳门回归,标志着我国政府运用"一国两制"构想成功解决了香港问题和澳门问题。从1997年7月1日及1999年12月20日到现在,香港基本法实施15年以来,澳门基本法实施13年以来,"一国两制"取得了成功实践和举世瞩目的成就。然而,正如邓小平所说,"'一国两制'是个新事物,有许多我们预料不到的事情"[①],"一国两制"实践的继续发展,尤其是香港基本法和澳门基本法在实施过程中不断遇到一些新的情况和新的问题,这就客观上要求我们进一步完善基本法的制度和机制,对"一国两制"理论进行更深层次的探讨。

---

[*] 王禹,澳门理工学院一国两制研究中心副教授。
[①] 《邓小平文选》(第三卷),人民出版社,1993,第215~222页。

这里既包括中央与特别行政区关系的制度和机制，也包括特别行政区内部的制度和机制，既包括中央在特别行政区行使的权力，也包括特别行政区内部的行政管理、立法和司法机关在政治体制下的相互运作问题。更进一步看，"一国两制"在发展过程中遇到的问题，既包括政治问题，也包括经济问题，既涉及依法施政的问题，也涉及香港基本法和澳门基本法的正确理解问题，既包括一些具体的技术管治问题，也包括一些深层次的矛盾问题。这就要求我们从一个更高的角度去理解和审视"一国两制"构想，在新的时代背景下去丰富和发展"一国两制"理论。

丰富和发展"一国两制"理论，这里就有一个"一国两制"理论的变与不变的问题。"一国两制"理论的宗旨是运用和平方式解决历史上遗留下来的国家统一问题，维护国家主权，保持香港和澳门的繁荣稳定，这就是"一国两制"理论的不变。"一国两制"在新的时代背景下面对新的任务，以及需要解决香港基本法和澳门基本法在具体实施过程中不断出现的新问题，这就是"一国两制"理论的变。

二 当初提出"一国两制"理论的时代背景已经变化

既然要讨论"一国两制"理论的变与不变问题，就必须认识到当初提出"一国两制"理论的时代背景在今天已经发生了根本性变化。

1981年9月30日，全国人大常委会委员长叶剑英提出台湾回归祖国实现和平统一的九条方针政策，即所谓的"叶九条"，这是中国政府有关"一国两制"理论最早的权威论述。1982年1月10日，邓小平指出，"'九条'，实际上就是"'一个国家，两种制度'"。[1] 1982年9月24日，邓小平在会见英国首相撒切尔夫人时指出，中国政府在宣布1997年收回香港的同时，还要宣布1997年后香港所实行的制度和政策。[2] 邓小平在这次会谈中对香港问题的全面阐述，标志着"一国两制"构想已经成熟，香港问题的解决就是按照邓小平提出的"一国两制"理论进行的。[3]

"一国两制"是中国共产党和中国政府在20世纪80年代初提出的解

---

[1] 1982年1月10日邓小平接见来华访问的美国华人协会主席李耀基的谈话。
[2] 《邓小平文选》（第三卷），人民出版社，1993，第12~15页。
[3] 肖蔚云：《论香港基本法》，北京大学出版社，2003，第816页。

决国家统一问题的战略构想,是中国大陆在结束"文化大革命"以后思想解放的产物,是中国政府和中国共产党重新恢复实事求是的思想路线,并将全党的工作重点转移到社会主义现代化建设的背景下提出的。然而,随着时代变化和社会发展,"一国两制"的理论从提出到现在已有30多年,收回香港和澳门以后,"一国两制"的实施亦分别有15年和13年,尤其是随着我国改革开放的深入发展,经济建设和社会发展取得举世瞩目的成就,当初提出"一国两制"的时代背景和社会基础已经发生了巨大乃至根本性的变化,"一国两制"要面对和解决的问题也已经发生变化。

第一,"一国两制"提出的时代是一个意识形态严重对立的时代。所谓意识形态的严重对立,是指当时中国大陆还存在着对社会主义和资本主义的僵化理解,尤其是从1957年下半年开始到中共十一届三中全会以前,由于"左"的思想的指导,中国大陆对外闭关自守,对内以阶级斗争为纲,在"什么是社会主义"及"如何建设社会主义"的问题上完全照搬苏联的斯大林模式。[①]

这种僵化的理解,主要表现在:(1)将社会主义与公有制、资本主义与私有制不加区别地画上等号,认为社会主义就是公有制,资本主义就是私有制。越公就越是社会主义,越私就越是资本主义。(2)将社会主义与计划经济、资本主义与市场经济不加区别地画上等号,认为社会主义就是计划经济资本主义就是市场经济。(3)将西方的人权与法治等概念视为资产阶级为维护自己统治而用来欺骗人民的虚伪概念,并简单地认为资本主义就是资产阶级的统治。

这种机械僵化的理解,使得社会主义与资本主义处于一种非此即彼的根本对立中,以至于当时做什么事情都要问一个"姓社姓资"的问题。香港基本法和澳门基本法的序言和总则第5条规定,特别行政区不实行社会主义的制度和政策,保持原有的资本主义制度和生活方式五十年不变,就是这种意识形态对立在法律上的表现。

[①] 高等学校马克思主义理论课通用教材《中国社会主义建设》(1993年修订本),辽宁人民出版社,1995,第5页;黄宗良、林勋健主编《冷战后的世界社会主义运动》,北京大学出版社,2003,第8~18页。有关斯大林模式的特征,可参见黄宗良、孔寒冰《社会主义与资本主义的关系:理论、历史和评价》,北京大学出版社,2002,第137~140页。

第二,"一国两制"提出的时代不仅是中国对社会主义与资本主义缺乏全面认识和正确理解的时代,而且也是中国重新打开国门再次认识世界的时代。

中国大陆在提出"一国两制"理论以前,刚刚从"文化大革命"的阴霾里走出,国民经济发展缓慢,主要比例关系长期失调,经济管理体制严重僵化。人民生活水平基本上没有提高,反而在某些方面甚至下降。中国不仅没有缩小与发达国家的差距,反而是拉大了差距。在当时,大陆的贫穷与港澳的富裕,大陆的落后与港澳的开放,构成鲜明的对比。《中英联合声明》和《中葡联合声明》就是在这样一种社会条件下出台的。香港基本法和澳门基本法也是在港澳地区具有一种优越感的社会背景下起草的。

中国大陆现在经过30年的改革开放,无论是城市的景色面貌,还是人民的起居饮食,都已经发生了翻天覆地的变化。中国社会由封闭、贫穷和落后变化到开放、富强和文明,从原来的缺乏生机变化到充满活力。先进生产力不断发展,经济发展和社会进步取得了显著成就,中国的经济总量已经跃居世界第二[1],综合国力不断提高,国际地位不断上升,人民当家作主的民主意识不断增强,宪法亦明确把建设社会主义法治国家、尊重和保护人权写进修正案。[2] 社会主义中国的精神面貌发生了根本性变化。

当代的中国,正是重新定义中国与世界关系的中国。这个时代正是一个中国重建自信的时代,正是中国重建道路自信、理论自信、制度自信的时代,正是中国建设文化自信和构筑中国梦的时代。

第三,我国政府运用"一国两制"解决香港问题和澳门问题,当初的重点在于收回被外国占领的领土和解决国家统一问题,因此,对于收回领土后的国家权力和制度运作的统一,以及特别行政区制度在整个国家管理体制中的运作,缺乏足够的经验和认识。廖承志就曾在多个场合指出香港回归以

---

[1] 过去十年间,中国经济年均增长高达10.7%,并在2010年超过日本,成为世界第二经济大国。2002年人均国内生产总值(GDP)仅为1135美元,到2011年剧增至5432美元,增加了3.7倍。同期,GDP总值也从美国的七分之一增至一半水平。虽然中国依然存在贫富和地区差距,但中国东部沿海地区的人均GDP已达到一万美元以上,生活水平明显提高。见《澳门日报》2013年3月15日B3版。

[2] 见《中华人民共和国宪法修正案》第13条和第24条。

后的变化，就是"少个总督大人"、"英国旗要下来"、"不会有总督了"，其余照旧，维持现状。①《中英联合声明》和《中葡联合声明》，主要是从如何维持香港和澳门原有的资本主义制度继续有效运作的角度来写的。香港基本法和澳门基本法只是保留了中央作为主权国家必须行使的必不可少的几种权力，如外交和国防、宣布战争状态和进入紧急状态等，以及建立和维持特别行政区所必然要求的权力，如任命行政长官和政府主要官员、解释基本法和修改基本法等。

对于高度自治范围内的事务，中央政府承诺不予干预，并提出了井水不犯河水的形象比喻。② 这种承诺是建立在这样一种逻辑上的：香港和澳门实行资本主义制度，而中国政府和中国共产党是建立在社会主义制度之上的，这是两种根本对立的社会制度和管治方法。因此，香港特别行政区和澳门特别行政区的继续繁荣稳定，其资本主义制度的继续有效运作，有赖于当地的高度自治和"港人治港"、"澳人治澳"。

为了维护这种高度自治和当地人治理原则，继续保持香港和澳门的繁荣稳定，《中英联合声明》和《中葡联合声明》把一些本应属于主权范围内的权力授予特别行政区行使，其中最典型的莫过于终审和货币发行的权力。香港基本法和澳门基本法还把一些本应由中央政权处理的事务授权给特别行政区处理。如维护国家安全，本应属于中央立法的范围，其第 23 条授权特别行政区自行立法。③ 两部基本法的附件一和附件二，本身就是基本法的组成

---

① "香港维持现状，社会制度照旧，生活水平照旧，自由港、金融和贸易中心照旧，港币照旧，与外国贸易、商业来往照旧。不同之处是两点：一、英国旗要下来了。一九九七年不挂他们的旗了。二、不会有总督了，但会有特别行政区或自治区的长官、主任。""香港维持现有制度、习惯、金融流通，像现在这样，不会改变，会改变的是少个总督大人。"见廖承志《港人治港 繁荣香港》（1982 年 11 月 20 日），载中央人民政府驻香港特别行政区联络办公室编《党和国家领导人关于"一国两制"和香港问题的重要论述》，2007，第 71～73 页。
② "在'一国两制'问题上，我曾在同香港许多商界人士、香港特别行政区基本法起草委员会委员的谈话中引用过中国的一句谚语，叫做'井水不犯河水'。有的香港人不大理解，说：'井水不犯河水，河水必定犯井水。'其实我这句话完整地说是：'井水不犯河水，河水不犯井水。'"见江泽民《香港必须有一个平稳的过渡期》，载国务院港澳事务办公室港澳研究所资料室编《江泽民论香港澳门问题》，2006。
③ 香港基本法和澳门基本法第 23 条规定，特别行政区应自行立法禁止任何叛国、分裂国家、煽动叛乱、颠覆中央人民政府及窃取国家机密的行为，禁止外国的政治性组织或团体在特别行政区进行政治活动，禁止特别行政区的政治性组织或团体与外国的政治性组织或团体建立联系。

部分，正如基本法的修改和解释，本是中央的权力，却授权给特别行政区通过后报全国人大常委会批准和备案。①

三 "一国两制"在新的时代背景下面临的问题

在新的时代背景下，"一国两制"面临的问题可以归纳为善治问题、发展问题、融合问题和平台问题。

（一）善治问题

善治问题，是指寻找一种更好的管治方式的问题。特别行政区的善治问题，是指特别行政区政治体制在"一国两制"架构下的良性运作问题。②

香港基本法和澳门基本法都明确规定了特别行政区的政治体制。这个政治体制大致包括以下四个原则：（1）地方政权；（2）行政主导；（3）行政与立法互相制约又互相配合③；（4）司法独立。其中，行政长官具有地区首长和行政首长的双重地位，对中央人民政府和特别行政区负责。④ 行政长官具有广泛职权，在特别行政区内部诸种权力关系中处于核心地位，在中央和特别行政区的关系上，又起着承上启下的作用。这种政治体制可以称为行政长官制。⑤

政治体制是指管治权力的设置和分配问题。行政长官制作为特别行政区的政治体制，既包括中央对特别行政区的管治权力，也包括特别行政区行政、立法、司法诸机构对特别行政区的管治权力。这两种管治权力相辅相成，而不能将其理解为是互相对立的。因此，在"一国两制"的宪法架构

---

① 香港基本法附件一第7条和附件二第3条规定，2007年以后各任行政长官的产生办法和立法会的产生办法和法案、议案的表决程序，如需修改，须经立法会全体议员三分之二多数通过，行政长官同意，并报全国人大常委会批准和备案。澳门基本法附件一第7条和附件二第3条规定，2009年及以后行政长官的产生办法和立法会的产生办法，如需修改，须经立法会全体议员三分之二多数通过，行政长官同意，并报全国人大常委会批准和备案。
② 香港刘兆佳教授在其著作《回归十五年以来香港特区管治及新政权建设问题》讨论了香港管治困难的若干原因，并提出了回归后新政权的建设问题。见刘兆佳《回归十五年以来香港特区管治及新政权建设问题》，商务印书馆，2007。笔者在这里将这些问题归纳为善治问题。
③ 澳门应当为互相配合又互相制约。
④ 香港基本法第43条和第60条，澳门基本法第45条和第62条。
⑤ 见肖蔚云主编《论澳门特别行政区行政长官制》，澳门科技大学出版社，2005。

下，善治问题不仅仅属于特别行政区的内部事务，而且也涉及中央人民政府在特别行政区的权力行使和权威建设问题。

行政长官制的重要特点在于行政长官相对集权，并对中央人民政府和特别行政区负责。这两种负责都是实质性的，尤其在中央层面上，随着"一国两制"实践的推进，要进一步建设行政长官向中央人民政府负责的机制，包括述职和报告重大事项，执行中央人民政府依法发出指令①等。在特区层面上，既要强调行政主导，也要强调权力的互相制约，在权力的互相制约过程中，巩固和加强行政主导，并且在各种权力的互相运作过程中，强调中央的权力本身就是特区政治体制的重要组成部分。

善治既包括责任政府、法治政府和阳光政府的概念，也包括政府的管治能力、政府官员的管治水平，以及政府与居民的良好互动。这里还包含着民主发展的问题，尤其是香港基本法明确规定了行政长官和立法会全体议员最终达至普选产生的政制发展目标。②澳门基本法没有类似的规定，但是也存在着进一步发展民主的问题。这是我国政府在香港特别行政区和澳门特别行政区实行"一国两制"、高度自治和"港人治港"、"澳人治澳"不能不回答的问题。

（二）发展问题

香港基本法和澳门基本法的序言明确指出，为了维护国家的统一和领土完整，有利于香港的繁荣稳定及澳门的社会稳定和经济发展，在特别行政区实行"一国两制"。这就说明，保持香港和澳门的繁荣稳定，进一步建设好和发展好香港和澳门，是实施香港基本法和澳门基本法的基本原则之一。

香港在回归前就已经是国际金融中心、贸易中心和航运中心。香港回归后继续保持了这些地位。澳门回归前的本地区生产总值是负增长，回归以后迅速实现了正增长，尤其是2003年赌权开放以后，经济进入了急剧发展的阶段。这都说明"一国两制"在香港和澳门回归以后的实践是成功的，而且"一国两制"本身就为香港和澳门继续保持长期的繁荣稳定提供了制度

---

① 香港基本法第48条第（八）项和澳门基本法第50条第（十二）项。
② 香港基本法第45条第2款规定："行政长官的产生办法根据香港特别行政区的实际情况和循序渐进的原则而规定，最终达至由一个有广泛代表性的提名委员会按民主程序提名后普选产生的目标。"第68条第2款规定："立法会的产生办法根据香港特别行政区的实际情况和循序渐进的原则而规定，最终达至全部议员由普选产生的目标。"

优势和制度保障。

然而，香港和澳门都还同样面临着继续发展的挑战。发展就有一个发展定位的问题。而且，一个地区的地理位置和环境对其经济发展有重要的影响意义。香港与澳门，位于珠江口东西两侧，与广东是天然的合作伙伴。粤港澳三地在过去年代，特别是近20年的各自发展均不同程度地得益于区域合作。香港和澳门回归后，三地更应该将各自的优势进一步优先组合为区域整体优势，有必要做好各自的发展定位及互相认同。①

在粤港澳三地经济走向更高形态区域合作的进程中，香港过去是主要火车头，香港地位和价值的合理认定是关系到香港本身以及相关地区共同利益和共同发展的突出问题。不过，随着周边地区的发展及"一国两制"实践的深入推进，香港亦应与时俱进，不可再以过去那种居高临下的形态看待别人，切实配合定位作好心理调整。②澳门基本法虽然规定可以继续保留博彩业③，但亦不能全面依赖博彩业，而应当是"突出重点，兼顾多元"④，在以博彩业为龙头产业的前提下，坚持博彩经济与非博彩经济、传统产业与非传统产业并举的发展方针，坚持产业适度多元化。⑤

应当继续巩固香港作为国际金融、贸易、航运、物流、高增值服务中心和澳门作为世界旅游休闲中心的地位。⑥更应当将粤港澳的合作提升到国家发展战略层面。⑦香港与澳门应该学会在国家发展规划里定位自己。自由行不断扩大，陆续签署实施更紧密的经贸合作，大型跨境基建项目的推进，人民币业务不断扩展，珠港澳大桥的规划和兴建，这些说明特别行政区不可能自外于国家的发展而孤立发展，特别行政区还必须认识到自己就是国家发展的建设者和受益者。

发展还应当以人为本。发展不仅意味着经济规模的扩大，还应当包括经

---

① 杨允中：《论"一国两制"澳门实践模式》，澳门理工学院一国两制研究中心，2009，第300页。
② 同注①，第295页。
③ 澳门基本法第118条规定："澳门特别行政区根据本地整体利益自行制定旅游娱乐业的政策。"
④ 何厚铧在2003年财政年度施政报告里提出："突出重点，兼顾多元是促进产业结构调整的基本思路。"
⑤ 同注①，第296页。
⑥ 《珠江三角洲地区改革发展纲要规划》（2008～2020年）（国务院2009年1月8日发布）。
⑦ 庄金锋：《繁荣稳定大局与一国两制澳门模式》，澳门理工学院一国两制研究中心，2011，第232页。

济和社会生活素质的提高。因此，不能简单地将发展理解为单纯的经济增长，还应当包括社会的建设和进步。发展还需要一个全新的现代发展观，包括现代定位观、现代竞争观、现代合作观、现代开拓观和现代创新观等，要有一系列认识的转变和调整。①

（三）融合问题

邓小平曾多次指出，香港和澳门在其回归以后实行"一国两制"五十年不变，五十年以后也不会变，五十年内是不能变，五十年以后是不需要变。② 五十年以后"不需要变"，是因为"到了五十年以后，大陆发展起来了，那时还会小里小气地处理这些问题吗"③。这是指中国大陆经过五十年的改革与发展，中国大陆与港澳两地的经济与社会发展水平已经接近，互相认同和互相融合。

经济合作可以带来共同进步和互相融合。尤其是在粤港澳三地合作机制的演进中，应当进一步推进重大基础设施对接和通关便利化，实现人流与物流的双向畅通无阻，大力加强产业合作，共建优质生活圈及创新合作方式，应当鼓励在协商一致的基础上，共同编制区域合作规划，共建跨境生态保护区。更有必要进一步完善粤港、粤澳两地行政首长联席会议及其机制，完善有关传染病疫情信息通报与联防联控、突发公共卫生事件应急合作机制和食品、农产品卫生事件互通协查机制。④

融合不仅包括经济融合，而且也包括在基本法框架下的两地法律文化和法律解释机制的融合，既包括两地的互相合作，也包括取长补短、互相借鉴。在两地融合的过程中，只有在"一国两制"的架构下，才能妥善处理两地不同的经济利益诉求和社会管治体制，如全国人大常委会在

---

① 杨允中：《论"一国两制"澳门实践模式》，澳门理工学院一国两制研究中心，2009，第304~305页。
② 邓小平：《中国是信守诺言的》、《保持香港的繁荣稳定》、《要吸收国际的经验》、《会见香港特别行政区基本法起草委员会委员时的讲话》、《一个国家，两种制度》，载《邓小平文选》（第三卷），人民出版社，1993，第102~103页、72~73页、267页、215~218页、59页。
③ 国务院港澳事务办公室港澳研究所资料室编《邓小平论香港问题》（专题摘编），2006，第41页。
④ 可参考《珠江三角洲地区改革发展规划纲要（2008~2020）》（国务院2009年1月8日颁布）。

2006年授权香港特别行政区在深圳境内建立口岸区,实行"一地两检"①,2009年授权澳门特别行政区管辖设置横琴岛的澳门大学新校区。这些举措不能采用土地直接划拨的方式,而在只能在"一国两制"的架构下租用内地土地的基础上,授权特别行政区管辖。② 因此,既要融合,也要依法,而且在依法融合的过程中更需要有对"一国两制"的正确理解和创新精神。

融合是全面和全方位的融合,通过港澳与内地的经济交流与合作、文化与法律融合,在"一国两制"实践的深入推进过程中,使得"一国两制"中的"两制"可以通过制度的安排加以勾连形成制度共同体③,从而在更高的基础上形成命运共同体。融合的实质是国家认同和民族认同。而且,融合不仅包括特别行政区与中国内地的融合,还应当包括特别行政区内部不同族群、不同国籍人士的融合。

(四) 平台问题

所谓平台问题,是指发挥对外交流平台作用。香港基本法和澳门基本法都规定特别行政区在中央人民政府授权范围内有自行处理有关对外事务的权力。④ 香港和澳门可在经济、贸易、金融、航运、通讯、旅游、文化、体育等领域以中国香港和中国澳门的名义,单独地同世界各国、各地区及有关国际组织保持和发展关系,签订和履行有关协议。⑤ 香港和澳门回归后,积极利用基本法赋予的处理对外事务的权力,继续参与国际事务,与国际伙伴维持紧密联系,促进社会的对外交流,提升城市的国际竞争力。

赋予特别行政区以对外事务权力,对于中央政府来说,不仅仅是赋予其高度自治的权力,也不仅仅是发展香港和澳门的对外联系,更重要的,是如何借助香港与澳门这个平台,协助中国大陆进一步扩展对外开放,进一步协

---

① 《全国人民代表大会常务委员会关于授权香港特别行政区对深圳湾口岸港方口岸区实施管辖的决定》(2006年10月31日)。
② 《全国人民代表大会常务委员会关于授权澳门特别行政区对设在横琴岛的澳门大学新校区实施管辖的决定》(2009年6月27日)。
③ 祝捷等:《澳珠区域一体化法律障碍及其解决机制》,澳门理工学院一国两制研究中心,2007,第9页。
④ 香港基本法第13条和澳门基本法第13条。
⑤ 香港基本法和澳门基本法第136条。

助中国经济融入全球经济,进一步协助中国走向世界。因此,如何看待发挥香港和澳门在中国对外开放格局中的作用,是必须研究和明确的重要问题。①

平台原指晒台,以及生产和施工过程中为操作方便而设置的工作台,而在物质文明和精神文明高度发达的今天,平台一词有了它更为广泛的内涵,用来表示人们进行交流、交易、学习的具有很强互动性质的舞台。香港和澳门经历了英国和葡萄牙的长期管治,与英国和葡萄牙不可避免地存在着特殊的关系和利益纽带。因此,香港可以作为中英友谊的纽带和中国与英语系国家、普通法国家友好合作的重要平台,澳门可以作为中葡友谊的纽带和中国与葡语系国家友好合作的重要平台,在国家外交战略和中国对外开放格局中发挥重要作用。

四 国家认同和制度建设

香港和澳门在继续推进"一国两制"实践的过程中,除了面对上述的善治问题、发展问题、融合问题和平台问题外,还有各自面对的突出问题。这在香港,主要表现为国家认同问题,而在澳门,主要表现为制度建设问题。

国家认同,是指公民对自己归属某个国家的认知,以及对这个国家的构成,如政治、文化和族群等要素的评价和情感。香港回归和澳门回归无疑触及国家认同问题,这以香港为甚。香港有相当部分人士除了长期受西方价值观影响外,对中国大陆的社会体制深深疑惧。在有些人心目中,只认同文化上、历史上的国家概念,排斥政治上即共产党执政的国家概念,不认同具体的国家中华人民共和国。

"一个国家"就是指中华人民共和国,它是具体的、现实的,不是抽象的、虚拟的国家。这是由中华人民共和国宪法所确立的国家主权、国家制度构成的。② 特别行政区的设立,是以中华人民共和国对香港恢复行使主权为前提条件的,因此,香港基本法的内容格外突出强调国家主权和国家意识,

---

① 《香港应当在中国对外开放新格局中发挥更大作用》,http://finance.qq.com/a/20110916/007040.htm(2013年3月13日访问)。
② 骆伟建:《"一国两制"与澳门特别行政区基本法的实施》,广东人民出版社,2009,第19页。

离开了国家意识，基本法的实施就会走样，就会偏离基本法设计的轨道和方向。① 香港二十三条立法和国民教育事件显露了香港社会的这种深层次矛盾，这是香港在继续推进"一国两制"实践中尤其要面对的突出问题。

制度建设则是澳门在继续推进"一国两制"实践中尤其需要面对的突出问题。澳门基本法规定澳门保持原有的资本主义制度和生活方式五十年不变，确立了原有法律基本保留的原则，但是亦提出了对澳门原有法律需要根据基本法和澳门实际情况进行修改和完善的原则。② 许多条文对原有法律和原有政策提出了进一步完善及提供新的法律保障的规定。③ 澳门回归前，在葡萄牙的殖民管治下，法律体系混乱，立法技术落后，管治体制奉行机械程序主义，行政运作效率低下，在过渡期内的法律中文化和法律本地化只是在形式上完成了回归体现主权的要求，并没有在实质上达到效果。欧文龙事件和有关法律、法令与行政法规的争议，暴露出制度建设在澳门特别行政区的严重性和迫切性。

五 "一国两制"的不变

"一国两制"虽然在新的时代背景下面临着新的任务、新的问题和新的挑战，然而，所谓万变不离其宗，这里其中必有着自己不变的底线，那就是维护国家主权的宗旨不能变，维护香港与澳门长期繁荣稳定的目标不能变，实行"一国两制"、"港人治港"和"澳人治澳"、高度自治的承诺不能变。

---

① 冷铁勋：《从香港国民教育事件看基本法实施中的国家意识的培养》，香港基本法实施十五周年国际学术研讨会论文，广州，2012。
② 见澳门基本法第5条规定，"澳门特别行政区不实行社会主义的制度和政策，保持原有的资本主义制度和生活方式，五十年不变"。第8条规定，"澳门原有的法律、法令、行政法规和其它规范性文件，除同本法相抵触或经澳门特别行政区的立法机关或其它有关机关依照法定程序作出修改者外，予以保留"。
③ 如澳门基本法第100条规定，"公务人员应根据其本人的资格、经验和才能予以任用和提升。澳门原有关于公务人员的录用、纪律、提升和正常晋级制度基本不变，但得根据澳门社会的发展加以改进"。第114条规定，"澳门特别行政区依法保护工商企业的自由经营，自行制定工商业的发展政策。澳门特别行政区改善经济环境和提供法律保障，以促进工商业的发展，鼓励投资和技术进步，并开发新产业和新市场"。第115条规定，"澳门特别行政区根据经济发展的情况，自行制定劳工政策，完善劳工法律"。第130条规定，"澳门特别行政区政府在原有社会福利制度的基础上，根据经济条件和社会需要自行制定有关社会福利的发展和改进的政策"。

（一）维护国家主权的宗旨不能变

邓小平在谈到中国大陆和台湾和平统一的设想时就指出，"问题的核心是祖国的统一"，并指出，特别行政区"可以有其它省市自治区所没有而为自己所独有的某些权力，条件是不能损害统一的国家利益"。① 这里就明确指出，我国在香港和澳门设立特别行政区实行"一国两制"的目的首先是为了维护国家的统一和领土完整。香港基本法和澳门基本法的序言就明确指出了这个基本原则。这是我国在特别行政区实行"一国两制"不能变的首要原则。

维护国家统一和领土完整，包含着以下几个含义：第一，主权独立，即国家独立自主处理对内对外事务不受任何外部势力的干涉；第二，领土完整，即国家对其领域内的所有领土、领水和领空享有排他性的管辖权；第三，权力统一，即在我国境内，只有一个合法的中央政府，统一行使对国家的管治权力。②

1997年和1999年以前，维护国家统一和领土完整的原则，是指收回被外国占领的香港和澳门，解决领土主权问题，而在香港和澳门顺利回归以后，维护国家的统一和领土完整原则，就意味着要维护国家主权的统一行使，维护国家的安全和发展利益。维护国家的安全，就是维护国家不受外部势力的军事威胁和政治干预。维护国家的发展利益，不是指某个具体的经济利益，而是关系到国家发展全局的核心和重大利益。③

我国宪法第31条和第62条第（十三）项规定全国人大决定特别行政区的设立及其制度。④ 香港基本法和澳门基本法序言第三段都明确规定，根据中华人民共和国宪法，全国人大特制定香港基本法和澳门基本法，规定特别行政区实行的制度，以保障国家对港澳基本方针政策的实施。香港基本法和澳门基本法第11条都规定，根据中华人民共和国宪法第31条，特别行政区的制度和政策，包括社会、经济制度，有关保障居民的基本权利和自由的

---

① 邓小平：《中国大陆和台湾和平统一的设想》，《邓小平论"一国两制"》，三联书店（香港）有限公司，2004，第5页。
② 我国宪法规定公民有维护国家统一和领土完整的义务，有关国家统一的内涵，可参考蔡定剑《宪法精解》，法律出版社，2006，第287页。
③ 张晓明：《丰富"一国两制"实践》，《光明日报》2012年11月26日。
④ 宪法第31条规定，"国家在必要时得设立特别行政区。在特别行政区内实行的制度按照具体情况由全国人民代表大会以法律规定"。

制度，行政管理、立法和司法方面的制度，以及有关政策，均以基本法的规定为依据。这些规定就说明，特别行政区制度是有宪法的明确依据的，特别行政区制度既包括中央与特别行政区的制度，也包括特别行政区内部的制度。这些制度的所有内容都与宪法有内在的必然联系，其背后的法理就是特别行政区制度在宪法框架之下，是中央对特殊地方实施管理的制度。①

因此，随着"一国两制"实践的深入推进，维护国家主权的统一行使，就是维护特别行政区制度在国家管理体制中的统一运作，建设中央在特别行政区的宪制权威和管治制度。

（二）维护香港与澳门长期繁荣稳定的目标不能变

邓小平就曾指出，香港继续保持繁荣，在根本上取决于中国政府在收回香港以后对香港采取合适的政策。② 保持香港和澳门的繁荣稳定，不仅对香港和澳门很重要，而且对内地也很重要，是中国的利益所在。③ 香港基本法和澳门基本法的序言都明确指出，在香港特别行政区和澳门特别行政区实行"一国两制"，是为了维护国家的统一和领土完整，有利于香港的繁荣稳定，有利于澳门的社会稳定和经济发展。

为了维护香港和澳门的长期繁荣稳定，香港基本法和澳门基本法规定原有的资本主义制度不变，法律制度基本不变，原有的对外贸易、金融体系继续保留，有权发行货币，有自己独立的司法系统，终审权不到北京。这是香港基本法和澳门基本法为保持长期繁荣稳定的目标，而作出的高度自治的宪制安排。"一国两制"在香港和澳门的成功实践，其中一个标准就是能否保持特别行政区的继续发展。这是中央人民政府治国理政无法回避的重大课题。1997 年和 1999 年以后，正如廖承志在提出"一国两制"的初期时就指出，"只要对香港繁荣有益的事，我们一定会去做。我们一定会积极支持收

---

① 李飞：《深入研究特别行政区制度，推进"一国两制"伟大实践——2011 年 12 月 6 日在一国两制高级论坛上的讲话》，《一国两制研究》2012 年第 1 期（总第 11 期）。
② 邓小平：《我们对香港问题的基本立场》，《邓小平论"一国两制"》，三联书店（香港）有限公司，2004，第 1~4 页。
③ "保持香港繁荣是我们的基本国策"，"维护香港繁荣稳定是中英双方的共同利益"，"香港的繁荣稳定，不仅对香港很重要，对内地也很重要"，"内地也是稳定繁荣，就越能促进香港发展；反过来说，内地也可以发挥香港的窗口作用。我们应该看到这一点。"见江泽民《保持香港稳定繁荣是我们的基本国策》、《我们对香港前途充满信心》，2007，第 82~83 页。

回之后繁荣香港的各项工作"①，中央人民政府为继续保持香港和澳门地区的长期繁荣稳定做了大量工作。

如果要在社会主义中国的主权管辖下继续保持资本主义的香港和澳门的繁荣稳定，实现长治久安，首先就必须解决在一个国家内社会主义与资本主义的关系。也就是说，不能再继续持有社会主义与资本主义相互对立、"必须拼个你死我活"的冷战思维，而应当全面理解国家主体实行社会主义与港澳实行资本主义的关系。② 国家主体实行社会主义，与港澳地区实行资本主义，都是基于我国国情和港澳实际的历史选择，都是建立在实现国家现代化和民族复兴的共同目标和基础上。③ 只有正确处理社会主义与资本主义的关系，才能更好地坚持"一国"原则与尊重"两制"差异，保持港澳地区的长期繁荣稳定才能获得更坚实的政治基础和法律保障。

（三）实行"一国两制"、"港人治港"、"澳人治澳"、高度自治的承诺不能变

中国政府在解决香港问题和澳门问题时，为了维护香港和澳门的继续繁荣稳定，在坚持国家统一和领土完整的前提下，承诺在香港和澳门建立特别行政区，实行"一国两制"、"港人治港"、"澳人治澳"、高度自治。

这个承诺具有国际法效力。《中英联合声明》和《中葡联合声明》都明确指出，关于中华人民共和国对香港和澳门的基本方针政策和联合声明附件一对上述基本方针政策的具体说明，中华人民共和国全国人民代表大会将以中华人民共和国香港特别行政区基本法和中华人民共和国澳门特别行政区基本法规定之，并在五十年内不变。

香港基本法和澳门基本法是我国在特别行政区实行"一国两制"、"港人治港"、"澳人治澳"、高度自治的法律化和制度化。香港基本法和澳门基本法作为由全国人民代表大会，即全国人大制定的法律，理应由全国人大进行修改。因此，为使中国政府在联合声明里的承诺具有国内法意义，就必须

---

① 廖承志：《港人治港 繁荣香港》，1982年11月20日会见香港厂商联合会参观访问团谈话。
② 吴邦国：《在澳门社会各界纪念澳门基本法颁布20周年启动大会上的讲话》，2013年2月21日。
③ 吴邦国：《在澳门社会各界纪念澳门基本法颁布20周年启动大会上的讲话》，2013年2月21日；李飞：《深入贯彻实施基本法 开创澳门发展新局面》，在澳门基本法推广协会举办的基本法讲座上的讲话，2012年12月18日。

在法律上对全国人大对基本法的修改作出限制。

这个限制已经由香港基本法和澳门基本法明确作出：本法的任何修改，均不得同中华人民共和国对香港和澳门既定的基本方针政策相抵触。① 那么，什么是这里所说的对香港和澳门既定的基本方针政策呢？这就是两部基本法序言所规定的，国家对香港和澳门的基本方针政策，已由中国政府在《中英联合声明》和《中葡联合声明》中予以阐明。这就与中国政府在两个联合声明里的承诺衔接起来。

邓小平曾多次指出，"香港在一九九七年回到祖国以后五十年政策不变，包括我们写的基本法，至少要管五十年"，"联合声明确定的内容肯定是不会变的"，"讲信义是我们民族的传统，不是我们这一代才有的。这也体现出我们古老大国的风度，泱泱大国嘛"，并还指出，"五十年以后更没有变的必要"，"前五十年是不能变，五十年之后是不需要变"，"五十年只是一个形象的讲法，五十年后也不会变"。②

六　结语

"一国两制"的提出，是中国大陆 20 世纪 80 年代初在社会主义与资本主义意识形态严重对立的背景下提出的。社会主义与资本主义，在当时是被认为"水火不兼容"的两种根本对立的社会制度，而随着中国大陆对"什么是社会主义"及"如何建设社会主义"的深入探讨和改革开放的逐步深化，这种意识形态的严重对立情况正在改变。我们应该进一步解放思想，与时俱进，有必要进一步全面理解国家主体实行社会主义与特别行政区实行资本主义的关系，而不是走入"不是社会主义吃掉资本主义，就是资本主义吃掉社会主义的老路"③，这两种制度都是根据我国特定国情和港澳实际问题作出的必然选择，都是建立在服务于现代化建设和民族复兴的基础上。

在统一的中华人民共和国内，社会主义与资本主义，不仅面临着共同的目标，而且都面临着共同发展和协调治理的问题。这就是指，"一国两制"

---

① 香港基本法第 158 条和澳门基本法第 144 条。
② 国务院港澳事务办公室港澳研究所资料室编《邓小平论香港问题》（专题摘编），2006，第 34、35、37、40 和 42 页。
③ 李飞：《深入贯彻实施基本法 开创澳门发展新局面》，2012 年 12 月 18 日在澳门基本法推广协会举办的基本法讲座。

虽然是针对国家统一问题提出的，但是，我们不能停留在将"一国两制"理论理解为仅仅是"一套国家统一理论"上，而且还应当将其理解为"一套国家治理理论"。① 这套治理理论，是在中华人民共和国的宪法框架和国家管理制度下实践的，而且必然随着中华人民共和国的成长而成长。尤其是随着香港回归和澳门回归以后，港澳与内地的交流与合作日益频繁，"一国两制"已经表现出向纵深方向发展的趋势：香港和澳门除了各自面对的国家认同问题和制度建设问题外，都还面临着善治问题、发展问题、融合问题、平台问题，这就需要在"一国两制"的实践中予以逐步解决。

  实现中华民族伟大复兴，是中华民族近代以来最伟大的梦想。而实现中国梦，就必须有中国理论和中国道路，这就是中国特色社会主义理论和中国特色社会主义道路。② "一国两制"是实现中国梦的重要制度载体，是中国大陆改革开放的表现和产物，也是建设中国特色社会主义理论的重要组成部分。随着中国大陆的经济发展和社会进步，尤其是随着对中国特色社会主义道路的探索逐渐深入和中国道路的越走越宽广，"一国两制"理论及其在香港特别行政区和澳门特别行政区的实践，也必定焕发出更大的生命力。

---

① 祝捷等：《澳珠区域一体化法律障碍及其解决机制》，澳门理工学院一国两制研究中心，2007，第3页。
② 习近平2012年11月29日在参观中国国家博物馆后的讲话及2013年3月17日在第十二届全国人大第一次会议闭幕式上的讲话。

党权弱化与台湾地方自治的突破
——从国民党中央权力结构变化切入（1972~1997）

袁　超[*]

摘　要：现行台湾地区的地方自治制度是历时性制度变迁的结果，其间，它经历了一个制度规范与制度过程二者从断裂脱节到基本同步的演变[①]。结合当时台湾的政治生态，深入分析地方自治制度变迁的历史与政治过程，笔者认为国民党党权[②]是贯穿变迁始终的关键变量。国民党长期以来自上而下、"一贯到底"的集权统治迫使地方自治处于"有名无实"的状态，而在1972年至1997年间，国民党中央权力结构的重大变化导致党权渐弱，于是地方自治得以在此期间实现突破性的发展。然而，制度既然能在有利条件下发展，就也有可能面临"逆转"，因此须抱以警惕。

关键词：国民党　台湾地方自治　中央权力结构　党权弱化　制度变迁　制度逆转

一　导论：研究缘起与思路

检视台湾地方自治制度研究的相关文献，我们可以根据研究重点的不同

---

[*] 袁超，中国人民大学国际关系学院，博士生。
[①] 这一"演变"的时间跨度为1945~1999年，分别以国民党退台和"地方制度法"颁行为具体标志。
[②] 以台湾历史上"党国威权体制"为背景，凡本文论及的"国民党党权"，泛指国民党对台湾方方面面的控制权力。

将其大致划分为以下几类：一是以具有教材特点的著述为主，以时间为叙述线索对台湾地方自治制度的历史沿革、制度架构所进行的简要介绍；二是专注于台湾地方自治制度及其运作的主要问题进行研究，比如制度设计的问题、法制化问题、地方财政的问题和选举问题等，该类著述着重从各自所关注的问题的角度分析地方自治制度及其运作；三是研究地方自治制度对政治转型的影响，该类著述通常把台湾地方自治制度看做政治转型的一部分，注重地方自治尤其是地方选举对于民主化转型的推动作用。

已有研究成果相当丰富，但无论是专注于地方自治制度及其运作本身的主要问题的研究，还是探讨其与政治转型之间关系的研究，均在一定程度上缺少对地方自治制度变迁历史政治过程的深入思考与分析，以致无法解释清楚制度变迁究竟是何以发生的，更无法挖掘出其背后的关键变量。如若忽视这一层次的研究，那么上文述及的现有研究成果在某种意义上则都是有缺憾的，因为地方自治制度变迁的过程同时也是制度绩效变化的过程，只有挖掘出其背后的关键变量并阐释出该变量通过怎样的变化影响了制度变迁，才能对不同时期的地方自治制度及其运作有内在的把握，进而对上文述及的研究主题有更强的判断力。

基于上述分析，本文旨在整体把握台湾地方自治制度变迁历史政治过程的基础上，对制度变迁的关键历史节点、时期进行分析，重点探察关键变量（国民党党权）在该历史时期因为什么发生了变化，发生了怎样的变化，这样的变化又是怎样推动了制度变迁的。

通过历史考察，笔者认为，1949年以来的台湾地方自治制度[①]是一个从"有名无实"逐渐走向"名副其实"的历时性制度变迁过程，而1972年至1997年则是这一制度变迁的突破发展期。作出这样的判断需要一个可供操作的标准。

首先，从本质上看，地方自治就是"将地方上的事情，让本地方人民自己去治"[②]，形式上大体是通过民选的地方公共权力机构对地方公共事务进行管理。实现这一状态须至少满足两方面条件，一方面是"想自治"，主要指地方民众意愿（集中表现为民众自治观念）。另一方面则是"能自治"，主要指地方民众能够进行自治。

---

① 这里所说的台湾地方自治制度包括规范意义和经验意义两个层面的含义。
② 孙中山：《孙中山全集》（第8卷），中华书局，1986年，第324页。

其次，具体判断标准大体上依据"想自治"和"能自治"两方面来设立。在"想自治"方面，尽管民众自治观念难以准确衡量，但可以通过对不同时期历史事实的分析来展现民众自治观念的相对程度。"能自治"是该标准的核心依据，这里需要从规范意义和经验意义两个层面来理解"能自治"①，规范意义主要是指地方自治是否有通过宪法授权、是否有具体法律法规和具体的制度架构，且科学合理；经验意义主要是指地方自治制度现实运作的政治过程（集中体现为地方自治权的运作，比如是否实现公正、公开、有效的地方选举，地方是否有独立的财政、人事权等）。

依据上述标准，地方自治制度要摆脱"有名无实"而实现突破性发展，最起码需要实现两个层面的质变：一是在规范层面上通过国民党出台有利政策来合理调整制度架构，并推进地方自治法制化；二是在经验层面上"中央"权力②从地方自治领域撤出，或者最起码是在一定程度上弱化③，同时伴随着地方自治权力的扩大。应该说，这两个层面的变化并非截然分开，而是叠加发生的；或者从某种意义上说，这两个层面的变化实际上是国民党党权弱化的一体两面。

二 "开放中央"：地方精英进入政策过程

20世纪70年代初，进行了将近20年的地方选举在地方营造出浓厚的政治参与氛围，培养了相当一批地方精英并逐渐形成"党外"反对派与国民党争夺地方职务。同时，海外"保钓运动"、联大驱蒋、尼克松访华等重大事件的发生给台湾带来了很大冲击，台湾青年一代知识分子的民族意识和政治意识在这个阶段得到增强，他们开始冲破国民党设置的一些政治禁区，大胆发表各种主张，议论时政，掀起了一个要求"政治革新"和"政治参与"的热潮。蒋经国出任"行政院院长"后，为了应对岛内外局势的变化，"顺应"民意，保证国民党执政，开始着手推行"革新保台"路线。蒋经国这一"大手笔"可谓是开启了台湾"上下互动"的局面。在国民党进行

---

① 这里两个层面的理解都是具体到台湾的地方自治制度。
② 在台湾的党国威权体制之下，"中央"基本上与国民党无异，因此，这里的"中央"权力实际上是指国民党权力。
③ 这里的"一定程度"是指相对于之前"中央"对地方权力控制的程度而言。

"革新保台"的过程中,地方民众与精英也在不断努力通过选举进入体制内以争取政治权力。

(一)"本土化":国民党中央权力结构的调整

1972年3月,国民党召开"十届三中全会",将中央党部以往16个业务单位改为1个处、7个工作会和4个委员会。同时对组织系统进行了调整,划分为地方党部、军队党部、产业党部、职业党部、知识青年党部、海外党部、"敌后"党部、机关党部8个系统。会议还通过了严家淦关于推荐蒋经国出任台湾"行政院院长"的提案。这次国民党组织的调整是国民党退台以来在蒋介石主导下的第二次"改造",它最重要的影响是使得蒋经国的一批骨干人员出掌各党部和政、军、财、文等部门实权,如李焕[①]。"党国"各重要部门掌门人的"蒋经国化"实际上是为蒋经国执政搭平台,实现国民党权力中心从蒋介石向蒋经国的转移,这为后者推行"革新保台"奠定了组织基础。1969年国民党"十大"提出"政治革新要案",随后于1970年代初在蒋经国主导下逐渐展开,大体可分为党务革新和政治革新两部分。

党务革新从1975年4月蒋经国出任国民党党主席开始着手,直到80年代末,整个过程分为三个阶段,重点在后两个阶段:第二阶段,1978年12月至1986年初,国民党为了赢得地方选举,强调"党务革新"最迫切的任务是"注入新的生命,吸收新的血液,采取新的工作方法,更进一步发挥党的力量",并提出"党务革新"要与政治改革同时进行,强调当前国民党的重要工作"是扩大本党群众基础,建立党的进步体制,强化党的号召,从社会中发挥党的力量";第三阶段,1986年3月至1988年1月,"党务再革新"阶段。蒋经国推出以"整顿组织、统一思想、提升服务精神、依法治党、严格干部考核"[②]等为主要内容的"党务再革新",又对中高层党务人员进行了大幅度调整。从"党务革新"的整个过程来看,蒋经国的"本土化"思维得以展现,这既是岛内形势所迫,也是蒋经国个人政治卓识的体现。"党务革新"给国民党带来的最重要的变化在于国民党成员的"本土化"、"年轻化"。

---

① 曾一度身兼国民党中央党部组工会主任、"反共救国团"主任、"革命实践研究院"主任三处要职,为党团系统的实权人物,是蒋经国推行"革新保台"政策的主要执行者。参见苗建寅主编《中国国民党史(1894~1988)》,西安交通大学出版社,1990,第533页。
② 朱显龙、彭付之:《台湾政党纵横》,福建人民出版社,1998,第69页。

"政治革新"同时也为"中央"政府部门人员构成和"中央民意代表机构"带来了相应变化。在由蒋经国"组阁"的"行政院"各机构主要官员中，台籍人士的比例由上一届的4.5%增加到22%。1950年代，台籍人士参政仅限于通过有限的地方选举进入地方政权；到1960年代，台籍人士在国民党政权上层机构中的人数略有增加，如1960年5月，连震东出任"内政部长"，1961年2月黄国书升任台湾"立法院院长"等。但总体而言，情况是在1970年代后才发生了明显的改变，如1976年产生的国民党第十一届中央委员、候补中委中的台籍人士比例，由1969年第十届的8.1%增加到23.6%。在同时产生的国民党中常委中，台籍人士由上一届的3人增加到5人，比例由14%增加到22.7%；1979年12月国民党第十一届四中全会时，台籍人士增至9人，比例上升至33%。后来在1983年、1986年、1988年召开的十二届二中、三中及十三届一中上，台籍人士分别为12人、14人、16人，所占比例为38.7%、45%、51.6%。①

国民党从大陆带到台湾的"中央民意代表"是其"法统"象征，然而"中央民意代表"的逐渐老迈使得原本就名存实亡的"民意"机构连门面功夫都无法继续。此外，台湾地方政治精英就进入"中央民意机构"的呼声日益加大，迫于这两方面的压力，1969年蒋介石在任时实行了一次增补选。虽然国民党迈出了关键一步，但由于增补人数有限，增补的"国大代表"只占"资深民代"的1/24，比例太小不足以解决"法统"危机。自1972年蒋经国履新后，开始定期举行"中央民意代表增额选举"，与1969年的增补选不同，1972年2月举行的一届"国大"五次会议对《动员戡乱时期临时条款》进行了修订，改变了"宪法"中关于名额的计算方法，扩大了"自由地区"在"中央民意机构"中的比例，并规定增额席位按期换届选举，从此使得国民党长期封闭的"民意代表"禁区开始向台湾社会开放。

不可否认，"革新"的推行对国民党中央权力结构变化产生了深远影响，它开启了国民党成员"本土化"与"中央权力开放化"的过程，为地方精英进入中央政策博弈过程提供了条件。

（二）地方利益议程化

地方自治在规范层面上的制度架构调整与法制化需要通过国民党出台有

---

① 苗建寅主编《中国国民党史（1894～1988）》，西安交通大学出版社，1990，第536页。

利政策来实现，而政策形成过程只有在包括"地方"、"中央"等不完全重合的各方利益在内时，才有可能形成真正的博弈。因此，在当时的历史背景下，如若地方精英仍被阻隔在国民党中央决策之外，便不可能出台真正有利于地方自治的政策。

"党政"部门的"本土化"打破了"封闭中央"的格局，让地方精英从此有机会逐步进入中央政权，通过影响政策与法案实现地方利益的议程化。在"中央"层级的"国会"机构、"行政院"、军队部门以及党的中央委员会和中常会几乎都由随国民党退台的大陆籍人士所垄断时，"党国"统治的首要目的是巩固政权地位，对于本质上与"中央"分权的地方自治，自然是为统治所用的心态，而且事实上也的确如此。相对而言，党外人士、台籍人士有着地方自治的热情，他们一旦能够进入政权高层，势必会极力影响法案和决策。台籍人士与随国民党退台的大陆籍官员有着不一样的成长背景、环境，因而也有着不一样的利益诉求。国民党大陆籍官员更多的还是传统的统治思维，一心确保国民党在台的统治地位，而进入政权高层的台籍人士既是能力卓越的地方精英，也同时可能具有有深厚民意基础的地方派系①背景，他们既为了一展政治宏图，也为其所代表的地域和人群谋利益，最有效的办法就是能够通过赢得地方选举和进入"中央"影响政策制定，以使得地方自治脱离国民党的控制而"把持"在自己手中。解严后，地方一些新兴的财团、商人介入地方政治并与地方派系形成"政商集团"，进而逐渐渗透到"中央"权力核心，他们为了自身的利益要打破曾经国民党在地方"大权独揽"的格局，从中尽可能多地汲取资源，因而也会极力去影响"中央"的决策，而这在事实上促使地方自治生态发生改变。

地方自治法制化过程在该期所面临的压力就是党外人士影响决策的实例。1984年5月，第七届台湾省议会第五次大会第三十四次会议召开，国民党籍议员所主导的省议会作出决议，要求省政府转请"中央"依据"宪法"参酌实际的状态，使省政府组织能进行适当的调整，"行政院"并未采纳。而第二年更因为省政府预算编列，违反"省政府组织法"超编，而引起苏贞昌、黄玉娇、蔡介雄、谢三升等14名党外省议员愤而集体退席，并

---

① 台湾地方派系主要是以县市为势力范围的不同政治、经济利益结盟，有的是以地域（乡亲）、宗亲、族群等社会关系网络为纽带形成的结盟，也有以地方财团为核心或以某一政治世家形成的家族性地方派系。参见王建民《台湾地方派系与权力结构》，九州出版社，2003，第21页。

发表"集体辞职声明",使得地方自治法制化这么尖锐的问题浮上水面,受到各方重视。

此外,国民党"十三大"对国民党组织权力结构进行了重组,逐渐形成了以李登辉为核心的国民党新领导体制,表明国民党的高层权力结构已由以蒋家为中心的个人专制统治模式转向一人牵头、联合掌权、集体决策的统治模式,意味着大陆的原有官僚势力逐渐减弱、地位逐渐下降而台湾"本土化"趋势更为突出①。在这样的转变背景下,国民党的中央决策又发生了怎样的变化?

中央常务委员会在蒋家时代是核心决策机构,然而到李登辉时代,中常会成了每周三一次的象征性权力会议,实际决策功能已经日渐退化,并逐渐转向"总统府"内的"五人决策小组"②。据当时台湾《联合报》报道,31位国民党十三届常委中,在两年内职务变动的达21人。常委们在会上"发言意愿偏低",中常会只听取从政主管的报告,对重大事件反应不及。哪怕作出决策也不再具有权威性,随时有可能被民意机关挟民意以推翻,如中常会讨论通过的"集会游行法"中,将三个"国会"列为集会游行禁止区,因"立委"们的反对而被取消③。作为一直以来国民党中央的最高决策机构,这在历史上是不曾出现过的。国民党中央为了加强对"中央民意机构"的控制,调整党内决策结构,重新于1992年2月成立隶属于中常会的曾经"名存实亡"的中央政策委员会。国民党中央核心决策功能的转移和决策结构的变化反映了当时台湾政治的变化。"中央民意机构"能够反对有效,体现了它不再是国民党手中的合法性工具,1992年"立法委员"选举中,国民党所占比例下降至52.7%,民进党和无党籍人士分别占31.4%、15.8%,"立委"在具体事件中的反对与当时"立法委员"这一人员构成不无关系,显示了"党外人士"在决策中的作用,或者说,最起码说明了人员结构多元化的权力机关能够获得决策的相对独立性,这对于地方自治的发展无疑有根本性的促进作用;核心决策功能从中央常务委员会转向"五人决策小

---

① 苗建寅主编《中国国民党史(1894~1988)》,西安交通大学出版社,1990,第618页。
② "五人决策小组"最初成员:李登辉、李元簇、郝伯村、蒋彦士、宋楚瑜、林洋港、邱创焕。后来减至5人,由"总统"、"副总统"、"行政院院长"、"总统府"秘书长、执政党秘书长组成。该小组采取不定期方式举行会议,由"总统"临时主持召开,商讨台湾高层政治问题,对台湾政局走向会产生重要影响。
③ 孙淑:《台湾政治制度》,南京大学出版社,1993,第25页。

组"，实际上是从党中央转向"中央"政府，这起码说明了"党""国"在某种程度上的分离。

国民党"十三大"过后，经过 5 年时间，李登辉全面改选了"中央民意代表"，3 次改组"内阁"，主控了政权，又频繁调兵遣将，逐步掌握了军权。"十四大"会议期间，大会讨论通过了大会宣言、党章修订案、政纲案等文件。修订后的党章将国民党的属性由过去的"革命民主政党"蜕变为"民主政党"。"十四大"国民党的权力结构调整后，"主流派"人马在中委占了一半以上，在中常委占了绝大多数，尤其是李登辉成为国民党建党近百年来首位票选党主席。"十四大"形成的权力结构显示国民党已完成本土化和世代更新。通过此次会议，李登辉在党内巩固了自己的地位，同时在人员结构上进行了偏向"主流派"的调整。这为李登辉后续采取的包括"精省"工程在内的对台湾地方自治制度重构产生重要影响的行为打下了基础。

三 一党独裁终结：地方自治权的释放

（一）独裁逻辑下的地方自治及其反噬

台湾光复以后，国民党在治理策略上继续选择地方自治制度有着深刻的历史根源，很大程度上，国民党延续了它在大陆的统治模式，其权力逻辑与政策思维是一贯的。尽管如此，在国民党退台之前，它对台湾所采取的统治策略也并非完全是"国民党风格"，一方面出于对日据 50 年之久的台湾民众的不信任，国民党认为他们"心智已经被荼毒，且被强迫接受扭曲的思想"[①]，因此处处实行"再教育"；另一方面，蒋介石把台湾交给军政府，为保持所谓的"行政不中断"而实行与日据时期总督体制高度相似的行政长官制，行政长官陈仪集行政、立法、司法和军事诸权于一身。

尽管日据时期给台湾留下的制度遗产十分有限，但自 1926 年（大正十年）起，日本人通过在台施行地方自治、同化措施来贯彻其内地延长政策，在日本看来是为实现其帝国利益的事情却无意间促进了台湾民众权利意识的

---

① 〔美〕丹尼·罗伊:《台湾政治史》，何振盛、杜嘉芬译，台湾商务印书馆，2004，第 77 页。

启蒙和自治观念的形成①。因此,国民党不合时宜的做法打破了台湾民众"重回中国人"和真正参与地方政治这两个期望,激起强烈的社会不满,酿成"二·二八"惨案。

在大环境上,国民党外部丧失美国支持而面临中国大陆的军事压力,内部面临党内分裂、岛内经济衰败和台湾民众两个期望破灭而导致统治合法性大幅削减,这些危机迫使国民党不得不调整统治策略。国民党将1948年制定的"宪法"和"民意机构"移植到台湾,用"三民主义"和"民主宪政"来重塑政权的合法性;通过开放地方自治来解决"参与性危机",同时吸纳台湾籍的本土精英,既满足台湾民众的政治参与愿望,也通过此吸纳民意实现政权整合②。如此看来,地方自治制度的推行实则深藏国民党一贯的绝对统治思维与权力逻辑,本质上都是为了获取、强化在台湾的政权统治合法性。

在漫长的戒严时期,台湾社会在国民党的控制下如"铁桶"一般,地方自治在1950～1972年处于缓慢发展阶段。从规范层面看,一来"台湾省各县市实施地方自治纲要"及其配套法规是当时地方自治制度构建与运行的主要依据,这种行政命令不但相对于法律更具有任意性,且同时易于将地方自治组织视作行政机构,完全改变地方自治组织的性质;二来尽管"纲要"也对财政来源等有明文规定,但是"中央"一直沿用的一些法律法规没有废除,实际上是架空了地方人事权与财政权。从经验层面看,国民党在实际的地方自治运作中不遗余力地将党权渗透到地方,通过对地方选举的操纵、对地方人事权和财政权等自治权的干涉来试图牢牢把握地方形势,以便于统治。但地方选举的不间断进行使得地方民众得到了长期的"民主"选举训练,培养出一批热情高涨且不断寻求途径进入"中央"权力层的地方政治精英,实际上对国民党"开放中央"产生重要影响。

独裁逻辑下的地方自治在前期为国民党垄断统治合法性提供了一定便利,但随着时间的推移,哪怕是被操纵的地方选举也能在某种意义上训练地方民众,潜移默化地影响民众观念,并形成反噬国民党独裁统治的重要力量。从这个角度分析,1972年以后地方自治制度的突破性发展实际上是在国民党被动的党权弱化与拥护地方自治的地方民众、"党外"力量主动争取地方自治权的双向作用下得以实现的。

---

① 袁超:《台湾地方自治制度变迁研究》,硕士学位论文,中国人民大学,2012,第11～16页。
② 孙代尧:《台湾威权体制及其转型研究》,中国社会科学出版社,2003,第65页。

（二）单一权力格局的瓦解

国民党的"本土化"逐渐使其从"全国性"政党转向"台湾地区性"政党，"中央民代"选举意味着竞争层次已经从地方开放到"中央"层级，使得几十年如一日的二元政治结构——"封闭中央"与有限"开放地方"——被突破。"开放中央"开始从内部撼动了国民党大陆籍高层一贯对政策的绝对垄断权。

从政治过程的角度分析，要使地方自治制度实现突破性发展的最关键环节是：地方自治主体能够有效进行地方选举并充分行使自治权，摆脱国民党操纵地方选举、"把持"地方财政人事权的绝对控制。因此，仅从国民党中央权力开放化与党内成员"本土化"这一维度观察，还不足以清晰看出国民党党权变化及其对该期地方自治制度发展的影响。但如果将视野从"党内"竞争移向"党外"竞争，并进行统合分析，结论则明确了。

1970 年代以来，"党外"运动势头一浪高过一浪。"党外"对国民党的挑战，应该以 1977 年县市长与省议员选举为分水岭。在此之前，"党外"挑战都是局部的，没有组织性串联。1977 年的选举以后，由于"党外"候选人受到鼓舞，开始做有组织的竞选努力。在此之后的选举中，"党外"先后采取的竞选活动已经类似准政党组织，比如在 1978 年，"党外"人士组成"台湾党外人士助选团"，"党外"人士不再是异议分子的单打独斗，而是形成团体——政党的雏形[①]。这一年起，"美丽岛杂志社"、"中央后援会"、"党外中央后援会"、"党外选举中央后援会"、"党外公职人员公共政策研究会"等组织、提名与辅选的动作基本上已与政党活动无异[②]。

民主进步党（简称"民进党"）在国民党还未解除"党禁"前公然宣布成立，给国民党造成了前所未有的冲击。解除"党禁"后，各种党派如雨后春笋般出现，从此台湾的政党体系进入了"短暂的一大一小不完全竞争两党体系"[③]，就法律上看，台湾此时有个多党体系，但除民进党以外其他政党实在没有实质的政治影响，因此，在此仅考察民进党与国民党两党所组成的这一竞争体系。而之所以称之为不完全的竞争是因为竞争的不开放，

---

① 盛杏湲：《国民党与党外中央后援会选举竞争之研究》，桂冠图书公司，1986，第 15 页。
② 盛杏湲：《国民党与党外中央后援会选举竞争之研究》，桂冠图书公司，1986，第 86~89 页。
③ 刘义周：《解严后台湾政党体系的发展》，载中央研究院台湾研究推动委员会主编《威权体制的变迁：解严后的台湾》，天翼电脑排版印刷，2001，第 95 页。

"国大代表"与"立法委员"的选举都只是局部的增额选举,选举的结果影响不了国民党掌控占绝大多数议席的老代表的事实。尽管如此,民进党作为一个政党出现在台湾政治舞台上,是国民党统治历史中从未有过的现象,它的出现意味着国民党独占政治资源的时代悄然离去。

政党在政府中决策权力的大小首先取决于选举的结果。民进党自成立以来,尽管在政党组织层面与国民党无法匹敌,但其在各种选举中所占的比例逐渐提升,影响力也逐渐提升。在"立法委员"选举中,1986~1992年民进党从22.2%（21席）得票率升至31.4%（54席）,无党籍人士从8.0%得票率升至15.8%。在1995年新党加入之后到1998年,国民党得票率从1986年的69.9%跌至46%左右;在"国大代表"选举中,1991年由于民进党通过"台独纲领"而受到重挫,得票23.6%,然而在1996年上升到29.8%,国民党则从1991年的68.8%跌至1996年的49.7%;在省市议员选举中,1989年和1994年两次选举民进党得票率分别为25.4%和31.6%,而国民党则从65.2%跌至49.2%;在县市长选举中,1989~1997年,民进党得票率从30.1%升至43.2%,国民党则从56.1%跌至42.1%[①]。

"政治革新"之前,国民党控制着台湾绝大多数政治和社会资源,国民党中央的政策就等于是法律,决策就是命令,大多数国民党籍"立法委员"要靠党中央提名才可能当选,连"立法院"都成为了国民党中央的橡皮图章。然而,"政治革新"之后,尤其是90年代初开始,其作用逐渐发挥出来,国民党中央的权威受到前所未有的挑战,他们对地方派系的控制能力急剧衰退,辅选系统逐渐失灵,国民党的组织系统对党籍候选人的支援力度越来越小。更有甚者,有些国民党人不愿被提名,怕背上国民党的政治包袱。国民党在各级议会中的绝对多数地位不在,很多情况下只能勉强取得半数席位。除此之外,由于"党库通国库"的渠道逐渐失去作用,国民党逐渐失去对资源的强大汲取力,对地方党部的支援功能逐渐减弱,国民党在地方的基础开始消解,再也无法像过去一样通过地方党部、小组对地方施以严密控制[②]。

统合来看,国民党"中央权力开放化"与党内成员"本土化"从一定

---

① 刘义周:《解严后台湾政党体系的发展》,载中央研究院台湾研究推动委员会主编《威权体制的变迁:解严后的台湾》,天翼电脑排版印刷,2001,第99页。
② 刘国深:《当代台湾政治分析》,博扬文化事业有限公司,2002,第221~222页。

意义上形成了内部的"中央"与"地方"利益之争,以至国民党的政策制定必须考虑更多台籍国民党员的利益,"中央"政府人员结构的多元化则迫使国民党无法独揽"国家机器"。"党外"竞争的加剧客观上造成国民党失去曾经对台湾政治、社会资源的绝对垄断和汲取能力,削弱国民党的行动力与控制力,一党独裁统治走向终结。更深一层的是,国民党中央权力结构的变化及其影响与外部政党格局的变化及其影响实则从内外两条逻辑上共同指向国民党党权的弱化。正是这么一个在强弱光谱上基本呈从强至弱的"单向线性运动"的变量——国民党党权,从根本上决定了台湾地方自治制度变迁(1949~2000)的基本走向。

四 余论:"制度逆转"的理论思考

不可否认,任何制度变迁都是一个动态过程,这不得不促使我们思考,既然台湾地方自治制度能够在有利条件的推动下向前发展,那它是否也有可能在未来受某些新生因素的影响而发生倒退?思考这一问题既是本研究主题在理论上的延展,实际上也是台湾地区可能面临的现实问题。

我们可以把它与民主转型做一个近似思考,即从威权体制向民主体制转型需要经历民主转型期和民主巩固期,一个国家或地区可能实现了民主转型,但却也有可能在民主巩固期面临制度的逆转,历史经验比比皆是,不再赘述。查尔斯·梯利在《民主》一书中重点讨论了"民主化与去民主化"的问题,他认为"民主化是个动态的过程,它总是不完善的且面临着被逆转(去民主化)的危险"[1],历史经验和理论阐释都表明了在国家范围内业已确立了的民主制度也有发生"去民主化"的可能性。"去民主化"的出现,说到底都是"国家"权力分配、整合和运行模式发生重大变化的外在表现形式。因此,"国家"范围内的"制度逆转"都有最低限度的共同点,即"国家"、市场和社会三者之间的关系以及"国家"组织内部权力关系发生重大变化。因此,可以说,"制度逆转"的发生在本质上是由于"国家"内业已形成的某种特定权力分配、整合和运行模式不稳定所导致的。

进一步思考台湾地区的地方自治制度,该制度是"宪法"框架下,"中央"与地方权力分配的结果,是"宪法"保障分权的模式。该制度与"国

---

[1] 〔美〕查尔斯·梯利:《民主》,上海世纪出版集团,2009,序言第I页。

家"权力直接相连,因此,它的发展与台湾民主巩固有着重要且紧密的联系。本文是在默认民主转型给地方自治制度向前发展带来有利影响的前提下展开论述的。事实上,解释台湾地方自治制度变迁,应该将之放在台湾民主转型的大框架下来进行,国民党党权的变化实际上也不能脱离民主转型来谈。

从政治体制的层面来看,如果台湾发生"去民主化",由民主体制倒退回原来的威权体制,那么地方自治制度也势必会发生逆转,因为相对"中央"集权的威权体制会压缩地方自治的空间,甚而会取代"地方"进行统一管理。因此,要防止地方自治制度倒退,巩固其成果,台湾民主巩固就显得尤为重要了。这样看来,防止地方自治制度倒退在某种意义上要强调巩固台湾的民主体制。限于本文主题,台湾民主巩固的问题暂且不论,但在强调民主巩固重要性的前提下,以其制度变迁的历史为鉴,开展地方自治需要在权力运作的两个层面作好防范。

第一,从"中央"层面看,需从政党政治和政府运作两套逻辑来思考台湾的"中央"与地方关系。"党国一体"掩藏了一个问题,即政府系统与党系统本应是分开的两套系统,但在党国威权体制之下,这两套系统界限模糊,甚而合为一体,国民党完全操控了政府。理论上讲,这是未来需要防范的第一种情况,简言之则是"去民主化"。在当下的台湾,民主体制已经建立,政府系统与党系统是两个分立的系统,因此,对于"中央"与地方关系的思考也需要分别从政党政治和政府运作两套逻辑进入。依据现代政治学理论,国民党中央党部通过领导地方党部、动员地方、拉拢民众以赢取选举是符合政党政治逻辑的,当年的"操控选举"问题在党国体制下同时是一个政府运作问题,而如今则转化为单纯的政党向民众争取选票的问题,性质完全不同了,其中所存在的一些选举问题也不应列入"中央"与地方关系来讨论。

需要防范的第二种情况是政府运作逻辑所存在的"中央"与地方权限不清问题,此问题一直存在,尽管还没有到由于权限不清使得"中央"大力通过委办事项号令地方的地步,但是这种权限不清的问题会导致"中央"借机干涉地方自治,同时妨碍地方自治事项的完成,还可能因此引发地方财政问题、人事问题、立法问题等,因此必须予以重视。

第二,从地方层面看,应警惕地方政治生态恶化。目前台湾民主尽管取得相当成就,但是依然为许多学者、观察家所诟病,认为是劣质民主,地方选举中的恶质问题依然存在。有学者[①]担心目前台湾地方选举中蓝绿对峙问题会影响台湾的整体发展，还有学者[②]认为国民党之所以能在2008年"大选"重新胜出，是因为他们有自己的主张，有对台湾发展清晰的路线。然而现在国民党面临民进党强大的挑战，尽管能够在2012年"大选"中胜出，但却有些"民粹"的倾向，一味去顺应地方民众，而对于台湾未来的发展规划不够明晰。这里面除了政党本身需要反思，地方自治团体也应该反思。

台湾地方自治制度变迁数十年，期间林林总总、波澜曲折，这不免令人产生对其未来发展的担忧。作为理论课题，防止地方自治制度发生"制度逆转"显然不限于以上层面的考虑，更多留待进一步深入研究。尽管历史经验无法完全运用到对未来的制度建构和制度发展的设计和预测当中，但以史为鉴、防患未然终究是一种有建设性的态度与方法。

[①] 蔡逸儒：《台湾五都选举结果评析》，《联合早报》2010年11月30日。
[②] 石之瑜：《国民党如何摆脱反统的宿命？》，《联合早报》2010年12月11日。

图书在版编目(CIP)数据

当代中国政治研究报告. 第11辑/黄卫平, 汪永成主编;
深圳大学当代中国政治研究所编. —北京:社会科学文献
出版社, 2013.10
 ISBN 978-7-5097-5106-0

Ⅰ.①当… Ⅱ.①黄…②汪…③深… Ⅲ.①政治改革-
研究报告-中国-现代 Ⅳ.①D62

中国版本图书馆CIP数据核字(2013)第229133号

当代中国政治研究报告（第11辑）

编　　者／深圳大学当代中国政治研究所
主　　编／黄卫平　汪永成
执行主编／陈家喜

出版人／谢寿光
出版者／社会科学文献出版社
地　　址／北京市西城区北三环中路甲29号院3号楼华龙大厦
邮政编码／100029

责任部门／社会政法分社（010）59367156　　责任编辑／李　响
电子信箱／shekebu@ssap.cn　　　　　　　　责任校对／牛立明
项目统筹／王　绯　李　响　　　　　　　　　责任印制／岳　阳
经　　销／社会科学文献出版社市场营销中心（010）59367081　59367089
读者服务／读者服务中心（010）59367028

印　　装／三河市尚艺印装有限公司
开　　本／787mm×1092mm　1/16　　　　　印　张／22.5
版　　次／2013年10月第1版　　　　　　　　字　数／373千字
印　　次／2013年10月第1次印刷
书　　号／ISBN 978-7-5097-5106-0
定　　价／79.00元

本书如有破损、缺页、装订错误，请与本社读者服务中心联系更换
版权所有　翻印必究